"博学而笃志,切问而近思。"
(《论语》)

博晓古今,可立一家之说;
学贯中西,或成经国之才。

复旦博学·复旦博学·复旦博学·复旦博学·复旦博学·复旦博学

作者简介

胡志民，法学博士，上海师范大学副教授，研究生导师，兼职律师，上海市法学会经济法研究会理事，上海市法学会商法研究会理事。主要研究领域为经济法、商法、法学理论。合著学术著作3部，主编、编著教材20余部，发表学术论文20余篇，主持、参与20余项课题研究。获得上海市人民政府决策咨询建议成果二等奖、上海市教学成果二等奖。

龚建荣，上海师范大学讲师。主要研究领域为经济法、法学理论。近年来独立编著或参与编写的主要著作有《经济法教程》《经济法概论》《当代中国法的理论与制度》《中国人的心态历程》《法学概论》《人才中介相关法律基础》等，主要论文有《金融机构的资产质量及其制度规范》《从人缘心态到法治心态》《借鉴权力制衡，完善人大监督机制》等。

鲍晓晔，法学博士，上海师范大学副教授。主要研究领域为金融监管、证券期货法、营商环境。主持并参与国家社科、教育部及上海市政府决策咨询项目多项。兼任上海瀛泰律师事务所律师、上海市律师协会金融工具业务研究委员会委员、*Advances in Economics and Business*审稿人。

博学·经济学系列
ECONOMICS SERIES

经济法原理（第二版）

胡志民　龚建荣　鲍晓晔　编著

复旦大学出版社

内容提要

本书根据学界对经济法知识体系的基本共识，按照法学、经济学、管理类专业的培养要求，全面、系统地介绍经济法的基本原理。全书以叙述经济法的发展历史开篇，继而阐述经济法的概念特征、基本原则、体系结构、制定实施、责任形式等理论问题。在此基础上，按照我国经济法的体系结构，论述市场规制法、宏观调控法和经济参与法三大部分的法律制度。在市场规制法部分，主要阐释反垄断法、反不正当竞争法、产品质量法、消费者权益保护法、广告法、证券法、城市房地产管理法的内容；在宏观调控法部分，主要阐释计划法、产业政策法、财政法、税法、会计法和审计法、银行法、价格法、对外贸易法、自然资源法的内容；在经济参与法部分，主要阐释国家投资法、国有资产管理法的内容。本书力求科学性、实用性和通俗性相结合，反映经济立法的新内容和经济法学的新成果，适合普通高校法学、经济学、管理学等专业学生学习。

第二版前言

经济法律制度因经济发展而变迁,同时又会促进经济法理论的进步。中共十八大以来,随着全面深化改革的推进,我国市场经济发展更加迅猛,经济法制建设的步伐不断加快,每年都有新的法律、法规出台,许多法律、法规被修改或废止,经济法律体系逐步完善。与此同时,经济法领域的研究也繁荣起来,新思想、新观点不断涌现,学者们对经济法律现象的认识逐渐深化,经济法的知识体系趋于清晰和完整。鉴于此,《经济法原理》第一版中的许多内容已经过时,因而我们对本书作了全面修订,对其中的章节结构、相关内容作了调整和修改,由此形成《经济法原理》第二版。

在修订过程中,我们本着学界对经济法知识体系的基本共识,根据法学、经济学、管理类专业的培养要求,从内容繁多的制度和理论中凝练出经济法的核心知识,形成兼具科学性和实用性的经济法基本原理。基于此,本书从市场规制、宏观调控和国有参与三大方面建构经济法的制度体系,并以此为基础阐述经济法的基本理论。由此,我们对首版书中的内容结构进行了调整:删去与该体系不相符的部分,如企业法律制度、劳动法、社会保障法等;增加符合该体系的内容,如国家投资法;强化对某些章节的阐述,如将竞争法这一章的内容拆成反垄断法和反不正当竞争法两章。与此同时,我们注重反映经济法律法规的最新内容和经济法学研究的最新成果,力求将经济法的原理条理分明、通俗易懂地呈现给读者,以帮助大家把握最新的经济法知识。由于作者认识水平、掌握材料和写作篇幅的限制,此次修订中存在的不足和疏漏,恳请专家和读者指正。

本书第二版由胡志民、龚建荣和鲍晓晔合作编写,具体分工如下(按章节先后为序):胡志民(第一章、第二章、第三章、第四章、第五章、第八章、第十七章)、鲍晓晔(第六章、第七章、第九章、第十章、第十三章、第十四章)、龚建荣(第十一章、第十二章、第十五章、第十六章、第十八章、第十九章)。

在出版过程中,复旦大学出版社的领导给予大力支持,责任编辑付出辛勤劳动,在此表示诚挚的谢意。

胡志民　龚建荣　鲍晓晔
2020 年 7 月

目　　录

第一章　经济法总论 ……………………………………………… 1
- 第一节　经济法的产生和发展 …………………………………… 1
- 第二节　经济法的概念和基本原则 ……………………………… 7
- 第三节　经济法的地位和体系 …………………………………… 13
- 第四节　经济法的制定和实施 …………………………………… 18
- 第五节　经济法责任 ……………………………………………… 22
- 复习思考题 ………………………………………………………… 25

第二章　反垄断法 ………………………………………………… 26
- 第一节　反垄断法概述 …………………………………………… 26
- 第二节　垄断行为的规制 ………………………………………… 32
- 第三节　反垄断执法与法律责任 ………………………………… 43
- 复习思考题 ………………………………………………………… 46

第三章　反不正当竞争法 ………………………………………… 47
- 第一节　反不正当竞争法概述 …………………………………… 47
- 第二节　不正当竞争行为的表现形式 …………………………… 49
- 第三节　监督检查与法律责任 …………………………………… 59
- 复习思考题 ………………………………………………………… 63

第四章　产品质量法 ……………………………………………… 64
- 第一节　产品质量法概述 ………………………………………… 64
- 第二节　产品质量监督管理 ……………………………………… 65
- 第三节　生产者、销售者的产品质量义务 ……………………… 74
- 第四节　产品质量责任 …………………………………………… 78
- 复习思考题 ………………………………………………………… 84

第五章　消费者权益保护法 ··· 85
第一节　消费者权益保护法概述 ································· 85
第二节　消费者的权利和经营者的义务 ························· 89
第三节　国家与社会对消费者合法权益的保护 ················· 95
第四节　争议解决与法律责任 ···································· 97
复习思考题 ·· 104

第六章　广告法 ·· 105
第一节　广告法概述 ·· 105
第二节　广告活动准则 ··· 109
第三节　广告活动和广告审查 ····································· 112
第四节　法律责任 ··· 118
复习思考题 ·· 122

第七章　证券法 ·· 123
第一节　证券法概述 ·· 123
第二节　证券发行 ··· 126
第三节　证券交易 ··· 135
第四节　上市公司收购 ··· 143
第五节　投资者保护 ·· 145
第六节　证券机构 ··· 147
第七节　法律责任 ··· 155
复习思考题 ·· 157

第八章　城市房地产管理法 ··· 158
第一节　城市房地产管理法概述 ·································· 158
第二节　房地产开发用地 ·· 160
第三节　房地产开发 ·· 166
第四节　房地产交易 ·· 170
第五节　房地产权属登记 ·· 181
第六节　法律责任 ··· 185
复习思考题 ·· 187

第九章　计划法 … 188
第一节　计划法概述 … 188
第二节　计划实体法 … 194
第三节　计划程序法 … 196
复习思考题 … 199

第十章　产业政策法 … 200
第一节　产业政策法概述 … 200
第二节　产业结构政策法 … 203
第三节　产业组织政策法 … 206
复习思考题 … 207

第十一章　财政法 … 208
第一节　财政法概述 … 208
第二节　预算法 … 210
第三节　国债法 … 223
第四节　转移支付法 … 229
第五节　政府采购法 … 232
复习思考题 … 237

第十二章　税法 … 238
第一节　税法概述 … 238
第二节　流转税法 … 241
第三节　所得税法 … 249
第四节　财产税法、行为税法和资源税法 … 259
第五节　税收征收管理法 … 264
第六节　法律责任 … 271
复习思考题 … 274

第十三章　会计法和审计法 … 275
第一节　会计法 … 275
第二节　审计法 … 281
复习思考题 … 288

第十四章　银行法 … 289
第一节　银行法概述 … 289
第二节　中央银行法 … 291
第三节　商业银行法 … 297
第四节　政策性银行法 … 301
第五节　银行业监督管理法 … 305
复习思考题 … 309

第十五章　价格法 … 310
第一节　价格法概述 … 310
第二节　价格行为 … 312
第三节　价格总水平调控与监督检查 … 318
第四节　法律责任 … 321
复习思考题 … 323

第十六章　对外贸易法 … 324
第一节　对外贸易法概述 … 324
第二节　货物和技术进出口管理法律制度 … 329
第三节　国际服务贸易管理法律制度 … 332
第四节　反倾销法 … 333
第五节　反补贴法 … 339
第六节　保障措施法 … 344
第七节　进出口商品检验和动植物检疫法 … 348
复习思考题 … 354

第十七章　自然资源法 … 355
第一节　自然资源法概述 … 355
第二节　土地管理法 … 357
第三节　森林法 … 374
第四节　草原法 … 383
第五节　水法 … 388
第六节　矿产资源法 … 393
复习思考题 … 397

第十八章　国家投资法 ·· 398
　　第一节　国家投资法概述 ·· 398
　　第二节　政府投资法律制度 ·· 400
　　第三节　国有企业投资法律制度 ···································· 408
　　复习思考题 ·· 414

第十九章　国有资产管理法 ·· 415
　　第一节　国有资产管理法概述 ······································ 415
　　第二节　国有资产管理体制 ·· 418
　　第三节　国有资产管理制度 ·· 422
　　第四节　国有资产的产权界定与登记制度 ···························· 433
　　第五节　对国有资产流失的查处与法律责任 ·························· 437
　　复习思考题 ·· 441

参考书目 ·· 442

第一章 经济法总论

第一节 经济法的产生和发展

一、西方国家经济法的产生和发展

经济法究竟产生于何时,学术界有不同的看法。有学者认为,当人类进入阶级社会时,随着国家与法律的产生,经济法就产生了。到了垄断资本主义阶段,经济法的地位突出起来,逐步形成了一个新的法律部门[①]。有学者认为,作为一个独立法律部门的经济法产生于古代社会,无论是奴隶制国家、封建制国家、资本主义国家,还是社会主义国家,都有各自的经济法[②]。还有学者认为,经济集中和垄断是经济法产生的内在原因,因此,经济法作为一个独立的法律部门,是在资本主义从自由竞争发展到垄断阶段,到19世纪末20世纪初,特别是第一次世界大战后才形成的[③]。我们认为,市场经济发展到社会化大生产阶段,在资本主义从自由竞争走向垄断过程中,经济运行的内在矛盾激化,需要国家干预经济运行并担负起经济管理职能时,作为法律部门的经济法才逐渐形成。因此,尽管古代和近代已经有一些具有经济法性质的法律规定,但那时还没有产生现代意义上的经济法的要求,也不具备形成作为独立法律部门的经济法的条件。

(一)市场缺陷与经济法的产生

在自由资本主义时期,新兴的资产阶级要求摆脱一切束缚,主张自由主义的行动纲领,强调自由竞争和保护个人利益,反对国家介入经济生活。亚当·斯密在1776年出版的《国民财富的性质和原因的研究》一书中,提出了自由放任主义的思想。他认为,任何人在不违反法律的情况下,应任其完全自由,在自己的方法下,追求他自己的利益,而以其勤劳及资本与其他人竞争,同时还强调,干预越少的政府就是越好的政府。这种思想的提出,完全符合当时英国资产阶级要求自由发展资本主义经济的愿望,使得西方国家相继走上了自由资本主义的发展道路,并在法律上得到了反映。对此,马克思在《资本论》中指出:"1846—1847

[①] 参见关乃凡主编《中国经济法》,中国财政经济出版社,1988,第23、26页。
[②] 参见杨紫烜主编《经济法》,北京大学出版社、高等教育出版社,1999,第8—9页。
[③] 参见史际春、邓峰:《经济法总论》,法律出版社,1998,第68—71页。

年在英国经济史上划了一个时代。谷物法废除了,棉花和其他原料的进口税取消了。自由贸易被宣布为立法的指路明灯!一句话,千年王国出现了。"①因此,在自由资本主义时期,国家不介入社会的经济生活,而是履行"守夜人"的职责,资源配置、资本流向、经济运行完全依靠市场机制即"看不见的手"来调节,这使得以维护契约自由、个人利益和自由竞争为宗旨的民法有了很大发展。

市场机制是通过市场主体竞争和商品供求状况形成价格变动来调节经济运行的机制,是市场经济机体内的供求、竞争、价格等要素之间的有机联系及作用机理。应当说,通过市场机制的调节,资本主义经济确实得到了很大发展。但是,市场机制本身存在缺陷,主要包括垄断、外部性、公共产品短缺和信息不充分等,它在资本主义发展到垄断阶段时被充分暴露。首先,自由竞争导致生产和资本的集中,形成垄断。从19世纪70年代起,西方资本主义国家产生了垄断组织,它们大量兼并中小企业,独占和操纵市场,限制甚至取消市场竞争,使得消费者、用户的利益受到损害,市场经济运行机制遭到破坏,整个经济丧失了生机和活力。其次,由于市场主体掌握的信息不充分,反映市场供求关系的价格信号具有滞后性,使得市场调节显示出盲目性和事后性,从而引发周期性的经济危机,导致企业关门、工人失业、经济停滞倒退、人们生活水平下降。再次,在市场机制下,私人从事的经济活动具有外部效应,这种外部效应有正负之分。也就是说,经济活动既会形成对第三人带来有利影响的正外部效应,如建筑商建造一栋造型美观的建筑使人们赏心悦目,也会形成对第三人带来有害影响的负外部效应,如企业主在生产中滥用自然资源而使自然资源大幅减少,大量排放废物而造成环境严重污染。由于私人的经济活动的这种外部效应不能在价格中得到反映,必然会降低资源配置的效率。最后,在市场机制下,市场主体注重眼前可实现的经济利益,而不愿意对投资周期长、风险大而对国计民生有重要影响的行业进行投入,导致公共产品生产的滞后与社会成员和经济发展的需要之间的矛盾十分尖锐。实践证明,靠市场这只"看不见的手"来调节经济活动,无法解决经济生活中出现的这些问题,从而导致市场机制失灵。

于是,为了使经济能够健康发展,社会保持稳定,资本主义国家开始改变不干预经济的政策,通过政府的管理对经济活动实施干预,以"国家之手"来调节经济生活,消除市场机制缺陷所带来的市场失灵。在法治社会中,政府的这种干预必须被纳入法律框架。在美国,针对垄断的情况,国会于1887年制定了有关铁路管理的《州际商务法》,并于1890年7月20日通过了由约翰·谢尔曼提出的《保护贸易和商业不受非法限制与垄断之害法》(简称《谢尔曼法》)。《谢尔曼法》

---

① 马克思:《资本论》第1卷,人民出版社,2004,第327页。

规定,任何以契约、托拉斯或其他形式的联合、共谋、垄断而限制贸易的行为都是违法或者犯罪的行为,应受行政处罚或刑事制裁。1914年,国会通过了《联邦贸易委员会法》,赋予联邦贸易委员会发布违禁命令的权力,并且对于违禁的工商企业,可以提交法院审理。同年,国会又通过了《克莱顿反托拉斯法》,它对《谢尔曼法》做了全面的修改和补充。这三项法律成为资本主义经济法的最早形式,其中,《谢尔曼法》不仅被认为是反垄断法之母,而且被认为是现代经济法诞生的标志。

第一次世界大战对资本主义各国经济法的建立产生了很大的推动作用。战争期间,资产阶级乘机垄断市场、控制物资、抬高物价,大发战争横财。参战各国为了最大限度地调动国力支持战争,不得不对国家的经济生活进行直接干预。第一次世界大战期间,德国就颁布了《关于限制契约最高价格的通知》《确保战争时国民粮食措施令》等经济统制法令。德国在第一次世界大战中战败后,割地赔款,经济崩溃,开始实行内容更广泛的经济统制,以振兴经济。当时建立的魏玛共和国先后颁布了《卡特尔规章法》《煤炭经济法》《钾盐经济法》《防止滥用经济权力法令》等一系列经济统制法,开创了将经济法的概念用于立法本身的先例,也推动了经济法法律部门的形成。

(二)加强国家干预与经济法的发展

1929—1933年,资本主义世界发生了最严重的经济危机。这场危机波及面广、影响大、损失惨重。为了摆脱经济危机、挽救资本主义制度,美国总统罗斯福于1933年提出了"新政",即国家对社会经济生活实施全面干预和调节的施政纲领。与此同时,美国国会通过了《全国工业复兴法》《农业调整法》《紧急银行法》《社会保障法案》《公平劳动标准法》等70多项法律,直接对国家经济运行进行管理与协调,这些法律涉及工业、农业、金融、财政预算、基础设施建设、劳动关系、社会救济等社会经济生活的各个方面。"新政"期间颁布的法律,集中反映了经济法的本质属性,标志着作为部门法的经济法得以成熟。在世界经济大危机和第二次世界大战期间,其他资本主义国家也颁布了一些经济法律。例如,德国为了加强经济统制,修改颁布了《防止滥用经济权力法令》《强制卡特尔法》《经济有机结构条例》等法律,日本为了加强战时经济统制,制定了《国家总动员法》《企业整顿令》《工商组合法》《军需公司法》等法律。

第二次世界大战以后,西方各国都面临着调整和振兴经济的问题。随着现代科学技术的发展和生产的进一步社会化,垄断程度不断提高,经济危机日益频繁。因此,各国纷纷采用凯恩斯主义,加强国家对经济的干预。为保证国家有效地干预经济,各国加强了经济立法,使经济法得到迅速发展,并深入经济生活的各个领域,成为干预经济的主要手段。联邦德国制定了《经济稳定与增长促进法》《反对限制竞争法》等法律,日本制定了《企业合理化促进法》《农业基本法》《林业基本法》《石油业法》《沿海渔业振兴法》等法律,美国制定了《税收法》《出口管理法》《外贸法》等法律。

20世纪70年代中期,由于资本主义基本矛盾的长期积累,西方主要资本主义国家又爆发了经济危机,出现了以经济衰退、失业增多和通货膨胀为特征的滞胀现象。对此,凯恩斯主义难以解释,于是产生了供给学派和货币学派等经济理论。供给学派主张政府通过削减开支,平衡预算,控制通货膨胀,抑制需求猛烈增长,并对供给采用减免税的措施予以鼓励。货币学派主张政府控制货币供应量来抑制通货膨胀。这些理论并不反对国家干预,而是反对凯恩斯主义式的过多、过细和过分的干预,主张采用新的干预政策,即缩小干预规模,限制过度干预,改变干预机制的结构,加强超国家的宏观调节。这些理论的提出和被采纳,引起了经济法的变化,如美国修改反垄断法,放宽对垄断企业的限制,以及1981年7月,美国制定了《1981年经济复兴税法》,以削减税收和预算支出等。

20世纪80年代以来,随着高新技术的发展和经济国际化、全球化进程的加快,生产的技术化、社会化和国际化愈发明显,人们之间的经济关系日益紧密并趋向复杂。一方面,超国家宏观调节得到加强,有关调节经济运行的国际条约和国际惯例逐步增多;另一方面,各国在经济立法时,注重考虑国家之间的经济交往和国际经济的发展趋势,注重与国际经济法的协调,使经济法的发展呈现出趋同化现象。

二、我国经济法的产生和发展

在我国,经济法的产生可以追溯到民国时期。由于受到德国、日本经济法学说的影响,当时的国民党政府开始进行一些经济立法活动。1929年,立法院制定了《训政时期立法工作按年分配简表》,其中就有"经济立法规划"项,与"民法之起草""财政立法之规划""关于军事立法之规划"等项并列,包括自治县经济建设法规、中央协助地方兴业置产之法规、银行法、合作社法、粮食整理法、森林法、采矿法、公路条例等法规的制定计划。"财政立法规划"项下则有税法、公债法、预算法、财务行政法、会计法、审计法等法规的起草安排,以及国家与地方收入和支出划分之法的法制建设。之后,国民党政府还做过经济法规汇编工作。1938年8月至1939年1月,经济部编成《经济法规汇编》三集,收入《修正国货审查委员会规则》《非常时期华侨投资国内经济事业奖励办法》等法规;1947年又编成七集,分别为官制类、管制类、工业类、矿业类、商业类、电业类和国际贸易类,包括《倾销货物税法》《非常时期粮食调节办法》等法规[1]。当时,由于没有对经济

---

[1] 参见顾功耘主编《经济法教程》,上海人民出版社,2006,第243—244页。

法做系统的理论研究,所以经济立法还只是处于萌芽状态。

中华人民共和国成立后,作为社会主义的经济法开始孕育、产生和发展。在这个过程中,经济法的发展大致经历了两大阶段:第一阶段自1949年新中国成立至1978年中共十一届三中全会之前,为国民经济恢复时期和实行社会主义计划经济时期;第二阶段自1978年中共十一届三中全会召开至今,是从社会主义计划经济转向社会主义市场经济时期。

(一) 第一阶段

1949—1952年,我国处于国民经济恢复时期,其主要任务是废除旧的经济体制,恢复和发展国民经济。围绕此任务,国家颁布了一些经济法规,如《土地改革法》[①]《关于管制美国在华财产冻结美国在华存款的命令》《关于国营、公营工厂建立工厂管理委员会的指示》《私营企业暂行条例》《机关、国营企业、合作社签订合同契约暂行办法》《矿业暂行条例》《预算决算暂行条例》《关于统一国家财政经济工作的决定》《全国税政实施要则》《公营企业缴纳工商业税暂行办法》《对外贸易管理暂行条例》《暂行海关法》《劳动保险条例》等。

1953年,我国进入社会主义改造时期,并开始实行社会主义计划经济。在社会主义改造和实施第一个五年计划期间,国家颁布了《农业生产合作社示范章程草案》《高级农业生产合作社示范章程》《国务院关于目前私营工商业和手工业的社会主义改造中若干事项的决定》《公私合营工业企业暂行条例》《关于发展国民经济的第一个五年计划的决议》《国营企业内部劳动规则纲要》《中央人民政府政务院关于发放农业贷款的指示》《国务院关于各地不得自动提高国家统购和统一收购的农副产品的收购价格的指示》《基本建设工程设计任务书审查批准暂行办法》《国务院关于改进工业管理体制的规定》《国务院关于改进商业管理体制的规定》等法规。

1957年之后,"左"倾思潮抬头,经济和法制建设均受到重大影响。在经济上,1958年开始搞"大跃进",在法制上出现了虚无主义倾向,经济法制建设遭受挫折。但是,1957年之后的十年间,国家仍然制定了一些经济法规,如《国营工业企业工作条例(草案)》《农村人民公社工作条例(草案)》《中共中央、国务院关于工业企业下放的几项规定》《国务院关于实行企业利润留成制度的几项规定》《工商企业登记管理试行办法》《农业税条例》《关于国营工商企业商品作价的规定》等。1966年,"文化大革命"爆发,法制遭到践踏,经济法制工作彻底停止。

---

① 为行文方便,本书提及的我国法律、法规,如《中华人民共和国土地改革法》《中华人民共和国反垄断法》《中华人民共和国增值税暂行条例》等,均使用简称,即在这些法律、法规名称中省略"中华人民共和国"字样。

(二) 第二阶段

1978年中共十一届三中全会召开后,我国开始了以市场为价值取向的经济体制改革,经过十余年的艰苦探索,1992年中共十四大确立了建立社会主义市场经济体制的改革目标,由此我国进入了社会主义计划经济向社会主义市场经济的转型时期。随着经济体制改革的深入,市场机制逐步取代国家统制,在资源配置中开始发挥其应有的基础作用,这就给我国形成经济法体系提供了社会条件。

1979—1992年,我国在推进改革中逐步改变高度集中的计划经济体制,建立起计划经济与市场调节相结合的经济体制。在经济改革中,指令性计划明显减少,指导性计划得到加强,市场调节不断扩大。在这个过程中,国家一方面加强民事立法,颁布《民法通则》等法律、法规,另一方面加强经济立法,在市场管理、宏观调控、国有企业等方面开展立法活动,出台了一系列经济法律、法规,如《经济合同法》《中外合资经营企业法》《个人所得税法》《中外合资经营企业所得税法》《环境保护法(试行)》《森林法(试行)》《全民所有制工业企业法》《关于扩大国营工业企业经营管理自主权的若干规定》《全民所有制工业企业转换经营机制条例》《标准化管理条例》《优质产品奖励条例》等。这一时期,我国共制定经济法律及有关决定135件、经济法规434件,地方人大制定经济法规700余件[①]。

1992年中共十四大召开后,我国围绕建立社会主义市场经济体制开展大规模的经济立法活动,在市场规制、宏观调控、经济参与等方面制定了一系列法律、法规,经济法体系逐步形成。在市场规制方面,国家制定了《反垄断法》《反不正当竞争法》《产品质量法》《消费者权益保护法》《招标投标法》《拍卖法》《广告法》《证券法》《商业银行法》《城市房地产管理法》等法律,颁布了《城市房地产开发经营管理条例》《工商行政管理机关禁止垄断协议行为的规定》《经营者集中申报办法》《关于禁止侵犯商业秘密行为的若干规定》《关于禁止商业贿赂行为的暂行规定》《城市商品房预售管理办法》《首次公开发行股票并上市管理办法》《公司债券发行与交易管理办法》等行政法规和规章。在宏观调控方面,国家制定了《中小企业促进法》《农业法》《价格法》《中国人民银行法》《银行业监督管理法》《预算法》《政府采购法》《会计法》《审计法》《个人所得税法》《企业所得税法》《资源税法》《税收征收管理法》《对外贸易法》《土地管理法》《森林法》《草原法》《水法》《矿产资源法》等法律,颁布了《国库券条例》《外汇管理条例》《增值税暂行条例》《消费税暂行条例》《税收征收管理法实施细则》《发票管理办法》《反倾销条例》《反补

[①] 徐杰:《论经济法的产生与发展》,载徐杰主编《经济法论丛》(第1卷),法律出版社,2000,第13页。也有学者认为,这一时期由全国人大及其常委会、国务院制定的经济法律、法规有600多项(参见漆多俊主编《经济法学》,高等教育出版社,2007,第30页)。

贴条例》《基本农田保护条例》《禁止价格欺诈行为的规定》《经常项目外汇结汇管理办法》《不动产登记暂行条例》等行政法规和规章。在经济参与方面,国家制定了《企业国有资产法》等法律,颁布了《政府投资条例》《企业国有资产监督管理条例》《企业国有资产产权登记管理办法》《国有资产评估管理办法》《企业国有资产评估管理暂行办法》《金融企业国有资产评估监督管理暂行办法》《金融企业国有资产转让管理办法》《境外国有资产管理暂行办法》《中央企业境外国有产权管理暂行办法》《中央企业境外国有资产监督管理暂行办法》《利用外资改组国有企业暂行规定》《事业单位国有资产管理暂行办法》《行政单位国有资产管理暂行办法》等行政法规和规章。

第二节 经济法的概念和基本原则

一、经济法的概念

(一) 经济法概念的由来和发展

"经济法"一词,是法国空想社会主义思想家摩莱里在1755年出版的《自然法典》一书中首先使用的。摩莱里认为,社会产品分配上的弊端是私有制产生的直接根源,因而他从分配上确立社会经济生活的主要原则,编制了包括12条内容的"分配法或经济法"草案。尽管摩莱里的经济法概念建立在否定商品交换和民法作用的基础上,并且其经济法调整的范围局限在分配领域,但是,它已含有现代经济法最本质的特征,即国家对经济生活的干预。

在这之后,法国另一位空想社会主义思想家德萨米继承和发展了摩莱里的经济法思想,在他1843年出版的《公有法典》一书中,将"分配法和经济法"专列一章进行论述。他主张建立自由、慷慨、合理的平均分配的方式。他认为,这种分配方式只有伴随公有制的建立才能得到实现。

1865年,法国的蒲鲁东在《论工人阶级的政治能力》一书中提出,经济法是政治法和民法的补充和必然产物。也就是说,政治法和民法不能调整的经济关系将由经济法来调整。可见,蒲鲁东所认识的经济法已经接近现代经济法的含义。

现代意义上的"经济法"一词,一般认为是德国学者莱特在1906年出版的《世界经济年鉴》中最先提出的,用来说明与世界经济有关的各种法规。之后,在许多国家的法学著作和颁布的法律中,开始使用"经济法"这一概念。

(二) 经济法的定义

经济法作为一个独立的法律部门,已经为学者所公认。但是,经济法的含义是什么？经济法的调整对象是什么？学者们众说纷纭，意见不一。

20世纪80年代初，我国还基本处于计划经济体制，经济法学界影响较大的学说是纵横统一说、密切联系说等。纵横统一说认为，经济法调整国家机关、企业、事业单位和其他组织内部及其相互之间，以及它们与公民之间的那部分经济关系。具体包括：① 国民经济管理在经济生活中发生的社会关系，即纵向经济关系；② 社会组织之间在经济生活中发生的社会关系，即横向经济关系；③ 国家机关、企业、事业单位和其他社会组织的内部经济关系，以及它们与公民、个体户之间的经济关系[①]。该说进一步认为，经济法所调整的经济关系是一种统一的经济关系，运用纵向、横向经济关系是为了研究的方便[②]。密切联系说认为，经济法是调整经济管理关系以及与其密切联系的经济协作关系的法律规范的总称[③]。随着我国经济体制改革的深入，这些学说的缺陷越来越明显。

1992年，我国确立了建立社会主义市场经济体制的目标。自此，学者们对经济法的研究对象提出了各种学说，影响较大的学说包括：① 经济协调关系说。该说认为，经济法是调整在国家协调本国经济运行过程中发生的经济关系的法律规范的总称。经济法的调整对象包括企业组织管理关系、市场管理关系、宏观调控关系和社会保障关系[④]。② 需要干预经济关系说。该说认为，经济法是调整需要由国家干预的经济关系的全部法律规范的总称。经济法的调整对象包括微观经济调控关系、市场调控关系、宏观经济调控关系和社会分配关系[⑤]。③ 经济管理与市场运行关系说。该说认为，经济法是对社会主义商品经济关系进行整体、系统、全面和综合调整的一个法律部门。经济法的调整对象包括国家经济管理关系、经营协作关系、组织内部的经济关系和涉外经济关系[⑥]。④ 社会公共性说。该说认为，经济法是调整发生在政府、政府经济管理机关和经济组织、公民个人之间的以社会公共性为根本特征的经济管理关系的法律规范的总和。经济法的调整对象包括市场管理关系、宏观经济管理关系和对外经济管理关系[⑦]。⑤ 国家经济调节关系说。该说认为，经济法是调整国家经济调节关系，实现国家经济调节意志的法律规范的总称。经济法的调整对象包括市场障碍排除关系、国家投资经营关系和宏观引导调控关系[⑧]。⑥ 国家管理经济领域说。该说

---

① 陶和谦主编《经济法学》，群众出版社，1983，第5—8页。
② 陶和谦主编《经济法学》，群众出版社，1985，第2—5页。
③ 陶和谦主编《经济法学》，群众出版社，1989，第11页。
④ 杨紫烜主编《经济法》，北京大学出版社、高等教育出版社，1999，第28—32页。
⑤ 李昌麒：《经济法——国家干预经济的基本法律形式》，四川人民出版社，1995，第197、246页。
⑥ 刘文华主编《新编经济法学》，高等教育出版社，1993，第12页。
⑦ 王保树主编《经济法原理》，社会科学文献出版社，1999，第26—43页。
⑧ 漆多俊主编《经济法学》，高等教育出版社，2007，第36、48页。

采用罗列调整对象的方式对经济法下定义,这些调整对象包括经济管理关系、维护公平竞争关系以及组织管理性的流转和协作关系①。⑦ 国家调制说。该说认为,经济法是调整在现代国家进行宏观调控和市场规制的过程中发生的社会关系的法律规范的总称。简单地说,经济法就是调整调制关系的法律规范的总称。经济法的调整对象包括宏观调控关系和市场规制关系②。⑧ 国家经济管理职能说。该说认为,经济法是调整在市场经济运行过程中,现代民主政治国家及其政府为了修正市场缺陷、实现社会整体效益的可持续发展而履行各种现代经济管理职能时与各种市场主体发生的社会经济关系的法律规范的总称。经济法的调整对象包括宏观调控关系、微观规制关系、国有参与关系、市场监管关系和涉外管制关系③。

我们认为,在市场经济中,市场对资源配置起决定性作用,其运行主要依靠价值规律这只"看不见的手"进行调节,但是市场调节本身固有的缺陷往往会造成"市场失灵",这就需要国家运用自己的权力即"国家之手"对经济运行实施干预,协调市场主体利益和社会整体利益,从而促进国民经济的正常运行。从经济法的历史来看,它是在资本主义从自由竞争走向垄断的过程中,在国家干预经济运行以消除日益严重的市场缺陷的过程中产生的,因此,国家在干预经济运行中所发生的经济关系成为经济法的调整对象。这里所说的干预,是指国家介入经济生活,通过管理、协调、调控、参与等方式履行经济管理职能,调节经济运行,以消除市场缺陷,保障经济健康、协调和可持续发展。具体来说,经济法调整的经济关系主要包括以下三个方面的内容。

(1) 市场规制关系。在市场经济中,配置资源的根本手段是市场机制,通过市场主体竞争和商品供求状况形成价格变动来调节经济运行。也就是说,市场机制要发挥应有的作用,必须使市场形成充分竞争和正当竞争,使市场运行合乎秩序。实践表明,不受制约的自由竞争、不受监管的市场运行,必然会妨碍市场竞争、形成市场障碍、破坏市场秩序、损害市场机制。因此,国家应当进行市场规制,对市场主体及其行为依法进行管理和规范,以排除市场障碍,保障市场竞争,维护市场秩序。市场规制关系就是国家在对市场主体实施市场规制中所形成的经济关系,应当由经济法来调整。

(2) 宏观调控关系。在市场经济中,市场主体掌握的信息不充分,而反映市场供求状况的价格信号具有滞后性,使得市场调节表现出盲目性和事后性,从而形成商品供需矛盾和经济总量结构问题,引发经济危机,造成资源浪费。同时,

---

① 史际春、邓峰:《经济法总论》,法律出版社,1998,第45—54页。
② 张守文主编《经济法学》,北京大学出版社,2008,第11—14页。
③ 顾功耘主编《经济法教程》,上海人民出版社、北京大学出版社,2006,第18—27、43—44页。

市场机制的外部性问题导致资源配置效率的下降,而由市场主体的经济活动所带来的资源减少和环境破坏等负外部效应,将影响社会经济的可持续发展。这些问题单靠市场机制是无法解决的,而需要国家通过运用计划、产业政策、财政政策、货币政策、地区开发政策、外贸政策、税率、利率、汇率、价格等手段,对国民经济实施宏观调控,以实现总供给和总需求、经济总量和经济结构的平衡,促进经济和社会的可持续发展。宏观调控关系就是国家运用宏观调控手段对经济实施引导过程中形成的经济关系,应当由经济法来调整。

(3) 经济参与关系。在市场机制下,市场主体在从事经济活动中更多地考虑自身利益和眼前利益,愿意投入可实现利益的行业,提供能用来交易的私人产品,而不会考虑对投资周期长、风险大的基础性行业和公共事业的投入,导致其提供的产品无法满足社会成员与经济发展的需要。因此,国家必须参与经济活动,运用国有资产直接投资经营国有企业,从事特定领域的经营活动,提供社会必需的公共产品,以实现宏观经济目标和服务社会公益目的。另外,对于自然垄断行业来说,其提供的产品是人们日常生活所必需,但在行业经营时引入市场竞争会导致社会资源的浪费或者市场秩序的混乱,而由国家直接投资经营则更有效率。在我国,国有经济在国民经济中处于主导地位,因而国家参与经济的范围更宽一些。经济参与关系就是国家运用国有资产参与经济活动过程中形成的经济关系,应当由经济法来调整。

综上所述,经济法不是调整所有的经济关系,而是调整特定的经济关系,即国家干预经济运行过程中所发生的经济关系。因此,经济法就是调整国家干预经济运行过程中所发生的经济关系的法律规范的总称。

二、经济法的基本原则

什么是法律原则?学者们对此有不同的理解。根据《布莱克法律词典》的解释,法律原则是"法律的诸多规则或学说的根本的真理或学说,是其他的规则或学说的基础或来源;是确定的行为规则、程序或法律判决、明晰的原理或前提,除非有更明晰的前提,不能对之证明或反驳,他们构成一个整体或整体的构成部分的实质,从属于一门科学的理论部分。"[①]可见,法律原则是立法的准则、行为的准则和司法的准则,应当贯穿法律的始终,并应当具有非规范性、不确定性、衡平性、强行性、强制补充性等特点[②]。

经济法的基本原则是指体现经济法的本质和特征,贯穿于经济法律规范之

---

① 转引自徐国栋:《民法基本原则解释——成文法的局限性之克服》,中国政法大学出版社,1996,第8页。
② 徐国栋:《民法基本原则解释——成文法的局限性之克服》,中国政法大学出版社,1996,第3页。

中,并对经济立法、执法和司法活动起指导作用的根本准则。目前,我国没有制定经济法典,法律没有对经济法基本原则作出规定。经济法的基本原则究竟有哪些,学者们的意见不一,难以达成共识。有的学者认为,经济法的基本原则包括平衡协调原则、维护公平竞争原则和责权利相统一原则[①]。有的学者认为,经济法基本原则包括经济法上的公平与公正原则、违法行为法定原则,以及经济管理权限和程序法定原则[②]。有的学者认为,经济法的原则包括资源优化配置原则、国家适度干预原则、社会本位原则、经济民主原则、经济公平原则、经济效益原则和可持续发展原则[③]。有的学者认为,经济法基本原则包括经济民主原则,效率优先、兼顾公平原则,可持续发展原则和经济公正原则[④]。有的学者认为,经济法的基本原则是维护和促进社会经济总体效率和社会公平[⑤]。有的学者认为,经济法的基本原则包括遵循客观经济规律原则、综合平衡原则、维护公平竞争与推进经济协作并行原则和责权利效相统一原则[⑥]。我们认为,经济法应当包括以下五项基本原则。

(一) 国家适度干预原则

国家适度干预原则是体现经济法本质特征的原则。所谓适度干预,就是要求国家授权政府在法律规定的范围内对经济活动进行干预,这种干预应当积极主动地进行,同时干预既不能过度也不能不足。干预过度会对市场的良性运行造成损害,干预不足则无法克服市场缺陷。在不同的国家、一个国家不同的历史时期,政府干预经济运行的情况是不一样的。一般来说,在经济处于紧缩状况时,国家干预过多;在经济处于宽松状况时,国家干预过少。目前,我国处于加快完善社会主义市场经济体制的时期,市场在配置资源中发挥着决定性作用,在此基础上国家通过对经济生活的干预来弥补市场机制的不足,在此过程中应当坚持这种干预的适当有度,以确保国民经济健康、协调和可持续发展。须注意,适度干预的要求、范围和手段来源于国家的经济法律,而不是来源于政府的行政行为。因此,国家适度干预应当成为经济法的纲领性原则。

(二) 社会本位原则

社会本位原则是确立社会公共利益至上的原则。它是对经济法干预经济生活范围的定位,或者说是对经济法基本出发点的规定。每一个法律部门在确定自己的调整范围时,都以维护某一方面利益作为自己的基本出发点,也就是以什

[①] 史际春、邓峰:《经济法总论》,法律出版社,1998,第164—173页。
[②] 王保树主编《经济法原理》,社会科学文献出版社,1999,第49—51页。
[③] 李昌麒主编《经济法学》,中国政法大学出版社,2002,第59—66页。
[④] 顾功耘主编《经济法教程》,上海人民出版社、北京大学出版社,2006,第75—83页。
[⑤] 漆多俊主编《经济法学》,高等教育出版社,2007,第64—67页。
[⑥] 刘文华、徐孟洲主编《经济法》,法律出版社,2009,第23—26页。

么为本位。行政法强调国家本位,注重保护国家利益;民法则强调个人本位,注重保护民事主体的利益。在市场经济中,市场缺陷已经表明个人利益只有与社会公共利益平衡发展才能得到实现。因此,经济法以保护社会公共利益作为自己的基本出发点,即强调社会本位。它要求个人必须服从社会的需要,个人必须对社会作出利益上的让步,只要这种让步合乎社会的正义。

(三) 经济公平原则

民法和经济法都将公平作为自己的基本原则,但是两者的侧重点有所不同。民法更强调机会公平或起点意义上的公平,而经济法更注重结果意义上的公平,因而这一原则体现了人类对终极意义上的公平的追求。市场交易的过程由民法进行规制,经济法则主要对交易的结果进行干预和调整。有时,经济法也会积极干预交易过程,但其目的是维护社会整体利益,并非纯粹维护公平交易。经济法中许多法律制度都体现了这一原则,如税收、反垄断、消费者权益保护等法律制度。

(四) 经济效益原则

经济效益是经济工作的重点和归宿,也是国家干预经济运行和经济立法的终极目标。国家对经济生活实施干预的主要目的,就是使国民经济得到健康、协调和可持续发展,能够产生更大的经济效益。经济效益包括市场主体经济效益和社会经济效益。两者是互相联系的,市场主体经济效益应当符合社会经济效益,社会经济效益则是以市场主体经济效益为基础。可见,提高市场主体经济效益是关键,提高社会经济效益是目的。因此,经济法的制定和实施,必须协调好政府干预权力和市场主体经营权利的关系,有利于促进和保障市场主体经济效益和社会经济效益。

(五) 可持续发展原则

在传统经济发展观支配下,人们在经济发展中片面追求物质财富的增长,忽视自然资源的稀缺性和生态环境的脆弱性,从而造成资源趋于枯竭、环境日益恶化,社会面临持续发展的危机。为了摆脱这种危机,20世纪80年代以来,可持续发展的理念已经为世界各国广泛认同。可持续发展就是既满足现代人的需求,又不损害后代人满足需求的能力。它要求经济、社会、资源和环境保护协调发展,既要促进经济发展,满足当代人的各种需要,又要保护好人类赖以生存的资源和环境,留给后代人生存和发展的空间,以实现社会的持续发展。可持续发展的核心是处理好经济发展与资源环境的关系,这是市场机制自身无法解决的问题,它需要国家运用法律手段来加以协调。经济法是促进经济健康、协调发展的法律,可持续发展应当成为其重要原则,并在具体的制度、规范中加以贯彻。

第三节　经济法的地位和体系

一、经济法的地位

(一) 经济法是一个独立的法律部门

在我国法学界,有少数学者认为,经济法不具备特有的调整对象,所谓经济法的调整对象其实都是其他部门法的调整对象,因此,经济法不是独立的法律部门。较为典型的理论包括以下三种：① 综合经济法论。它认为经济法是分属于其他各部门法的调整各种经济关系的法律规范的综合概念。② 学科经济法论。它认为经济法是研究经济法规运用各个基本法手段和原则对经济关系进行综合调整的规律的法律学科。③ 经济行政法论。它认为经济法的调整对象应全部或部分属于行政法的调整范围,对于这一部分的经济关系,或归行政法调整,或在行政法下设立一个新的行政法分支,即"经济行政法"[①]。

根据法学的一般理论,法律部门就是根据一定的标准和原则,按照法律调整社会关系的不同领域和不同方法等所划分的同类法律规范的总和。可以说,凡是调整特定社会关系的全部法律规范,或者以特定的调整方法调整社会关系的全部法律规范,都可以组成一个独立的法律部门。也就是说,独立法律部门的构成,取决于法律是否有自己特定的调整对象或者特定的调整方法。因此,经济法是不是一个独立的法律部门,取决于其是否具有特定的调整对象或者是否具有特定的调整方法。从前述分析来看,经济法不调整全部的经济关系,而仅仅调整国家干预经济运行过程中所发生的各种经济关系,其调整对象与民法、行政法等其他部门法的调整对象是不同的,也是可以分开的。因此,经济法有自己特有的调整对象,应当成为一个独立的法律部门。

(二) 经济法与相关法律部门的关系

1. 经济法与民法的关系

经济法与民法都是调整经济关系的法律部门,这表明两者之间存在着联系,但调整对象的不同决定了它们是两个相对独立的法律部门。

经济法与民法的联系主要表现在：① 两者的任务是一致的,它们都担负着调整经济关系的任务；② 两者的作用是紧密相关的,民事权利的行使往往受到经济权利的制约,经济权利的行使又要充分尊重民事权利；③ 经济生活中的许多社会关系,需要两者共同作用才能形成特定的权利义务关系。

[①] 参见顾功耘、刘哲昕：《论经济法的调整对象》,《法学》2001 年第 2 期。

经济法与民法的区别主要表现在：① 调整的对象不同。民法除了调整平等主体之间的经济关系之外，还调整平等主体之间的人身关系；经济法则调整国家干预经济运行过程中所发生的经济关系。② 调整的方法不同。民法采用意思自治的原则来调整经济关系，更多地采用任意性规范，对违法行为主要采取补偿性的民事制裁方式；经济法主要采用命令和服从的方法来调整经济关系，更多地采用强制性规范，对违法行为综合运用民事、行政和刑事制裁方式。③ 保护的利益不同。民法强调民事主体意思自治，保护民事主体的个人利益，因此体现的是个人本位；经济法则强调国家对经济运行的干预，保护的是社会整体利益，因此体现的是社会本位。

2. 经济法与商法的关系

经济法作为一个独立的部门法出现后，商法和经济法的关系就成为学术界的重要研究课题。有学者指出，"经济法"概念主要适用于欧洲大陆，在普通法系"很少有谁使用经济法，它至今没有得到学术界的承认，人们宁可使用'商事法'（commercial law）这一术语。"[①]

关于经济法与商法的关系，代表性的观点主要有三种：① 商法和经济法合一说，即认为商法和经济法都是以企业为对象的，对两者持"合一"或总合把握的见解；② 商法和经济法分离说，即认为商法和经济法的理念、机能是不同的，前者以个别经济主体的利益为基础，调整其间的利益关系，后者以国民经济利益为基础，着眼于超个别经济主体利益的全体的调整，因而商法和经济法应分作两个法域，商法仍应独立存在；③ 名称代替说，即认为经济法为促成民商合一而代替商法的总名称[②]。应当说，经济法与商法之间既有联系又有区别。

经济法与商法的联系主要表现在：① 两者都是规范经济生活的法律；② 两者在性质上有共同之处，经济法对经济活动进行微观规制和宏观调控时，都借助国家公权力，因而它具有公法性质，而商法虽从根本上具有私法性质，但为了维护商事交易的安全，它在调整商事关系时也融进了一定的公权力，因而它也带有公法的性质。

经济法与商法的区别主要表现在：① 调整的对象不同。商法调整平等商事主体之间在交易活动中形成的商事关系；经济法则调整因国家干预经济活动而形成的经济关系。② 调整的方法不同。商法注重采用自我调整的方法，强调意思自治原则；经济法注重采用社会整体调整的方法，强调国家统制原则。③ 调整的目的不同。商法着眼于个别商事主体的商事行为，调整社会关系的目的在

---

① 梁慧星、王利明：《经济法的理论问题》，中国政法大学出版社，1989，第131页。
② 参见王保树主编《中国商事法》，人民法院出版社，2001，第16—17页。

于维护商事主体的经济利益；经济法着眼于整个国民经济的协调和可持续发展，调整社会关系的目的在于维护社会整体经济利益。

3. 经济法与行政法的关系

在我国，随着经济法与民商法的界限逐渐明晰，经济法与行政法的争论突出起来。当然，经济法与行政法有着相当的联系，但是两者还是有明显的差异，各自构成相对独立的法律部门。

经济法与行政法的联系主要表现在：① 两者都体现了国家对社会生活的干预和管理；② 两者所调整的社会关系都具有隶属的性质；③ 两者都采取命令与服从的方法调整各自的社会关系。

经济法与行政法的区别主要表现在：① 主体的范围不同。在行政法中，主体一方主要是政府及其非经济主管部门，另一方主要是下属或其他行政机关、企事业单位、社会团体和自然人；而在经济法中，主体一方主要是政府及其经济管理部门，另一方主要是企业、其他经济组织和自然人。② 调整的对象不同。行政法调整的社会关系是一种权力从属关系，而且一般是不具有经济内容的行政关系，而经济法调整的是国家干预经济运行过程中所发生的经济关系。③ 调整的方法不同。行政法只采用强制性的方法调整行政关系，而经济法采用强制性、指导性和监督性相结合的方法调整特定的经济关系。

二、经济法的体系

(一) 经济法体系的概念

经济法体系是指由各种经济法部门组成的有机联系的统一整体。组成经济法体系的经济法部门应当是多层次的，也是门类齐全的。

经济法体系不同于调整经济关系的规范性文件体系。后者是指由多层次、门类齐全的调整经济关系的规范性文件组成的有机联系的统一整体。两者的区别主要表现在：① 经济法体系的构成要素是经济法部门，调整经济关系的规范性文件的构成要素是经济法律、法规等规范性文件。② 组成经济法部门的法律规范都是经济法律规范，而在调整经济关系的规范性文件中的法律规范不一定是经济法律规范。当然，两者有一定的联系。一方面，作为经济法体系构成要素的经济法部门中的经济法律规范，一般通过调整经济关系的规范性文件表现出来；另一方面，建立经济法体系必然要求建立调整经济关系的规范性文件体系。

经济法体系不同于社会主义市场经济法律体系。在我国，社会主义市场经济法律体系有广义和狭义之分。从广义上说，社会主义市场经济法律体系是指在社会主义市场经济体制下整个国家的法律体系，包括不调整经济关系、间接调整经济关系和直接调整经济关系的法律部门。从狭义上说,社会主义市场经济法律体系仅指直接调整经济关系的法律部门。当然,直接调整经济关系的法律部门不仅包括经济法,还包括民法、商法等。

经济法体系也不同于经济法学体系。后者是指由多层次、门类齐全的经济法学分支学科组成的有机联系的统一整体。两者最主要的区别是:经济法体系的构成要素是经济法部门,组成经济法部门的法律规范是有法律约束力的;而经济法学体系的构成要素是经济法学分支学科,组成学科的思想、理论和观点是没有法律约束力的。当然,两者也有一定的联系:一方面,组成经济法体系的经济法部门是经济法学研究的主要内容,直接影响经济法体系的形成;另一方面,经济法学体系的构建以及经济法学的研究成果,又会指导和影响经济法体系的建立和完善。

(二) 经济法体系的结构

经济法究竟应由哪些法律部门组成,学者们的意见不一。有的学者认为,经济法包括国民经济管理法、经济活动法、涉外经济法和财政金融法[1]。有的学者认为,经济法由企业组织管理法、市场管理法、宏观调控法和社会保障法组成[2]。有的学者认为,经济法由市场管理法、宏观经济管理法和对外经济法几个部分构成[3]。有的学者认为,经济法可以大致分为经济组织法、经济管理法和经济活动法[4]。有的学者认为,经济法由三大部分组成,即市场规制法、国家投资经营法、国家引导调控法(宏观调控法)[5]。还有学者认为,经济法由宏观调控法、微观规制法、国有参与法、市场监管法、对外管制法构成,它应以宏观调控法为统率,以微观规制法、国有参与法以及对外管制法为主体,以市场监管法为保障,从而形成经济法的有机统一[6]。

我们认为,根据经济法调整各种经济关系,经济法体系应当由市场规制法、宏观调控法和经济参与法组成。

1. 市场规制法

市场规制法是调整国家在对市场主体及其行为依法进行管理和规范中发生的经济关系的法律规范的总称。从本质上说,市场规制法是指国家依法对市场交易活动实施干预,直接规定市场主体是否可以、应当如何从事某种市场交易活动,从而直接影响市场主体对经济行为的选择,以保障充分的市场竞争,维护良

---

[1] 陶和谦主编《经济法基础理论》,法律出版社,1986,第63页。
[2] 杨紫烜主编《经济法》,北京大学出版社、高等教育出版社,1999,第56—57页。
[3] 王保树主编《经济法原理》,社会科学文献出版社,1999,第96—97页。
[4] 潘静成、刘文华主编《经济法》,中国人民大学出版社,1999,第94—95页。
[5] 漆多俊主编《经济法学》,高等教育出版社,2007,第92页。
[6] 顾功耘主编《经济法教程》,上海人民出版社、北京大学出版社,2006,第27页。

好的市场秩序。市场规制法的调整对象主要包括竞争关系和交易关系。市场交易的类型多样,因而市场规制法由众多经济法律规范和规范性法律文件组成,至今没有形成统一法典。从体系结构来看,市场规制法由市场竞争法、产品质量法、要素市场管理法和消费者权益保护法四大部分构成。

市场规制法的基本作用就是建立公平竞争的交易规则和维护交易秩序,而市场交易秩序的基本要求就是市场经济中各种关系的稳定性、结构的有序性、行为的规则性、进程的连续性、事件的可预测性以及财产和心理的安全性。另外,市场规制法对市场经济的作用不仅体现在它对市场秩序的维护功能上,还表现在它对市场主体的筛选和制约上,因而它有利于现代企业制度的建立。

2. 宏观调控法

宏观调控法是调整国家在宏观调控过程中发生的经济关系的法律规范的总称。国家根据宏观调控法对市场主体的依法干预具有间接性的特点,即国家不是直接通过权利和义务法律规范规定市场主体可以或不可以从事哪些市场交易活动,而是通过表现为法律规范的经济政策(如货币政策、财政政策),使市场主体明确哪些市场交易活动因符合这些经济政策而得到允许或鼓励,哪些市场交易活动因不符合这些经济政策而被限制或禁止,从而影响市场主体对具体经济行为的选择。

国民经济是一个复杂而庞大的系统,由生产、分配、交换和消费诸环节中的许多部门和单位组成,因此政府对于国民经济的宏观调控也是一个由宏观调控目标、各种经济政策以及经济、法律、行政手段的配合运用所形成的十分复杂的系统。各种宏观调控手段的调控目标、方式、原则和内容都应当由相应的法律规定,因而宏观调控法所涉及的范围很大,无法将所有的法律规范集中在一个法律文件中,形成一个完整的法典。但是,这些法律都围绕着宏观调控的总体目标而制定,因而它们之间相互协调、配套,形成一个完整的宏观调控法律体系。从体系结构来看,宏观调控法主要包括以下三个部分:一是计划法和产业政策法;二是投资法、银行法、财政法和价格法;三是对外贸易法;四是自然资源法和能源法。

3. 经济参与法

经济参与法是调整国家参与经济活动过程中发生的经济关系的法律规范的总称。经济参与是指国家基于宏观调控目标和社会公益目的,运用国有资产直接投资经营国有企业,从事特定领域的经营活动。在我国,国有经济需要参与的领域主要集中在关系国民经济命脉和国计民生的领域,如涉及国家安全的,具有社会公益性的,以及重要战略资源开发、高新技术研发等领域。因此,为了对国家参与经济活动进行规范和管理,就需要制定和实施一系列法律、法规。

对国家参与经济活动进行规范和管理,既涉及对国家运用国有资产进行投资运营的管理,又涉及对所运用的国有资产的产权及其交易的管理。因此,经济参与法主要包括国家投资法和国有资产管理法。

第四节 经济法的制定和实施

一、经济法的制定

(一) 经济法的制定的概念

经济法的制定这一概念有广义和狭义之分。从狭义上说,经济法的制定是指最高国家权力机关及其常设机关依照法定的职权和程序制定经济法律的活动。就广义而言,经济法的制定是指有权的国家机关依照法定的职权和程序制定经济法律、法规的活动。这里所说的"有权的国家机关",既包括有权制定经济法律的最高国家权力机关及其常设机关,也包括其他有权制定经济行政法规和行政规章的国家机关。上述所说的制定,包括经济法律、法规的制定、修改和废止。对于经济法的制定这一概念,本书采用广义上的含义。

经济法的制定与经济法的立法不完全相同。根据法的一般理论,立法包括法的制定和法的认可。据此,经济法的立法包括经济法的制定和经济法的认可。因此,经济法的制定不能等同于经济法的立法,后者与前者的关系在逻辑上是属种关系。另外,经济法的制定也不同于经济立法。经济立法是有权的国家机关依照法定的职权和程序制定或认可调整各种经济关系的法律规范的活动。经济立法既包括经济法的立法,也包括民商法等法律部门涉及经济关系的立法。因此,经济法的制定不同于经济立法,后者与前者的关系在逻辑上是属种关系。

(二) 经济法的渊源

根据法的一般理论,法律渊源就是法律规范的表现形式。由此,经济法的渊源就是经济法律规范的表现形式。在我国,经济法的渊源主要包括以下八种。

1. 宪法

《宪法》是我国的根本大法,具有最高法律效力。《宪法》对于国家管理经济活动作出了原则性规定,例如,我国《宪法》第 15 条规定:"国家实行社会主义市场经济。国家加强经济立法,完善宏观调控。国家依法禁止任何组织或者个人扰乱社会经济秩序。"第 18 条规定:"中华人民共和国允许外国的企业和其他经济组织或者个人依照中华人民共和国法律的规定在中国投资,同中国的企业或者其他经济组织进行各种形式的经济合作。"第 26 条规定:"国家保护和改善生活环境和生态环境,防治污染和其他公害。"这些规定不仅是经济法的重要法律规范,而且对于经济法律、法规的制定起着重要的指导作用。

2. **法律**

法律是由全国人民代表大会及其常务委员会制定的规范性文件,包括基本法律和基本法律以外的法律。其中,涉及国家调节经济生活的法律是经济法的重要法律渊源,如《反垄断法》《反不正当竞争法》《产品质量法》《消费者权益保护法》《食品安全法》《广告法》《城市房地产管理法》《中国人民银行法》《银行业监督管理法》《预算法》《价格法》《个人所得税法》《企业所得税法》《税收征收管理法》《对外贸易法》《土地管理法》等。

3. **行政法规**

行政法规是由国务院制定的规范性文件,其效力低于宪法和法律。其中,涉及调节经济生活的行政法规是经济法的重要法律渊源,如《国务院关于经营者集中申报标准的规定》《工业产品生产许可证管理条例》《认证认可条例》《食品安全法实施条例》《城市房地产开发经营管理条例》《基本农田保护条例》《外汇管理条例》《反倾销条例》《增值税暂行条例》《个人所得税法实施条例》《税收征收管理法实施细则》等。

4. **部门规章**

部门规章是国务院所属的各部、各委员会根据法律和行政法规制定的规范性文件。国务院部委制定的涉及国家调节经济生活的部门规章也是经济法的渊源,如《经营者集中审查办法》《关于禁止侵犯商业秘密行为的若干规定》《产品质量监督抽查管理暂行办法》《消费品召回管理暂行规定》《城市房地产转让管理规定》《金融机构衍生产品交易业务管理暂行办法》《个人所得税专项附加扣除暂行办法》《发票管理办法实施细则》等。

5. **地方性法规**

地方性法规是省、自治区、直辖市的人大及其常委会,以及设区的市人大及其常委会制定的规范性文件。这些地方人大及其常委会制定的涉及国家调节经济生活的地方法规属于经济法的渊源,如《上海市地方金融监督管理条例》《山东省消费者权益保护条例》等。

6. **地方政府规章**

地方政府规章是省、自治区、直辖市的人民政府,以及设区的市、自治州的人民政府制定的规范性文件。这些地方政府制定的涉及国家调节经济生活的地方规章属于经济法的渊源,如《河南省价格调节基金征收使用管理办法》《江西省房产税施行细则》等。

7. **自治法规**

自治区、自治州、自治县的人民代表大会有权根据当地特点,制定自治法规,包括自治条例和单行条例。自治条例和单行条例报上一级人民代表大会常务委员会批准后生效。自治法规中的经济法规也属于经济法的渊源。

8. 国际条约

国际条约是由两个或两个以上的国家签订的关于政治、经济、文化等方面相互间权利和义务的协议。我国同其他国家缔结的有关经济方面的双边和多边条约可以成为经济法的渊源,如《中华人民共和国政府和法兰西共和国政府关于对所得避免双重征税和防止偷漏税的协定》。

二、经济法的实施

(一) 经济法实施的概念

经济法的实施是指经济法律规范的要求在社会生活中获得实现的活动。这种活动是将经济法律规范的要求转化为经济法律关系主体行为的过程,是使经济法律规范的抽象规定具体化的过程。只有通过实施经济法律规范,才能形成经济法律关系,建立经济法律秩序。同时,经济法的实施与经济法的制定关系紧密,经济法的制定是经济法实施的前提,而经济法的实施使得经济法的制定具有意义。

经济法的实施包括经济守法、经济执法和经济司法。经济守法是经济法主体遵守经济法律规范的活动,经济执法是行政机关按照法定职权和程序执行经济法律规范的活动,而经济司法是司法机关按照法定职权和程序具体应用经济法律规范处理案件的活动。在经济法的实施中,经济守法、经济执法和经济司法是相互联系的三个重要环节,各自发挥着实现经济法的重要作用。

(二) 经济法律关系

1. 经济法律关系的概念

经济法律关系是法律关系中的一种,是指由经济法确认和调整的经济法主体之间形成的权利义务关系。根据调整的部门法的不同,经济法律关系可以分为市场规制法律关系、宏观调控法律关系和国有参与法律关系三大类。当然由具体经济法律调整的经济关系可以形成具体的经济法律关系,如竞争法律关系、财政法律关系、价格管理法律关系等。

经济法律关系的产生、变更和终止,都以一定的法律事实为依据。这里所讲的法律事实,是指由经济法所确认的,能够引起经济法律关系产生、变更和终止的情况,包括法律事件和法律行为。

2. 经济法律关系的要素

经济法律关系由三个要素构成,即经济法律关系的主体、经济法律关系的内容和经济法律关系的客体。缺少其中任何一个要素,都不能构成经济法律关系。

（1）经济法律关系的主体。经济法律关系的主体，即经济法主体，是指参与经济法律关系，依法享有经济权利和承担经济义务的当事人。与民事法律关系主体不同，经济法律关系的主体之间存在着管理和被管理的关系，即规制和被规制、调控和被调控的关系，它们的法律地位是不平等的。经济法律关系的主体一般包括两类，即经济管理主体和经济活动主体。

经济管理主体是履行经济管理职能、对经济活动主体及其经营行为实施管理的国家机关和法律、法规授权的组织。这里所说的国家机关，主要是指政府及其经济管理部门。政府就是国务院和地方各级人民政府，它们在依法履行经济管理职能中成为经济法的主体。政府的经济部门是具有经济管理职能的行政部门，在依法履行职责中成为经济法的主体。它可以分为两种：一是职能性的经济管理部门，如财政部、商务部；二是行业性经济管理部门，如中国人民银行、中国证券监督管理委员会。这里所说的法律、法规授权的组织，是指经法律、法规授权实施经济管理的社会组织。

经济活动主体就是市场主体，即在市场中从事经营活动，依法接受经济管理主体管理的个人和组织，它包括企业法人、其他经济组织和社会组织，以及自然人、个体工商户和农村承包经营户。这些市场主体接受管理主体的管理，即规制和调控，因而属于被管理主体。企业法人就是以营利为目的，从事生产经营活动的法人。其他经济组织就是不具备法人资格，但被允许从事生产经营活动的组织，如企业法人的分支机构等。其他社会组织主要包括学校、医院等事业单位，工会、学术团体等社会团体，以及参与经济活动的中介组织。自然人、个体工商户和农村承包经营户，也可以成为经济法律关系的主体，如成为税收征管法律关系的主体。

（2）经济法律关系的内容。经济法律关系的内容是指经济法律关系主体享有的经济权利和承担的经济义务。它是联系经济法律关系主体的纽带。

经济权利是指经济法主体依法享有的自己为或不为一定行为和要求他方为或不为一定行为的资格。因经济法主体不同，其所享有的经济权利是不同的，主要包括以下两种：① 经济管理主体所享有的经济权力。经济管理主体依法享有经济管理职权，即经济管理主体在依法进行经济干预和管理时所享有的权力，它包括立法、决策、命令、禁止、许可、批准、撤销、审核、免除、确认、协调、监督、处罚等权力。经济职权是经济管理主体所享有的权力，也是其应当履行的职责，是不能放弃的，因而经济职权和经济职责是统一的。② 经济活动主体所享有的经济权利。企业是经济活动中最重要的主体，它在进行经济活动中享有各种经济权利，包括企业财产所有权、经营管理权、获取收益权等。经营管理权包括经营方式选择权、生产经营决策权、物资采购权、产品销售权、劳动人事管理权、资金支配使用权、物资管理权以及其他经营管理权。

经济义务是指经济法主体依法承担的必须为或不为一定行为的责任。就经济管理主体来说,它必须做到正确、积极、严格地行使经济职权,履行经济职责。就经济活动主体来说,它必须依法开展经济活动,保障社会公众的利益和职工的利益,接受和服从国家机关和法律、法规授权组织的管理和监督。

(3) 经济法律关系的客体。经济法律关系的客体,是指经济法主体依法享有的经济权利和承担的经济义务所共同指向的对象。

根据经济法的规定,经济法律关系的客体包括以下三种: ① 行为。它是指经济法主体在进行经济干预和管理过程中所进行的有意识的活动,如国家机关行使经济管理职权的行为。② 物。物是民事法律关系的普遍客体,只有与经济干预和管理有关的物,才能成为经济法律关系的客体,如自然资源开发、利用和保护法律关系的客体是土地、森林、草原、水等自然物。③ 无形财产。它是指不具有独立的实物形态,但可为经济法主体所控制,并具有经济价值的脑力劳动成果以及可直接进行交换的财产权利,如土地使用权、专营权、特许权等。

第五节 经济法责任

一、经济法责任的概念和特点

关于经济法责任的问题[1],学界讨论多年,学者们在经济法责任的含义、类型、形式等问题上的认识存有差异,但许多学者认同经济法是一种独立法律责任的观点[2]。

何谓经济法责任? 经济法责任是法律责任的一种。一般认为,法律责任是人们违反法律规定的义务应当承担的法律后果。由此可以推论,经济法责任是经济法主体违反经济法规定的义务应当承担的法律后果。

与其他法律责任相比,经济法责任具有以下特点: ① 它具有经济性。经济法责任是经济法主体违反经济法规定的义务而承担的法律责任,而经济法规定的义务是国家在干预经济活动过程中对经济法主体提出的行为要求,因此经济法责任都发生在经济领域,都是因国家干预经济生活而引起的。② 它具有社会性。所谓社会性,就是经济法责任和社会利益直接相关。国家按照经济法规定

---

[1] 关于经济法的责任,学者们采用不同的语词来表达,其中有经济法责任、经济法律责任、经济法主体的法律责任等,本书采用"经济法责任"一词。

[2] 参见张守文:《经济法学》,中国人民大学出版社,2018,第78—79页;李昌麒主编《经济法学》,中国政法大学出版社,2017,第72页;漆多俊:《经济法基础理论》,法律出版社,2017,第187页;符启林、刘继峰主编《经济法学》,中国政法大学出版社,2016,第82—83页。

干预经济生活，对经营者的经营活动进行规制，对整个经济运行进行宏观调控，其目的是维护社会经济的秩序、效率和公平，促进其健康、协调和可持续发展，说到底是为了维护社会利益。因此，追究违反经济法义务主体的经济法责任，根本上是为了维护社会利益。从这个意义上说，经济法责任是一种社会责任。③它具有综合性。在民法、行政法和刑法等传统法律部门中，法律调整方式的单一性使得法律责任具有单一性，由此分别形成民事责任、行政责任和刑事责任。经济法责任则因其多种调整方式而将民事责任、行政责任和刑事责任串联在一起，从而呈现出综合性的特点。

对于经济法责任，可以按照不同的标准作不同的分类。按照违反经济法的所属部门，经济法责任可以分为违反市场规制法的责任、违反宏观调控法的责任和违反国有参与法的责任。按照违法主体的不同，可以分为经济管理主体的责任和经济活动主体的责任。对于上述法律责任，还可以作进一步的分类。例如，对于违反市场规制法的责任，按照违反的具体法律，可以分为违反反垄断法的法律责任、违反反不正当竞争法的法律责任、违反产品质量法的法律责任、违反消费者权益保护法的法律责任、违反广告法的法律责任等。当然，我们还可以往下继续进行分类。

二、经济法责任的形式

关于经济法责任的形式，学者们有着不同的观点。例如，有学者认为，经济法责任的形式主要包括财产和其他经济利益方面的责任、经济行为方面的责任、经济信誉方面的责任、经济管理行为方面的责任①。也有学者认为，经济法责任形式有经济责任和非经济责任之分，经济责任又有补偿性经济责任和惩罚性经济责任之分，非经济责任又有行为责任、信誉责任、资格减免责任和人身责任之分②。我们认为，经济法责任的形式是将民事责任、行政责任和刑事责任形式组合而成的综合性责任形式，同时在综合这些责任形式中又呈现出特殊性。

（一）经济法责任形式是综合性责任形式

经济法采用多种调整方式调节经济法主体的行为，因而经济法责任形式是将民事责任、行政责任和刑事责任形式进行组合，由此形成的综合性的责任形式。这种综合性的责任形式，并不意味着否定经济法责任的独立性，而是恰恰呈现出这种独立性。

民事责任、行政责任和刑事责任的形式，由民法、行政法和刑法这些传统法律部门创立，并适用于惩罚这些部门法律所规定的违法行为。但是，这并不意味

---

① 漆多俊：《经济法基础理论》，法律出版社，2017，第187—190页。
② 杨紫烜、徐杰主编《经济法学》，北京大学出版社，2015，第100页。

着这些法律责任形式为创立它的法律部门所独享。这是因为,民事责任的形式解决的是作为民事主体的一方侵害另一方个人利益的责任承担问题,行政责任的形式解决的是行政相对人违反法律规定侵害社会利益或国家利益的责任承担问题,刑事责任的形式解决的是行为人违反法律规定严重侵害社会利益或国家利益的责任承担问题。因此,法律部门是否采用某种法律责任形式,主要看违法行为损害利益的属性。从这个意义上说,民事责任、行政责任和刑事责任的形式,可以为其他法律部门所采用。

从经济法来看,国家在规制市场运行、实施宏观调控和参与经济活动中,经济法主体违反法律规定可能对个人利益、社会利益甚至国家利益造成损害,这种损害可能是一般的,也可能是严重的。因此,经济法在调节经济活动时,可以根据经济法主体违法所损害的利益及其严重程度,综合采用民事、行政和刑事责任形式来规制经济法主体行为,以达到规范市场运行秩序、推动经济健康发展的目的。

(二) 经济法责任形式是特殊性责任形式

从经济法上的法律责任与传统部门法的关系来看,经济法是为解决现代问题而产生的高层次的法,因而它必然以传统部门法的法律责任为基础,以民事、行政和刑事责任形式组合而成综合性责任形式,但这不是这些传统部门法各种责任形式的简单相加或随机综合[①],而是根据自身规制需要建构起来的责任形式,因而有不同于传统部门法责任形式的特殊性。可以说,经济法责任既与传统法律责任具有渊源性联系,也是各种传统法律责任形式拓展的结果[②]。

1. 民事责任形式引入惩罚性赔偿

传统民法规定的民事责任注重补偿性,即违反民法规定的当事人对其行为造成损害的当事人的损失仅作填补性的赔偿,因而民法所规定的赔偿损失只是要求侵害人赔偿受害人因侵害人违约或侵权造成的实际损失。与民事违法不同的是,经济违法具有一些特点,如违法行为具有隐蔽性而带来较大的查处难度,危害涉及的主体范围广且具有不确定性。此外,违法行为认定上的技术特性以及举证上的难度等因素,也增加了受害人诉讼的风险。因此,从惩罚侵害人违法行为和激励受害人诉讼的角度考虑,立法者除了规定补偿性赔偿之外,还将惩罚性赔偿列入经济法责任形式。实际上,这也是对传统民法责任形式的拓展。对此,我国《民法典》在阐述传统民事责任之后,肯定了惩罚性赔偿形式。该法典第179条规定:"法律规定惩罚性赔偿的,依照其规定。"

---

① 张守文:《经济法学》,中国人民大学出版社,2018,第78页。
② 吕忠梅:《经济法律责任论》,《法商研究》1998年第4期。

2. 行政责任形式具有经济性和专用性

在经济法责任中,除了对国家工作人员采用行政处分、免职等责任形式外,对市场主体设定的行政责任形式一般具有经济性,即对实施经济违法行为的市场主体在经济上会产生直接或间接的不利后果。它主要包括以下三种:一是财产罚,即对违法者课以剥夺或者限制其财产权的责任形式,如罚款、罚金、缴纳滞纳金、没收违法所得等;二是资格罚,即对违法者课以剥夺或者限制其从事某种经济行为资格的责任形式,如责令停产停业、吊销营业执照等;三是信誉罚,即对违法者课以信用减等、声誉下降的责任形式,如将违法行为向社会公告等。

经济法所规定的行政责任,除了包括与其他部门法共用的责任形式,如罚款、吊销营业执照、行政处分等,还创设了一些自身特有的、仅适用于经济违法行为的责任形式,如暂停广告发布业务,责令停止房地产开发业务活动,责令交还土地,限期拆除在非法占用的土地上新建的建筑物和其他设施、恢复土地原状,责令缴纳复垦费,责令停止实施集中、限期处分股份或者资产、限期转让营业以及采取其他必要措施恢复到集中前的状态,等等。

复习思考题

1. 试析经济法产生的原因。
2. 如何理解经济法的调整对象?
3. 经济法应包括哪些基本原则?
4. 试述经济法的体系及其结构。
5. 经济法律关系应包含哪些要素?

第二章 反垄断法

　　市场经济需要竞争，竞争是市场经济最重要的运行机制，它的基本作用就是给经营者以动力和压力，以优化资源配置、激励技术创新，但是竞争必然引起资本积聚和生产集中，以至于形成垄断。垄断使得竞争受到限制甚至完全消失，从而阻碍生产力的发展，给经济和社会带来危害，因此各国通过反垄断立法加以预防和制止。反垄断法是保护市场公平竞争、维护市场竞争秩序、充分发挥市场配置资源决定性作用的基本法律制度，素有"经济宪法"之称。在我国，随着社会主义市场经济体制的建立和完善，市场竞争已经成为推动经济发展的重要机制。为了预防和制止垄断行为，保护市场公平竞争，促进经济健康发展，我国已建立起以《反垄断法》为基本法的反垄断法律体系。

第一节　反垄断法概述

一、垄断的概念

（一）垄断的定义

　　关于垄断的概念，最早是由经济学加以阐述的。经济学将市场划分为完全竞争市场、完全垄断市场，以及介于两者之间的垄断竞争市场和寡头垄断市场。完全竞争市场是符合下列条件的市场：一是市场上有大量的买者或者卖者；二是市场上的商品是同质和无差别的；三是市场上的各种生产资源能够自由流动，不受任何限制。完全垄断市场是完全由一家企业所控制的市场。垄断竞争市场是介于完全竞争市场和完全垄断市场之间的符合下列条件的市场：一是企业的数目比较多，彼此之间有竞争，新企业有可能加入某一行业；二是产品在数量、包装、形状、商标等方面存在差别。寡头垄断市场是指在一个市场上有少数几家企业供给产品，各占较大份额，这些企业被称为寡头。在经济学上，独占和寡占分别指的是垄断市场和寡头市场。独占（monopoly）就是整个市场或者产业中只有一家厂商提供产品，且其生产的产品没有类似的替代品；寡占（oligopoly）是指市场为少数厂商所控制，而且在少数厂商中有一个以上的规模大到足以联合总体市场,影响市场价格的情况①。

在经济学中,英文中的"独占"(monopoly)常常被译为"垄断",而在反垄断法中,独占只是涉及垄断行为的一项内容,其含义和范围要比经济学中的独占宽得多,相当于经济学中的独占和寡占的情形②。法律上所说的垄断,是指垄断主体在市场经济运行过程中进行的排他性控制或对市场竞争进行实质限制、妨碍公平竞争秩序的行为或状态。法律意义上的垄断具有两个显著特征,即违法性和危害性。也就是说,垄断是对市场竞争构成实质性危害的行为或状态,相应地也是法律明文禁止的行为或状态。

(二) 垄断的分类

垄断有多种分类。根据垄断者占有市场的差异,可分为独占垄断、寡头垄断和联合垄断。独占垄断是指一家企业对整个行业的生产、销售和价格有完全的控制能力,即在该企业所在的行业内不存在任何竞争。寡头垄断是指市场上只有为数不多的企业生产、销售某种特定的产品或者提供服务的状况,每个企业在市场上都占有一定的份额,对产品或者服务的价格实施排他性的控制,但它们之间又存在一定的竞争。联合垄断是指多个相互之间有竞争关系并有相当经济实力的企业,通过一定的形式(如垄断协议等),联合控制某一产业的市场或销售的状况。

根据垄断产生的原因,垄断又可分为经济性垄断、国家垄断、行政性垄断和自然垄断。经济性垄断又称市场垄断,是指市场主体通过自身的力量设置市场进入障碍而形成的垄断。国家垄断是指由国家对某一产业的生产、销售等直接控制,不允许其他市场主体进入该市场领域的情况。行政性垄断是指由政府行政机构设置的市场进入障碍而形成的垄断。自然垄断是指由于市场的自然条件而产生的垄断经营。

二、反垄断法的概念及其立法

反垄断法是现代经济法的重要组成部分,是通过规范垄断和限制竞争行为来调整经营者相互之间竞争关系的法律规范的总称。

现代意义上的反垄断法是美国于1890年颁布的《谢尔曼法》(即《保护贸易和商业不受非法限制与垄断之害法》)。作为对该法的补充,美国又于1914年通过了《克莱顿反托拉斯法》和《联邦贸易委员会法》。由此,这三部法律构成了美国反垄断法的核心。它们与之后颁布的《罗宾逊—帕特曼法》《韦伯—波默斯法案》,各州政府反托拉斯法,以及司法部和联邦贸易委员会联合颁布的《横向合并

---

① 孔祥俊:《反垄断法原理》,中国法制出版社,2001,第493—494页。
② 孔祥俊:《反垄断法原理》,中国法制出版社,2001,第494页。

指南》《国际经营反托拉斯执法指南》等共同构成美国的反垄断法体系。第二次世界大战后,各国纷纷开展反垄断立法。例如,1947年日本颁布《关于禁止私人垄断和确保公正交易法》,1948年英国颁布《垄断和限制行为调查和管制法》,1957年德国颁布《反对限制竞争法》,1980年韩国颁布《规制垄断与公平交易法》,1991年俄罗斯颁布《关于在商品市场上竞争和限制垄断的法律》,等等。从各国反垄断法的立法体例看,呈现出两种模式:一是单列式立法,即为专门规制垄断行为立法,如德国、日本等;二是混合式立法,即将垄断行为与不正当竞争行为的规制合并立法,如韩国、俄罗斯等。

我国1993年制定了《反不正当竞争法》,该法采取了重点规制不正当竞争行为,同时对部分垄断行为予以规制的做法,一度形成了混合式竞争立法体例。随着我国经济体制改革的逐步深入和对外开放的不断扩大,我国防止和制止垄断行为的相关规定已经不能完全适应发展社会主义市场经济和参与国际竞争的需要,制定一部系统、全面的反垄断法被提上议事日程。经过十余年的起草和修改,《反垄断法》于2007年8月30日经十届全国人大常委会第二十九次会议通过,并于2008年8月1日起正式实施。与大多数国家一样,我国《反垄断法》不仅适用于我国境内经济活动中的垄断行为,也适用于对我国境内产生排除、限制影响的境外的垄断行为[①]。

之后,围绕着《反垄断法》的实施,我国先后颁布了一系列行政法规和规章,如国务院于2008年8月3日颁布的《国务院关于经营者集中申报标准的规定》、国务院反垄断委员会于2009年5月24日颁布的《国务院反垄断委员会关于相关市场界定的指南》、商务部于2009年11月24日颁布的《经营者集中审查办法》、国家发展和改革委员会于2012年12月29日颁布的《反价格垄断规定》、国家工商行政管理总局于2010年12月31日颁布的《工商行政管理机关禁止垄断协议行为的规定》《工商行政管理机关禁止滥用市场支配地位行为的规定》和《工商行政管理机关制止滥用行政权力排除、限制竞争行为的规定》等,最高人民法院于2012年5月3日发布了《最高人民法院关于审理因垄断行为引发的民事纠纷案件应用法律若干问题的规定》。

三、相关市场界定

(一)相关市场及其界定的含义

垄断是限制竞争的行为,因而确定竞争关系成为认定经营者垄断行为或状态的前提。商品之间的竞争是在市场上发生的,但并非所有商品之间都存在竞争

[①] 《反垄断法》第2条规定:"中华人民共和国境内经济活动中的垄断行为,适用本法;中华人民共和国境外的垄断行为,对境内市场竞争产生排除、限制影响的,适用本法。"

关系,这种竞争关系是存在于一定的市场范围内的。因此,经营者的行为或状态是否构成垄断,首先就需要确定竞争范围(即市场范围),这就是反垄断法中所说的界定相关市场。相关市场界定是一个共性问题,不仅存在于规制滥用市场支配地位的制度中,而且在规制垄断协议、经营者集中及行政垄断等制度中也均有涉及。

我国《反垄断法》第12条第2款规定:"本法所称相关市场,是指经营者在一定时期内就特定商品或者服务(以下统称商品)进行竞争的商品范围和地域范围。"根据国务院反垄断委员会于2009年5月24日发布的《国务院反垄断委员会关于相关市场界定的指南》,相关商品市场,是根据商品的特性、用途及价格等因素,由需求者认为具有较为紧密替代关系的一组或一类商品所构成的市场。这些商品表现出较强的竞争关系,在反垄断执法中可以作为经营者进行竞争的商品范围。相关地域市场,是指需求者获取具有较为紧密替代关系的商品的地理区域。这些地域表现出较强的竞争关系,在反垄断执法中可以作为经营者进行竞争的地域范围。该指南还规定,当生产周期、使用期限、季节性、流行时尚性或知识产权保护期限等已构成商品不可忽视的特征时,界定相关市场还应考虑时间性。在技术贸易、许可协议等涉及知识产权的反垄断执法工作中,可能还需要界定相关技术市场,考虑知识产权、创新等因素的影响。

(二) 界定相关市场的依据和方法

1. 界定相关市场的基本依据

在反垄断执法实践中,相关市场范围的大小主要取决于商品或其地域的可替代程度。在市场竞争中对经营者行为构成直接和有效竞争约束的,是市场中存在需求者认为具有较强替代关系的商品或能够提供这些商品的地域,因此,界定相关市场主要从需求者角度进行需求替代分析。当供给替代对经营者行为产生的竞争约束类似于需求替代时,也应考虑供给替代。

需求替代是根据需求者对商品功能用途的需求、质量的认可、价格的接受以及获取的难易程度等因素,从需求者的角度确定不同商品之间的替代程度。原则上,从需求者角度来看,商品之间的替代程度越高,竞争关系就越强,就越可能属于同一相关市场。

供给替代是根据其他经营者改造生产设施的投入、承担的风险、进入目标市场的时间等因素,从经营者的角度确定不同商品之间的替代程度。原则上,其他经营者生产设施改造的投入越少,承担的额外风险越小,提供紧密替代商品越迅速,则供给替代程度就越高,界定相关市场尤其在识别相关市场参与者时就应考虑供给替代。

2. 界定相关市场的一般方法

界定相关市场的方法不是唯一的。在反垄断执法实践中,根据实际情况,可能使用不同的方法。界定相关市场时,可以基于商品的特征、用途、价格等因素进行需求替代分析,必要时进行供给替代分析。在经营者竞争的市场范围不够清晰或不易确定时,可以按照"假定垄断者测试"的分析思路来界定相关市场。反垄断执法机构鼓励经营者根据案件具体情况运用客观、真实的数据,借助经济学分析方法来界定相关市场。无论采用何种方法界定相关市场,都要始终把握商品满足消费者需求的基本属性,并以此作为对相关市场界定中出现明显偏差时进行校正的依据。

(1) 界定相关商品市场考虑的主要因素。从需求替代角度界定相关商品市场,可以考虑的因素包括但不限于以下五个方面:第一,需求者因商品价格或其他竞争因素变化,转向或考虑转向购买其他商品的证据。第二,商品的外形、特性、质量和技术特点等总体特征和用途。商品可能在特征上表现出某些差异,但需求者仍可以基于商品相同或相似的用途将其视为紧密替代品。第三,商品之间的价格差异。通常情况下,替代性较强的商品价格比较接近,而且在价格变化时表现出同向变化趋势。在分析价格时,应排除与竞争无关的因素引起价格变化的情况。第四,商品的销售渠道。销售渠道不同的商品面对的需求者可能不同,相互之间难以构成竞争关系,因此成为相关商品的可能性较小。第五,其他重要因素。例如,需求者偏好或需求者对商品的依赖程度,可能阻碍大量需求者转向某些紧密替代商品的障碍、风险和成本,是否存在区别定价,等等。

从供给角度界定相关商品市场,一般考虑的因素包括:一是其他经营者对商品价格等竞争因素的变化作出反应的证据;二是其他经营者的生产流程和工艺、转产的难易程度、转产需要的时间、转产的额外费用和风险、转产后所提供商品的市场竞争力、营销渠道等。

须注意,任何因素在界定相关商品市场时的作用都不是绝对的,可以根据不同情况有所侧重。

(2) 界定相关地域市场考虑的主要因素。从需求替代角度界定相关地域市场,可以考虑的因素包括但不限于以下五个方面:第一,需求者因商品价格或其他竞争因素变化,转向或考虑转向其他地域购买商品的证据。第二,商品的运输成本和运输特征。相对于商品价格来说,运输成本越高,相关地域市场的范围越小,如水泥等商品;商品的运输特征也决定了商品的销售地域,如需要管道运输的工业气体等商品。第三,多数需求者选择商品的实际区域和主要经营者商品的销售分布。第四,地域间的贸易壁垒,包括关税、地方性法规、环保因素、技术因素等。如关税相对商品的价格来说比较高,则相关地域市场很可能是一个区域性市场。第五,其他重要因素。例如,特定区域需求者偏好,商品运进和运出该地域的数量,等等。

从供给角度界定相关地域市场时,一般考虑的因素包括:一是其他地域的经营者对商品价格等竞争因素的变化作出反应的证据;二是其他地域的经营者供应或销售相关商品的即时性和可行性,如将订单转向其他地域经营者的转换成本等。

四、垄断的判断标准和豁免制度

(一) 垄断的判断标准

关于垄断的判断标准,美国司法实践中逐渐形成了判断垄断和垄断行为违法的两大原则,即本身违法原则和合理原则。之后,这两项原则被各国反垄断法所采用。例如,德国《反对限制竞争法》从竞争的角度将卡特尔大致分为两类,一类是被禁止的,适用本身违法原则,另一类是可允许的,适用合理原则[①]。

本身违法原则(illegal per se rule)在1940年索科尼真空石油公司案中得以确立,其含义是:市场上某些类型的反竞争行为,不管其产生的原因和后果,均得被视为非法。根据各国反垄断的立法和实践,适用本身违法原则的限制竞争行为主要有价格卡特尔、生产数量卡特尔和分割销售市场的卡特尔。合理原则是1911年新泽西标准石油公司案确立的原则,它要求法官在处理垄断案件时采取谨慎态度,认真权衡利弊得失,在充分考虑当事人的行为意图、行为方式以及行为后果等因素后,再对当事人的行为是否构成垄断和是否违法作出判断。这意味着,不是所有的垄断行为均被视为违法,其违法性应按具体情况而定。该原则的好处在于对个案行为进行实质性分析,有利于判决结果的公正性,弥补了本身违法原则的僵硬,但是它在赋予法官和执法官员自由裁量权的同时,增加了争议解决中的非连续性和不可预见性,也提高了诉讼成本。

(二) 反垄断法的豁免制度

反垄断的豁免制度是指一些垄断行为在形式上符合反垄断法禁止的情形,但总体上有利于社会整体利益,因而不再适用反垄断法禁止性规定的法律制度。但是,这并不意味着被豁免的垄断行为对市场竞争没有任何危害,而是说它给市场竞争带来的积极影响明显大于它所产生的消极影响。可见,对某些垄断行为的豁免是利益衡量的结果。

正因为如此,各国反垄断法中都有豁免的制度安排。由于各国或者一国不同历史时期经济发展和竞争政策的不同,其反垄断法所规定的豁免条件和范围也有所不同。我国《反垄断法》对于垄断协议、经营者集中的豁免作出了明确规定。

---

① 王晓晔:《竞争法研究》,中国法制出版社,1999,第210—216页。

第二节 垄断行为的规制

一、垄断协议的规制

（一）垄断协议的概念

垄断协议是指违反法律规定，经营者之间达成的或者行业协会组织本行业经营者达成的排除、限制竞争的协议、决定或者其他协同行为。其中，协议是指经营者之间通过书面协议或者口头协议的形式，就排除、限制竞争达成的一致意思表示；决议是指企业集团或者其他形式的企业联合体以决议的形式实施的要求其成员企业共同实施的排除、限制竞争的行为；其他协同行为是指经营者虽未明确订立书面或者口头形式的协议或者决定，但实质上存在协调一致的行为。根据2010年12月31日国家工商行政管理总局颁布的《工商行政管理机关禁止垄断协议行为的规定》（以下简称《禁止垄断协议行为的规定》）第3条的规定，认定其他协同行为，应当考虑下列因素：① 经营者的市场行为是否具有一致性；② 经营者之间是否进行过意思联络或者信息交流；③ 经营者能否对一致行为作出合理的解释。认定其他协同行为，还应当考虑相关市场的结构情况、竞争状况、市场变化情况、行业情况等。

经营者达成垄断协议是经济生活中的一种典型垄断行为，它会造成固定价格、划分市场以及阻碍、限制其他经营者进入市场等排除、限制竞争的后果，抑制市场公平竞争，损害市场配置资源的功能，因而为各国反垄断法所禁止。但在实践中，经营者达成的某些协议虽然具有限制竞争的后果，整体上却有利于技术进步、经济发展和社会公共利益，因此我国《反垄断法》与其他国家反垄断法一样，对这类协议予以豁免。

（二）垄断协议的类型

《反垄断法》禁止经营者达成横向垄断协议与纵向垄断协议，并对禁止达成的具体垄断协议作出了规定。

1. 横向垄断协议

所谓横向垄断协议，是指具有竞争关系的经营者之间形成的排除、限制竞争的协议、决定或者其他协同行为。《反垄断法》第13条规定，禁止具有竞争关系的经营者达成下列垄断协议：① 固定或者变更商品价格；② 限制商品的生产数量或者销售数量；③ 分割销售市场或者原材料采购市场；④ 限制购买新技术、新设备或者限制开发新技术、新产品；⑤ 联合抵制交易；⑥ 国务院反垄断执法机构认定的其他垄断协议。

为了认定各种禁止的垄断协议,2010年国家发展和改革委员会发布的《反价格垄断规定》和《禁止垄断协议行为的规定》对上述协议列出了更详细的类型。具体来说,上述第①项规定的价格垄断协议包括:固定或者变更商品和服务的价格水平;固定或者变更价格变动幅度;固定或者变更对价格有影响的手续费、折扣或者其他费用;约定采用据以计算价格的标准公式;等等。上述第②项规定的限制数量的垄断协议包括:以限制产量、固定产量、停止生产等方式限制商品的生产数量或者限制商品特定品种、型号的生产数量;以拒绝供货、限制商品投放量等方式限制商品的销售数量或者限制商品特定品种、型号的销售数量。上述第③项规定的分割市场的垄断协议包括:划分商品销售地域、销售对象或者销售商品的种类、数量;划分原料、半成品、零部件、相关设备等原材料的采购区域、种类、数量;划分原料、半成品、零部件、相关设备等原材料的供应商。上述第④项规定的限制技术进步的垄断协议包括:限制购买、使用新技术、新工艺;限制购买、租赁、使用新设备;限制投资、研发新技术、新工艺、新产品;拒绝使用新技术、新工艺、新设备;拒绝采用新的技术标准。上述第⑤项规定的联合抵制交易的垄断协议包括:联合拒绝向特定经营者供货或者销售商品;联合拒绝采购或者销售特定经营者的商品;联合限定特定经营者不得与其具有竞争关系的经营者进行交易。

2.纵向垄断协议

所谓纵向垄断协议,是指经营者与交易相对人之间达成的排除、限制竞争的协议、决定或者其他协同行为。《反垄断法》第14条规定,禁止经营者与交易相对人达成下列垄断协议:① 固定向第三人转售商品的价格;② 限定向第三人转售商品的最低价格;③ 国务院反垄断执法机构认定的其他垄断协议。

法律不仅禁止经营者自己达成垄断协议,而且禁止行业协会组织经营者实施这种行为。对此,《反垄断法》第16条规定:"行业协会不得组织本行业的经营者从事本章禁止的垄断行为。"根据《禁止垄断协议行为的规定》第9条的规定,行业协会组织本行业的经营者从事法律禁止的垄断协议行为的方式主要有两种:一是制定、发布含有排除、限制竞争内容的行业协会章程、规则、决定、通知、标准等;二是召集、组织或者推动本行业的经营者达成含有排除、限制竞争内容的协议、决议、纪要、备忘录等。

(三)垄断协议的豁免

所谓垄断协议的豁免,是指经营者达成的协议、决定或者其他协同行为,虽然会排除、限制竞争并构成垄断协议,但该类协议在其他方面所带来的好处要大于其对竞争秩序的损害,因此法律规定对其豁免,即排除适用反垄断法的规定。

根据《反垄断法》第15条的规定,经营者能够证明所达成的协议属于下列情形之一的,予以豁免:① 为改进技术、研究开发新产品的;② 为提高产品质量、降低成本、增进效率,统一产品规格、标准或者实行专业化分工的;③ 为提高中小经营者经营效率,增强中小经营者竞争力的;④ 为实现节约能源、保护环境、救灾救助等社会公共利益的;⑤ 因经济不景气,为缓解销售量严重下降或者生产明显过剩的;⑥ 为保障对外贸易和对外经济合作中的正当利益的;⑦ 法律和国务院规定的其他情形。属于上述第①项至第⑤项情形予以豁免的,经营者还应当证明所达成的协议不会严重限制相关市场的竞争,并且能够使消费者分享由此产生的利益。

二、滥用市场支配地位的规制

一般来说,具有市场支配地位的经营者都是市场份额较大、实力较雄厚的大公司、大企业。虽然各国反垄断法一般都不禁止经营者通过竞争取得市场支配地位,但都禁止经营者滥用其市场支配地位排除、限制竞争的行为。我国《反垄断法》采取这一国际通行做法,在第三章专门对经营者滥用市场支配地位作了明确规定,力图做到既不妨碍、不限制大公司、大企业的存在和发展,符合我国鼓励企业做大做强、发展规模经济的政策,又能够有效制止经营者滥用其市场支配地位破坏竞争的行为,有利于创造和维护公平竞争的市场环境,保护消费者权益。

(一)滥用市场支配地位的概念

滥用市场支配地位是指具有市场支配地位的经营者在经济活动中,不正当地利用其所处的市场地位而实施的排除、限制竞争的行为。

所谓市场支配地位,是指经营者在相关市场内具有能够控制商品价格、数量或者其他交易条件,或者能够阻碍、影响其他经营者进入相关市场能力的市场地位。其中,其他交易条件,是指除商品价格、数量之外能够对市场交易产生实质影响的其他因素,包括商品品质、付款条件、交付方式、售后服务等;能够阻碍、影响其他经营者进入相关市场,是指排除其他经营者进入相关市场,或者延缓其他经营者在合理时间内进入相关市场,或者导致其他经营者虽能够进入该相关市场,但进入成本提高,难以在市场中开展有效竞争等。

(二)市场支配地位的判断

1. 市场支配地位的认定

认定经营者具有市场支配地位,是规制经营者滥用市场支配地位这一垄断行为的前提。根据《反垄断法》第18条和2010年12月31日国家工商行政管理总局颁布的《工商行政管理机关禁止滥用市场支配地位行为的规定》(以下简称《禁止滥用市场支配地位行为的规定》)第10条的规定,认定经营者具有市场支配地位,应当综合考虑多种因素,具体包括以下六个方面。

(1) 该经营者在相关市场的市场份额以及相关市场的竞争状况。市场份额是指一定时期内经营者的特定商品销售额、销售数量等指标在相关市场所占的比重。分析相关市场竞争状况应当考虑相关市场的发展状况、现有竞争者的数量和市场份额、商品差异程度以及潜在竞争者的情况等。

(2) 该经营者控制销售市场或者原材料采购市场的能力。认定经营者控制销售市场或者原材料采购市场的能力，应当考虑该经营者控制销售渠道或者采购渠道的能力，影响或者决定价格、数量、合同期限或者其他交易条件的能力，以及优先获得企业生产经营所必需的原料、半成品、零部件及相关设备等原材料的能力。

(3) 该经营者的财力和技术条件。认定经营者的财力和技术条件，应当考虑该经营者的资产规模、财务能力、盈利能力、融资能力、研发能力、技术装备、技术创新和应用能力、拥有的知识产权等。对于经营者的财力和技术条件的分析认定，应当同时考虑其关联方的财力和技术条件。

(4) 其他经营者对该经营者在交易上的依赖程度。认定其他经营者对该经营者在交易上的依赖程度，应当考虑其他经营者与该经营者之间的交易量、交易关系的持续时间、转向其他交易相对人的难易程度等。

(5) 其他经营者进入相关市场的难易程度。认定其他经营者进入相关市场的难易程度，应当考虑市场准入制度、拥有必需设施的情况、销售渠道、资金和技术要求以及成本等。

(6) 与认定该经营者市场支配地位有关的其他因素。

2. **市场支配地位的推定**

为了节约执法成本，简化市场支配地位的判断过程，法律规定仅以经营者的市场份额来推定其具有市场支配地位。对此，《反垄断法》第19条规定，有下列情形之一的，可以推定经营者具有市场支配地位：① 一个经营者在相关市场的市场份额达到1/2的；② 两个经营者在相关市场的市场份额合计达到2/3的；③ 三个经营者在相关市场的市场份额合计达到3/4的。有上述第②项、第③项规定的情形，其中有的经营者市场份额不足1/10的，不应当推定该经营者具有市场支配地位。

须注意，仅以市场份额标准推定经营者具有市场支配地位，难免会产生偏差，因此《反垄断法》第19条规定："被推定具有市场支配地位的经营者，有证据证明不具有市场支配地位的，不应当认定其具有市场支配地位。"也就是说，被推定具有市场支配地位的经营者，能够根据《反垄断法》第18条和《禁止滥用市场支配地位行为的规定》第10条所列因素，证明其在相关市场内不具有控制商品价格、数量或者其他交易条件，或者能够阻碍、影响其他经营者进入相关市场的能力,则不应当认定其具有市场支配地位。

(三) 滥用市场支配地位的行为

根据《反垄断法》的规定,国家禁止具有市场支配地位的经营者从事以下六种滥用市场支配地位的行为。

1. 垄断价格

垄断价格就是经营者凭借其市场支配地位在交易活动中以不公平的高价销售商品或者以不公平的低价购买商品,损害交易相对方利益的行为。经营者实施这种行为的目的,在于剥削与其交易的经营者,谋取垄断利润。

关于低买高卖行为的认定,2010年12月国家发展和改革委员会发布的《反垄断价格规定》第11条规定,认定"不公平的高价"和"不公平的低价",应当考虑下列因素:① 销售价格或者购买价格是否明显高于或者低于其他经营者销售或者购买同种商品的价格;② 在成本基本稳定的情况下,是否超过正常幅度提高销售价格或者降低购买价格;③ 销售商品的提价幅度是否明显高于成本增长幅度,或者购买商品的降价幅度是否明显高于交易相对人成本降低幅度;④ 需要考虑的其他相关因素。

2. 掠夺性定价

掠夺性定价又称低价倾销,是指具有市场支配地位的经营者没有正当理由,以低于成本的价格销售商品,排挤竞争对手的行为。经营者实施这种行为的目的,在于排挤竞争对手,获得垄断地位,再通过实施垄断价格行为,获取垄断利润。

关于低价倾销行为的认定,《反垄断价格规定》第12条规定,这里所说的"正当理由"包括:① 降价处理鲜活商品、季节性商品、有效期限即将到期的商品和积压商品的;② 因清偿债务、转产、歇业降价销售商品的;③ 为推广新产品进行促销的;④ 能够证明行为具有正当性的其他理由。

3. 拒绝交易

拒绝交易是指具有市场支配地位的经营者无正当理由拒绝向交易相对人销售商品的行为。当一个经营者居于市场支配地位时,其拒绝交易行为会造成实际交易机会的不平等,尤其会影响下游市场的正常竞争,因此各国反垄断法均禁止该行为。因此,《反垄断法》第17条第3项规定,禁止具有市场支配地位的经营者,没有正当理由拒绝与交易相对人进行交易。

《禁止滥用市场支配地位行为的规定》第4条列举了拒绝交易的具体方式,包括:① 削减与交易相对人的现有交易数量;② 拖延、中断与交易相对人的现有交易;③ 拒绝与交易相对人进行新的交易;④ 设置限制性条件,使交易相对人难以继续与其进行交易;⑤ 拒绝交易相对人在生产经营活动中以合理条件使用其必需设施。

此外,《反价格垄断规定》第 13 条作出了禁止变相拒绝交易的规定,即具有市场支配地位的经营者没有正当理由,不得通过设定过高的销售价格或者过低的购买价格,变相拒绝与交易相对人进行交易。该条还规定,这里所称"正当理由"包括:① 交易相对人有严重的不良信用记录,或者出现经营状况持续恶化等情况,可能会给交易安全造成较大风险的;② 交易相对人能够以合理的价格向其他经营者购买同种商品、替代商品,或者能够以合理的价格向其他经营者出售商品的;③ 能够证明行为具有正当性的其他理由。

4. 限定交易

限定交易,又称强制交易,是指具有市场支配地位的经营者限定交易相对人只能与其进行交易或者只能与其指定的经营者进行交易的行为。限定交易通常发生在上下游的经营者之间,具有市场支配地位的经营者通过与交易相对人进行限定交易,可以达到抑制或排除相关市场内竞争者的目的。因此,《反垄断法》第 17 条第 4 项规定,禁止具有市场支配地位的经营者,没有正当理由限定交易相对人只能与其进行交易或者只能与其指定的经营者进行交易。根据《禁止滥用市场支配地位行为的规定》第 5 条的规定,限定交易的行为包括三种,即限定交易相对人只能与其进行交易、限定交易相对人只能与其指定的经营者进行交易和限定交易相对人不得与其竞争对手进行交易。

此外,《反价格垄断规定》第 14 条规定,具有市场支配地位的经营者没有正当理由,不得通过价格折扣等手段限定交易相对人只能与其进行交易或者只能与其指定的经营者进行交易。这里所称"正当理由"包括:① 为了保证产品质量和安全的;② 为了维护品牌形象或者提高服务水平的;③ 能够显著降低成本、提高效率,并且能够使消费者分享由此产生的利益的;④ 能够证明行为具有正当性的其他理由。

5. 搭售或附加不合理条件

搭售或附加不合理条件是指具有市场支配地位的经营者,强迫交易相对人购买在性质、交易习惯上与合同无关的商品,或者接受其他不合理交易条件的行为。经营者实施搭售或附加不合理条件的行为,不仅违反交易自由原则,损害交易相对人的公平交易权,而且影响所销售商品市场和搭售商品市场的竞争秩序,将该经营者的市场支配地位扩大到被搭售商品的市场上。因此,《反垄断法》第 17 条第 5 项规定,禁止具有市场支配地位的经营者,没有正当理由搭售商品或者在交易时附加其他不合理的交易条件。

根据《禁止滥用市场支配地位行为的规定》第 6 条的规定,这类行为具体包括:① 违背交易惯例、消费习惯等或者无视商品的功能,将不同商品强制捆绑销售或者组合销售;② 对合同期限、支付方式、商品的运输及交付方式或者服务的提供方式等附加不合理的限制；③ 对商品的销售地域、销售对象、售后服务等附加不合理的限制；④ 附加与交易标的无关的交易条件。

6. 差别对待

差别对待，又称差别待遇行为，是指具有市场支配地位的经营者，无正当理由对条件相同的交易相对人在交易价格等交易条件上实行差别待遇的行为。经营者实施差别对待行为，会使某些交易相对人处于不利的竞争地位，甚至被排挤出相关市场。因此，《反垄断法》第17条第6项规定，禁止具有市场支配地位的经营者，没有正当理由对条件相同的交易相对人在交易价格等交易条件上实行差别待遇。

根据《禁止滥用市场支配地位行为的规定》第7条的规定，差别对待的行为包括：① 实行不同的交易数量、品种、品质等级；② 实行不同的数量折扣等优惠条件；③ 实行不同的付款条件、交付方式；④ 实行不同的保修内容和期限、维修内容和时间、零配件供应、技术指导等售后服务条件。

三、经营者集中的规制

各国反垄断法都对经营者集中实行必要的控制，以防止因经济力的过于集中而影响市场竞争。控制的主要手段是对经营者集中实行事先或者事后申报制度，并由反垄断执法机构进行审查，决定是否允许经营者实施集中。根据我国国情，并参照大多数国家反垄断法控制经营者集中的做法，《反垄断法》在第四章专门对经营者集中作了明确规定。

（一）经营者集中的概念

经营者集中是指经营者通过合并、获得股权或资产、合同等方式，取得对其他经营者的控制权，或者能够对其他经营者施加决定性影响的行为。经营者集中的方式包括：① 经营者合并；② 经营者通过取得股权或者资产的方式取得对其他经营者的控制权；③ 经营者通过合同等方式取得对其他经营者的控制权或者能够对其他经营者施加决定性影响。

经营者集中是经营者对利润最大化追求的内在要求和外部竞争压力的结果。经营者集中的结果具有两面性：一方面有利于形成规模经济，提高经营者的竞争力；另一方面使经营者可能取得市场支配地位并作出滥用这一地位的行为，从而排除、限制市场的竞争。为了防止经营者集中给市场竞争带来不利影响，我国与其他国家一样通过反垄断立法对该行为进行规制。

（二）经营者集中的申报与审查

为了对经营者集中实行有效控制，防止由此产生对市场竞争的妨碍，许多国家在法律中规定了经营者集中的申报与审查制度，我国也实行这一制度。

1. 经营者集中的申报

从各国法律看,经营者集中的申报有事前申报、事后申报和自愿申报三种制度,我国实行的是事前申报制度。对此,《反垄断法》第 21 条规定:"经营者集中达到国务院规定的申报标准的,经营者应当事先向国务院反垄断执法机构申报,未申报的不得实施集中。"

(1) 申报标准。国务院于 2008 年 8 月 3 日颁布、2018 年 9 月 18 日修改的《国务院关于经营者集中申报标准的规定》第 3 条规定,经营者集中达到下列标准之一的,经营者应当事先向国务院反垄断执法机构申报,未申报的不得实施集中:第一,参与集中的所有经营者上一会计年度在全球范围内的营业额合计超过 100 亿元人民币,并且其中至少两个经营者上一会计年度在中国境内的营业额均超过 4 亿元人民币;第二,参与集中的所有经营者上一会计年度在中国境内的营业额合计超过 20 亿元人民币,并且其中至少两个经营者上一会计年度在中国境内的营业额均超过 4 亿元人民币。另外,银行业金融机构、证券公司、期货公司、基金管理公司和保险公司等金融业经营者集中申报营业额的计算,适用 2009 年 7 月 15 日商务部、中国人民银行、银监会、证监会和保监会联合发布的《金融业经营者集中申报营业额计算办法》的规定。可见,我国采取的是营业额计算标准。

与此同时,《反垄断法》还规定了申报义务的免除。所谓申报义务的免除,是指即使达到申报标准,若经营者集中不会引起市场结构变化,并导致竞争行为受到限制或排除的,经营者的申报义务则可以免除。对此,《反垄断法》第 22 条规定,经营者集中有下列情形之一的,可以不向国务院反垄断执法机构申报:第一,参与集中的一个经营者拥有其他每个经营者 50% 以上有表决权的股份或者资产的;第二,参与集中的每个经营者 50% 以上有表决权的股份或者资产被同一个未参与集中的经营者拥有的。

此外,《关于经营者集中申报标准的规定》第 4 条作出了对未达到申报标准的经营者集中启动调查程序的规定,即经营者集中未达到上述规定的申报标准,但按照规定程序收集的事实和证据表明该经营者集中具有或者可能具有排除、限制竞争效果的,国务院反垄断执法机构应当依法进行调查。

(2) 申报程序。根据《反垄断法》和 2009 年 11 月 21 日商务部发布的《经营者集中申报办法》,经营者向国务院反垄断执法机构申报集中,应当提交下列文件、资料:第一,申报书。申报书应当载明参与集中的经营者的名称、住所、经营范围、预定实施集中的日期。申报人的身份证明或注册登记证明,境外申报人还须提交当地公证机关的公证文件和相关的认证文件。委托代理人申报的,应当提交经申报人签字的授权委托书。第二,集中对相关市场竞争状况影响的说明。

具体包括：集中交易概况；相关市场界定；参与集中的经营者在相关市场的市场份额及其对市场的控制力；主要竞争者及其市场份额；市场集中度；市场进入；行业发展现状；集中对市场竞争结构、行业发展、技术进步、国民经济发展、消费者以及其他经营者的影响；集中对相关市场竞争影响的效果评估及依据。第三，集中协议及相关文件。具体包括：各种形式的集中协议文件，如协议书、合同以及相应的补充文件等。第四，参与集中的经营者经会计师事务所审计的上一会计年度财务会计报告。第五，国务院反垄断执法机构规定的其他文件、资料。

经营者提交的文件、资料不完备的，应当在国务院反垄断执法机构规定的期限内补交文件、资料。经营者逾期未补交文件、资料的，视为未申报。

2. 经营者集中的审查

国务院反垄断执法机构审查经营者集中时，关键是审查该集中是否具有或者可能具有排除、限制竞争的效果，从而对经营者集中作出禁止或者不予禁止的决定。为了便于国务院反垄断执法机构对经营者集中进行审查，我国法律对审查的标准和程序作出规定。

(1) 审查标准。《反垄断法》第 27 条规定，审查经营者集中，应当考虑下列因素：参与集中的经营者在相关市场的市场份额及其对市场的控制力；相关市场的市场集中度；经营者集中对市场进入、技术进步的影响；经营者集中对消费者和其他有关经营者的影响；经营者集中对国民经济发展的影响；国务院反垄断执法机构认为应当考虑的影响市场竞争的其他因素。

(2) 审查程序。根据《反垄断法》第 25—26 条的规定，国务院反垄断执法机构对于经营者集中的审查，分为初步审查和进一步审查两个阶段。

首先，进行初步审查。国务院反垄断执法机构应当自收到经营者提交的符合法律规定的文件、资料之日起 30 日内，对申报的经营者集中进行初步审查，作出是否实施进一步审查的决定，并书面通知经营者。国务院反垄断执法机构作出决定前，经营者不得实施集中。国务院反垄断执法机构作出不实施进一步审查的决定或者逾期未作出决定的，经营者可以实施集中。

其次，实施进一步审查。国务院反垄断执法机构决定实施进一步审查的，应当自决定之日起 90 日内审查完毕，作出是否禁止经营者集中的决定，并书面通知经营者。作出禁止经营者集中的决定，应当说明理由。审查期间，经营者不得实施集中。另外，有下列情形之一的，国务院反垄断执法机构经书面通知经营者，可以延长审查期限，但最长不得超过 60 日：经营者同意延长审查期限的；经营者提交的文件、资料不准确，需要进一步核实的；经营者申报后有关情况发生重大变化的。国务院反垄断执法机构逾期未作出决定的，经营者可以实施集中。

《反垄断法》规定，经进一步审查，国务院反垄断执法机构作出以下决定：第一,禁止经营者集中的决定。经营者集中具有或者可能具有排除、限制竞争效果的,国务院反垄断执法机构应当作出禁止经营者集中的决定。第二,不禁止经营者集中的决定。经营者能够证明该集中对竞争产生的有利影响明显大于不利影响,或者符合社会公共利益的,国务院反垄断执法机构可以作出对经营者集中不予禁止的决定。此外,对不予禁止的经营者集中,国务院反垄断执法机构可以决定附加减少集中对竞争产生不利影响的限制性条件。审查并作出决定后,国务院反垄断执法机构应当将禁止经营者集中的决定或者对经营者集中附加限制性条件的决定,及时向社会公布。

四、行政性垄断的规制

从理论上和国际通行做法来看,行政性限制竞争主要不是由反垄断法解决的问题,反垄断法也很难从根本上解决这个问题。但是,从我国实际出发,在反垄断法这一保护竞争的专门性、基础性法律中对禁止行政性限制竞争作出明确、具体的规定,既可以表明国家对行政性限制竞争的重视和坚决反对的态度,又能够进一步防止和制止行政性限制竞争的行为。因此,我国《反垄断法》在总则中专设第五章对禁止行政性限制竞争作了明确规定。

(一) 行政性垄断的概念

行政性垄断是指行政机关和法律、法规授权的具有管理公共事务职能的组织,滥用行政权力所实施的排除、限制竞争的行为。

行政性垄断具有如下特征:① 行政性垄断是地方政府或中央政府的行业主管部门利用行政权力形成的;② 行政垄断的目的是保护地方经济利益或部门经济利益;③ 行政垄断的形式主要是指定交易和限制资源自由流通;④ 行政性垄断的后果是导致统一市场的人为分割及市场壁垒。

(二) 行政性垄断的主要表现

1. 限定交易

限定交易是行政机关和法律、法规授权的具有管理公共事务职能的组织滥用行政权力,限制经营者或者消费者交易选择权的行为。限定交易的行为导致被指定交易经营者和未被指定交易经营者对于经营同类商品的竞争受到排除或者限制,因而为法律所禁止。《反垄断法》第 32 条规定:"行政机关和法律、法规授权的具有管理公共事务职能的组织不得滥用行政权力,限定或者变相限定单位或者个人经营、购买、使用其指定的经营者提供的商品。"

2. 地区封锁

地区封锁是行政机关和法律、法规授权的具有管理公共事务职能的组织滥用行政权力,限制、阻碍商品跨区域自由流通,排斥、限制外地经营者开展投资经营活动的行为。地区封锁的行为导致跨区域的经营者之间的竞争受到排除或者限制,因而为法律所禁止。

(1) 限制或阻碍商品跨区域流通。《反垄断法》第 33 条规定,行政机关和法律、法规授权的具有管理公共事务职能的组织不得滥用行政权力,实施下列行为,妨碍商品在地区之间的自由流通:对外地商品设定歧视性收费项目、实行歧视性收费标准,或者规定歧视性价格;对外地商品规定与本地同类商品不同的技术要求、检验标准,或者对外地商品采取重复检验、重复认证等歧视性技术措施,限制外地商品进入本地市场;采取专门针对外地商品的行政许可,限制外地商品进入本地市场;设置关卡或者采取其他手段,阻碍外地商品进入或者本地商品运出;妨碍商品在地区之间自由流通的其他行为。

(2) 排斥或限制外地经营者参加招标投标。《反垄断法》第 34 条规定,行政机关和法律、法规授权的具有管理公共事务职能的组织不得滥用行政权力,以设定歧视性资质要求、评审标准或者不依法发布信息等方式,排斥或者限制外地经营者参加本地的招标投标活动。

(3) 排斥或限制外地经营者进行投资活动。《反垄断法》第 35 条规定,行政机关和法律、法规授权的具有管理公共事务职能的组织不得滥用行政权力,采取与本地经营者不平等待遇等方式,排斥或者限制外地经营者在本地投资或者设立分支机构。

3. 强制经营者从事垄断行为

强制经营者从事垄断行为,是指行政机关和法律、法规授权的具有管理公共事务职能的组织滥用行政权力,强制经营者达成、实施排除、限制竞争的垄断协议,或者强制具有市场支配地位的经营者从事滥用市场支配地位的行为,或者强制经营者实施违法经营者集中等行为。强制经营者从事垄断行为使得经营者在行政权力驱使下实施垄断行为,由此造成排除、限制市场竞争的后果,因此,《反垄断法》第 36 条规定:"行政机关和法律、法规授权的具有管理公共事务职能的组织不得滥用行政权力,强制经营者从事本法规定的垄断行为。"

实践中,经营者借用行政权力实施排除、限制竞争行为比较突出,因此,国家工商行政管理总局 2010 年 12 月 31 日颁布的《工商行政管理机关制止滥用行政权力排除、限制竞争行为的规定》,对经营者以行政机关和法律、法规授权的具有管理公共事务职能的组织的行政强制或者变相强制为由实施垄断行为作出了禁止性规定。这些行为具体包括:① 以行政机关和法律、法规授权的具有管理公共事务职能的组织的行政限定为由,达成、实施垄断协议和滥用市场支配地位;② 以行政机关和法律、法规授权的具有管理公共事务职能的组织的行政授权为由,达成、实施垄断协议和滥用市场支配地位;③ 以依据行政机关和法律、法规授权的具有管理公共事务职能的组织制定、发布的行政规定为由,达成、实施垄断协议和滥用市场支配地位。

4. 制定含有排除、限制竞争内容的规定

制定含有排除、限制竞争内容的规定,是指行政机关在制定法规、规章和各种规范性文件时加入排除、限制竞争的内容。这种行为是行政机关通过作出抽象行政行为的方式来排除、限制竞争,对市场竞争秩序造成损害,因而《反垄断法》第37条规定:"行政机关不得滥用行政权力,制定含有排除、限制竞争内容的规定。"

第三节 反垄断执法与法律责任

一、反垄断行政机构

《反垄断法》关于反垄断行政机构的设置,确立了国务院反垄断委员会和反垄断执法机构两个层次,明确了两大机构的职责。

1. 国务院反垄断委员会

国务院反垄断委员会是反垄断工作的议事协调机构,负责组织、协调、指导反垄断执法工作。国务院反垄断委员会聘请法律、经济等方面的专家组成专家咨询组,对委员会需要研究的重大问题提供咨询。《国务院反垄断委员会工作规则》规定了委员会的组成、会议制度、工作制度和工作程序。

根据《反垄断法》第9条的规定,国务院反垄断委员会履行下列职责:① 研究拟订有关竞争政策;② 组织调查、评估市场总体竞争状况,发布评估报告;③ 制定、发布反垄断指南;④ 协调反垄断行政执法工作;⑤ 国务院规定的其他职责。

2. 反垄断执法机构

国务院反垄断执法机构是国务院规定的承担反垄断执法职责的机构,负责反垄断执法工作。根据2018年3月发布的《国务院机构改革方案》,由新组建的国家市场监督管理总局统一行使反垄断执法职责。

《反垄断法》第10条还规定,国务院反垄断执法机构根据工作需要,可以授权省、自治区、直辖市人民政府相应的机构,依法负责有关反垄断执法工作。

二、对涉嫌垄断行为的调查和处理

(一) 对涉嫌垄断行为的调查

1. 反垄断执法机构的调查措施

《反垄断法》第38—39条规定,反垄断执法机构有权对涉嫌垄断行为进行调查,调查时可以采取以下措施:① 进入被调查的经营者的营业场所或者其他有关场所进行检查;② 询问被调查的经营者、利害关系人或者其他有关单位或者个人,要求其说明有关情况;③ 查阅、复制被调查的经营者、利害关系人或者其他有关单位或者个人的有关单证、协议、会计账簿、业务函电、电子数据等文件、资料;④ 查封、扣押相关证据;⑤ 查询经营者的银行账户。采取前款规定的措施,应当向反垄断执法机构主要负责人书面报告,并经批准。

2. 反垄断执法机构的义务

《反垄断法》第 40—43 条规定,反垄断执法机构调查涉嫌垄断行为时,应当履行以下义务:① 调查涉嫌垄断行为,执法人员不得少于 2 人,并应当出示执法证件;② 进行询问和调查,应当制作笔录,并由被询问人或者被调查人签字;③ 对执法过程中知悉的商业秘密负有保密义务;④ 对被调查的经营者、利害关系人提出的事实、理由和证据进行核实。

3. 被调查者应当履行的权利和义务

《反垄断法》第 42—43 条规定,被调查的经营者、利害关系人或者其他有关单位或者个人应当配合反垄断执法机构依法履行职责,不得拒绝、阻碍反垄断执法机构的调查。被调查的经营者、利害关系人有权陈述意见,反垄断执法机构应当对被调查的经营者、利害关系人提出的事实、理由和证据进行核实。

(二) 对涉嫌垄断行为的处理

1. 作出处理决定

《反垄断法》第 44 条规定,反垄断执法机构对涉嫌垄断行为调查核实后,认为构成垄断行为的,应当依法作出处理决定,并可以向社会公布。

2. 作出中止、终止或恢复调查决定

《反垄断法》第 45 条规定,对反垄断执法机构调查的涉嫌垄断行为,被调查的经营者承诺在反垄断执法机构认可的期限内采取具体措施消除该行为后果的,反垄断执法机构可以决定中止调查。中止调查的决定应当载明被调查的经营者承诺的具体内容。

反垄断执法机构决定中止调查的,应当对经营者履行承诺的情况进行监督。经营者履行承诺的,反垄断执法机构可以决定终止调查。

有下列情形之一的,反垄断执法机构应当恢复调查:① 经营者未履行承诺的;② 作出中止调查决定所依据的事实发生重大变化的;③ 中止调查的决定是基于经营者提供的不完整或者不真实的信息作出的。

三、违反《反垄断法》的法律责任

根据《反垄断法》的规定,经济法主体违反法律规定实施垄断行为,妨碍执法活动,违法行使职权,应当依法承担相应法律责任。

(一)实施经济垄断行为的责任

1. 达成并实施垄断协议行为的责任

经营者违反法律规定达成并实施垄断协议的,由反垄断执法机构责令停止违法行为,没收违法所得,并处上一年度销售额1%以上10%以下的罚款;尚未实施所达成的垄断协议的,可以处50万元以下的罚款。但是,经营者主动向反垄断执法机构报告达成垄断协议的有关情况并提供重要证据的,反垄断执法机构可以酌情减轻或者免除对该经营者的处罚。

行业协会违反法律规定组织本行业的经营者达成垄断协议的,反垄断执法机构可以处50万元以下的罚款;情节严重的,社会团体登记管理机关可以依法撤销登记。

2. 滥用市场支配地位行为的责任

经营者违反法律规定滥用市场支配地位的,由反垄断执法机构责令停止违法行为,没收违法所得,并处上一年度销售额1%以上10%以下的罚款。

3. 违法实施经营者集中行为的责任

经营者违反法律规定实施集中的,由国务院反垄断执法机构责令停止实施集中、限期处分股份或者资产、限期转让营业以及采取其他必要措施恢复到集中前的状态,可以处50万元以下的罚款。

经营者实施经济垄断行为,除了须承担上述行政责任外,还要承担民事责任和刑事责任。《反垄断法》第50条规定,经营者实施垄断行为,给他人造成损失的,依法承担民事责任。这表明,经营者达成并实施垄断协议、滥用市场支配地位、违法实施经营者集中,给他人造成损失的,受害者有权要求经营者承担民事责任。《刑法》第223条规定:"投标人相互串通投标,损害招标人或者其他投标人利益,情节严重的,处三年以下有期徒刑或者拘役,并处或者单处罚金。"可见,经营者实施串通招标行为,情节严重的,还要承担刑事责任。

(二)实施行政垄断行为的责任

行政机关和法律、法规授权的具有管理公共事务职能的组织滥用行政权力,实施排除、限制竞争行为的,由上级机关责令改正;对直接负责的主管人员和其他直接责任人员依法给予处分。反垄断执法机构可以向有关上级机关提出依法处理的建议。

(三)违反反垄断执法义务的责任

1. 被管理主体的责任

对反垄断执法机构依法实施的审查和调查,拒绝提供有关材料、信息,或者提供虚假材料、信息,或者隐匿、销毁、转移证据,或者有其他拒绝、阻碍调查行为的,由反垄断执法机构责令改正,对个人可以处 2 万元以下的罚款,对单位可以处 20 万元以下的罚款;情节严重的,对个人处 2 万元以上 10 万元以下的罚款,对单位处 20 万元以上 100 万元以下的罚款;构成犯罪的,依法追究刑事责任。

2. 国家工作人员的责任

反垄断执法机构工作人员滥用职权、玩忽职守、徇私舞弊或者泄露执法过程中知悉的商业秘密,构成犯罪的,依法追究刑事责任;尚不构成犯罪的,依法给予处分。

复习思考题

1. 如何理解相关市场及其界定?
2. 举例说明横向垄断协议的类型。
3. 谈谈滥用市场支配地位的行为。
4. 论述经营者集中的申报标准和审查标准。
5. 何谓行政性垄断?其具体表现有哪些?

第三章　反不正当竞争法

竞争是市场经济最重要的运行机制,其基本作用就是通过优胜劣汰的方式促使经营者降低生产成本、提高商品质量,实现资源优化配置,提升社会经济效益。在经济活动中,只要有竞争存在,就会有不正当竞争行为,它破坏公平的竞争秩序,妨碍市场经济的健康发展。在我国,伴随着市场取向改革的推进、市场竞争机制的引入,不正当竞争行为开始出现。为了促进社会主义市场经济健康发展,鼓励和保护公平的竞争秩序,制止不正当竞争行为,保护经营者和消费者的合法权益,我国已建立起以《反不正当竞争法》为基本法的反不正当竞争法律体系。

第一节　反不正当竞争法概述

一、反不正当竞争法的概念和立法

反不正当竞争法是指调整在制止经营者不正当竞争行为过程中发生的经济关系的法律规范的总称。反不正当竞争法是竞争法的重要组成部分,它融公法规范和私法规范为一体,具有公法和私法融合的属性。

从历史上看,英国、法国和德国是反不正当竞争法的开先河者。早在1824年,英国就以司法判例形式确认被称为仿冒行为(passing-off)的侵权行为,被认为可以为竞争者提供充分的保护。在法国,"不正当竞争行为"和"不正当竞争法"(unfair competition law)最早在1850年前后出现,是法国法院在适用法国民法典第1382条的侵权行为一般条款处理不诚实商业行为时创造的术语。而且,法院在法国民法典第1382条的基础上形成了系统和有效的不正当竞争法律规范[①]。德国反不正当竞争法领域的首次立法是1894年5月12日的《商标保护法》。该法第15条保护产品的外观或者装潢不被模仿,第16条禁止使用虚假来源标志。但该法仍不能满足实践需求,于是制定了1896年《反不正当竞争法》。该法列举性地规定了几种不正当竞争行为,但在自由放任的大背景下,为防止过

[①] 孔祥俊:《反不正当竞争法新论》,人民法院出版社,2001,第29、33页。

多管制市场，它并未规定一般条款。为了解决原有法律存在的问题，德国颁行了1909年《反不正当竞争法》①。由于反不正当竞争立法所涉及的商业标志和来源地等工业元素与知识产权保护具有关联性，1900年《保护工业产权巴黎公约》修订时，将反不正当竞争列入其保护范围。该公约第1条第（2）项在工业产权的客体中，与专利、实用新型、工业品外观设计、商标、商号、原产地一起，提到了制止不正当竞争②。之后，反不正当竞争法在各国发展起来。

在我国，1987年开始竞争立法。1993年9月2日，八届全国人大常委会第三次会议通过《反不正当竞争法》，该法自1993年12月1日起施行。从此，我国开始以该法为核心逐步形成反不正当竞争法体系。反不正当竞争法体系除了《反不正当竞争法》外，还包括规范不正当竞争行为的相关法律、行政法规、行政规章、地方性法规和司法解释。在《产品质量法》《消费者权益保护法》《广告法》《价格法》等相关法律中，包含一些规范不正当竞争行为的法律规范。为了实施《反不正当竞争法》，国家工商行政管理总局等政府部门制定了一系列行政规章，如《关于禁止有奖销售活动中不正当竞争行为的若干规定》《关于禁止仿冒知名商品特有的名称、包装、装潢的不正当竞争行为的若干规定》《关于禁止侵犯商业秘密行为的若干规定》《关于禁止商业贿赂行为的暂行规定》等，最高人民法院发布了《最高人民法院关于审理不正当竞争民事案件应用法律若干问题的解释》。为了完善《反不正当竞争法》，2017年11月4日，十二届全国人大常委会第三十次会议对该法进行了修订，2019年4月23日，十三届全国人大常委会第十次会议又对该法进行了修改。

二、不正当竞争行为的界定

关于不正当竞争行为的含义，各国立法、各种学说有不同规定和表达，但都揭示了其违背诚实信用原则、违反公认商业道德的实质内容。我国《反不正当竞争法》第2条第2款规定："不正当竞争行为，是指经营者在生产经营活动中，违反本法规定，扰乱市场竞争秩序，损害其他经营者或者消费者的合法权益的行为。"可见，构成不正当竞争行为应当具备以下四个条件。

（1）行为主体为经营者。《反不正当竞争法》第2条第3款规定："本法所称的经营者，是指从事商品生产、经营或者提供服务（以下所称商品包括服务）的自然人、法人和非法人组织。"可见，只要是从事商品生产、经营或者提供服务的自然人、法人和非法人组织，都属于经营者，均可以认定为不正当竞争行为的主体。

（2）行为扰乱市场竞争秩序，损害其他经营者或者消费者的合法权益。不

---

① 孔祥俊：《论反不正当竞争法的竞争法取向》，《法学评论》2017年第5期。
② 孔祥俊：《反不正当竞争法新论》，人民法院出版社，2001，第15页。

正当竞争行为侵害的客体不是单一的,而是多重的,它不仅破坏市场竞争秩序、损害社会公共利益,也直接损害其他经营者的合法权益,同时还会对消费者的合法权益造成直接或者间接损害。

(3) 行为人主观上有过错。不正当竞争行为是一种违背诚实信用原则、违反公认商业道德的行为,因此行为人实施的市场交易行为要构成不正当竞争行为,其主观上必须有过错。对于行为人的主观过错,一般可以从是否具有损害竞争对手的目的和动机、是否具有自己牟取利益的目的和动机、是否或应否知道损害了他人利益,以及是否违反了合同或商业习惯等方面来判断[①]。

(4) 行为人实施了法律禁止的、有悖于诚实信用原则和公认商业道德的行为。构成不正当竞争行为的一个重要条件,是行为人实施了法律所禁止的不正当竞争行为,如商业混淆、侵犯商业秘密、不正当有奖销售等。行为人实施的不正当竞争行为,仅表现为作为,不可能表现为不作为。须注意,认定不正当竞争行为不以损害后果的发生为要件。

第二节　不正当竞争行为的表现形式

经营者在市场交易中,应当遵循自愿、平等、公平、诚实信用的原则,遵守公认的商业道德。为了保护公平竞争,必须坚决制止不正当竞争行为。对此,我国《反不正当竞争法》第 2 条第 2 款对不正当竞争行为作出了界定,同时在第 6—12 条列举了七种典型的不正当竞争行为。

一、商业混淆行为

商业混淆行为是指经营者在生产经营活动中,通过仿冒他人标识,使自己的商品被误认为是他人商品或者与他人存在特定联系的行为[②]。商业混淆行为因其仿冒他人标识引人误认误购而具有欺骗性,经营者在生产经营活动中实施这一行为,会损害被混淆的经营者和消费者的合法权益,扰乱市场竞争秩序,因而为法律所禁止。《反不正当竞争法》第 6 条规定,经营者不得实施下列混淆行为,引人误认为是他人商品或者与他人存在特定联系:① 擅自使用与他人有一定影响的商品名称、包装、装潢等相同或者近似的标识;② 擅自使用他人有一定影响的企业名称(包括简称、字号等)、社会组织名称(包括简称等)、姓名(包括笔名、艺名、译名等);③ 擅自使用他人有一定影响的域名主体部分、网站名称、网页

[①] 王先林:《竞争法学》,中国人民大学出版社,2018,第 84 页。
[②] 本章所说的"商品",包括服务。

等;④ 其他足以引人误认为是他人商品或者与他人存在特定联系的混淆行为。"可见,商业混淆行为主要包括商品标识混淆行为、主体标识混淆行为、网络标识混淆行为和其他商业混淆行为。

(一) 商品标识混淆行为

商品标识混淆行为是在生产经营活动中,经营者擅自使用与他人有一定影响的商品名称、包装、装潢等相同或者近似的标识,引人误认为是他人商品或者与他人存在特定联系的行为。认定该行为的关键,是把握商品标识的范围、理解"有一定影响"的含义和明确商品标识的使用方式。

首先,关于商品标识的范围。从《反不正当竞争法》的规定看,可以被混淆的商品标识包括其列举的商品的名称、包装、装潢三种典型形式,但也不排斥诸如商品的形状、设计等其他形式。通常认为,商品的名称是能使某种商品区别于其他商品的一种称呼,包括商品的通用名称和商品的特定名称。商品的通用名称是对一类商品的称呼,商品的特定名称是对特定商品的称呼。显然,被混淆的商品名称不可能是商品的通用名称,而是商品的特定名称。根据1995年7月6日国家工商行政管理总局发布的《关于禁止仿冒知名商品特有的名称、包装、装潢的不正当竞争行为的若干规定》,包装是指为识别商品以及方便携带、储运而使用在商品上的辅助物和容器,装潢是指为识别与美化商品而在商品或者其包装上附加的文字、图案、色彩及其排列组合。

其次,关于"有一定影响"的含义。按照法律规定,被仿冒的商品标识必须有一定的影响,这是认定商品标识混淆行为的重要条件,也是经营者实施商品标识混淆行为的根本原因。有一定影响的商品标识,意味着该商品标识在我国境内具有一定的市场知名度,为相关公众所知悉。

最后,关于商品标识的使用方式。认定商品标识混淆行为,还要看经营者是否违法使用商品标识,即擅自使用与他人相同或近似的商品标识。擅自使用就是经营者未经他人同意而自行使用与其相同或近似的商品标识。其中,相同使用就是经营者使用的商品标识与他人商品标识完全一样;近似使用就是经营者使用的商品标识与他人商品标识相似,它可以表现为文字的字形、读音、含义相似,图形的构图、颜色或由各要素组合后的整体结构相似,或者其立体形状、颜色组合相似。

(二) 主体标识混淆行为

主体标识混淆行为是在生产经营活动中,经营者擅自使用他人有一定影响的企业名称(包括简称、字号等)、社会组织名称(包括简称等)、姓名(包括笔名、艺名、译名等),引人误认为是他人商品或者与他人存在特定联系的行为。认定该行为,必须是经营者擅自使用他人的主体标识,而且该主体标识有一定影响,即有一定的市场知名度,能够使人产生误认。

根据《反不正当竞争法》的规定,可以被混淆的主体标识包括企业标识、社会组织标识和自然人标识。首先,关于企业标识。它是指企业名称、企业简称和企业字号等。这里所说的企业名称,是指完整的企业名称。根据《企业名称登记管理规定》和《企业名称登记管理实施办法》,企业名称一般包括行政区划名称、字号、行业或经营特点和组织形式四个部分。企业简称是将企业名称中若干关键字进行组合、概括而形成的企业名称的缩略语。企业字号是作为企业名称组成部分、由两个以上汉字组成的区别企业的符号。其次,关于社会组织标识。它包括社会组织名称、社会组织简称等。这里所说的社会组织名称,是指完整的社会组织名称。一般来说,社会组织包括社会团体、基金会和社会服务机构,社会组织名称就是这三种组织的名称。社会组织简称是将社会组织名称中若干关键字进行组合、概括而形成的社会组织名称的缩略语。最后,关于自然人标识。它包括姓名、笔名、艺名、译名等。

(三) 网络标识混淆行为

网络标识混淆行为是在生产经营活动中,经营者擅自使用他人有一定影响的域名主体部分、网站名称、网页等,引人误认为是他人商品或者与他人存在特定联系的行为。认定该行为,必须是经营者擅自使用他人的网络标识,而且该网络标识有一定影响,即有一定的市场知名度,能够使人产生误认。

根据《反不正当竞争法》的规定,能被混淆的网络标识包括域名主体部分、网站名称、网页等。基于网络领域的特点,这些网络标识在呈现形式等方面有一定的新颖性和特殊性,从这个意义上说,它们成为不同于商品标识和主体标识的特殊标识。

(四) 其他商业混淆行为

除了上述三种商业混淆行为外,《反不正当竞争法》通过兜底条款规定禁止经营者实施其他商业混淆行为。有的法律、法规对其他商业混淆行为作出了禁止性规定,如 2019 年 4 月 23 日修正的《商标法》第 58 条规定:"将他人注册商标、未注册的驰名商标作为企业名称中的字号使用,误导公众,构成不正当竞争行为的,依照《中华人民共和国反不正当竞争法》处理。"

二、商业贿赂行为

(一) 商业贿赂行为的概念

商业贿赂是指经营者在商品交易活动中,为获得交易机会或者竞争优势,采用给付财物或者其他手段收买交易相对方的工作人员、委托代理人以及能够影响市场交易的单位、人员的行为。

商业贿赂除了损害委托人与受托人之间的信任关系、危害国家廉政制度,还直接破坏正常的竞争秩序,损害其他经营者或者消费者的利益,因而为法律所禁止。对此,《反不正当竞争法》第7条第1款规定,经营者不得采用财物或者其他手段贿赂下列单位或者个人,以谋取交易机会或者竞争优势:① 交易相对方的工作人员;② 受交易相对方委托办理相关事务的单位或者个人;③ 利用职权或者影响力影响交易的单位或者个人。

(二)商业贿赂行为的构成

1. 行为主体是经营者

根据《反不正当竞争法》的规定,商业贿赂的行为主体应是经营者。经营者是从事商品生产经营活动的自然人、法人和非法人组织。须注意,按照《反不正当竞争法》第7条第3款的规定,经营者的工作人员进行贿赂的,应当认定为经营者的行为。但是,经营者有证据证明该工作人员的行为与为经营者谋取交易机会或者竞争优势无关的除外。

2. 行为对象是与相对方有关的人

根据《反不正当竞争法》的规定,商业贿赂的对象是与相对方有关的人,包括以下三种:① 交易相对方的工作人员;② 受交易相对方委托办理相关事务的单位或者个人;③ 利用职权或者影响力影响交易的单位或者个人。

3. 行为目的是谋取交易机会或者竞争优势

根据《反不正当竞争法》的规定,商业贿赂的目的是谋取交易机会或者竞争优势。这里所说的"谋取交易机会",就是直接达成某项交易或者增加达成某项交易的可能性,至于交易最终是否达成在所不问。这里所说的"谋取竞争优势",就是获取比竞争对手更有利的交易地位,以此取得更多的利益。

4. 行为方式是采用给付财物或者其他手段实施贿赂

根据《反不正当竞争法》的规定,商业贿赂的方式是行为人采用给付财物或者其他手段对行为对象实施贿赂行为。所谓给付财物,就是直接给付现金、实物和有价证券等。所谓其他手段,就是采用给付财物手段以外的手段输送利益。这种利益包括两种:一是物质性利益,即可转化为金钱价值的利益,如安排旅游、装修房屋等;二是非物质性利益,即无法直接用金钱衡量其价值的利益,如帮助升学、给予荣誉等。

三、虚假或者引人误解的商业宣传

(一)虚假或者引人误解的商业宣传的概念

虚假的商业宣传是指经营者通过广告或者其他方式发布、传播有关商品的不真实信息,以欺骗消费者与其交易。引人误解的商业宣传是指经营者通过广告或者其他方式发布、传播使人产生不正确理解的商品信息,以误导消费者与其交易。

经营者作出虚假和引人误解的商业宣传,不仅对消费者产生直接损害,而且损害其他经营者的利益,妨碍市场竞争秩序,因而为法律所禁止。《反不正当竞争法》第 8 条规定:"经营者不得对其商品的性能、功能、质量、销售状况、用户评价、曾获荣誉等作虚假或者引人误解的商业宣传,欺骗、误导消费者。"此外,《产品质量法》《消费者权益保护法》《广告法》等法律,对虚假或者引人误解的商业宣传也作出了禁止性规定。

(二)虚假或者引人误解的商业宣传的构成

从我国的法律规定来看,虚假或者引人误解的商业宣传的构成,可以从其主体、客体、客观方面和主观方面进行考虑。

首先,从行为的主体看,其应是从事生产经营活动的经营者。这里的经营者可作宽泛的理解,它既包括为自己的商品作虚假或引人误解的商业宣传的经营者,还包括通过组织虚假交易等方式帮助其他经营者进行虚假或引人误解的商业宣传的经营者。

其次,从行为的客体看,经营者进行的虚假或者引人误解的商业宣传,破坏了公平、诚信的市场竞争秩序,也损害了其他经营者和消费者的利益。

再次,从行为的客观方面看,经营者实施了虚假商业宣传或者引人误解商业宣传的行为。前者是经营者发布和传播了不真实的商品信息,其方式有虚构事实、歪曲事实等;后者是经营者发布和传播了使人产生不正确理解的商品信息,其方式有对商品作片面的宣传或者对比,也有将科学上未定论的观点、现象等当作定论的事实用于商品宣传,还有以歧义性语言进行商品宣传等。至于行为的结果,已经造成或者足以造成欺骗、误导消费者的结果的,都可认定经营者的行为构成虚假或引人误解的商业宣传。所谓欺骗消费者,就是使消费者获得关于商品的错误信息,形成对商品的错误认识,从而作出不该作出的交易决策,经营者由此获得不应得到的利益或者竞争优势。所谓误导消费者,就是诱导消费者对商品产生错误认识,误认为该商品具有其所需要的品质特征或者其他特点,从而作出不该作出的交易决策,经营者由此获得不应得到的经济利益或者竞争优势。

最后,从行为的主观方面看,经营者一般要有过错,即有故意或者过失,但经营者的宣传行为足以造成欺骗、误导消费者的结果的,则无须具备主观过错的条件。

四、侵犯商业秘密的行为

(一)商业秘密的概念和特征

《反不正当竞争法》第 9 条第 4 款规定:"本法所称的商业秘密,是指不为公众所知悉、具有商业价值并经权利人采取相应保密措施的技术信息、经营信息等商业信息。"可见,商业秘密的保护范围为技术信息、经营信息等商业信息。其中,技术信息是指与产品的生产制造直接相关的信息,包括产品的设计、配方,产品的制作工艺、流程和方法等重要信息。经营信息是指技术信息以外能够给权利人带来竞争优势的用于经营的信息,包括与市场相关的商业情报、客户名单、经营策略、管理诀窍等重要信息。商业秘密具有以下三个方面的特征。

1. 秘密性

秘密性是指技术信息和经营信息等商业信息处于秘密状态,除权利人和权利人允许的少数人员知晓外,不为社会公众所知悉。根据《最高人民法院关于审理不正当竞争民事案件应用法律若干问题的解释》第 9 条的规定,有关信息不为其所属领域的相关人员普遍知悉和容易获得,应当认定为反不正当竞争法规定的"不为公众所知悉"。秘密性是商业秘密的生命所在,也是商业秘密保护的前提。

2. 价值性

价值性是指技术信息和经营信息等商业信息具有实用性,能给权利人带来现实的或者潜在的经济利益和竞争优势。商业秘密的价值性以技术信息或经营信息具有实用性为基础,最终体现在两个重要方面:一是商业秘密能够为权利人在经营活动中赢得竞争优势,获得经济收益;二是商业秘密能够评估作价,成为可交换、可入股的财产。

3. 保密性

保密性是指权利人对技术信息和经营信息等商业信息采取了相应的保密措施。权利人采取保密措施,不仅是商业秘密的基本特征,也是权利人寻求法律保护的重要条件。根据《最高人民法院关于审理不正当竞争民事案件应用法律若干问题的解释》第 11 条的规定,权利人为防止信息泄漏所采取的与其商业价值等具体情况相适应的合理保护措施,应当认定为反不正当竞争法规定的"保密措施"。该解释还规定,具有下列情形之一,在正常情况下足以防止涉密信息泄漏的,应当认定权利人采取了保密措施:① 限定涉密信息的知悉范围,只对必须知悉的相关人员告知其内容;② 对于涉密信息载体采取加锁等防范措施;③ 在涉密信息的载体上标有保密标志;④ 对于涉密信息采用密码或者代码等;⑤ 签订保密协议;⑥ 对于涉密的机器、厂房、车间等场所限制来访者或者提出保密要求;⑦ 确保信息秘密的其他合理措施。

(二)侵犯商业秘密行为的构成

侵犯商业秘密的行为是一种侵权行为,它不仅损害作为权利人的经营者的合法权益,而且破坏公平的竞争秩序,因而为法律所禁止。对此,《反不正当竞争法》第9条对行为人侵犯商业秘密的行为作出了禁止性规定。根据法律的规定，我们可以从主体、客体、客观方面和主观方面分析该行为的构成要件。

1. 行为的主体

从行为主体看，《反不正当竞争法》第9条不仅规定经营者是侵犯商业秘密的行为主体，还规定经营者以外的其他自然人、法人和非法人组织以及第三人，也可以成为侵犯商业秘密的行为主体。

2. 行为的客体

从侵犯客体看，侵犯商业秘密行为不仅侵害了商业秘密权利人的利益，而且破坏了公平、诚信的市场竞争秩序，使权利人丧失经济利益和竞争优势，而侵权者获得了不应得到的经济利益和竞争优势。

3. 行为的客观方面

从行为的客观方面看，行为人实施了侵犯权利人商业秘密的行为，造成或可能造成权利人的损害。《反不正当竞争法》第9条对三种行为人侵犯权利人商业秘密的行为作出了具体规定。

（1）经营者侵犯商业秘密的行为。主要包括四个方面。

第一，采用不正当手段获取他人的商业秘密。根据《反不正当竞争法》第9条第1款第1项的规定，这种行为是指经营者以盗窃、贿赂、欺诈、胁迫、电子侵入或者其他不正当手段获取权利人的商业秘密。具体来说，所谓盗窃，就是经营者以非法占有为目的，以秘密的方式窃取他人商业秘密的行为。所谓贿赂，就是经营者以对掌握商业秘密的人员提供财物或者其他利益为手段，获取他人商业秘密的行为。所谓欺诈，就是经营者故意告知掌握商业秘密的人员虚假情况，或者向其隐瞒真实情况，从而骗取其商业秘密的行为。所谓胁迫，就是经营者以损害掌握商业秘密人员的生命、健康、名誉、财产等为要挟，迫使其提供商业秘密的行为。所谓电子侵入，就是行为人非法侵入他人数字化办公系统、服务器、邮箱、云盘、应用账户等电子载体获取其商业秘密的行为。

第二，非法披露或使用他人的商业秘密。根据《反不正当竞争法》第9条第1款第2项的规定，这种行为是指披露、使用或者允许他人使用以上述不正当手段获取的权利人的商业秘密。它具体包括两个方面：一是行为人采用不正当手段获取商业秘密后进行披露的行为；二是行为人采用不正当手段获取商业秘密后自己使用或者允许他人使用的行为。

第三，违反保密义务或要求披露、使用他人的商业秘密。根据《反不正当竞争法》第9条第1款第3项的规定，这种行为是指经营者违反保密义务或者违反权利人有关保守商业秘密的要求，披露、使用或者允许他人使用其所掌握的商业秘密。这里所说的保密义务，包括法定的保密义务和约定的保密义务。

第四,教唆、引诱、帮助他人违反保密义务或要求,获取、披露、使用他人的商业秘密。根据《反不正当竞争法》第 9 条第 1 款第 4 项的规定,这种行为是指教唆、引诱、帮助他人违反保密义务或者违反权利人有关保守商业秘密的要求,获取、披露、使用或者允许他人使用权利人的商业秘密。

(2) 经营者以外的其他自然人、法人和非法人组织侵犯商业秘密的行为。《反不正当竞争法》第 9 条第 2 款规定:"经营者以外的其他自然人、法人和非法人组织实施前款所列违法行为的,视为侵犯商业秘密。"这意味着,经营者以外的其他自然人、法人和非法人组织实施了法律禁止经营者实施的四种侵犯商业秘密的行为,也构成侵权。

(3) 第三人侵犯商业秘密的行为。《反不正当竞争法》第 9 条第 3 款规定:"第三人明知或者应知商业秘密权利人的员工、前员工或者其他单位、个人实施本条第一款所列违法行为,仍获取、披露、使用或者允许他人使用该商业秘密的,视为侵犯商业秘密。"可见,第三人在明知或者应知的情况下,从侵权人处非法获取、披露、使用或者允许他人使用商业秘密的,也构成侵权。

4. 行为的主观方面

从行为的主观方面看,对不同的侵犯商业秘密行为,实行不同的归责原则。经营者和经营者以外的其他自然人、法人和非法人组织实施的《反不正当竞争法》第 9 条第 1 款第 1、2、4 项规定的行为,以及第三人所实施的侵犯商业秘密行为,均属侵权行为,其归责原则采用过错责任原则。经营者和经营者以外的其他自然人、法人和非法人组织实施的《反不正当竞争法》第 9 条第 1 款第 3 项规定的行为,属于违反行为人与权利人之间保密约定的行为,其归责原则采用严格责任原则。

五、不正当有奖销售行为

(一) 有奖销售行为的概念

有奖销售行为是指经营者以附带性提供金钱、物品或者其他利益的引诱方式,推销其商品的行为,主要包括附赠式有奖销售行为和抽奖式有奖销售行为两种类型。前者是指经营者对其指定商品的购买者或购买该商品达到一定金额的购买者都予以奖励的有奖销售行为;后者是指经营者通过抽签、摇号等带有偶然性的方法给予中奖的购买者奖励的有奖销售行为。

应当看到,有奖销售行为对市场竞争秩序有着双重的影响。符合交易惯例和商业道德且限定在一定范围内的有奖销售,可以起到活跃市场、促进公平竞争的积极作用;违背交易惯例、商业道德或者超过限定范围的有奖销售,不仅会损害其他经营者和消费者的利益,而且会破坏公平、诚信的竞争秩序。所以,我国

《反不正当竞争法》并没有简单地全部否定有奖销售行为,而是对不正当有奖销售行为作出禁止性规定。

(二) 法律禁止的有奖销售行为

《反不正当竞争法》第 10 条对违反诚实信用和公平竞争原则的有奖销售行为作出了禁止性规定,它包括信息不明确的有奖销售行为、欺骗性有奖销售行为和奖额过高的有奖销售行为。

1. 信息不明确的有奖销售行为

信息不明确的有奖销售行为,就是经营者在进行有奖销售中,对所设奖的种类、兑奖条件、奖金金额或者奖品等有奖销售信息不明确,从而影响兑奖的行为。1993 年 12 月 24 日国家工商行政管理局发布的《关于禁止有奖销售活动中不正当竞争行为的若干规定》第 6 条明确规定,经营者举办有奖销售,应当向购买者明示其所设奖的种类、中奖概率、奖金金额或者奖品种类、兑奖时间、方式等事项。属于非现场即时开奖的抽奖式有奖销售,告知事项还应当包括开奖的时间、地点、方式和通知中奖者的时间、方式。经营者对已经向公众明示的前款事项不得变更。在销售现场即时开奖的有奖销售活动,对超过 500 元以上奖的兑奖情况,经营者应当随时向购买者明示。2017 年修订的《反不正当竞争法》,则将信息不明确的有奖销售行为作为一类禁止的行为进行明文规定。

2. 欺骗性有奖销售行为

欺骗性有奖销售行为,就是经营者在进行有奖销售过程中,虚构事实,弄虚作假,操纵有奖销售的行为。根据《反不正当竞争法》和《关于禁止有奖销售活动中不正当竞争行为的若干规定》,欺骗性有奖销售行为有以下三种表现:① 谎称有奖。这类行为除了包括谎称有奖销售以外,还包括对所设奖的种类、中奖概率、最高奖金额、总金额、奖品种类、数量、质量、提供方法等作虚假不实的表示。② 故意让内定人员中奖。内定人员应当是经营者足以控制和影响的人员,包括但不限于经营者的内部工作人员或者经营者及其内部工作人员的亲属。③ 操纵有奖销售。这种行为是指故意将设有中奖标志的商品、奖券不投放市场或者不与商品、奖券同时投放市场,或者故意将带有不同奖金金额或者奖品标志的商品、奖券按不同时间投放市场。

3. 奖额过高的有奖销售行为

奖额过高的有奖销售行为,就是经营者在进行有奖销售过程中设置超过法律规定的奖金额的行为。《反不正当竞争法》第 10 条第 3 项规定,抽奖式的有奖销售,最高奖的金额不得超过 5 万元。《反不正当竞争法》之所以对抽奖式有奖销售的最高奖的金额作出限制,是因为奖额过高的有奖销售行为会引发消费者的暴利心理,传递错误的市场信息,妨碍市场机制的正常发挥,破坏公平的市场竞争秩序。

六、商业诋毁行为

商业诋毁行为是指经营者采取编造、传播虚假信息或者误导性信息的手段，贬低、损害竞争对手的商业信誉、商品声誉，以削弱其竞争力，为自己谋取不正当利益的行为。以诋毁方式来损害竞争对手的商业信誉、商品声誉，会给竞争对手正常经济活动造成不利影响，损害其应有的市场竞争优势地位，甚至导致严重的经济损失，同时也破坏了健康的市场竞争秩序，因此为法律所禁止。对此，《反不正当竞争法》第11条明确规定："经营者不得编造、传播虚假信息或者误导性信息，损害竞争对手的商业信誉、商品声誉。"

商业诋毁行为的认定，应注意以下关键问题：第一，在主体方面，商业诋毁行为涉及经营者和竞争对手两个主体，是经营者对其竞争对手的商业信誉或者商品声誉的损害。如果经营者损害的是没有竞争关系经营者的商业信誉、商品声誉，不构成商业诋毁行为，而是构成一般民事侵权行为。第二，在客观方面，构成商业诋毁行为必须是经营者实施了传播虚假信息或者误导性信息的行为，因为只有通过传播这些信息才能损害竞争对手的商业信誉或者商品声誉。

七、互联网新型不正当竞争行为

（一）互联网新型不正当竞争行为的概念

互联网新型不正当竞争行为是指经营者利用互联网技术实施的不正当竞争行为。与传统不正当竞争行为相比，互联网新型不正当竞争行为具有显著特征，它主要表现在两个方面：一是行为的高技术性和隐蔽性，即这种行为是在互联网上通过运用计算机技术修改信息、设置程序来实施的，行为主体不易被发现，其证据也不易取得和保全，显现出技术含量高、隐蔽程度高的特点；二是损害的扩散性和严重性，即这种行为实施后，因互联网传播速度快，其带来的影响迅速扩大，对受害者的损害迅即加重。

互联网新型不正当竞争行为是在互联网经济时代产生的新型的不正当竞争行为，它不仅损害互联网相关经营者和互联网消费者的利益，而且扭曲市场竞争机制，损害公平竞争的秩序。因此，《反不正当竞争法》第12条规定："经营者不得利用技术手段，通过影响用户选择或者其他方式，实施妨碍、破坏其他经营者合法提供的网络产品或者服务正常运行的行为。"

（二）互联网新型不正当竞争行为的类型

根据《反不正当竞争法》第12条的规定，经营者不得实施的互联网新型不正当竞争行为包括非法链接行为、不当干扰行为、恶意不兼容行为和其他行为。

1. 非法链接行为

非法链接行为是指经营者利用网络技术手段,未经其他经营者同意,在其合法提供的网络产品或者服务中,插入链接、强制进行目标跳转的行为。经营者实施非法链接行为,实质上是不当抢夺了其他经营者本来可能获得的消费者的注意力,由此可能导致其他经营者丧失交易机会和利益损失,同时也使消费者丧失自主浏览、获取相关信息的自由,损害其自主选择权。

2. 不当干扰行为

不当干扰行为是指经营者利用网络技术手段,误导、欺骗、强迫用户修改、关闭、卸载其他经营者合法提供的网络产品或者服务的行为。实践中,该行为主要表现为无正当理由屏蔽广告、不当更改他人主页和恶意风险提示等。

3. 恶意不兼容行为

恶意不兼容行为是指经营者利用网络技术手段,恶意对其他经营者合法提供的网络产品或者服务实施不兼容的行为。也就是说,经营者通过将自己提供的网络产品或者服务与其他经营者合法提供的网络产品或者服务不兼容,以达到排挤竞争对手的目的。

4. 其他行为

除了上述三类行为外,《反不正当竞争法》还兜底规定了其他妨碍、破坏其他经营者合法提供的网络产品或者服务正常运行的行为。例如,司法实践中已认定的深度链接、未经授权抓取其他网络经营者数据和内容以及弹窗广告等。

第三节 监督检查与法律责任

一、对不正当竞争行为的监督检查

(一) 政府及其主管部门的职责

为了促进社会主义市场经济健康发展,鼓励和保护公平竞争,保护经营者和消费者的合法权益,法律赋予各级人民政府及其主管部门对于不正当竞争行为进行监督检查的职责。

就政府的职责而言,《反不正当竞争法》第3条第1款规定:"各级人民政府应当采取措施,制止不正当竞争行为,为公平竞争创造良好的环境和条件。"也就是说,各级人民政府的职责是通过建立工作机制、出台相关政策、协调重大问题、支持执法工作等措施,形成公平竞争的良好市场环境。对此,该法第3条第2款规定了国务院的具体职责,即"建立反不正当竞争工作协调机制,研究决定反不正当竞争重大政策,协调处理维护市场竞争秩序的重大问题"。

对于政府主管部门而言,《反不正当竞争法》第4条规定:"县级以上人民政府履行工商行政管理职责的部门对不正当竞争行为进行查处;法律、行政法规规定由其他部门查处的,依照其规定。"目前,县级以上人民政府市场监督管理部门履行工商行政管理职责,成为反不正当竞争工作的主管机关,承担查处不正当竞争行为的主要职责,其他部门应当依照法律、行政法规规定承担对某些不正当竞争行为进行查处的责任。在法律中,将上述主管机关和其他部门,统称为监督检查部门。这里所说的查处,就是主管机关和其他部门依法对涉嫌不正当竞争行为进行调查,并按照行政责任的法律规定对违法行为进行处罚。

(二) 对不正当竞争行为的查处

1. 立案

根据2018年12月21日国家市场监督管理总局发布的《市场监督管理行政处罚程序暂行规定》,监督检查部门对依据监督检查职权或者通过投诉、举报、其他部门移送、上级交办等途径发现的违反《反不正当竞争法》的行为线索,应当自发现线索或者收到材料之日起15个工作日内予以核查,由其负责人决定是否立案;特殊情况下,经其负责人批准,可以延长15个工作日。

2. 调查

监督检查部门立案后,需要通过对涉嫌不正当竞争行为进行调查,广泛收集证据,弄清事实真相,在此基础上确定该行为是否构成违法。

(1) 监督检查部门的权力。《反不正当竞争法》规定,监督检查部门调查涉嫌不正当竞争行为,可以采取下列措施:第一,进入现场检查,即进入涉嫌不正当竞争行为的经营场所进行检查;第二,询问相关人员并要求其提供资料,即询问被调查的经营者、利害关系人及其他有关单位、个人,要求其说明有关情况或者提供与被调查行为有关的其他资料;第三,查询、复制资料,即查询、复制与涉嫌不正当竞争行为有关的协议、账簿、单据、文件、记录、业务函电和其他资料;第四,查封、扣押财物,即查封、扣押与涉嫌不正当竞争行为有关的财物;第五,查询银行账户,即查询涉嫌不正当竞争行为的经营者的银行账户。

该法还规定,采取上述规定的措施,应当向监督检查部门主要负责人书面报告,并经批准。采取上述第四、第五项措施,应当向设区的市级以上人民政府监督检查部门主要负责人书面报告,并经批准。

(2) 监督检查部门和被调查者的义务。《反不正当竞争法》规定:监督检查部门调查涉嫌不正当竞争行为,应当遵守《行政强制法》和其他有关法律、行政法规的规定;监督检查部门及其工作人员对调查过程中知悉的商业秘密负有保密义务。

《反不正当竞争法》还规定,监督检查部门调查涉嫌不正当竞争行为,被调查的经营者、利害关系人及其他有关单位、个人应当如实提供有关资料或者情况。

被调查者妨害监督检查部门依法履行职责,拒绝、阻碍调查的,由监督检查部门责令改正,对个人可以处 5 000 元以下的罚款,对单位可以处 5 万元以下的罚款,并可以由公安机关依法给予治安管理处罚。

3. 作出处罚决定

监督检查部门经调查,确认经营者实施了违反法律规定构成不正当竞争行为的,依照《反不正当竞争法》和相关法律、法规关于行政责任的规定,作出行政处罚的决定。

监督检查部门应当将查处结果及时向社会公开。对实名举报并提供相关事实和证据的,监督检查部门应当将处理结果告知举报人。

4. 复议和诉讼

《反不正当竞争法》规定,当事人对监督检查部门作出的行政处罚决定不服的,可以依法申请行政复议或者提起行政诉讼。

二、违反《反不正当竞争法》的法律责任

(一) 民事责任

《反不正当竞争法》第 17 条规定:"经营者违反本法规定,给他人造成损害的,应当依法承担民事责任。经营者的合法权益受到不正当竞争行为损害的,可以向人民法院提起诉讼。"

关于因不正当竞争行为受到损害的经营者的赔偿数额的确定,《反不正当竞争法》规定了以下三种方法:① 按实际损失确定,即赔偿数额按照受侵害的经营者因被侵权所受到的实际损失确定;② 按获得利益确定,即实际损失难以计算的,赔偿数额按照侵权人因侵权所获得的利益确定;③ 按侵权行为情节确定,即经营者违法实施商业混淆、侵犯商业秘密行为,权利人因被侵权所受到的实际损失、侵权人因侵权所获得的利益难以确定的,由人民法院根据侵权行为的情节判决给予权利人 500 万元以下的赔偿。《反不正当竞争法》还规定,按照实际损失和获得利益确定赔偿数额时,赔偿数额还应当包括经营者为制止侵权行为所支付的合理开支。

为了更好地保护商业秘密,《反不正当竞争法》对于侵犯商业秘密的民事责任规定了惩罚性赔偿制度,即经营者恶意实施侵犯商业秘密行为,情节严重的,按照权利人因被侵权所受到的实际损失或者侵权人因侵权所获得的利益的 1 倍以上 5 倍以下确定赔偿数额。

(二) 行政责任

1. 经营者的行政责任

《反不正当竞争法》对经营者实施法律禁止的各种不正当竞争行为,规定了

相应的行政责任。

(1) 商业混淆行为的责任。经营者违反法律规定实施混淆行为的,由监督检查部门责令停止违法行为,没收违法商品。违法经营额5万元以上的,可以并处违法经营额5倍以下的罚款;没有违法经营额或者违法经营额不足5万元的,可以并处25万元以下的罚款。情节严重的,吊销营业执照。经营者登记的企业名称违反禁止实施混淆行为的法律规定的,应当及时办理名称变更登记;名称变更前,由原企业登记机关以统一社会信用代码代替其名称。

(2) 商业贿赂行为的责任。经营者违反法律规定贿赂他人的,由监督检查部门没收违法所得,处10万元以上300万元以下的罚款。情节严重的,吊销营业执照。

(3) 虚假或者引人误解的商业宣传的责任。经营者违反法律规定对其商品作虚假或者引人误解的商业宣传,或者通过组织虚假交易等方式帮助其他经营者进行虚假或者引人误解的商业宣传的,由监督检查部门责令停止违法行为,处20万元以上100万元以下的罚款;情节严重的,处100万元以上200万元以下的罚款,可以吊销营业执照。经营者违反法律规定发布虚假广告的,依照《广告法》的规定处罚。

(4) 侵犯商业秘密的责任。经营者以及其他自然人、法人和非法人组织违反法律规定侵犯商业秘密的,由监督检查部门责令停止违法行为,没收违法所得,处10万元以上100万元以下的罚款;情节严重的,处50万元以上500万元以下的罚款。

(5) 不正当有奖销售的责任。经营者违反法律规定进行有奖销售的,由监督检查部门责令停止违法行为,处5万元以上50万元以下的罚款。

(6) 商业诋毁行为的责任。经营者违反法律规定损害竞争对手商业信誉、商品声誉的,由监督检查部门责令停止违法行为、消除影响,处10万元以上50万元以下的罚款;情节严重的,处50万元以上300万元以下的罚款。

(7) 互联网新型不正当竞争行为的责任。经营者违反法律规定妨碍、破坏其他经营者合法提供的网络产品或者服务正常运行的,由监督检查部门责令停止违法行为,处10万元以上50万元以下的罚款;情节严重的,处50万元以上300万元以下的罚款。

2. 监督检查部门工作人员的行政责任

《反不正当竞争法》规定,监督检查部门的工作人员滥用职权、玩忽职守、徇私舞弊或者泄露调查过程中知悉的商业秘密的,依法给予处分。

(三) 刑事责任

《反不正当竞争法》规定,违反该法规定,构成犯罪的,依法追究刑事责任。

例如,根据我国《刑法》的规定,经营者侵犯权利人商业秘密,给其造成重大损失的,构成侵犯商业秘密罪。

复习思考题

1. 分析商业混淆行为的具体表现。
2. 怎样认定商业贿赂行为?
3. 试述侵犯商业秘密行为的构成要件。
4. 如何理解不正当有奖销售行为的违法性?
5. 谈谈互联网新型不正当竞争行为的类型。

第四章 产品质量法

产品质量关系到企业的生存和发展,也关系到消费者的切身利益。中华人民共和国成立以后,特别是改革开放以来,我国对产品质量及其立法都比较重视,产品质量管理取得了可喜的成绩。但与发达国家相比,我国的产品质量总体上还存在一定差距,需要通过各方努力不断提升,以实现质量强国的目标。为了加强对产品质量的监督管理,提高产品质量水平,明确产品质量责任,保护消费者的合法权益,维护社会经济秩序,我国已建立起以《产品质量法》为基本法的产品质量法律体系。

第一节 产品质量法概述

一、产品与产品质量

(一)产品的定义

一般而言,产品是与自然物相对的一切劳动生产物,即人们运用劳动手段对劳动对象进行加工而成、用于满足人们生产和生活需要的物品。但是,法律上所说的产品,其范围则有具体规定。例如,1979年1月美国商务部公布的《统一产品责任示范法》第102条C款规定,产品是"具有真正价值的、为进入市场而生产的、能够作为组装整体或者作为部件、零售交付的物品。但人体组织、器官、血液组成部分除外"[1]。可见,美国规定的产品范围广泛。再如,1972年第12届海牙国际私法会议制定、1977年10月1日生效的《关于产品责任适用法律的公约》(简称《海牙公约》)第2条第1款规定,"产品"一词应包括天然产品和工业产品,而不论是未加工还是加工过的,是动产还是不动产。显然,《海牙公约》规定的产品范围除了包括经过加工的产品外,还包括未加工的物品。

根据我国《产品质量法》第2条和第73条的规定,我国法律对产品范围作了限制。一方面,产品是指经过加工、制作,用于销售的产品。这意味着,要成为《产品质量法》适用的产品,必须满足两个条件,即经过加工制作和用于销售。显

---

[1] 参见何悦:《企业产品责任预防与对策》,法律出版社,2010,第29页。

然,未经加工、制作的产品或物品(如初级农产品,未经加工的原煤、原油、天然气、矿产资源、野生动植物等天然物品)、无形产品、未用于销售的产品,被排除在外。另一方面,建设工程、军工产品被排除在外。

(二) 产品质量的含义

根据国际标准组织制定的《ISO 9000 系列标准》的规定,产品质量是指产品规定或潜在需要的特征和特性的总和。这些特征和特性主要有:① 可用性,即产品具备规定的使用性能和外观性能;② 安全性,即产品在使用、储运、销售等过程中,保障人体健康和人身、财产安全免受损害的能力;③ 可靠性,即产品在规定的条件下和时间内,完成规定功能的能力;④ 可维修性,即产品在发生故障以后,在规定的条件和时间内,按规定的程序和方法进行维修后,保持或恢复到规定状态的能力;⑤ 经济性,即产品的设计、制造、使用等各方面所付出或所消耗成本的程度,也包含其可获得经济利益的程度,即投入与产出的效益能力。

二、产品质量法的概念和立法

产品质量法是指调整生产与流通过程中因产品质量所发生的社会关系的法律规范的总称。产品质量法的核心内容包括产品质量监督管理制度和产品质量责任制度。

在我国,产品质量法有广义和狭义之分。从狭义上说,产品质量法仅指其基本法,即《产品质量法》。《产品质量法》于 1993 年 2 月 22 日七届全国人大常委会第三十次会议通过,同年 9 月 1 日起施行。之后,该法经 2000 年 7 月 8 日九届全国人大常委会第十六次会议、2009 年 8 月 27 日十一届全国人大常委会第十次会议和 2018 年 12 月 29 日十三届全国人大常委会第七次会议三次修正,其内容得到进一步完善。从广义上说,产品质量法不仅包括《产品质量法》这一基本法,还包括产品质量特别法和产品质量相关法。其中,产品质量特别法就是规范某类产品质量的法律,如《食品安全法》《药品管理法》《农产品质量安全法》《特种设备安全监察条例》等;产品质量相关法就是与产品质量相关的法律,如《标准化法》《消费者权益保护法》《工业产品生产许可证管理条例》《认证认可条例》等。

第二节 产品质量监督管理

产品质量监督管理制度是指由产品质量法确认的产品质量监督机构、制度、办法和措施的总称。国家通过对产品质量实施监督,促进生产者和销售者提高产品质量。根据《产品质量法》以及相关法律的规定,我国建立了产品质量监督体制,形成了产品质量监督制度以及相应的措施与办法。

一、产品质量监督体制

产品质量监督体制是指划分部门之间、中央与地方之间产品质量监督权限的法律制度。《产品质量法》在总结我国产品质量立法经验的基础上,确立了统一管理、分工负责的产品质量监督体制。

(一) 政府

政府是产品质量工作的领导机关,包括国务院和地方各级人民政府,它承担产品质量工作的领导职责。对此,《产品质量法》第 7 条明确规定,各级人民政府应当把提高产品质量纳入国民经济和社会发展规划,加强对产品质量工作的统筹规划和组织领导,引导、督促生产者、销售者加强产品质量管理,提高产品质量,组织各有关部门依法采取措施,制止产品生产、销售中违反规定的行为,保障《产品质量法》的施行。

(二) 市场监督管理部门

市场监督管理部门是产品质量监督工作的政府主管部门,它包括国务院市场监督管理部门和地方各级人民政府市场监督管理部门。

《产品质量法》第 8 条第 1 款规定,国务院市场监督管理部门主管全国产品质量监督工作。其主要职责是:① 负责产品质量综合监督管理,包括起草产品质量监督管理法律、法规草案,制定有关规章、政策、标准,组织实施质量强国战略、食品安全战略和标准化战略,拟订并组织实施有关规划。② 负责宏观质量管理,包括拟订并实施质量发展的制度措施;统筹国家质量基础设施建设与应用,会同有关部门组织实施重大工程设备质量监理制度,组织重大质量事故调查,建立并统一实施缺陷产品召回制度,监督管理产品防伪工作。③ 负责产品质量安全监督管理,包括管理产品质量安全风险监控、国家监督抽查工作,建立并组织实施质量分级制度、质量安全追溯制度,指导工业产品生产许可管理,负责纤维质量监督工作。④ 负责统一管理标准化工作,包括依法承担强制性国家标准的立项、编号、对外通报和授权批准发布工作,制定推荐性国家标准,依法协调指导和监督行业标准、地方标准、团体标准制定工作,组织开展标准化国际合作和参与制定、采用国际标准工作。⑤ 负责统一管理检验检测工作,包括推进检验检测机构改革、规范检验检测市场、完善检验检测体系、指导协调检验检测行业发展。

《产品质量法》第 8 条第 2 款还规定,县级以上地方市场监督管理部门主管本行政区域内的产品质量监督工作。其主要职责是按照国家法律、法规规定的职责和省级人民政府赋予的权限,负责本行政区内的产品质量监督管理工作。

(三) 政府有关部门

《产品质量法》第 8 条第 1 款规定,国务院有关部门在各自的职责范围内负责产品质量监督工作,县级以上地方人民政府有关部门在各自的职责范围内负责产品质量监督工作。

二、产品质量监督制度

产品质量监督制度是指由产品质量法确认的互相联系、互相依存、自成体系的产品质量监督规定的总和。它是国家加强对生产者和销售者产品质量进行监督的重要手段,也是全面提升产品质量的重要保障。对此,《产品质量法》规定了一系列产品质量监督管理制度,包括产品质量标准制度、生产许可证制度、质量认证制度、产品质量监督检查制度和产品质量社会监督制度等。

(一) 产品质量标准制度

产品质量标准规定产品质量特性应达到的技术要求,是产品生产、检验和质量评定的技术依据,也是产品质量监督的技术依据。根据我国《标准化法》第2条的规定,标准包括国家标准、行业标准、地方标准和团体标准、企业标准。国家标准分为强制性标准、推荐性标准,行业标准、地方标准是推荐性标准。该条还规定,强制性标准必须执行,国家鼓励采用推荐性标准。

《产品质量法》第12条规定:"产品质量应当检验合格,不得以不合格产品冒充合格产品。"关于产品的生产和检验,《产品质量法》明确要求按照质量标准进行。该法第13条规定:"可能危及人体健康和人身、财产安全的工业产品,必须符合保障人体健康和人身、财产安全的国家标准、行业标准;未制定国家标准、行业标准的,必须符合保障人体健康和人身、财产安全的要求。禁止生产、销售不符合保障人体健康和人身、财产安全的标准和要求的工业产品。"可见,对于生产的产品,涉及保障最基本的人体健康和人身及财产安全的,其质量必须符合强制性标准;除此之外,可以采用推荐性标准。

(二) 工业产品生产许可证制度

工业产品生产许可证制度是指政府主管部门对于具备安全质量规定条件的工业产品生产者发放生产许可证,允许其生产该许可证规定的工业产品的制度。《产品质量法》第13条规定:"可能危及人体健康和人身、财产安全的工业产品,必须符合保障人体健康和人身、财产安全的国家标准、行业标准;未制定国家标准、行业标准的,必须符合保障人体健康和人身、财产安全的要求。禁止生产、销售不符合保障人体健康和人身、财产安全的标准和要求的工业产品。"为了保障工业产品生产符合安全质量要求,根据该条的规定,国务院于2005年7月9日发布《工业产品生产许可证管理条例》,国家质量监督检验检疫总局于2005年9月15日发布《工业产品生产许可证管理条例实施办法》(该规章于2010年、2014年进行了两次修改),由此建立起工业产品生产许可证制度。之后,根据不同工业产品的特殊性,国家制定了对具体工业产品实施生产许可证管理的制度,如2017年6月21日农业部发布的《农药生产许可管理办法》、2020年1月2日国家市场监督管理总局发布的《食品生产许可管理办法》等。

1. 适用范围

《工业产品生产许可证管理条例》第2条规定,国家对生产下列重要工业产品的企业实行生产许可证制度:① 乳制品、肉制品、饮料、米、面、食用油、酒类等直接关系人体健康的加工食品;② 电热毯、压力锅、燃气热水器等可能危及人身、财产安全的产品;③ 税控收款机、防伪验钞仪、卫星电视广播地面接收设备、无线广播电视发射设备等关系金融安全和通信质量安全的产品;④ 安全网、安全帽、建筑扣件等保障劳动安全的产品;⑤ 电力铁塔、桥梁支座、铁路工业产品、水工金属结构、危险化学品及其包装物、容器等影响生产安全、公共安全的产品;⑥ 法律、行政法规要求依照本条例的规定实行生产许可证管理的其他产品。但是,对以下两类工业产品不实行生产许可证制度:一是工业产品的质量安全通过消费者自我判断、企业自律和市场竞争能够有效保证的;二是工业产品的质量安全通过认证认可制度能够有效保证的。

该条例还规定,国家实行生产许可证制度的工业产品目录(以下简称目录)由国务院工业产品生产许可证主管部门(以下简称国务院生产许可证主管部门)会同国务院有关部门制定,并征求消费者协会和相关产品行业协会的意见,报国务院批准后向社会公布;国务院生产许可证主管部门会同国务院有关部门适时对目录进行评价、调整和逐步缩减,报国务院批准后向社会公布。任何企业未取得生产许可证不得生产列入目录的产品,任何单位和个人不得销售或者在经营活动中使用未取得生产许可证的列入目录的产品。

2. 主要内容

(1) 申请与受理。企业取得生产许可证,应当符合下列条件:有营业执照;有与所生产产品相适应的专业技术人员;有与所生产产品相适应的生产条件和检验检疫手段;有与所生产产品相适应的技术文件和工艺文件;有健全有效的质量管理制度和责任制度;产品符合有关国家标准、行业标准以及保障人体健康和人身、财产安全的要求;符合国家产业政策的规定,不存在国家明令淘汰和禁止投资建设的落后工艺、高耗能、污染环境、浪费资源的情况。法律、行政法规有其他规定的,还应当符合其规定。

企业生产列入目录的产品,应当向企业所在地的省、自治区、直辖市工业产品生产许可证主管部门(以下简称省级生产许可证主管部门)申请取得生产许可证,该主管部门收到企业的申请后,应当依照《行政许可法》的有关规定办理。

(2) 审查与决定。省级生产许可证主管部门受理企业申请后,应当组织对企业进行审查。依照列入目录产品生产许可证的具体要求,应当由国务院生产许可证主管部门组织对企业进行审查的,省级生产许可证主管部门应当自受理企业申请之日起5日内将全部申请材料报送国务院生产许可证主管部门。对企业的审查包括对企业的实地核查和对产品的检验。

自受理企业申请之日起60日内,国务院生产许可证主管部门应当作出是否准予许可的决定。作出准予许可决定的,国务院生产许可证主管部门应当自作出决定之日起10日内向企业颁发工业产品生产许可证证书(以下简称许可证证书);作出不准予许可决定的,国务院生产许可证主管部门应当书面通知企业,并说明理由。

(3) 生产许可证的有效期与续展。生产许可证有效期为5年,但是,食品加工企业生产许可证的有效期为3年。生产许可证有效期届满,企业继续生产的,应当在生产许可证有效期届满6个月前向所在地省级生产许可证主管部门提出换证申请。国务院生产许可证主管部门或者省级生产许可证主管部门应当依照规定的程序对企业进行审查。

另外,在生产许可证有效期内,产品的有关标准、要求发生改变的,国务院生产许可证主管部门或者省级生产许可证主管部门依法重新组织核查和检验;企业生产条件、检验手段、生产技术或者工艺发生变化的,国务院生产许可证主管部门或者省级生产许可证主管部门根据企业的申请依法重新组织核查和检验。

(4) 证书和标志。许可证证书分为正本和副本。许可证证书应当载明企业名称和住所、生产地址、产品名称、证书编号、发证日期、有效期等相关内容。生产许可证的标志和式样由国务院工业产品生产许可证主管部门规定并公布。企业必须在其产品或者包装、说明书上标注生产许可证标志和编号;裸装食品和其他根据产品的特点难以标注标志的裸装产品,可以不标注生产许可证标志和编号。销售和在经营活动中使用列入目录产品的企业,应当查验产品的生产许可证标志和编号。

(三) 质量认证制度

质量认证制度是指由认证机构评定,证明企业的产品、服务、管理体系符合相关技术规范、相关技术规范的强制性要求或者标准的制度。根据《产品质量法》的规定,我国推行企业质量体系认证制度和产品质量认证制度。

1. 企业质量体系认证制度

企业质量体系认证制度是指由法定认证机构评定,对符合规定要求的企业颁发认证证书,证明其质量管理体系和质量保证能力达到相应标准的制度。企业质量体系认证起源于产品认证中的"企业质量保证能力认定",20世纪70年代后期企业质量体系认证从产品认证中派生出来,最早在英国开始实施,之后为各国所接受。

企业质量体系认证由认证机构进行,该机构必须经国务院认证认可监督管理部门批准,取得认证资质。按照国务院于2016年2月6日修正的《认证认可条例》的规定,取得认证机构资质,应当符合下列条件:① 取得法人资格;② 有固定的场所和必要的设施;③ 有符合认证认可要求的管理制度;④ 注册资本不得少于人民币300万元;⑤ 有10名以上相应领域的专职认证人员。从事产品认证活动的认证机构,还应当具备与从事相关产品认证活动相适应的检测、检查等技术能力。

企业质量体系认证的依据是国际通用的"质量管理和质量保证"系列标准,即国际标准化组织(International Organization for Standardization,ISO)于1987年3月正式发布的ISO 9000系列国际标准,该标准吸收了各国质量管理、质量保证的精华,统一了质量术语概念,反映并发展了发达国家质量管理的实践经验。企业质量体系依据该标准把质量形成过程中各环节的质量职能组织起来,形成一个互相依存、互相制约的有机整体,全面反映了企业质量管理和质量保证的整体水平。目前,世界上已有100多个国家和地区等同或等效采取该系列国际标准。1992年5月,我国国家技术监督局决定,将ISO 9000等同采用我国国家标准CB/T 19000—ISO 9000,等同采用的国家标准的技术内容与ISO 9000完全相同,编写方法完全一致。

《产品质量法》第14条第1款规定:"企业根据自愿原则可以向国务院市场监督管理部门认可的或者国务院市场监督管理部门授权的部门认可的认证机构申请企业质量体系认证。经认证合格的,由认证机构颁发企业质量体系认证证书。"法律之所以规定企业质量体系认证采用自愿原则,是因为这种认证所依据的标准反映的是一种先进的企业质量管理制度,其技术要求高、实施难度大,强制普遍推行该认证既不符合市场经济的客观规律,也不符合我国企业管理的实际。推行企业质量体系认证的目的,是引导我国企业向国际先进水平努力,促进企业改善经营管理,提高企业的整体素质,增强企业的竞争能力。

2. 产品质量认证制度

产品质量认证制度是指法定认证机构评定,对符合规定要求的产品颁发认证证书和认证标志,以证明其达到相应标准和相应技术要求的制度。产品质量认证起源于20世纪初。1903年,英国工程标准委员会在世界上首创用于符合标准的认证标志,即"BS"标志或"风筝"标志。现在,产品质量认证制度已在世界各国普遍实行。

在我国,产品质量认证工作起步较晚。1978年9月,我国成为ISO的正式成员,质量认证才被引入。1981年4月,经国务院标准化行政主管部门批准,我国成立了第一个产品质量认证机构——中国电子元器件质量认证委员会。1988年12月公布的《标准化法》规定,企业对有国家标准或者行业标准的产品,可以申请产品质量认证,经认证合格取得认证标志。《产品质量法》第14条第2款则规定:"国家参照国际先进的产品标准和技术要求,推行产品质量认证制度。企业根据自愿原则可以向国务院市场监督管理部门认可的或者国务院市场监督管理部门授权的部门认可的认证机构申请产品质量认证。经认证合格的,由认证机构颁发产品质量认证证书,准许企业在产品或者其包装上使用产品质量认证标志。"产品质量认证由认证机构进行,该机构必须经国务院认证认可监督管理部门批准,取得认证资质。

(四)产品质量监督检查制度

产品质量监督检查制度是指市场监督管理部门依照法定权限和程序,对产品质量进行监督性检验的制度。《产品质量法》第15条规定,"国家对产品质量实行以抽查为主要方式的监督检查制度"。所谓监督抽查,是指市场监督管理部门为监督产品质量,依法组织对在我国境内生产、销售的产品进行抽样、检验,并进行处理的活动。为规范产品质量监督抽查行为,《产品质量法》和《产品质量监督抽查管理暂行办法》(国家市场监督管理总局于2019年11月21日发布)作出了具体规定。

1. 监督抽查的对象

监督抽查的产品包括三类:一是可能危及人体健康和人身、财产安全的产品;二是影响国计民生的重要工业产品;三是消费者、有关组织反映有质量问题的产品。

为了避免重复抽查,法律作出以下规定:第一,同一市场监督管理部门不得在6个月内对同一生产者按照同一标准生产的同一商标、同一规格型号的产品(以下简称同一产品)进行两次以上监督抽查;第二,被抽样生产者、销售者在抽样时能够证明同一产品在6个月内经上级市场监督管理部门监督抽查的,下级市场监督管理部门不得重复抽查。但是,对监督抽查发现的不合格产品的跟踪抽查和为应对突发事件开展的监督抽查,不适用上述两项规定。

2. 监督抽查的程序

(1)抽样。抽样分现场抽样和网络抽样两种。采用现场抽样方式的,市场监督管理部门应当自行抽样或者委托抽样机构抽样,并按照有关规定随机抽取被抽样生产者、销售者,随机选派抽样人员。抽查的样品应当由抽样人员在市场上或者企业成品仓库内的待销产品中随机抽取,不得由被抽样生产者、销售者自行抽样。有下列情形之一的,抽样人员不得抽样:待销产品数量不符合监督抽查实施细则要求的;有充分证据表明拟抽样产品不用于销售,或者只用于出口并且出口合同对产品质量另有约定的;产品或者其包装上标注"试制""处理""样品"等字样的。样品由抽样人员按规定封样后,携带或者寄递至检验机构进行检验。采用网络抽样方式的,市场监督管理部门对电子商务经营者销售的本行政区域内的生产者生产的产品和本行政区域内的电子商务经营者销售的产品进行抽样时,可以以消费者的名义买样。抽样人员收到样品后,应当按规定拆封、查验、封样,并将样品携带或者寄递至检验机构进行检验。

(2) 检验。检验人员收到样品后,应当通过拍照或者录像的方式检查记录样品的外观、状态、封条有无破损以及其他可能对检验结论产生影响的情形,并核对样品与抽样文书的记录是否相符。对于抽样规范的样品,检验人员应当按照监督抽查实施细则所规定的检验项目、检验方法、判定规则等进行检验。

检验结束后,检验机构应当出具检验报告,并在规定时间内将检验报告及有关材料报送组织监督抽查的市场监督管理部门。组织监督抽查的市场监督管理部门应当及时将检验结论书面告知被抽样生产者、销售者,并同时告知其依法享有的权利。样品属于在销售者处现场抽取或者通过网络抽样方式购买的,组织监督抽查的市场监督管理部门还应当同时书面告知样品标称的生产者或者电子商务平台经营者和样品标称的生产者。

(3) 异议处理。被抽样生产者、销售者有异议的,应当自收到检验结论书面告知之日起 15 日内向组织监督抽查的市场监督管理部门提出书面异议处理申请,并提交相关材料。被抽样生产者、销售者对抽样过程、样品真实性等有异议的,收到异议处理申请的市场监督管理部门应当组织异议处理,并将处理结论书面告知申请人;被抽样生产者、销售者对检验结论有异议,提出书面复检申请并阐明理由的,收到异议处理申请的市场监督管理部门应当组织研究,对需要复检并具备检验条件的,应当组织复检。

申请人应当自收到市场监督管理部门复检通知之日起 7 日内办理复检手续;逾期未办理的,视为放弃复检。市场监督管理部门应当自申请人办理复检手续之日起 10 日内确定具备相应资质的检验机构进行复检。复检机构应当在规定时间内按照监督抽查实施细则所规定的检验方法、判定规则等对与异议相关的检验项目进行复检,并将复检结论及时报送组织复检的市场监督管理部门,由组织复检的市场监督管理部门书面告知复检申请人。复检结论为最终结论。

(4) 结果处理。组织监督抽查的市场监督管理部门应当汇总分析、依法公开监督抽查结果,并向地方人民政府、上一级市场监督管理部门和同级有关部门通报监督抽查情况。组织地方监督抽查的市场监督管理部门发现不合格产品为本行政区域以外的生产者生产的,应当及时通报生产者所在地同级市场监督管理部门。

对检验结论为不合格的产品,被抽样生产者、销售者应当立即停止生产、销售同一产品;负责结果处理的市场监督管理部门应当责令不合格产品的被抽样生产者、销售者自责令之日起60日内予以改正,并应当自责令之日起75日内按照监督抽查实施细则组织复查。被抽样生产者、销售者经复查不合格的,负责结果处理的市场监督管理部门应当逐级上报至省级市场监督管理部门,由其向社会公告;负责结果处理的市场监督管理部门应当在公告之日起60日后90日前对被抽样生产者、销售者组织复查,经复查仍不合格的,按照《产品质量法》的规定责令其停业、限期整顿,整顿期满后经复查仍不合格的,吊销其营业执照。

(五) 产品质量社会监督制度

产品质量社会监督制度是指任何单位和个人对生产、销售的产品质量进行监督的制度。为保证生产、销售的产品符合质量要求,不仅需要加强政府部门的监督以及生产者和销售者自身的管理,而且需要发挥社会监督的作用。

1. 社会公众对违法行为的检举

《产品质量法》第10条第1款规定:"任何单位和个人有权对违反本法规定的行为,向市场监督管理部门或者其他有关部门检举。"

为了保护和奖励检举者,该条第2款还规定:"市场监督管理部门和有关部门应当为检举人保密,并按照省、自治区、直辖市人民政府的规定给予奖励。"对此,国家有关部门制定了奖励规定,如食品药品监管总局、财政部于2017年8月9日发布了《食品药品违法行为举报奖励办法》;有的地方也制定了奖励规定,如重庆市质量技术监督局于2017年9月29日发布了《重庆市质量技术监督局产品质量违法行为举报奖励办法》。

2. 消费者对产品质量问题的查询和申诉

《产品质量法》第22条规定:"消费者有权就产品质量问题,向产品的生产者、销售者查询;向市场监督管理部门及有关部门申诉,接受申诉的部门应当负责处理。"

根据1998年3月12日国家技术监督局[①]发布的《产品质量申诉处理办法》的规定,技术监督行政部门应当在接到产品质量申诉后7日内作出处理、移送处理或者不予处理的决定,并告知申诉人。技术监督行政部门对举报被申诉人未履行《产品质量法》规定的"三包"义务的产品质量申诉,应当责令责任方改正;对举报涉嫌生产、销售伪劣商品犯罪行为的产品质量申诉,应当移送司法机关处

---

① 1998年3月,国家技术监督局更名为国家质量技术监督局。2001年4月,国家质量技术监督局与国家出入境检验检疫局合并组建国家质量监督检验检疫总局。2018年3月,根据国务院机构改革方案,国家质量监督检验检疫总局与国家工商行政管理总局、国家食品药品监督管理总局合并组建国家市场监督管理总局。

理;对无须追究刑事、行政责任的产品质量申诉,应当根据申诉人或者被申诉人的请示,采用产品质量争议调解方式予以处理。按照调解方式处理的,应当在接到申诉人提供的书面材料之日起30日内终结调解,对于复杂的产品质量争议可以延长30日;调解不成的,应当及时终止调解。

3. 消费者组织对质量问题的处理

《产品质量法》第23条规定:"保护消费者权益的社会组织可以就消费者反映的产品质量问题建议有关部门负责处理,支持消费者对因产品质量造成的损害向人民法院起诉。"可见,消费者组织可以通过支持消费者诉讼维权和建议政府部门处理质量问题,对生产、销售的产品质量实施监督。

第三节 生产者、销售者的产品质量义务

一、生产者的产品质量义务

(一) 产品内在质量符合要求

为了保障使用者对产品的安全和有效使用,生产者所生产产品的内在质量必须符合法律规定的要求,它包括明示担保义务和默示担保义务。所谓明示担保义务,就是生产者对产品的质量应当符合其所作声明或陈述的要求;所谓默示担保义务,就是生产者生产的产品应当符合法律、法规对产品质量的强制性要求,即符合生产该产品的一般目的。关于产品内在质量要求,《产品质量法》作了三个方面的规定。

1. 保障人身和财产安全

《产品质量法》第26条第1项规定,生产者生产的产品应当不存在危及人身、财产安全的不合理的危险,有保障人体健康和人身、财产安全的国家标准、行业标准的,应当符合该标准。法律规定产品不存在危及人身、财产安全的不合理危险,就是要求生产者生产的产品应当具备人们有权期待的安全性,或者说在预见的使用范围内具有合理的安全性。判定产品是否存在危及人身、财产安全的不合理危险,主要以保障人体健康和人身、财产安全的国家标准、行业标准中规定的安全、卫生指标为依据。

2. 具备规定的使用性能

《产品质量法》第26条第2项规定,生产者生产的产品应当具备产品应当具备的使用性能,但是,对产品存在使用性能的瑕疵作出说明的除外。所谓"具备产品应当具备的使用性能",是指产品符合产品标准中规定的使用性能;未制定相应标准的产品,其使用性能应当符合公众普遍认为应当具备的使用性能。产

品具备应当具备的使用性能,是法律对产品内在质量的基本要求,也是生产者必须履行的产品质量义务。但是,如果生产者对产品存在使用性能的瑕疵作出说明的,则可以免除该瑕疵担保义务。

3. 履行明示担保的义务

《产品质量法》第 26 条第 3 项规定,生产者生产的产品应当符合在产品或者其包装上注明采用的产品标准,符合以产品说明、实物样品等方式表明的质量状况。这意味着,生产者在产品质量上必须履行明示担保的义务。生产者注明的产品标准,可以是国家标准、行业标准、地方标准或者企业标准,可以是强制性标准或者推荐性标准。产品说明是以文字说明性资料表明产品质量状况的方式,实物样品则是提取以能够代表商品品质的少量实物表明产品质量状况的方式。生产者一旦注明某种产品标准,或者运用产品说明、实物样品表明产品质量状况,它们即成为其明示担保的质量义务,但生产者不能运用明示方法排除法律规定的默示担保义务。

(二) 产品标识符合要求

产品标识是用于识别产品及其质量、数量、特征、特性和使用方法的各种表示的统称,它包含产品的名称、产地、生产者名称和地址、产品的质量状况、保存期限、使用说明等信息。产品标识可以帮助消费者了解产品的质量信息,寻找符合其质量要求的产品;也可以帮助销售者区分不同质量状况的产品,更好地保存和销售产品。

《产品质量法》第 27 条第 1 款规定,生产者所提供的产品或者其包装上的标识必须真实,并符合以下要求:① 有产品质量检验合格证明。② 有中文标明的产品名称、生产厂厂名和厂址。③ 根据产品的特点和使用要求,需要标明产品规格、等级、所含主要成分的名称和含量的,用中文相应予以标明;需要事先让消费者知晓的,应当在外包装上标明,或者预先向消费者提供有关资料。④ 限期使用的产品,应当在显著位置清晰地标明生产日期和安全使用期或者失效日期。⑤ 使用不当,容易造成产品本身损坏或者可能危及人身、财产安全的产品,应当有警示标志或者中文警示说明。以上是对产品标识的一般要求,违者构成瑕疵产品或者缺陷产品,但并非所有产品的包装均须同时符合以上五项要求。对此,《产品质量法》第 27 条第 2 款规定,裸装的食品和其他根据产品的特点难以附加标识的裸装产品,可以不附加产品标识。

(三) 产品包装符合要求

产品包装是在产品运输、储存和销售过程中,为了保护产品、方便储运、促进销售,按照一定技术或方法,采用容器、材料和辅助物对产品进行包裹或装饰,并附加有关标识的行为。产品包装分为运输包装和销售包装,前者是为了保障产品的运输、储存的安全和方便,后者是为了有利产品的宣传和促进产品的销售。产品包装不仅能够保证产品的安全和质量,而且能够保护产品的运输者、储运者、销售者和消费者的合法权益。

通常情况下,对于产品的包装,生产者应当符合合同法的要求或者当事人约定的要求。但是,对于特殊产品的包装,《产品质量法》第28条规定,易碎、易燃、易爆、有毒、有腐蚀性、有放射性等危险物品以及储运中不能倒置和其他有特殊要求的产品,其包装质量必须符合相应要求,并作出警示标志或者中文警示说明,标明储运注意事项。

(四) 遵守产品生产中的禁止性规定

为了提升产品质量水平、促进经济和社会发展、维护产品质量管理秩序、保护消费者的合法权益,《产品质量法》第29—32条明确规定了生产者在产品生产中的禁止性行为。

1. 不得生产国家明令淘汰的产品

国家明令淘汰产品是指国家行政机关按照法定职权和程序,以文件形式明确宣布不得继续生产、销售、使用的产品。国家明令淘汰的产品主要是耗能高、技术落后、污染环境,以及危及人身、财产安全的产品,生产者生产这类产品不仅妨碍经济和社会发展,而且会对消费者产生危害。国家通过淘汰这类产品,调控国民经济运行,保护自然资源和生态环境,提高产品质量,保障人民的健康和安全。因此,法律禁止生产者生产这类产品。

2. 不得伪造产地,不得伪造或冒用他人的厂名、厂址

伪造产地是指在甲地生产而标注乙地地名的行为。伪造或者冒用他人的厂名、厂址,是指非法制作标注他人厂名、厂址的标识,或者擅自使用他人厂名、厂址的行为。这种伪造、冒用的行为,不仅欺骗消费者并损害其利益,侵犯被伪造、冒用者的权利,而且破坏产品质量管理秩序,因而为法律所禁止。

3. 不得伪造或者冒用认证标志等质量标志

伪造或者冒用认证标志等质量标志是指非法制作产品质量认证标志等质量标志,或者未经获准而擅自使用认证标志等质量标志的行为。这种行为妨碍产品质量管理秩序、损害消费者的利益,因而为法律所禁止。

4. 不得掺杂、掺假,不得以假充真、以次充好,不得以不合格产品冒充合格产品

掺杂、掺假是指在产品中掺入杂质或者造假,致使产品有关物质的成分或者质量不符合国家有关法律、法规、标准规定要求的行为。以假充真是指以不具有某种使用性能的产品冒充具有该种使用性能的产品的行为。以次充好是指以低等级、低档次产品冒充高等级、高档次产品的行为。以不合格产品冒充合格产品

是指以不符合法律规定或者生产者明示的质量标准的产品冒充符合该质量标准的产品的行为。生产者在生产产品中实施上述欺诈行为,会对消费者利益造成损害,妨碍产品质量管理秩序,因而为法律所禁止。

二、销售者的产品质量义务

(一) 建立和执行进货检查验收制度

《产品质量法》第 33 条规定:"销售者应当建立并执行进货检查验收制度,验明产品合格证明和其他标识。"所谓进货检查验收制度,是指销售者根据国家有关规定以及与生产者、供货者(即向销售者提供产品的其他销售者)之间订立合同的约定,对其购进的产品进行产品质量检查并予以验收的制度,其内容包括产品标识检查、产品外观检查和必要的产品内在质量的检验。通过检查或检验,如果被检货物符合质量要求,就通过验收并可以销售;如果被检货物存在质量问题,则不能销售并予以退回。建立和执行进货检查验收制度,使销售者对进货实施检查验收制度化、规范化和程序化,防止质量不合格的产品流入市场,以保护消费者的合法权益,维护良好的社会经济秩序;同时,它能够分清销售者与生产者、供货者之间的责任,保障销售者的合法权益。

(二) 保持销售产品的质量

《产品质量法》第 34 条规定:"销售者应当采取措施,保持销售产品的质量。"法律之所以作出这样的规定,是因为生产者生产的产品通过销售者到达消费者,中间常有一段时间间隔。在此期间,如果销售者未采取应有的保质措施而导致产品产生瑕疵或缺陷,就会使质量不合格的产品转到消费者手中,从而对其利益造成损害,因而法律规定销售者应当采取措施保持销售产品质量。同时,规定销售者保持销售产品的质量,也使销售者通过采取保质措施,不发生产品的缺陷和瑕疵,从而免予承担产品质量责任。

(三) 符合产品标识的要求

根据《产品质量法》第 36 条的规定,销售者在销售产品的标识的义务上,适用生产者有关产品标识义务的规定。这意味着,销售者一方面要通过进货检验,查验生产者和其提供产品的标识,不销售标识不合规的产品,另一方面不能在所销售产品上作不符合法律规定的标识,坑害消费者。

(四) 遵守产品销售中的禁止性规定

为了维护产品质量秩序,保护消费者的合法权益,《产品质量法》第 35 条和第 37—39 条规定,销售者在产品销售中禁止下列行为:① 不得销售失效、变质的产品;② 不得伪造产地,不得伪造或者冒用他人的厂名、厂址;③ 不得伪造或者冒用认证标志等质量标志;④ 不得掺杂、掺假,不得以假充真、以次充好,不得以不合格产品冒充合格产品。

第四节 产品质量责任

产品质量责任是指生产者、销售者及其他主体因违反法律规定的义务或者合同约定的义务应承担的法律后果,它包括民事责任、行政责任和刑事责任。

一、民事责任

(一) 产品瑕疵与产品缺陷的含义

产品瑕疵有广义和狭义之分。就广义而言,产品瑕疵是指产品不符合应当具有的质量要求,包括狭义的产品瑕疵和产品缺陷;就狭义而言,产品瑕疵仅指产品存在不符合使用性能和明示的质量担保要求的质量问题,但不存在危及人身、他人财产安全的不合理危险。这里所讲的产品瑕疵为狭义上的概念,它不包含产品缺陷的情况。

关于产品缺陷的含义,《产品质量法》第46条规定:"本法所称缺陷,是指产品存在危及人身、他人财产安全的不合理的危险;产品有保障人体健康和人身、财产安全的国家标准、行业标准的,是指不符合该标准。"可见,产品缺陷是指产品不符合保障人体健康和人身、财产安全的标准,存在危及人身、他人财产安全的不合理危险。产品缺陷有以下三种:一是设计缺陷,即产品的设计不准确、不合理,致使产品存在危及人身、财产安全的危险;二是制造缺陷,即产品在加工、制作、装配等制造过程中,不符合设计规范或者工艺要求,致使产品不符合质量要求,存在危及人身、财产安全的危险;三是指示缺陷,即产品缺乏使用上的说明和危险防范上的警告,致使产品存在危及人身、财产安全的不合理危险。

产品瑕疵与产品缺陷都不符合产品质量要求,相关责任主体都应当承担产品质量责任。但是,两者存在着显著区别,具体表现如下:① 违反质量要求的内容不同。产品瑕疵违反使用性能、明示质量担保等非人身、财产安全方面的质量要求,而产品缺陷违反人身、财产安全方面的质量要求。② 消费者能否接受不同。对于产品瑕疵,因产品尚未丧失原有的使用价值,消费者已经知道的,可以自行决定是否接受;对于产品缺陷,因产品存在危及人身、财产安全的不合理危险,消费者不能接受。③ 责任主体及其承担方式不同。对于产品瑕疵,权利人直接向销售者要求赔偿,销售者赔偿后再向负有责任的生产者、供货者追偿,责任方式为修理、更换、退货和赔偿损失;对于产品缺陷,权利人可以向生产者或者销售者要求赔偿,生产者或者销售者赔偿后再向负有责任的销售者或者生产者追偿,责任方式主要为赔偿损失。

(二) 产品瑕疵责任

1. 承担产品瑕疵责任的条件

产品瑕疵责任就是销售者对于产品瑕疵承担的法律责任。根据《产品质量法》第40条第1款的规定,销售者售出的产品有下列情形之一的,应承担产品瑕疵责任:① 不具备产品应当具备的使用性能而事先未作说明的;② 不符合在产品或者其包装上注明采用的产品标准的;③ 不符合以产品说明、实物样品等方式表明的质量状况的。在上述条件中,前一项为未履行默示担保义务,后两项为未履行明示担保义务。产品只要存在上述情形之一的,不论是否造成损害后果,销售者都应当承担责任。

2. 承担产品瑕疵责任的主体和方式

销售者售出的产品有《产品质量法》第40条第1款规定的三种情形之一的,应当负责修理、更换、退货;给购买产品的消费者造成损失的,销售者应当赔偿损失。概括地说,就是"三包"加"赔偿"。对于实行"三包"的产品,如果在规定时间内出现质量问题,销售者应当负责修理、更换、退货。"赔偿"列在"三包"之后,是指售出的有质量问题的产品造成消费者损失的,销售者还应当赔偿损失。法律规定由销售者向消费者承担责任,有利于维护消费者的权利。

3. 承担产品瑕疵责任后的追偿

《产品质量法》第40条第2款规定,销售者依照法律规定负责修理、更换、退货、赔偿损失后,属于生产者的责任或者供货者的责任的,销售者有权向生产者、供货者追偿。法律作出这样的规定,就可以使真正的责任人对产品瑕疵负起责任。

(三) 产品缺陷责任

产品缺陷责任又称产品责任,是指责任人对于产品缺陷导致使用人损害而承担的法律责任。产品缺陷责任属于侵权责任,但生产者、销售者承担缺陷责任的条件和归责原则有所不同。

1. 生产者、销售者承担产品缺陷责任的条件

关于生产者承担缺陷责任的条件,《产品质量法》第41条第1款规定:"因产品存在缺陷造成人身、缺陷产品以外的其他财产(以下简称他人财产)损害的,生产者应当承担赔偿责任。"这表明,生产者承担产品责任的情况应当具备以下三项条件:① 产品存在缺陷;② 造成人身、他人财产损害;③ 缺陷与损害之间存在因果关系。同时具备这三项条件,生产者就要承担产品缺陷责任。我国与许多国家一样,主张生产者的产品缺陷责任属于特殊侵权责任,因而其归责原则实行严格责任原则,即不管生产者有无过错,只要符合上述条件均应承担产品缺陷责任。

须注意,生产者并不是对所有产品缺陷导致的损害都承担责任。对此,《产品质量法》第41条第2款规定,生产者能够证明有下列情形之一的,不承担赔偿责任:① 未将产品投入流通的;② 产品投入流通时,引起损害的缺陷尚不存在的;③ 将产品投入流通时的科学技术水平尚不能发现缺陷的存在的。这些法定免责条件可以看作实行严格责任原则的例外,它由生产者举证而不是由受害方举证,即实行举证责任倒置原则。

关于销售者承担缺陷责任的条件,《产品质量法》第42条规定:"由于销售者的过错使产品存在缺陷,造成人身、他人财产损害的,销售者应当承担赔偿责任。销售者不能指明缺陷产品的生产者也不能指明缺陷产品的供货者的,销售者应当承担赔偿责任。"这表明,销售者销售缺陷产品造成他人人身、财产损害的,应承担产品缺陷责任,但在不同情况下实行不同的归责原则。具体来说,有两种情况:一种情况是实行过错责任原则,即由于销售者的过错使产品存在缺陷,造成人身、他人财产损害的,销售者应当承担赔偿责任;另一种情况是实行严格责任原则,即销售者不能指明缺陷产品的生产者,也不能指明缺陷产品的供货者的,销售者应当承担赔偿责任。

另外,《民法典》第1206条还规定,产品投入流通后发现存在缺陷的,生产者、销售者应当及时采取停止销售、警示、召回等补救措施;未及时采取补救措施或者补救措施不力造成损害扩大的,对扩大的损害也应当承担侵权责任。依据上述规定采取召回措施的,生产者、销售者应当负担被侵权人因此支出的必要费用。

2. 产品缺陷责任的主体、方式和请求权时效

对于产品缺陷造成的损害,由生产者或者销售者承担损害赔偿的责任。因此,《产品质量法》第43条规定:"因产品存在缺陷造成人身、他人财产损害的,受害人可以向产品的生产者要求赔偿,也可以向产品的销售者要求赔偿。属于产品的生产者的责任,产品的销售者赔偿的,产品的销售者有权向产品的生产者追偿。属于产品的销售者的责任,产品的生产者赔偿的,产品的生产者有权向产品的销售者追偿。"此外,《民法典》第1204条还规定:"因运输者、仓储者等第三人的过错使产品存在缺陷,造成他人损害的,产品的生产者、销售者赔偿后,有权向第三人追偿。"

根据《产品质量法》第44条的规定,赔偿损失是侵害人对于受害人承担产品缺陷责任的主要方式,侵害人按照受害人人身损害和财产损失进行赔偿。赔偿范围为:① 造成人身损害的赔偿。因产品存在缺陷造成受害人人身伤害的,侵害人应当赔偿医疗费、治疗期间的护理费、因误工减少的收入等费用;造成残疾的,还应当支付残疾者生活自助具费、生活补助费、残疾赔偿金以及由其扶养的

人所必需的生活费等费用;造成受害人死亡的,并应当支付丧葬费、死亡赔偿金以及由死者生前扶养的人所必需的生活费等费用。② 造成财产损失的赔偿。因产品存在缺陷造成受害人财产损失的,侵害人应当恢复原状或者折价赔偿。受害人因此遭受其他重大损失的,侵害人应当赔偿损失。这里所说的其他重大损失是指其他经济等方面的损失,包括可以获得的利益的损失。另外,《民法典》第1207条规定,明知产品存在缺陷仍然生产、销售,或者没有依据前条规定采取有效补救措施,造成他人死亡或者健康严重损害的,被侵权人有权请求相应的惩罚性赔偿。

关于产品缺陷责任的请求权时效,《产品质量法》第45条第2款规定:因产品存在缺陷造成损害要求赔偿的请求权,在造成损害的缺陷产品交付最初消费者满10年丧失;但是,尚未超过明示的安全使用期的除外。

二、行政责任

(一)生产者、销售者的责任

1. 生产、销售不符合人身、财产安全产品的责任

《产品质量法》第49条规定:生产、销售不符合保障人体健康和人身、财产安全的国家标准、行业标准的产品的,责令停止生产、销售,没收违法生产、销售的产品,并处违法生产、销售产品(包括已售出和未售出的产品,下同)货值金额等值以上3倍以下的罚款;有违法所得的,并处没收违法所得。

2. 生产、销售产品中掺杂掺假、冒充品质的责任

《产品质量法》第50条规定:在产品中掺杂、掺假,以假充真,以次充好,或者以不合格产品冒充合格产品的,责令停止生产、销售,没收违法生产、销售的产品,并处违法生产、销售产品货值金额50%以上3倍以下的罚款;有违法所得的,并处没收违法所得。

3. 生产、销售国家明令淘汰产品的责任

《产品质量法》第51条规定:生产国家明令淘汰的产品的,销售国家明令淘汰并停止销售的产品的,责令停止生产、销售,没收违法生产、销售的产品,并处违法生产、销售产品货值金额等值以下的罚款;有违法所得的,并处没收违法所得;情节严重的,吊销营业执照。

4. 销售失效、变质产品的责任

《产品质量法》第52条规定:销售失效、变质的产品的,责令停止销售,没收违法销售的产品,并处违法销售产品货值金额2倍以下的罚款;有违法所得的,并处没收违法所得;情节严重的,吊销营业执照;构成犯罪的,依法追究刑事责任。

5. 伪造或者冒用产地、主体标志和质量标志的责任

《产品质量法》第53条规定：伪造产品产地的，伪造或者冒用他人厂名、厂址的，伪造或者冒用认证标志等质量标志的，责令改正，没收违法生产、销售的产品，并处违法生产、销售产品货值金额等值以下的罚款；有违法所得的，并处没收违法所得；情节严重的，吊销营业执照。

另外，《产品质量法》第55条规定：销售者销售该法第49—53条规定禁止销售的产品，有充分证据证明其不知道该产品为禁止销售的产品并如实说明其进货来源的，可以从轻或者减轻处罚。

6. 产品标识不符合法律规定的责任

《产品质量法》第54条规定：产品标识不符合该法第27条规定的，责令改正；有包装的产品标识不符合该法第27条第(4)项、第(5)项规定，情节严重的，责令停止生产、销售，并处违法生产、销售产品货值金额30%以下的罚款；有违法所得的，并处没收违法所得。

7. 拒绝接受产品质量监督检查的责任

《产品质量法》第56条规定：拒绝接受依法进行的产品质量监督检查的，给予警告，责令改正；拒不改正的，责令停业整顿；情节特别严重的，吊销营业执照。

(二) 产品质量检验机构、认证机构的责任

1. 伪造检验结果或者出具虚假证明的责任

《产品质量法》第57条第1款规定：产品质量检验机构、认证机构伪造检验结果或者出具虚假证明的，责令改正，对单位处5万元以上10万元以下的罚款，对直接负责的主管人员和其他直接责任人员处1万元以上5万元以下的罚款；有违法所得的，并处没收违法所得。

2. 出具的检验结果或者证明不实的责任

《产品质量法》第57条第2款规定：产品质量检验机构、认证机构出具的检验结果或者证明不实，造成损失的，应当承担相应的赔偿责任；造成重大损失的，撤销其检验资格、认证资格。

3. 对不符合认证标准而使用认证标志的产品未进行处理的责任

《产品质量法》第57条第3款规定：产品质量认证机构违反规定，对不符合认证标准而使用认证标志的产品，未依法要求其改正或者取消其使用认证标志资格的，对因产品不符合认证标准给消费者造成的损失，与产品的生产者、销售者承担连带责任；情节严重的，撤销其认证资格。

(三) 其他主体的责任

1. 运输、保管、仓储、技术提供者的责任

《产品质量法》第61条规定：知道或者应当知道属于该法规定禁止生产、销

售的产品而为其提供运输、保管、仓储等便利条件的,或者为以假充真的产品提供制假生产技术的,没收全部运输、保管、仓储或者提供制假生产技术的收入,并处违法收入50%以上3倍以下的罚款;构成犯罪的,依法追究刑事责任。

2. 服务业经营者的责任

《产品质量法》第62条规定:服务业的经营者将该法第49—52条规定禁止销售的产品用于经营性服务的,责令停止使用;对知道或者应当知道所使用的产品属于该法规定禁止销售的产品的,按照违法使用的产品(包括已使用和尚未使用的产品)的货值金额,依照该法对销售者的处罚规定处罚。

(四) 政府部门及其工作人员的责任

1. 包庇违法、妨碍执法的责任

《产品质量法》第65条规定,各级人民政府工作人员和其他国家机关工作人员有下列情形之一的,依法给予行政处分:① 包庇、放纵产品生产、销售中违反该法规定行为的;② 向从事违反该法规定的生产、销售活动的当事人通风报信,帮助其逃避查处的;③ 阻挠、干预市场监督管理部门依法对产品生产、销售中违反该法规定的行为进行查处,造成严重后果的。

2. 监督抽查违法行为的责任

《产品质量法》第66条规定:市场监督管理部门在产品质量监督抽查中超过规定的数量索取样品或者向被检查人收取检验费用的,由上级市场监督管理部门或者监察机关责令退还;情节严重的,对直接负责的主管人员和其他直接责任人员依法给予行政处分。

3. 违法参与产品经营活动的责任

《产品质量法》第67条规定:市场监督管理部门或者其他国家机关违反该法规定,向社会推荐生产者的产品或者以监制、监销等方式参与产品经营活动的,由其上级机关或者监察机关责令改正,消除影响,有违法收入的予以没收;情节严重的,对直接负责的主管人员和其他直接责任人员依法给予行政处分。

4. 渎职行为的责任

《产品质量法》第68条规定,市场监督管理部门的工作人员滥用职权、玩忽职守、徇私舞弊,尚不构成犯罪的,依法给予行政处分。

三、刑事责任

相关主体违反《产品质量法》的行为,又构成犯罪的,应当依照我国《刑法》的规定追究其刑事责任。

(一) 生产者、销售者的刑事责任

《产品质量法》第49条、第50条和第52条规定,生产者、销售者实施以下行为,构成犯罪的,依法追究刑事责任:① 生产、销售不符合保障人体健康和人身、财产安全的国家标准、行业标准的产品的;② 在产品中掺杂、掺假,以假充真,以次充好,或者以不合格产品冒充合格产品的;③ 销售失效、变质产品的。

(二) 产品质量检验机构、认证机构的刑事责任

《产品质量法》第57条规定,产品质量检验机构、认证机构伪造检验结果或者出具虚假证明,情节严重,构成犯罪的,依法追究刑事责任。

(三) 运输、保管、仓储、技术提供者的刑事责任

《产品质量法》第61条规定,知道或者应当知道属于该法规定禁止生产、销售的产品而为其提供运输、保管、仓储等便利条件,或者为以假充真的产品提供制假生产技术,构成犯罪的,依法追究刑事责任。

(四) 国家工作人员的刑事责任

根据《产品质量法》第65条和第68条的规定,各级人民政府工作人员、市场监督管理部门的工作人员和其他国家机关工作人员,有包庇违法、妨碍执法行为,或者有渎职行为,构成犯罪的,依法追究刑事责任。

复习思考题

1. 如何理解产品和产品质量?
2. 试述产品质量监督制度的内容。
3. 产品瑕疵与产品缺陷有何异同?
4. 生产者、销售者应当履行哪些产品质量义务?
5. 分析生产者、销售者承担产品缺陷责任的条件。

第五章 消费者权益保护法

在商品经济的条件下,消费者通过与经营者进行交易来满足个人的生活需要。在消费交易中,消费者由于其信息、知识和经济能力的缺乏,无法与经营者抗衡,其权益容易受到经营者的侵害,需要国家通过制定和实施法律对消费者权益给予特殊保护。于是,各国在消费者运动的推动下,纷纷开展消费者权益保护的立法。在我国,改革开放以后,社会主义市场经济体制逐步建立,消费者问题随之出现。为了保护消费者的合法权益,维护社会经济秩序,促进社会主义市场经济健康发展,我国已建立起以《消费者权益保护法》为基本法的消费者权益保护法律体系。

第一节 消费者权益保护法概述

一、消费者与消费者权益保护

(一) 消费者的概念

消费者权益保护法是以消费者为中心制定、以保护消费者权益为宗旨的法律,因而明确消费者的概念成为各国立法者和学者的一项重要任务。根据我国《消费者权益保护法》第2条的规定,消费者是指为生活消费需要购买、使用商品或者接受服务的人。可见,消费者这一概念包含三个方面的含义。

(1) 消费者实施消费行为的目的是满足生活消费需要。在经济学上,消费是社会再生产过程中的一个重要环节,是人们利用社会产品来满足其各种需要的过程。它分为生产消费和个人消费,前者是物质资料生产过程中生产资料和生产劳动的使用和消耗,后者是人们运用物质产品和精神产品满足个人生活需要的行为和过程。从消费者权益保护法来说,消费仅指满足生活消费需要的行为和过程,因而消费者实施消费行为仅是为了生活消费,不是为了生产、交易。由此,消费者区别于从事生产、交易的经营者。

(2) 消费者实施的消费行为包括购买、使用商品和接受服务。首先,消费者不仅包括购买商品的人,也包括使用和消费他人购买的商品的人。消费者所购买、使用的商品是经营者在市场上提供的产品。其次,消费者是接受服务的人。

这里所说的服务是经营者在市场上提供的服务。

（3）消费者是实施消费行为的个人。消费者是为满足生活需要而实施消费行为的主体，这种主体只能是个人，即个体社会成员，而不能包括单位。之所以这样说的原因在于：一是从消费者权益保护法的立法宗旨来看，它是为了保护现代消费社会中的弱者而产生的，将消费者的范围局限于个体社会成员就是基于对这些人群弱者地位的认识；二是消费者权益保护法所确定的消费者权益都是与个人享有的权利联系在一起的，而不是赋予单位享有的权利；三是消费者权益保护法中所称的消费是指个人消费，或者说是直接消费。至于单位因消费而购买商品或接受服务，应当受合同法调整，而不应当受消费者权益保护法的调整①。

须注意，考虑到农业生产资料交易中农民处于弱势地位，有着与消费者相似的境遇，《消费者权益保护法》第62条还规定："农民购买、使用直接用于农业生产的生产资料，参照本法执行。"这表明：一方面，购买、使用直接用于农业生产的生产资料的农民不是消费者；另一方面，农民在购买、使用直接用于农业生产的生产资料时，与消费者一样受到法律的保护。

（二）消费者问题与消费者运动

消费者问题是与消费者同时产生的概念，它是指消费者利益受到损害的问题，就是经营者出售的商品或提供的服务对消费者人身、财产造成损害，侵犯消费者权益的问题。消费者问题是人类社会发展到高度发达的商品经济阶段的产物。在高度发达的商品经济阶段，消费者和经营者在市场交易中一方面相互依赖、利益共存，另一方面相互独立、利益对立。经营者为了获取最大的经济收益，采取各种手段，甚至不惜牺牲消费者利益，从消费者身上赚取更多的金钱，而消费者则希望从经营者那里得到价廉物美的商品和服务。但是，分散的消费者由于在信息获取、对抗能力等方面的劣势，在与经营者的交易中处于弱势地位，其权益容易受到经营者的侵犯。

商品经济的深入发展和科学技术的不断进步使得经营者越来越强大，其生产和销售的商品、提供的服务日趋复杂，消费者问题日益凸显，最终引发了消费者运动。消费者运动发源于美国。1891年在美国纽约成立了人类历史上第一个消费者协会，1899年美国成立了世界上第一个全国性消费者组织——美国消费者联盟。第二次世界大战后，随着参战各国的经济迅速发展，消费者运动在各资本主义国家中普遍开展起来。到了20世纪60年代，美国消费者运动进一步扩大，所涉及的问题由食品卫生等一般领域深入到诸如汽车安全等领域。1962

---

① 王利明：《消费者的概念及消费者权益保护法的调整范围》，《政治与法律》2002年第2期。

年3月15日,美国总统肯尼迪向国会发表《关于保护消费者利益的总统特别咨文》,强调每一个人都是消费者,并提出了消费者的四项权利,即寻求安全的权利、了解事实真相的权利、选择商品的权利和意见被尊重的权利,这是世界上首次对消费者权利的明确概括。1969年,尼克松总统补充了一项消费者权利,即方便救济的权利。1980年,在美国、英国、荷兰、澳大利亚和比利时五国的消费者组织倡导下产生了国际消费者联盟组织,标志着消费者运动得到进一步发展。在我国,伴随着社会主义市场经济体制的建立,商品和服务市场上损害消费者利益的事件时有发生,保护消费者权益成为全社会关注的重要问题。1984年12月26日,中国消费者协会成立,此后各地消费者组织纷纷成立,它们为保护消费者权益开展工作。

伴随着消费者运动的兴起和发展,各国进行了消费者权益保护的立法。最初,许多国家颁布了含有消费者保护规范的法律,之后制定了消费者保护的专门法律。1968年,日本制定了第一部消费者保护专门法律——《保护消费者基本法》,之后许多国家相继制定了消费者权益保护法,我国也于1993年制定了这一法律。

二、消费者权益保护法的概念

消费者权益保护法是指调整国家、消费者和经营者之间在消费者权益保护过程中发生的社会关系的法律规范的总称。

消费者运动的高涨对于保护消费者的合法权益起了很大作用,但消费者权益的保护仅有消费者运动是不够的,还需要对消费者保护进行专门立法,通过国家对经济生活进行干预,用法律的强制性制裁手段禁止损害消费者行为的发生,以此来缓和消费者与生产者、经营者之间的矛盾。1968年,日本率先制定了《保护消费者基本法》,其后为许多国家所仿效。1985年,联合国通过《联合国消费者保护准则》,规定了消费者享有的六项权利,并对各国政府和企业在保护消费者利益方面所承担的责任提出了严格的要求。

在我国,为了保护消费者的合法权益,1993年10月31日八届全国人大常委会第四次会议通过了《消费者权益保护法》。之后,该法经2009年8月27日十一届全国人大常委会第十次会议和2013年10月25日十二届全国人大常委会第五次会议作出两次修改。除了这一专门法律外,《产品质量法》《食品安全法》《价格法》《广告法》等法律也对消费者权益保护作出了相应规定。围绕《消费者权益保护法》的实施,我国又颁布了一系列行政法规、规章,如国家工商行政管理总局于2014年2月14日颁布的《工商行政管理部门处理消费者投诉办法》、国家工商行政管理总局于2015年1月5日颁布的《侵害消费者权益行为处罚办法》、国家市场监督管理总局于2019年11月21日颁布的《消费品召回管理暂行规定》等。此外,最高人民法院于2016年4月24日发布了《最高人民法院关于审理消费民事公益诉讼案件适用法律若干问题的解释》。

三、消费者权益保护法的基本原则

消费者权益保护法的基本原则是集中体现消费者权益保护法的基本价值和调整方法,对消费者权益保护法的制定、执行和适用具有普遍指导意义的基本准则。根据《消费者权益保护法》的规定,消费者权益保护法的基本原则包括以下四项。

（一）自愿、平等、公平、诚实信用原则

《消费者权益保护法》第4条规定:"经营者与消费者进行交易,应当遵循自愿、平等、公平、诚实信用的原则。"消费者通过与经营者进行交易获取商品和服务,以满足生活消费需要,这种交易属于平等主体之间的民事活动,但经营者在交易中处于强势地位,因而法律强调经营者与消费者进行交易必须遵循民事活动的基本原则,即自愿、平等、公平、诚实信用的原则。

（二）国家保护消费者权益原则

《消费者权益保护法》第5条规定:"国家保护消费者合法权益不受侵害。国家采取措施,保障消费者依法行使权利,维护消费者的合法权益。"消费者由于其信息、知识和经济能力的缺乏,无法与经营者抗衡,因而在消费交易中其权益容易受到经营者的侵害。基于此,国家对消费交易进行适度干预,通过立法规定经营者的各种义务,依法加强对消费市场的监管和对经营者违法行为的查处,建立和实施便利、高效的消费纠纷解决机制等措施,保障消费者依法行使权利,维护消费者的合法权益。

（三）社会保护消费者权益原则

《消费者权益保护法》第6条规定:"保护消费者合法权益是全社会的共同责任。国家鼓励、支持一切组织和个人对损害消费者合法权益的行为进行社会监督。大众传播媒介应当做好维护消费者合法权益的宣传,对损害消费者合法权益的行为进行舆论监督。"保护消费者的合法权益是国家应当承担的基本职责,也是全社会的共同责任。只有社会与国家共同努力,消费者合法权益才能得到充分保护。因此,各种社会组织和个人,特别是消费者组织、大众传播媒介,应当对损害消费者合法权益的行为进行社会监督和舆论监督,提供维护消费者权益的信息和知识,支持消费者通过合法途径维护权益。

（四）文明、健康、绿色消费原则

《消费者权益保护法》第5条规定:"国家倡导文明、健康、节约资源和保护环境的消费方式,反对浪费。"人们的消费活动会对自然、社会和自身产生影响:一方面,经营者提供给消费者商品和服务的过程中必然要消耗自然资源,对生活环境和生态环境造成影响;另一方面,消费者在实施消费行为时,不仅涉及自己的身心健康,而且关乎对社会道德准则的维护和对社会文明进步的推进。因此,从保障自身的身心健康、推进社会的文明进步和保护自然资源与环境考虑,消费者必须确立文明、健康、节约资源和保护环境的消费方式。

第二节 消费者的权利和经营者的义务

有关消费者权利和经营者义务的内容,是各国消费者权益保护法的核心内容。我国《消费者权益保护法》对于消费者权利和经营者义务作出了明确、具体的规定。

一、消费者的权利

基于消费者在市场交易中的弱势地位,世界各国消费者权益保护的法律都赋予消费者一系列权利,以平衡消费者和经营者的利益。在我国,《消费者权益保护法》第二章专门规定了消费者的权利。

(一) 保障安全权

《消费者权益保护法》第 7 条第 1 款规定:"消费者在购买、使用商品和接受服务时享有人身、财产安全不受损害的权利。"保障安全权是消费者最基本的权利,它包括人身安全权和财产安全权。人身安全权是指消费者生命健康权不受损害,即其享有保持身体各器官及其机能的完整以及生命不受危害的权利。财产安全权是指消费者购买、使用的商品或接受的服务本身的安全,并包括除购买、使用的商品或接受服务之外的其他财产的安全。

从保障安全权的具体内容来说,《消费者权益保护法》第 7 条第 2 款规定:"消费者有权要求经营者提供的商品和服务,符合保障人身、财产安全的要求。"也就是说,商品和服务有国家标准、行业标准的,消费者有权要求商品和服务符合该标准;商品和服务没有国家标准、行业标准的,必须符合社会普遍公认的安全、卫生要求。

(二) 知悉真情权

《消费者权益保护法》第 8 条第 1 款规定:"消费者享有知悉其购买、使用的商品或者接受的服务的真实情况的权利。"设定知悉真情权的目的在于消除消费者和经营者的信息不对称给消费者带来的不利影响,使消费者在与经营者交易时做到知己知彼,作出正确、合理的决策。

从知悉真情权的具体内容来说,《消费者权益保护法》第 8 条第 2 款规定:"消费者有权根据商品或者服务的不同情况,要求经营者提供商品的价格、产地、生产者、用途、性能、规格、等级、主要成份、生产日期、有效期限、检验合格证明、使用方法说明书、售后服务,或者服务的内容、规格、费用等有关情况。"这意味着,消费者有权了解影响其决策的有关商品或服务的所有真实信息。

(三)自主选择权

《消费者权益保护法》第 9 条第 1 款规定:"消费者享有自主选择商品或者服务的权利。"确立消费者的自主选择权,能够充分满足他们的消费愿望和生活需要,实现其自由意志。

从自主选择权的具体内容来说,消费者享有四项权利:一是自主选择提供商品或者服务的经营者的权利;二是自主选择商品品种或者服务方式的权利;三是自主决定购买或者不购买任何一种商品、接受或者不接受任何一项服务的权利;四是在自主选择商品或者服务时,有进行比较、鉴别和挑选的权利。

(四)公平交易权

《消费者权益保护法》第 10 条第 1 款规定:"消费者享有公平交易的权利。"公平是经营者与消费者进行市场交易的重要准则,公平交易意味着双方在市场交易中实现利益平衡,法律赋予消费者公平交易权集中体现了这一准则,以保障消费者的利益不受损害。

从公平交易权的具体内容来说,消费者在购买商品或者接受服务时享有两项权利:一是有权获得质量保障、价格合理、计量正确等公平交易条件;二是有权拒绝经营者的强制交易行为。

(五)依法求偿权

《消费者权益保护法》第 11 条规定:"消费者因购买、使用商品或者接受服务受到人身、财产损害的,享有依法获得赔偿的权利。"消费者在购买、使用商品或接受服务时,其人身权和财产权可能受到侵害,依法求偿权就是法律赋予消费者在人身或财产受到损害时的救济性权利。

(六)依法结社权

《消费者权益保护法》第 12 条规定:"消费者享有依法成立维护自身合法权益的社会组织的权利。"消费者相对于经营者处于弱势地位,一个重要原因就是其力量单薄、能力有限,法律赋予消费者依法结社权,使得消费者能够通过成立自己的组织,从分散、弱小走向集中、强大,以更好地维护自身的合法权益。

为了实现消费者的这一权利,《消费者权益保护法》允许成立消费者协会和其他消费者组织,并要求各级人民政府对消费者协会履行职责予以必要的经费等支持。

（七）获得知识权

《消费者权益保护法》第 13 条规定："消费者享有获得有关消费和消费者权益保护方面的知识的权利。"这是从知悉真情权、依法求偿权中延伸而来的一种消费者权利。消费者获得消费方面和消费者权益保护的知识，可以使其作出正确、合理的消费决策，安全、有效使用商品、接受服务，及时、正确维护自身的合法权益。

从权利的内容来说，获得知识权包括消费知识获得权和消费者权益保护方面知识的获得权。消费知识主要包括商品和服务的知识、消费市场和经营者的知识等；消费者权益保护方面知识主要包括消费者权益保护的法律知识，消费者权益维护的途径、程序、机构方面的知识等。为了实现这一权利，消费者可以从政府和经营者处获取有关消费和消费者权益保护方面的知识。

（八）获得尊重权

《消费者权益保护法》第 14 条规定："消费者在购买、使用商品和接受服务时，享有人格尊严、民族风俗习惯得到尊重的权利，享有个人信息依法得到保护的权利。"可见，获得尊重权就是消费者购买、使用商品和接受服务时所享有的人格尊严、民族风俗习惯以及个人信息得到尊重和保护的权利。尊重消费者的人格尊严和民族习俗、保护消费者的个人信息，是消费者和经营者地位平等的体现，是尊重、保障人权和人身权利的体现，是我国宪法维护民族平等、加强民族团结精神的体现，也是社会文明进步的体现。

（九）批评监督权

《消费者权益保护法》第 15 条第 1 款规定："消费者享有对商品和服务以及保护消费者权益工作进行监督的权利。"法律赋予消费者批评监督权，可以遏制经营者侵害消费者权利的行为，督促相关国家机关及其工作人员做好消费者权益保护工作，以更好地维护消费者合法权益。

从批评监督权的具体内容来说，消费者享有两项权利：一是有权检举、控告侵害消费者权益的行为和国家机关及其工作人员在保护消费者权益工作中的违法失职行为；二是有权对保护消费者权益工作提出批评、建议。

二、经营者的义务

在消费法律关系中，经营者是与消费者相对应的主体，两者的权利和义务也是相对应的。为了实现消费者的各项权利，《消费者权益保护法》规定了经营者的具体义务。

（一）履行法定和约定义务

根据《消费者权益保护法》第 16 条的规定，经营者应当依照法律、法规的规定或者依照与消费者的约定履行义务。经营者履行这一义务,才能保障消费者合法权益得以实现。

该义务的具体内容包括:① 履行法定的义务,即经营者向消费者提供商品或者服务,应当依照《消费者权益保护法》和其他有关法律、法规的规定履行义务。② 履行约定的义务,即经营者向消费者提供商品或者服务,经营者和消费者有约定的,应当按照约定履行义务,但双方的约定不得违背法律、法规的规定。

(二) 履行诚信经营和公平交易的义务

根据《消费者权益保护法》第 16 条、第 26 条的规定,经营者应当履行诚信经营和公平交易的义务。经营者履行这一义务,才能保障消费者公平交易权的实现。

该义务的具体内容包括诚信经营和公平交易的义务。诚信经营的义务,即经营者向消费者提供商品或者服务,应当恪守社会公德,诚信经营,保障消费者的合法权益。公平交易的义务包括三项内容:第一,经营者向消费者提供商品或者服务,不得设定不公平、不合理的交易条件,不得强制交易;第二,经营者使用格式条款应符合法律规定,即经营者在经营活动中使用格式条款的,应当以显著方式提请消费者注意商品或者服务的数量和质量、价款或者费用、履行期限和方式、安全注意事项和风险警示、售后服务、民事责任等与消费者有重大利害关系的内容,并按照消费者的要求予以说明;第三,经营者不得利用某种方式进行不公平交易,即经营者不得以格式条款、通知、声明、店堂告示等方式,作出排除或者限制消费者权利、减轻或者免除经营者责任、加重消费者责任等对消费者不公平、不合理的规定,不得利用格式条款并借助技术手段强制交易。格式条款、通知、声明、店堂告示等含有上述所列内容的,其内容无效。

(三) 听取意见和接受监督

《消费者权益保护法》第 17 条规定:"经营者应当听取消费者对其提供的商品或者服务的意见,接受消费者的监督。"这意味着,经营者应当通过各种渠道、提供各种机会,听取消费者的意见,接受消费者的监督,以提高商品和服务质量,保护消费者权益。经营者的这项义务与消费者的批评监督权相对应。

(四) 保证商品和服务符合安全要求

《消费者权益保护法》第 18 条规定:"经营者应当保证其提供的商品或者服务符合保障人身、财产安全的要求。"这明确了经营者保证商品和服务安全的义务,该项义务与消费者的保障安全权相对应。

该义务的具体内容包括:① 对可能危及人身、财产安全的商品和服务,经营者应当向消费者作出真实的说明和明确的警示,并说明和标明正确使用商品或者接受服务的方法以及防止危害发生的方法。② 宾馆、商场、餐馆、银行、机场、车站、港口、影剧院等经营场所的经营者,应当对消费者尽到安全保障义务。③ 经营者发现其提供的商品或者服务存在缺陷,有危及人身、财产安全危险的,应当立即向有关行政部门报告和告知消费者,并采取停止销售、警示、召回、无害化处理、销毁、停止生产或者服务等措施。采取召回措施的,经营者应当承担消费者因商品被召回支出的必要费用。

(五) 提供有关交易的真实信息

根据《消费者权益保护法》第 20 条、第 21 条的规定,经营者应当提供商品、服务、经营者等有关交易的真实信息。经营者的这项义务与消费者的知悉真情权相对应。

该义务的具体内容包括:① 经营者向消费者提供有关商品或者服务的质量、性能、用途、有效期限等信息,应当真实、全面,不得作虚假或者引人误解的宣传。② 经营者对消费者就其提供的商品或者服务的质量和使用方法等问题提出的询问,应当作出真实、明确的答复。③ 经营者提供商品或者服务应当明码标价。④ 经营者应当标明其真实名称和标记;租赁他人柜台或者场地的经营者,应当标明其真实名称和标记。⑤ 采用非现场方式交易和提供金融服务的经营者信息披露义务,即采用网络、电视、电话、邮购等方式提供商品或者服务的经营者,以及提供证券、保险、银行等金融服务的经营者,应当向消费者提供经营地址、联系方式、商品或者服务的数量和质量、价款或者费用、履行期限和方式、安全注意事项和风险警示、售后服务、民事责任等信息。

(六) 出具购货凭证和服务单据

根据《消费者权益保护法》第 22 条的规定,经营者应当出具购货凭证和服务单据。经营者的这项义务是实现消费者依法求偿权的前提。该条文规定了这项义务的具体内容,即经营者提供商品或者服务,应当按照国家有关规定或者商业惯例向消费者出具发票等购货凭证或者服务单据;消费者索要发票等购货凭证或者服务单据的,经营者必须出具。

(七) 保证商品和服务的质量

根据《消费者权益保护法》第 23—25 条的规定,经营者应当保证提供的商品或服务符合质量的要求。经营者的这项义务与消费者的公平交易权相对应,其内容包括:一是提供符合质量要求的商品和服务;二是承担不符合质量要求的商品或服务的责任。

1. 提供符合质量要求的商品和服务

经营者应当保证在正常使用商品或者接受服务的情况下其提供的商品或者服务应当具有的质量、性能、用途和有效期限;但消费者在购买该商品或者接受该服务前已经知道其存在瑕疵,且存在该瑕疵不违反法律强制性规定的除外。

经营者以广告、产品说明、实物样品或者其他方式表明商品或者服务的质量状况的,应当保证其提供的商品或者服务的实际质量与表明的质量状况相符。

经营者提供的机动车、计算机、电视机、电冰箱、空调器、洗衣机等耐用商品或者装饰装修等服务,消费者自接受商品或者服务之日起6个月内发现瑕疵,发生争议的,由经营者承担有关瑕疵的举证责任。

2. 承担不符合质量要求的商品或服务的责任

经营者提供的商品或者服务不符合质量要求的,消费者可以依照国家规定、当事人约定退货,或者要求经营者履行更换、修理等义务。没有国家规定和当事人约定的,消费者可以自收到商品之日起7日内退货;7日后符合法定解除合同条件的,消费者可以及时退货,不符合法定解除合同条件的,可以要求经营者履行更换、修理等义务。依照上述规定进行退货、更换、修理的,经营者应当承担运输等必要费用。

经营者采用网络、电视、电话、邮购等方式销售商品,消费者有权自收到商品之日起7日内退货,且无须说明理由,但下列商品除外:① 消费者定作的;② 鲜活易腐;③ 在线下载或者消费者拆封的音像制品、计算机软件等数字化商品;④ 交付的报纸、期刊。除上述所列商品外,其他根据商品性质并经消费者在购买时确认不宜退货的商品,不适用无理由退货。消费者退货的商品应当完好。经营者应当自收到退回商品之日起7日内返还消费者支付的商品价款。退回商品的运费由消费者承担;经营者和消费者另有约定的,按照约定。

(八) 不得侵犯消费者的人身权

《消费者权益保护法》第27条规定:"经营者不得对消费者进行侮辱、诽谤,不得搜查消费者的身体及其携带的物品,不得侵犯消费者的人身自由。"经营者履行这一义务与消费者的维护尊严权相对应。

该义务的具体内容包括:① 不得对消费者进行侮辱、诽谤,即经营者不得采用各种方法,公然贬损消费者的人格,破坏消费者的名誉;不得故意捏造并散布虚构的事实,足以贬损消费者的人格,破坏消费者的名誉。② 不得搜查消费者的身体及其携带的物品,即经营者不得违反法律规定对消费者的身体及其携带的物品进行搜寻和检查,侵犯消费者的人身自由。③ 不得侵犯消费者的人身自由,即经营者不得以拘禁或者以其他方法非法剥夺消费者的人身自由。

(九) 保护消费者的个人信息

根据《消费者权益保护法》第29条的规定,经营者应当合法收集、使用消费者个人信息,保障消费者个人信息安全。经营者的该项义务与消费者享有的个人信息依法得到保护的权利相对应。

该义务的具体内容包括:① 合法收集、使用消费者个人信息,即经营者收集、使用消费者个人信息,应当遵循合法、正当、必要的原则,明示收集、使用信息的目的、方式和范围,并经消费者同意;经营者收集、使用消费者个人信息,应当公开其收集、使用规则,不得违反法律、法规的规定和双方的约定收集、使用信息。② 严格保护消费者个人信息安全,即经营者及其工作人员对收集的消费者个人信息必须严格保密,不得泄露、出售或者非法向他人提供;经营者应当采取技术措施和其他必要措施,确保信息安全,防止消费者个人信息泄露、丢失;在发生或者可能发生信息泄露、丢失的情况时,应当立即采取补救措施。

第三节 国家与社会对消费者合法权益的保护

一、国家对消费者合法权益的保护

保护消费者的合法权益不受侵害是国家的一项重要职责,因此《消费者权益保护法》第5条明确规定:"国家采取措施,保障消费者依法行使权利,维护消费者的合法权益。"国家对消费者合法权益的保护是通过国家机关履行相应职责得以实现的。

(一) 立法机关的保护

立法机关通过制定完善的消费者权益的法律、法规,保护消费者合法权益。为了做好这方面的工作,《消费者权益保护法》第30条规定:"国家制定有关消费者权益的法律、法规、规章和强制性标准,应当听取消费者和消费者协会等组织的意见。"

(二) 行政机关的保护

政府及其有关行政部门通过严格执行有关消费者权益的法律、法规,保护消费者合法权益。为此,《消费者权益保护法》第31—34条提出了政府及其有关行政部门保护消费者权益的职责要求。

1. 各级人民政府的职责要求

各级人民政府的职责要求主要包括:① 应当加强领导,组织、协调、督促有关行政部门做好保护消费者合法权益的工作,落实保护消费者合法权益的职责;② 应当加强监督,预防危害消费者人身、财产安全行为的发生,及时制止危害消费者人身、财产安全的行为。

2. 各级人民政府有关行政部门的职责要求

各级人民政府有关行政部门的职责要求主要包括:① 工商行政管理部门和其他有关行政部门[①]应当依照法律、法规的规定,在各自的职责范围内,采取措

---

① 按照《消费者权益保护法》的规定,工商行政管理部门和质量监督检验检疫部门、食品药品监督管理部门等其他行政部门,各自履行保护消费者权益的职责。2018年中央和地方政府实行机构改革,上述部门合并为市场监督管理部门。

施,保护消费者的合法权益;② 有关行政部门应当听取消费者和消费者协会等组织对经营者交易行为、商品和服务质量问题的意见,及时调查处理;③ 有关行政部门在各自的职责范围内,应当定期或者不定期对经营者提供的商品和服务进行抽查检验,并及时向社会公布抽查检验结果;④ 有关行政部门发现并认定经营者提供的商品或者服务存在缺陷,有危及人身、财产安全危险的,应当立即责令经营者采取停止销售、警示、召回、无害化处理、销毁、停止生产或者服务等措施;⑤ 有关行政部门应当依照法律、法规的规定,惩处经营者在提供商品和服务中侵害消费者合法权益的违法行为。

(三) 司法机关的保护

司法机关通过适用消费者权益保护的法律、法规,及时、有效解决消费纠纷,保护消费者合法权益。为此,《消费者权益保护法》第 34 条和第 35 条对司法机关提出了两方面的要求:一是司法机关应当依照法律、法规的规定,惩处经营者在提供商品和服务中侵害消费者合法权益的犯罪行为;二是人民法院应当采取措施,方便消费者提起诉讼,对符合《民事诉讼法》起诉条件的消费者权益争议,必须受理,及时审理。

二、社会对消费者合法权益的保护

(一) 社会组织和个人的监督

保护消费者的合法权益不仅是国家的重要职责,也是全社会的共同责任。社会保护消费者合法权益的一个重要方式,是社会组织和个人对损害消费者合法权益的行为实施监督。对此,《消费者权益保护法》第 6 条规定:"国家鼓励、支持一切组织和个人对损害消费者合法权益的行为进行社会监督。"

对损害消费者合法权益的行为进行社会监督的主体,是指所有的社会组织和消费者。社会组织既包括保护消费者权益的组织,如消费者协会;也包括其他社会组织,如大众传媒机构。监督的形式有多种,包括参与监督检查、投诉举报、宣传报道等。

在社会组织中,消费者组织和大众传播媒介对消费者合法权益的保护起到了重要作用。因此,《消费者权益保护法》对消费者组织和大众传播媒介的职责要求作出了具体规定。该法第 37 条规定:"消费者协会应当认真履行保护消费者合法权益的职责……依法成立的其他消费者组织依照法律、法规及其章程的规定,开展保护消费者合法权益的活动。"该法第 6 条还规定:"大众传播媒介应当做好维护消费者合法权益的宣传,对损害消费者合法权益的行为进行舆论监督。"

(二) 消费者组织的保护

在保护消费者合法权益方面,各种消费者组织起着十分重要的作用,因而

《消费者权益保护法》第五章专门对消费者组织的性质、设立、任务和职责等进行了规定。

《消费者权益保护法》第 36 条规定:"消费者协会和其他消费者组织是依法成立的对商品和服务进行社会监督的保护消费者合法权益的社会组织。"可见,消费者组织是保护消费者权益的公益性社会组织,承担着两大任务:一是对商品和服务进行社会监督,二是保护消费者的合法权益。因此,该法第 38 条明确规定:"消费者组织不得从事商品经营和营利性服务,不得以收取费用或者其他牟取利益的方式向消费者推荐商品和服务。"

消费者协会是我国消费者组织中最重要的组成部分。中国消费者协会成立于 1984 年 12 月 26 日,之后,地方各级消费者协会纷纷成立。《消费者权益保护法》第 37 条第 1 款规定,消费者协会履行下列公益性职责:① 向消费者提供消费信息和咨询服务,提高消费者维护自身合法权益的能力,引导文明、健康、节约资源和保护环境的消费方式;② 参与制定有关消费者权益的法律、法规、规章和强制性标准;③ 参与有关行政部门对商品和服务的监督、检查;④ 就有关消费者合法权益的问题,向有关部门反映、查询,提出建议;⑤ 受理消费者的投诉,并对投诉事项进行调查、调解;⑥ 投诉事项涉及商品和服务质量问题的,可以委托具备资格的鉴定人鉴定,鉴定人应当告知鉴定意见;⑦ 就损害消费者合法权益的行为,支持受损害的消费者提起诉讼或者依照该法提起诉讼;⑧ 对损害消费者合法权益的行为,通过大众传播媒介予以揭露、批评。

第四节 争议解决与法律责任

一、消费者权益争议的解决

(一) 消费者权益争议解决的途径

消费者与经营者之间的消费者权益争议属于民事争议的范畴,根据《消费者权益保护法》第 39 条的规定,消费者可以寻求解决的途径有五种,即与经营者协商和解、请求消费者协会或者依法成立的其他调解组织调解、向有关行政部门投诉、根据与经营者达成的仲裁协议提请仲裁机构仲裁和向人民法院提起诉讼。

1. 协商和解

协商和解就是消费者与经营者在平等自愿基础上,就有关消费者权益争议进行协商,最终达成解决方案的方式。这种方式具有方便、简捷、节约、及时等优点,因而往往成为当事人解决争议的首选方式。

2. 请求调解

调解是指在消费者与经营者之间,在消费者协会或者依法成立的其他调解组织作为第三方居间调解下,就消费者权益争议进行协商,达成解决协议的方式。

(1) 消费者协会的调解。消费者协会的一项重要职责是受理消费者的投诉,并对投诉事项进行调解,因而它是调解消费者权益争议的主要组织。根据《中国消费者协会受理消费者投诉规定》,消费者协会依法受理消费者投诉,对投诉事项进行调查、调解。调解应当以双方自愿、合法、合理、公正为基础,以事实和证据为依据。双方经调解达成的调解协议不具有法律强制力,由当事人自觉遵守。

(2) 其他调解组织的调解。除消费者协会以外,依法成立的其他调解组织也可以参与消费者权益争议的调解,如人民调解委员会。我国《人民调解法》规定,人民调解委员会是由村民委员会、居民委员会或者企业事业单位设立的解决民间纠纷的调解组织。当事人可以向人民调解委员会申请调解,人民调解委员会也可以主动调解,但当事人一方明确拒绝调解的,不得调解。人民调解委员会在调解时应遵循三大原则:在当事人自愿、平等的基础上进行调解;不违背法律、法规和国家政策;尊重当事人的权利,不得因调解而阻止当事人依法通过仲裁、行政、司法等途径维护自己的权利。经人民调解委员会调解达成的调解协议具有法律约束力,当事人应当按照约定履行。达成调解协议后,当事人之间就调解协议的履行或者调解协议的内容发生争议的,一方当事人可以向人民法院提起诉讼;双方当事人认为有必要的,可以自调解协议生效之日起30日内共同向人民法院申请司法确认,人民法院应当及时对调解协议进行审查,依法确认调解协议的效力。

3. 提出投诉

投诉就是消费者就经营者侵害其权益的事项向工商管理、质量管理等有关行政部门投诉,有关行政部门依法进行处理,以解决消费者权益争议的方式。

2014年2月14日国家工商行政管理总局发布的《工商行政管理部门处理消费者投诉办法》规定,工商行政管理部门在其职权范围内受理的消费者投诉属于民事争议的,实行调解制度。该办法还规定了处理的程序,主要包括四个方面。

(1) 提起投诉。消费者通过信函、传真、短信、电子邮件和12315网站投诉平台等形式投诉的,应当载明:消费者的姓名以及住址、电话号码等联系方式;被投诉人的名称、地址;投诉的要求、理由及相关的事实根据;投诉的日期等。消费者采用电话、上门等形式投诉的,工商行政管理部门工作人员应当记录前述各项信息。

(2) 受理。有管辖权的工商行政管理部门应当自收到消费者投诉之日起7个工作日内,予以处理并告知投诉人:符合规定的投诉予以受理,并告知投诉人;不符合规定的投诉不予受理,并告知投诉人不予受理的理由。

(3) 组织调解。受理消费者投诉后,当事人同意调解的,工商行政管理部门应当组织调解。调解由工商行政管理部门工作人员主持;经当事人同意,工商行政管理部门可以邀请有关社会组织以及专业人员参与调解。工商行政管理部门实施调解,可以要求争议当事人提供证据,必要时可以依法进行调查取证。调解过程中需要进行鉴定或者检测的,经当事人协商一致,可以交由具备资格的鉴定人或者检测人进行鉴定、检测。工商行政管理部门在调解过程中,应当充分听取消费者权益争议当事人的陈述,查清事实,依据有关法律、法规,针对不同情况提出争议解决意见,在当事人平等协商基础上,引导当事人自愿达成调解协议。

(4) 调解终止或终结。有下列情形之一的,终止调解:消费者撤回投诉的;当事人拒绝调解或者无正当理由不参加调解的;消费者在调解过程中就同一纠纷申请仲裁、提起诉讼的;双方当事人自行和解的;其他应当终止的。调解达成协议的,应当制作调解书;当事人认为无须制作调解书的,经当事人同意,调解协议可以采取口头形式,工商行政管理部门调解人员应当予以记录备查。经调解达成协议后,当事人认为有必要的,可以按照有关规定共同向人民法院申请司法确认。工商行政管理部门应当在受理消费者投诉之日起60日内终结调解;调解不成的应当终止调解。

4. 提请仲裁

仲裁就是消费者就消费者权益争议提交仲裁机构,由仲裁机构依法进行裁决,以解决争议的方式。根据我国《仲裁法》的规定,消费者与经营者在消费者权益争议发生之前或发生之后达成仲裁协议的,可以依据仲裁协议提请选定的仲裁机构仲裁。仲裁协议应当包括下列内容:① 请求仲裁的意思表示;② 仲裁事项;③ 选定的仲裁委员会。

《仲裁法》规定,仲裁庭在作出裁决前,可以先行调解;当事人自愿调解的,仲裁庭应当调解;调解不成的,应当及时作出裁决。仲裁庭作出的调解书,经双方当事人签收后即发生法律效力;仲裁庭作出的裁决书,自作出之日起发生法律效力。当事人应当履行裁决,一方当事人不履行的,另一方当事人可以依照民事诉讼法的有关规定向人民法院申请执行。

5. 提起诉讼

诉讼就是消费者就消费者权益争议向法院起诉,由法院依法进行裁判,以解决争议的方式。根据我国《民事诉讼法》的规定,当事人就消费者权益争议没有进行和解、调解，或者和解、调解不成，且没有达成仲裁协议的，可以向人民法院提起诉讼。诉讼按照《民事诉讼法》的规定进行。

此外，《消费者权益保护法》第47条规定："对侵害众多消费者合法权益的行为，中国消费者协会以及在省、自治区、直辖市设立的消费者协会，可以向人民法院提起诉讼。"这意味着，消费者协会可以依法提起消费民事公益诉讼。2016年4月发布的《最高人民法院关于审理消费民事公益诉讼案件适用法律若干问题的解释》规定，经营者提供的商品或者服务具有下列五种情形之一的，适用《消费者权益保护法》第47条规定，消费者协会可以提起消费民事公益诉讼。

（1）提供的商品或者服务存在缺陷，侵害众多不特定消费者合法权益的。

（2）提供的商品或者服务可能危及消费者人身、财产安全，未作出真实的说明和明确的警示，未标明正确使用商品或者接受服务的方法以及防止危害发生方法的；对提供的商品或者服务质量、性能、用途、有效期限等信息作虚假或引人误解宣传的。

（3）宾馆、商场、餐馆、银行、机场、车站、港口、影剧院、景区、娱乐场所等经营场所存在危及消费者人身、财产安全危险的。

（4）以格式条款、通知、声明、店堂告示等方式，作出排除或者限制消费者权利、减轻或者免除经营者责任、加重消费者责任等对消费者不公平、不合理规定的。

（5）其他侵害众多不特定消费者合法权益或者具有危及消费者人身、财产安全危险等损害社会公共利益的行为。

（二）消费者损害的求偿主体和责任归属

为了使消费者就遭受的损害能得到充分受偿，对消费者损害有责任的经营者最终承担赔偿责任，《消费者权益保护法》规定了消费者损害的求偿主体和责任归属。

1. 生产者、销售者或者服务者

（1）消费者在购买、使用商品时，其合法权益受到损害的，可以向销售者要求赔偿。销售者赔偿后，属于生产者的责任或者属于向销售者提供商品的其他销售者的责任的，销售者有权向生产者或者其他销售者追偿。

（2）消费者或者其他受害人因商品缺陷造成人身、财产损害的，可以向销售者要求赔偿，也可以向生产者要求赔偿。属于生产者责任的，销售者赔偿后，有权向生产者追偿。属于销售者责任的，生产者赔偿后，有权向销售者追偿。

（3）消费者在接受服务时，其合法权益受到损害的，可以向服务者要求赔偿。

2. 分立、合并后的企业

消费者在购买、使用商品或者接受服务时，其合法权益受到损害，因原企业分立、合并的,可以向变更后承继其权利义务的企业要求赔偿。

3. 营业执照的使用人或者持有人

使用他人营业执照的违法经营者提供商品或者服务,损害消费者合法权益的,消费者可以向其要求赔偿,也可以向营业执照的持有人要求赔偿。

4. 销售者、服务者或者展销会举办者、柜台出租者

消费者在展销会、租赁柜台购买商品或者接受服务,其合法权益受到损害的,可以向销售者或者服务者要求赔偿。展销会结束或者柜台租赁期满后,也可以向展销会的举办者、柜台的出租者要求赔偿。展销会的举办者、柜台的出租者赔偿后,有权向销售者或者服务者追偿。

5. 销售者、服务者或者网络交易平台提供者

消费者通过网络交易平台购买商品或者接受服务,其合法权益受到损害的,可以向销售者或者服务者要求赔偿。网络交易平台提供者不能提供销售者或者服务者的真实名称、地址和有效联系方式的,消费者也可以向网络交易平台提供者要求赔偿;网络交易平台提供者作出更有利于消费者的承诺的,应当履行承诺。

网络交易平台提供者赔偿后,有权向销售者或者服务者追偿。网络交易平台提供者明知或者应知销售者或者服务者利用其平台侵害消费者合法权益,未采取必要措施的,依法与该销售者或者服务者承担连带责任。

6. 广告主体或者社会团体、其他组织和个人

消费者因经营者利用虚假广告或者其他虚假宣传方式提供商品或者服务,其合法权益受到损害的,可以向经营者要求赔偿。广告经营者、发布者发布虚假广告的,消费者可以请求行政主管部门予以惩处。广告经营者、发布者不能提供经营者的真实名称、地址和有效联系方式的,应当承担赔偿责任。

广告经营者、发布者设计、制作、发布关系消费者生命健康商品或者服务的虚假广告,造成消费者损害的,应当与提供该商品或者服务的经营者承担连带责任。社会团体或者其他组织、个人在关系消费者生命健康商品或者服务的虚假广告或者其他虚假宣传中向消费者推荐商品或者服务,造成消费者损害的,应当与提供该商品或者服务的经营者承担连带责任。

二、法律责任

对于经营者和其他人侵害消费者合法权益的行为,《消费者权益保护法》规定了三种相应的责任形式,即民事责任、行政责任和刑事责任。

(一) 民事责任

民事责任是指经营者实施了违反消费者权益保护法律、法规的行为,损害消

费者合法权益所应承担的民事法律后果。

1. 经营者承担民事责任的概括规定

《消费者权益保护法》第 48 条规定，经营者提供商品或者服务有下列情形之一的，除该法另有规定外，应当依照其他有关法律、法规的规定，承担民事责任：① 商品或者服务存在缺陷的；② 不具备商品应当具备的使用性能而出售时未作说明的；③ 不符合在商品或者其包装上注明采用的商品标准的；④ 不符合商品说明、实物样品等方式表明的质量状况的；⑤ 生产国家明令淘汰的商品或者销售失效、变质的商品的；⑥ 销售的商品数量不足的；⑦ 服务的内容和费用违反约定的；⑧ 对消费者提出的修理、重作、更换、退货、补足商品数量、退还货款和服务费用或者赔偿损失的要求，故意拖延或者无理拒绝的；⑨ 法律、法规规定的其他损害消费者权益的情形。经营者对消费者未尽到安全保障义务，造成消费者损害的，应当承担侵权责任。

2. 人身损害的民事责任

《消费者权益保护法》第 49—51 条，规定了经营者的行为造成消费者人身损害应当承担的民事责任。

(1) 经营者提供商品或者服务，造成消费者或者其他受害人人身伤害的，应当赔偿医疗费、护理费、交通费等为治疗和康复支出的合理费用，以及因误工减少的收入。造成残疾的，还应当赔偿残疾生活辅助具费和残疾赔偿金。造成死亡的，还应当赔偿丧葬费和死亡赔偿金。

(2) 经营者侵害消费者的人格尊严、侵犯消费者人身自由或者侵害消费者个人信息依法得到保护的权利的，应当停止侵害、恢复名誉、消除影响、赔礼道歉，并赔偿损失。

(3) 经营者有侮辱诽谤、搜查身体、侵犯人身自由等侵害消费者或者其他受害人人身权益的行为，造成严重精神损害的，受害人可以要求精神损害赔偿。

3. 财产损害的民事责任

《消费者权益保护法》第 52—54 条，规定了经营者的行为造成消费者财产损害应当承担的民事责任。

(1) 经营者提供商品或者服务，造成消费者财产损害的，应当依照法律规定或者当事人约定承担修理、重作、更换、退货、补足商品数量、退还货款和服务费用或者赔偿损失等民事责任。

(2) 经营者以预收款方式提供商品或者服务，未按照约定提供的，应当按照消费者的要求履行约定或者退回预付款；并应当承担预付款的利息、消费者必须支付的合理费用。

(3) 依法经有关行政部门认定为不合格的商品，消费者要求退货的，经营者应当负责退货。

4. 惩罚性赔偿的民事责任

惩罚性赔偿是指由法院根据受害人要求,判决侵权人赔偿数额超过受害人实际损害的数额。《消费者权益保护法》第 55 条规定,在两种情形下,作为侵权人的经营者应当承担惩罚性赔偿的民事责任。

(1) 关于欺诈行为惩罚性赔偿的民事责任。《消费者权益保护法》第 55 条第 1 款规定,经营者提供商品或者服务有欺诈行为的,应当按照消费者的要求增加赔偿其受到的损失,增加赔偿的金额为消费者购买商品的价款或者接受服务的费用的 3 倍;增加赔偿的金额不足 500 元的,为 500 元。法律另有规定的,依照其规定。

(2) 关于商品或服务存在缺陷惩罚性赔偿的民事责任。《消费者权益保护法》第 55 条第 2 款规定,经营者明知商品或者服务存在缺陷,仍然向消费者提供,造成消费者或者其他受害人死亡或者健康严重损害的,受害人有权要求经营者依照该法第 49 条、第 51 条等法律规定赔偿损失,并有权要求所受损失 2 倍以下的惩罚性赔偿。

须注意,《消费者权益保护法》第 55 条第 1 款作出的惩罚性赔偿规定,属于一般规定,如果其他法律对此有特别规定的,依照该特别规定。例如,全国人大常委会于 2015 年 4 月修订、2018 年 12 月修正的《食品安全法》第 148 条第 2 款规定:"生产不符合食品安全标准的食品或者经营明知是不符合食品安全标准的食品,消费者除要求赔偿损失外,还可以向生产者或者经营者要求支付价款十倍或者损失三倍的赔偿金;增加赔偿的金额不足一千元的,为一千元。但是,食品的标签、说明书存在不影响食品安全且不会对消费者造成误导的瑕疵的除外。"

(二) 行政责任

行政责任是行为人实施了违反消费者权益保护法律、法规的行为所应承担的行政法律后果,包括经营者违法的行政责任和国家机关工作人员违法的行政责任。

1. 经营者违法的行政责任

《消费者权益保护法》第 56 条第 1 款规定,经营者有下列情形之一的,除承担相应的民事责任外,其他有关法律、法规对处罚机关和处罚方式有规定的,依照法律、法规的规定执行;法律、法规未作规定的,由工商行政管理部门或者其他有关行政部门责令改正,可以根据情节单处或者并处警告、没收违法所得、处以违法所得 1 倍以上 10 倍以下的罚款,没有违法所得的,处以 50 万元以下的罚款;情节严重的,责令停业整顿、吊销营业执照:① 提供的商品或者服务不符合保障人身、财产安全要求的;② 在商品中掺杂、掺假,以假充真,以次充好,或者以不合格商品冒充合格商品的;③生产国家明令淘汰的商品或者销售失效、变质的商品的;④伪造商品的产地,伪造或者冒用他人的厂名、厂址,篡改生产日期,伪造或者冒用认证标志等质量标志的;⑤销售的商品应当检验、检疫而未检验、检疫或者伪造检验、检疫结果的;⑥对商品或者服务作虚假或者引人误解的宣传的;⑦拒绝或者拖延有关行政部门责令对缺陷商品或者服务采取停止销售、警示、召回、无害化处理、销毁、停止生产或者服务等措施的;⑧对消费者提出的修理、重作、更换、退货、补足商品数量、退还货款和服务费用或者赔偿损失的要求,故意拖延或者无理拒绝的;⑨侵害消费者人格尊严、侵犯消费者人身自由或者侵害消费者个人信息依法得到保护的权利的;⑩法律、法规规定的对损害消费者权益应当予以处罚的其他情形。

该条第 2 款还规定,经营者有前款规定情形的,除依照法律、法规规定予以处罚外,处罚机关应当记入信用档案,向社会公布。

2. 国家机关工作人员违法的行政责任

《消费者权益保护法》第 61 条规定,国家机关工作人员玩忽职守或者包庇经营者侵害消费者合法权益的行为的,由其所在单位或者上级机关给予行政处分。

(三) 刑事责任

刑事责任是行为人实施了违反消费者权益保护法律、法规的行为且已构成犯罪所应承担的刑事法律后果。

《消费者权益保护法》第 57 条规定,经营者违反该法规定提供商品或者服务,侵害消费者合法权益,构成犯罪的,依法追究刑事责任。该法第 61 条还规定,国家机关工作人员玩忽职守或者包庇经营者侵害消费者合法权益的行为,情节严重,构成犯罪的,依法追究刑事责任。

复习思考题

1. 如何理解消费者的含义和范围?
2. 消费者依法享有哪些权利?
3. 经营者应当履行哪些义务?
4. 举例说明消费者损害的求偿主体和责任归属。
5. 论述经营者承担惩罚性赔偿责任的法律规定。

第六章 广 告 法

改革开放以来,我国的广告业得到恢复和迅速发展,已经形成具有一定规模、服务门类和媒介种类比较齐全、能够为社会提供系列化信息服务的产业。与此同时,我国的广告法制建设也不断加强。20 世纪 80 年代,国务院相继发布了《广告管理暂行条例》和《广告管理条例》,各地结合自己的具体情况颁布了广告管理的地方性法规和规章,将广告业初步纳入法制的轨道。但是,随着广告业的进一步发展,上述法规和规章已经不适应这种发展的需要。为了更好地规范广告活动,促进广告业的健康发展,保护消费者的合法权益,维护社会经济秩序,八届全国人大常委会第十次会议于 1994 年 10 月 27 日通过了《广告法》,该法自 1995 年 2 月 1 日起施行,并经 2015 年 4 月 24 日十二届全国人大常委会第十四次会议和 2018 年 10 月 26 日十三届全国人大常委会第六次会议两次修订。

第一节 广告法概述

一、广告与广告法的概念

广告一般是指通过报纸、广播、招贴等介绍商品、文娱体育节目等的一种宣传方式。它包括商业广告与公益广告等。一般来讲,广告有四个要素:① 广告主。这是广告活动的主体,是广告的主人,没有广告主的广告需求就不可能有广告活动。② 广告信息。广告必须要有被传播的信息内容,广告主的多样性就决定了广告传播信息的广泛性。③ 广告媒介。这是将信息传递给受众的工具,是广告主和广告接受者之间起桥梁作用的物质,信息传播必须依托相应的载体,即借助一定的媒介或形式才能实现,一切能刊载广告作品的物质都是广告媒介。④ 广告费用。广告的适用必须以有偿形式实现,付费是广告具有经济性质的主要标志,也是广告与其他信息传播相区别的主要依据。

《广告法》所称广告,是指商品经营者或者服务提供者承担费用,通过一定媒介和形式直接或者间接地介绍自己所推销的商品或者所提供的服务的商业广告。商业广告与其他广告相比具有以下主要特征:① 商业广告的作用是推销商品和服务,进行营利性商业活动,不以营利为目的的广告不属于商业广告范畴;

② 商业广告的内容是直接或间接地介绍广告主经营的商品或提供的服务；③ 商业广告的广告主是商品经营者、服务提供者；④ 商业广告由广告主自己承担费用；⑤ 商业广告要通过一定的媒介传播。

广告法有广义、狭义之分。狭义的广告法专指《广告法》，广义的广告法是指调整国家对商业广告活动实施管理过程中所发生的各种社会关系的法律规范的总称。它除了《广告法》之外，还包括其他有关广告管理、审查和广告经营活动的法律、行政法规、地方性法规等规范性法律文件。例如《产品质量法》《反不正当竞争法》《消费者权益保护法》《药品管理法》《食品安全法》《烟草专卖法》等法律中包含有广告法律规范。另外，《广告法》颁布后，1987年10月26日颁布的《广告管理条例》仍在实施。根据法律和行政法规，国家工商行政管理局（已撤销，并入新组建的国家市场监督管理总局）还颁布了众多的部门规章，例如：《医疗器械广告管理办法》(1992年8月8日发布)；《农药广告审查发布标准》(2015年12月24日公布)；《兽药广告审查发布标准》(2015年12月24日公布)；《房地产广告发布规定》(2015年12月24日公布)；《公益广告促进和管理暂行办法》(2016年1月15日公布)；《互联网广告管理暂行办法》(2016年7月4日公布)；《广告发布登记管理规定》(2016年11月1日公布)；《医疗广告管理办法》(1993年9月27日发布，2016年11月10日修改)；等等。

二、广告法的立法宗旨

《广告法》第1条规定："为了规范广告活动，保护消费者的合法权益，促进广告业的健康发展，维护社会经济秩序，制定本法。"由此，确定了广告法的立法宗旨。

(一) 规范广告活动，促进广告业的健康发展

广告活动是市场经济活动的一个重要方面，是商品生产者和服务提供者参与市场竞争的重要形式之一。社会主义市场经济必须是规范的法治经济，而不能是自由经济；参与市场竞争的广告活动，必须是在法律规范下的正当、公平的竞争行为，而不是虚假欺骗宣传和不正当竞争。

(二) 保护消费者的合法权益，维护社会经济秩序

企业生产经营的目的是通过向社会提供货真价实的商品和服务，获得合法的经济效益，这不仅是企业的社会责任，也是由我国社会主义制度的性质所决定的。商品或服务的生产者、提供者从事市场竞争、开展广告活动，绝不能建立在坑害消费者和社会公众利益的基础上。所以，规范广告活动必须保护消费者的合法权益，维护社会经济秩序。

(三) 发挥在社会主义市场经济中的积极作用

凡是市场经济发达的国家，广告业也比较发达，广告业地位也比较高。就一

个企业来讲,其经济效益、市场占有率也是与其广告活动成正比的,可以说,广告宣传的好坏关系到这些企业的命运;一个国家的企业在国际市场上开展广告活动的效果如何,也关系到这个国家的商业竞争能力。因此,消除和避免虚假广告的消极作用,充分发挥广告的积极作用,有利于促进社会主义市场经济的发展。

三、广告法的基本原则

《广告法》第 3 条规定:"广告应当真实、合法,以健康的表现形式表达广告内容,符合社会主义精神文明建设和弘扬中华民族优秀传统文化的要求。"第 4 条规定:"广告不得含有虚假或者引人误解的内容,不得欺骗、误导消费者。广告主应当对广告内容的真实性负责。"第 5 条还规定:"广告主、广告经营者、广告发布者从事广告活动,应当遵守法律、法规,诚实信用,公平竞争。"这些规定确定了广告法的基本原则。

(一) 真实合法原则

这一原则要求广告的内容必须符合所推销的商品或者所提供的服务的实际情况,不能含有虚假的内容,不得欺骗和误导消费者;广告的内容和形式都必须符合法律、法规的要求。广告是消费者获得商品或者服务信息的重要渠道,对消费者具有很大的导向性,如果广告不真实合法,就会使消费者陷入错误认识而作出错误的消费行为,从而使消费者的权益受到损害。

(二) 健康文明原则

广告作为一种传播信息的有效手段,在现代社会中的影响极其广泛深入。设计精巧、富有艺术感染力的广告,对于美化人们生活、提高社会精神文明水平具有一定的作用。因此,广告的内容及其表现手段都必须符合社会主义思想建设和文化建设的要求,必须尊重和维护社会公德和社会公共利益,为推进精神文明建设发挥积极作用。

(三) 公平诚信原则

所谓公平,就是广告行为主体(以下简称广告主体)在广告活动中所享有的权利和承担的义务必须对等,不能显失公平,即使在承担民事责任时也应该公平合理。所谓诚信,就是广告主体在从事广告活动时,必须实事求是、讲究信誉、恪守诺言,严格按照法律规定或者合同约定履行自己的义务。

四、广告法的适用范围

法律的适用范围是指法律的效力范围,即法律在哪些地方、对哪些人、在什么时间有效。《广告法》的适用范围也就是指该法的效力范围,即《广告法》在何时何地对何人发生效力。

《广告法》在地域上的适用范围是中华人民共和国境内,《广告法》对人的适用范围是在我国境内从事广告活动的任何人,《广告法》在时间上的适用范围是从1995年2月1日起施行。

五、广告法律关系

法律关系是指法律所调整的社会关系,广告法律关系就是广告法所调整的社会关系,主要是广告监督管理机关、审查机关与广告主体之间发生的各种管理关系。广告法律关系包括主体、客体和内容三要素。广告法律关系的主体是指参加广告法律关系,享受一定权利或承担一定义务的组织或个人,主要有广告管理主体与广告活动主体。广告法律关系的客体是指广告法律关系主体之间的权利、义务所指向的对象。广告法律关系的内容是指广告法律关系主体之间的权利、义务。

（一）广告管理主体

根据《广告法》第6条,县级以上地方市场监督管理部门是广告监督管理机关。根据有关法律、法规的规定,市场监督管理部门主要行使下列管理职能。

1. 起草法规和解释法规

国务院市场监督管理部门是负责全国广告监督管理工作的决策、指导机关,受国务院委托起草法规、解释法规,单独或会同有关部门制定广告管理行政规章,制定各类广告发布标准。地方市场监督管理部门可以依照地方立法程序和权限的规定,受地方立法机关和地方政府的委托,起草地方性广告管理法规、规章。

2. 进行广告经营登记

市场监督管理部门依法履行对广告经营资格的审查和批准职能,包括：在专业广告公司登记注册程序中对其从业资格的审查批准,及广告经营范围的核定；广播电台、电视台、报刊、出版社及其他经济组织或个人从事广告活动资格的审查批准,及广告经营范围的核定,并颁发广告经营许可证；对各类临时性或特殊形式的广告活动的资格审查,及广告经营范围的核定,并核发广告经营许可证。

3. 开展监督检查

各级市场监督管理部门对所管理的各类广告经营者、发布者是否具备从业资格、各类广告活动是否符合国家法律法规的要求,定期进行经常性监督检查,对检查不合格的广告经营者、发布者,依法停止其广告业务。

4. 接受违法广告投诉,查处和复议广告违法案件

各级市场监督管理部门有受理广大用户和消费者对违法广告投诉的职权,并按照权限划分的规定,分级予以解决。对广告违法案件,行使立案检查和行政处罚权。对情节严重构成犯罪的案件,移送司法机关依法处理。作出行政处罚

决定的上一级市场监督管理部门依法承担广告违法案件的行政复议职责。

5. 指导广告业健康发展

根据国务院的有关规定,市场监督管理部门还具有研究制定广告方针、政策和发展规划,并组织实施的职责。

(二) 广告活动主体

一般情况下,我们把从事广告活动的人称为广告活动的主体。广告主、广告经营者、广告发布者构成广告活动的主体。

1. 广告主

广告主就是《广告法》所认定的"为推销商品或者服务,自行或者委托他人设计、制作、发布广告的自然人、法人或者其他组织"。简单地说,广告主就是做广告的人,是借助广告向社会公众推销商品或提供服务,树立自己形象的单位和个人。

2. 广告经营者

广告经营者就是《广告法》所认定的"接受委托提供广告设计、制作、代理服务的自然人、法人或者其他组织"。

3. 广告发布者

广告发布者就是《广告法》所认定的"为广告主或者广告主委托的广告经营者发布广告的自然人、法人或者其他组织"。通俗地说,它就是各类广告媒介的拥有单位,主要指电台、电视台、报社、杂志社等。

第二节 广告活动准则

一、广告活动的一般准则

广告活动的准则又称广告标准,是《广告法》对我国广告的内容和形式所作的最基本的要求,是我国广告应当遵循的基本准则,也是广告法基本原则的具体体现。

广告内容应当有利于人民的身心健康,促进商品和服务质量的提高,保护消费者的合法权益,遵守社会公德和职业道德,维护国家的尊严和利益。从这一总的要求出发,《广告法》对广告的内容、形式作出了以下具体规定。

(一) 广告内容应当真实、清楚、明白

在广告真实的前提下,广告内容应做到:① 商品、服务内容准确、清楚、明白。广告中对商品的性能、功能、产地、用途、质量、成分、价格、生产者、有效期限、允诺等或者对服务的内容、提供者、形式、质量、价格、允诺等有表示的,应当准确、清楚、明白。② 赠品内容清楚、明白。广告中表明推销的商品或者服务附带赠送的,应当明示所附带赠送商品或者服务的品种、规格、数量、期限和方式。③ 法律、行政法规规定广告中应当明示的内容,应当显著、清晰表示。④ 使用资料真实、准确。广告使用数据、统计资料、调查结果、文摘、引用语等引证内容的,应当真实、准确,并表明出处。引证内容有适用范围和有效期限的,应当明确表示。⑤ 涉及专利清楚、明白。广告中涉及专利产品或者专利方法的,应当标明专利号和专利种类。

（二）广告内容的禁止性规定

按照《广告法》规定,广告不得有下列情形：① 使用或者变相使用中华人民共和国的国旗、国歌、国徽,军旗、军歌、军徽；② 使用或者变相使用国家机关、国家机关工作人员的名义或者形象；③ 使用"国家级""最高级""最佳"等用语；④ 损害国家的尊严或者利益,泄露国家秘密；⑤ 妨碍社会安定,损害社会公共利益；⑥ 危害人身、财产安全,泄露个人隐私；⑦ 妨碍社会公共秩序或者违背社会良好风尚；⑧ 含有淫秽、色情、赌博、迷信、恐怖、暴力的内容；⑨ 含有民族、种族、宗教、性别歧视的内容；⑩ 妨碍环境、自然资源或者文化遗产保护；⑪ 法律、行政法规规定禁止的其他情形。

（三）广告形式应当具有可识别性

根据《广告法》第14条的规定,广告应当具有可识别性,能够使消费者辨明其为广告。大众传播媒介不得以新闻报道形式变相发布广告。通过大众传播媒介发布的广告应当显著标明"广告",与其他非广告信息相区别,不得使消费者产生误解。

二、特殊商品、服务的广告活动准则

特殊商品、服务的广告,主要是指医疗、药品、医疗器械广告,保健食品广告,农药广告,烟草广告,酒类广告,教育、培训广告,招商等有投资回报预期的商品或者服务广告,房地产广告,农作物种子、林木种子、草种子、种畜禽、水产苗种和种养殖广告等。这类广告所涉及的商品往往与人的生命健康有直接关系。根据《广告法》的规定,特殊商品、服务广告除必须遵循上述广告一般准则外,还要遵循相应的广告准则。

（一）医疗、药品、医疗器械广告的规定

《广告法》第16条规定,医疗、药品、医疗器械广告不得有下列内容：① 表示功效、安全性的断言或者保证；② 说明治愈率或者有效率；③ 与其他药品、医疗器械的功效和安全性或者其他医疗机构比较；④ 利用广告代言人作推荐、证明；⑤ 法律、行政法规规定禁止的其他内容。

药品广告的内容不得与国务院药品监督管理部门批准的说明书不一致,并应当显著标明禁忌、不良反应。处方药广告应当显著标明"本广告仅供医学药学专业人士阅读",非处方药广告应当显著标明"请按药品说明书或者在药师指导下购买和使用"。推荐给个人自用的医疗器械的广告,应当显著标明"请仔细阅读产品说明书或者在医务人员的指导下购买和使用"。医疗器械产品注册证明文件中有禁忌内容、注意事项的,广告中应当显著标明"禁忌内容或者注意事项详见说明书"。

《广告法》第15条规定,麻醉药品、精神药品、医疗用毒性药品、放射性药品等特殊药品,药品类易制毒化学品,以及戒毒治疗的药品、医疗器械和治疗方法,不得作广告。上述这些特殊药品具有两重性,使用得当可以治病救人,使用不当将危害人民的生命健康。为此,国家对这些药品实行特殊管理,将其列入禁止作广告的范围。

除医疗、药品、医疗器械广告外,禁止其他任何广告涉及疾病治疗功能,并不得使用医疗用语或者易使推销的商品与药品、医疗器械相混淆的用语。

(二) 保健食品广告的规定

《广告法》第18条规定,保健食品广告不得含有下列内容:① 表示功效、安全性的断言或者保证;② 涉及疾病预防、治疗功能;③ 声称或者暗示广告商品为保障健康所必需;④ 与药品、其他保健食品进行比较;⑤ 利用广告代言人作推荐、证明;⑥ 法律、行政法规规定禁止的其他内容。保健食品广告应当显著标明"本品不能代替药物"。

广播电台、电视台、报刊音像出版单位、互联网信息服务提供者不得以介绍健康、养生知识等形式变相发布医疗、药品、医疗器械、保健食品广告。

(三) 农药、兽药、饲料和饲料添加剂广告的规定

《广告法》第21条规定,农药、兽药、饲料和饲料添加剂广告不得含有下列内容:① 表示功效、安全性的断言或者保证;② 利用科研单位、学术机构、技术推广机构、行业协会或者专业人士、用户的名义或者形象作推荐、证明;③ 说明有效率;④ 违反安全使用规程的文字、语言或者画面;⑤ 法律、行政法规规定禁止的其他内容。

(四) 烟草广告的规定

《广告法》第22条规定,禁止在大众传播媒介或者公共场所、公共交通工具、户外发布烟草广告。禁止向未成年人发送任何形式的烟草广告。禁止利用其他商品或者服务的广告、公益广告,宣传烟草制品名称、商标、包装、装潢以及类似内容。烟草制品生产者或者销售者发布的迁址、更名、招聘等启事中,不得含有烟草制品名称、商标、包装、装潢以及类似内容。

(五) 酒类广告的规定

《广告法》第23条规定,酒类广告不得含有下列内容:① 诱导、怂恿饮酒或

者宣传无节制饮酒;② 出现饮酒的动作;③ 表现驾驶车、船、飞机等活动;④ 明示或者暗示饮酒有消除紧张和焦虑、增加体力等功效。

(六)教育、培训广告的规定

《广告法》第24条规定,教育、培训广告不得含有下列内容:① 对升学、通过考试、获得学位学历或者合格证书,或者对教育、培训的效果作出明示或者暗示的保证性承诺;② 明示或者暗示有相关考试机构或者其工作人员、考试命题人员参与教育、培训;③ 利用科研单位、学术机构、教育机构、行业协会、专业人士、受益者的名义或者形象作推荐、证明。

(七)招商等有投资回报预期的商品或者服务广告的规定

《广告法》第25条规定,招商等有投资回报预期的商品或者服务广告,应当对可能存在的风险以及风险责任承担有合理提示或者警示,并不得含有下列内容:① 对未来效果、收益或者与其相关的情况作出保证性承诺,明示或者暗示保本、无风险或者保收益等,国家另有规定的除外;② 利用学术机构、行业协会、专业人士、受益者的名义或者形象作推荐、证明。

(八)房地产广告的规定

《广告法》第26条规定,房地产广告,房源信息应当真实,面积应当表明为建筑面积或者套内建筑面积,并不得含有下列内容:① 升值或者投资回报的承诺;② 以项目到达某一具体参照物的所需时间表示项目位置;③ 违反国家有关价格管理的规定;④ 对规划或者建设中的交通、商业、文化教育设施以及其他市政条件作误导宣传。

(九)农作物种子、林木种子、草种子、种畜禽、水产苗种和种养殖广告的规定

《广告法》第27条规定,农作物种子、林木种子、草种子、种畜禽、水产苗种和种养殖广告关于品种名称、生产性能、生长量或者产量、品质、抗性、特殊使用价值、经济价值、适宜种植或者养殖的范围和条件等方面的表述应当真实、清楚、明白,并不得含有下列内容:① 作科学上无法验证的断言;② 表示功效的断言或者保证;③ 对经济效益进行分析、预测或者作保证性承诺;④ 利用科研单位、学术机构、技术推广机构、行业协会或者专业人士、用户的名义或者形象作推荐、证明。

第三节 广告活动和广告审查

一、广告活动

广告活动是指广告主、广告经营者、广告发布者在设计、制作、发布广告的过

程中所从事的行为。《广告法》规定,从事广告活动,应当遵循以下规定。

(一) 广告活动的一般规定

1. 广告活动必须订立书面合同

广告主、广告经营者、广告发布者在广告活动中应当订立书面合同,明确各方的权利和义务。订立广告合同的主体为广告主、广告经营者和广告发布者。

广告合同因签订主体不同,其合同的名称也不同,包括广告主与广告经营者之间的加工承揽合同或广告委托代理合同、广告主和广告发布者之间订立的广告发布合同、广告经营者和广告发布者之间订立的广告代理发布合同。

2. 广告发布登记管理

广播电台、电视台、报刊出版单位从事广告发布业务的,应当设有专门从事广告业务的机构,配备必要的人员,具有与发布广告相适应的场所、设备,并向县级以上地方市场监督管理部门办理广告发布登记。

3. 广告活动不得进行的行为

(1) 发布虚假广告。广告以虚假或者引人误解的内容欺骗、误导消费者的,构成虚假广告。广告有下列情形之一的,为虚假广告:第一,商品或者服务不存在的;第二,商品的性能、功能、产地、用途、质量、规格、成分、价格、生产者、有效期限、销售状况、曾获荣誉等信息,或者服务的内容、提供者、形式、质量、价格、销售状况、曾获荣誉等信息,以及与商品或者服务有关的允诺等信息与实际情况不符,对购买行为有实质性影响的;第三,使用虚构、伪造或者无法验证的科研成果、统计资料、调查结果、文摘、引用语等信息作证明材料的;第四,虚构使用商品或者接受服务的效果的;第五,以虚假或者引人误解的内容欺骗、误导消费者的其他情形。

(2) 发布违禁广告。《广告法》第 37 条规定,法律、行政法规规定禁止生产、销售的产品或者提供的服务,以及禁止发布广告的商品或者服务,任何单位或者个人不得设计、制作、代理、发布广告。

(3) 发布有产品获奖内容,但不标明产品获奖级别、时间、颁奖部门的广告。《广告管理条例》所指的获奖产品包括两类:一类是指获得政府有关主管部门或其授权单位授予各类奖的产品和获得国际组织授奖的产品;另一类是指获得国家质量奖审定委员会、国务院各主管部门,省、自治区、直辖市人民政府授予国、部、省优质产品奖的产品。《广告管理条例》第 11 条第 2 项规定:"标明获奖的商品广告,应当提交本届、本年度或者数届、数年度连续获奖的证书,并在广告中注明获奖级别和颁奖部门。"该条第 3 款还规定:"标明优质产品称号的商品广告,应当提交政府颁发的优质产品证书,并在广告中标明授予优质产品称号的时间和部门。"

(4) 发布无合法证明或证明不全的广告。对内容不符或者证明文件不全的广告,广告经营者不得提供设计、制作、代理服务,广告发布者不得发布。广告证明是指表明广告客户主体资格和广告内容真实、合法的文件、证件。广告主委托广告经营者和广告发布者承办广告业务时,应当依法向广告经营者、广告发布者提交和交验广告主主体资格和广告内容证明文件,并保证所提交的广告证明真实、合法、有效;广告经营者、广告发布者承办广告业务时,应当要求广告主提供相应证明,并依据法律、行政法规查验有关证明文件,核实广告内容。对内容不实或证明不全的广告,广告经营者不得提供设计、制作、代理服务,广告发布者不得发布。

(5) 广告主伪造、涂改、盗用或擅自复制广告证明。伪造广告证明是指广告主制作虚假广告证明文件;涂改广告证明是指广告主对广告证明文件证明的内容进行改制,变换其内容,以适合其需要;盗用广告证明是指广告主将不属于自己所有的广告证明窃为己有,非法使用;擅自复制广告证明是指广告主非法复制法律规定不能自行复制的广告证明。

(6) 为广告主出具非法或虚假广告证明。为广告主出具非法或虚假证明是指《广告法》没有授权的机关或国家工作人员利用职务之便,擅自为广告主出具无效的、虚假的证明。

(7) 广告经营过程中的垄断行为。广告经营过程中的垄断行为是指广告活动的当事人或经济组织对广告市场运行过程或这一过程的某些方面的排他性控制,即对其他合法广告经营活动的排斥、控制。其具体行为表现如下:第一,两个或两个以上的广告经营者签订限制竞争的协议;第二,在市场上占优势的企业,以不正当竞争行为谋取独占地位。

(8) 不正当竞争行为。所谓不正当竞争行为,是用指欺骗性的、有害的竞争方法与同类企业进行竞争的行为,即经营者违反《反不正当竞争法》的规定损害其他经营者的合法权益、扰乱社会经济秩序的行为。其具体表现有:第一,编造、散布有损于竞争对手的不真实的消息;第二,采用贿赂或变相贿赂等非法手段招揽广告;第三,违反国家广告收费标准规定,采用改变广告代理收费标准的手段争抢客户。《广告法》第 31 条规定,广告主、广告经营者、广告发布者不得在广告活动中进行任何形式的不正当竞争。

(二) 广告主从事广告活动的规定

广告主从事广告活动,除了符合上述一般规定外,还必须遵守以下四个方面的规定。

1. 广告内容应当符合广告主的经营范围

广告主自行或者委托他人设计、制作、发布广告,所推销的商品或者所提供的服务应当符合广告主的经营范围。广告主的行为只有在其经营范围内才享有民事权利能力,超越其经营范围的行为,不仅法律不承认其效力,而且要受到法律的制裁。

2. 应当委托具有合法资格的主体设计、制作、发布广告

《广告法》第32条规定,广告主委托设计、制作、发布广告,应当委托具有合法经营资格的广告经营者、广告发布者。"具有合法经营资格"包括两个方面:一方面,广告经营者和发布者必须依法设立;另一方面,广告的发布者和经营者有合法的经营范围,即有符合广告主委托的业务范围。

3. 设计、制作、发布广告应当具备法定的证明

广告主自行或委托他人设计、制作、发布广告时,应当具有或者提供真实、合法、有效的下列证明文件:① 营业执照以及其他生产、经营资格的证明文件;② 质量检验机构对广告中有关商品质量内容出具的证明文件;③ 确认广告内容真实性的其他证明文件;④ 须经有关行政主管部门审查的,还应当提供有关批准文件。

4. 使用他人名义、形象,应当取得他人同意

广告主在广告中使用他人名义、形象的,应当事先取得他人的书面同意;使用无民事行为能力人、限制民事行为能力人的名义、形象的,应当事先取得其监护人的书面同意。

(三) 广告经营者、广告发布者从事广告活动的规定

广告经营者、广告发布者从事广告活动,除了符合一般规定外,还必须遵循以下六个方面的规定。

1. 应当具备法定的主体资格

广播电台、电视台、报刊出版单位从事广告发布业务的,应当设有专门从事广告业务的机构,配备必要的人员,具有与发布广告相适应的场所、设备,并向县级以上地方市场监督管理部门办理广告发布登记。

2. 应当查验法定的证明,核实广告内容

广告经营者、广告发布者依据法律、行政法规查验有关证明文件,核对广告内容。对内容不符或者证明文件不全的广告,广告经营者不得提供设计、制作、代理服务,广告发布者不得发布。法律这样规定是为了保证广告的真实性、合法性。广告发布者查验的证明文件主要有:① 广告主体资格的证明文件;② 质量检验机构对广告中有关商品质量内容出具的证明文件;③ 有关行政主管部门对特殊商品广告的审查批准文件;④ 确认广告内容真实性的其他证明文件。

3. 应当建立广告业务管理制度

广告经营者、广告发布者应当按照国家有关规定,建立、健全广告业务的承

接登记、审核、档案管理制度。这样做的目的是保证广告经营者和发布者开展正常的广告活动,广告监管机关可以对其实施有效的监督和管理。

4. 制定并公布合理的收费标准

广告收费应当合理、公开。广告经营者、广告发布者应当公布其收费标准和收费办法。

5. 广告发布者应当提供真实资料

广告发布者向广告主、广告经营者提供的覆盖率、收视率、点击率、发行量等资料应当真实。否则,广告主和广告经营者有权要求其赔偿经济损失。

6. 不得设计、制作、发布法律禁止的广告

法律、行政法规禁止生产、销售的商品或者提供的服务,以及禁止发布广告的商品或者服务,不得设计、制作和发布其广告。

(四) 广告代言人的规定

广告代言人在广告中对商品、服务作推荐、证明,应当依据事实,符合《广告法》和有关法律、行政法规规定,并不得为其未使用过的商品或者未接受过的服务作推荐、证明。不得利用不满10周岁的未成年人作为广告代言人。对在虚假广告中作推荐、证明受到行政处罚未满3年的自然人、法人或者其他组织,不得利用其作为广告代言人。

(五) 对未成年人发布广告的禁止与限制规定

1. 在中小学校、幼儿园内开展广告活动的禁止规定

《广告法》第39条明文规定:不得在中小学校、幼儿园内开展广告活动;不得利用中小学生和幼儿的教材、教辅材料、练习册、文具、教具、校服、校车等发布或者变相发布广告,但公益广告除外。

2. 在针对未成年人的大众传播媒介上发布广告的限制规定

在针对未成年人的大众传播媒介上不得发布医疗、药品、保健食品、医疗器械、化妆品、酒类、美容广告,以及不利于未成年人身心健康的网络游戏广告。针对不满14周岁的未成年人的商品或者服务的广告不得含有下列内容:① 劝诱其要求家长购买广告商品或者服务;② 可能引发其模仿不安全行为。

(六) 设置户外广告的规定

户外广告是指利用建筑物外部及其空间所作的广告。它主要指下列情形:① 利用街道、广场、机场、车站、码头等公共场所的建筑物或者空间设置的路牌、霓虹灯、电子显示器、橱窗、条牌、气球等广告;② 利用车船、飞机等交通工具设置的广告;③ 利用影剧院、体育场(馆)、文化馆、展览馆、宾馆、游乐场等公共建筑设置的广告;④ 利用其他形式在户外设置的广告。

县级以上地方人民政府应当组织有关部门加强对利用户外场所、空间、设施

等发布户外广告的监督管理,制定户外广告设置规划和安全要求。户外广告的管理办法由地方性法规、地方政府规章规定。

《广告法》第 42 条规定,有下列情形之一的,不得设置户外广告：① 利用交通安全设施、交通标志的；② 影响市政公共设施、交通安全设施、交通标志、消防设施、消防安全标志使用的；③ 妨碍生产或者人民生活,损害市容市貌的；④ 在国家机关、文物保护单位、风景名胜区等的建筑控制地带,或者县级以上地方人民政府禁止设置户外广告的区域设置的。

(七) 利用互联网、电信等方式发布广告的规定

任何单位或者个人未经当事人同意或者请求,不得向其住宅、交通工具等发送广告,也不得以电子信息方式向其发送广告。以电子信息方式发送广告的,应当明示发送者的真实身份和联系方式,并向接收者提供拒绝继续接收的方式。

利用互联网从事广告活动,适用《广告法》的各项规定。利用互联网发布、发送广告,不得影响用户正常使用网络。在互联网页面以弹出等形式发布的广告,应当显著标明关闭标志,确保一键关闭。

公共场所的管理者或者电信业务经营者、互联网信息服务提供者对其明知或者应知的利用其场所或者信息传输、发布平台发送、发布违法广告的,应当予以制止。

二、广告的审查

广告的审查是指广告在制作、设计、发布前,由广告经营者、发布者、广告审查机关对广告内容是否合法、真实所进行的审核活动。建立广告审查制度的目的,是建立广告发布的防范机制,最大限度地把违法广告消除在发布前。

(一) 广告审查的形式

我国的广告审查制度主要包括两种形式：一是由广告经营者、广告发布者在接受广告主委托时进行审查,它包括查验有关证明文件、核实广告内容；二是由行政主管部门对法律、行政法规规定的特殊商品的广告内容进行审查。前者是广告经营者、广告发布者对全部受委托的广告进行的审查,后者是广告审查机关对特殊商品、服务广告进行的审查。

(二) 特殊商品、服务广告审查的范围和程序

1. 特殊商品、服务广告审查的范围

发布前需要由广告审查机关进行审查的广告,仅限于医疗、药品、医疗器械、农药、兽药和保健食品广告,以及法律、行政法规规定应当进行审查的其他广告,这些广告的内容涉及人体健康和人身财产安全。这几类商品、服务广告在全部广告发布量中所占的比例并不高,但一旦违法广告发布出去,会使消费者受到伤

害,造成严重危害后果。

2. 特殊商品、服务广告审查程序

特殊商品广告的审查程序包括：① 广告主提出申请；② 广告审查机关对广告内容进行审查；③ 广告审查机关作出审查决定,颁发审查决定文件。

第四节 法律责任

一、广告主体的法律责任

(一) 发布虚假广告的法律责任

1. 发布虚假广告的行政责任

广告主体违反广告法规定,发布虚假广告的,由市场监督管理部门责令停止发布广告,责令广告主在相应范围内消除影响,处广告费用 3 倍以上 5 倍以下的罚款,广告费用无法计算或者明显偏低的,处 20 万元以上 100 万元以下的罚款;2 年内有 3 次以上违法行为或者有其他严重情节的,处广告费用 5 倍以上 10 倍以下的罚款,广告费用无法计算或者明显偏低的,处 100 万元以上 200 万元以下的罚款,可以吊销营业执照,并由广告审查机关撤销广告审查批准文件、1 年内不受理其广告审查申请。医疗机构有上述违法行为,情节严重的,除由市场监督管理部门依照《广告法》处罚外,卫生行政部门可以吊销诊疗科目或者吊销医疗机构执业许可证。

广告经营者、广告发布者明知或者应知广告虚假仍设计、制作、代理、发布的,由市场监督管理部门没收广告费用,并处广告费用 3 倍以上 5 倍以下的罚款,广告费用无法计算或者明显偏低的,处 20 万元以上 100 万元以下的罚款;2 年内有 3 次以上违法行为或者有其他严重情节的,处广告费用 5 倍以上 10 倍以下的罚款,广告费用无法计算或者明显偏低的,处 100 万元以上 200 万元以下的罚款,并可以由有关部门暂停广告发布业务、吊销营业执照、吊销广告发布登记证件。

2. 发布虚假广告的刑事责任

广告主、广告经营者、广告发布者发布虚假广告,或者明知或者应知广告虚假仍设计、制作、代理、发布,构成犯罪的,依法追究刑事责任。

3. 发布虚假广告的民事责任

广告主体违反广告法规定,发布虚假广告,欺骗、误导消费者,使购买商品或者接受服务的消费者的合法权益受到损害的,由广告主依法承担民事责任。广告经营者、广告发布者不能提供广告主的真实名称、地址和有效联系方式的,消费者可以要求广告经营者、广告发布者先行赔偿。

关系消费者生命健康的商品或者服务的虚假广告,造成消费者损害的,其广告经营者、广告发布者、广告代言人应当与广告主承担连带责任。上述规定以外的商品或者服务的虚假广告,造成消费者损害的,其广告经营者、广告发布者、广告代言人,明知或者应知广告虚假仍设计、制作、代理、发布或者作推荐、证明的,应当与广告主承担连带责任。

(二)违反特殊商品、服务广告规定的法律责任

违反《广告法》第 16—18 条、第 21 条、第 23—27 条规定,发布药品、医疗器械、保健食品、农药、兽药、饲料和饲料添加剂、酒类、教育、培训、招商等有投资回报预期的商品或者服务、房地产、农作物种子、林木种子、草种子、种畜禽、水产苗种和种养殖广告的,或者违反第 46 条未经审查发布广告的,由市场监督管理部门责令停止发布广告,责令广告主在相应范围内消除影响,处广告费用 1 倍以上 3 倍以下的罚款,广告费用无法计算或者明显偏低的,处 10 万元以上 20 万元以下的罚款;情节严重的,处广告费用 3 倍以上 5 倍以下的罚款,广告费用无法计算或者明显偏低的,处 20 万元以上 100 万元以下的罚款,可以吊销营业执照,并由广告审查机关撤销广告审查批准文件、1 年内不受理其广告审查申请。

医疗机构有上述规定违法行为,情节严重的,除由市场监督管理部门依照《广告法》处罚外,卫生行政部门可以吊销诊疗科目或者吊销医疗机构执业许可证。广告经营者、广告发布者明知或者应知有上述规定的违法行为仍设计、制作、代理、发布的,由市场监督管理部门没收广告费用,并处广告费用 1 倍以上 3 倍以下的罚款,广告费用无法计算或者明显偏低的,处 10 万元以上 20 万元以下的罚款;情节严重的,处广告费用 3 倍以上 5 倍以下的罚款,广告费用无法计算或者明显偏低的,处 20 万元以上 100 万元以下的罚款,并可以由有关部门暂停广告发布业务、吊销营业执照、吊销广告发布登记证件。

广播电台、电视台、报刊音像出版单位发布违法广告,或者以新闻报道形式变相发布广告,或者以介绍健康、养生知识等形式变相发布医疗、药品、医疗器械、保健食品广告,市场监督管理部门依照《广告法》给予处罚的,应当通报新闻出版、广播电视主管部门以及其他有关部门。新闻出版、广播电视主管部门以及其他有关部门应当依法对负有责任的主管人员和直接责任人员给予处分;情节严重的,并可以暂停媒体的广告发布业务。新闻出版、广播电视主管部门以及其他有关部门未依照前款规定对广播电台、电视台、报刊音像出版单位进行处理的,对负有责任的主管人员和直接责任人员,依法给予处分。

(三)违反广告发布登记规定、广告业务管理制度、广告审查规定的法律责任

1.违反广告发布登记规定的法律责任

违反《广告法》第 29 条的规定,广播电台、电视台、报刊出版单位未办理广告

发布登记,擅自从事广告发布业务的,由市场监督管理部门责令改正,没收违法所得,违法所得1万元以上的,并处违法所得1倍以上3倍以下的罚款;违法所得不足1万元的,并处5 000元以上3万元以下的罚款。

2. 违反广告业务管理制度的法律责任

违反《广告法》第34条的规定,广告经营者、广告发布者未按照国家有关规定建立、健全广告业务管理制度的,或者未对广告内容进行核对的,由市场监督管理部门责令改正,可以处5万元以下的罚款。违反《广告法》第35条的规定,广告经营者、广告发布者未公布其收费标准和收费办法的,由价格主管部门责令改正,可以处5万元以下的罚款。

3. 违反广告审查规定的法律责任

违反《广告法》规定,隐瞒真实情况或者提供虚假材料申请广告审查的,广告审查机关不予受理或者不予批准,予以警告,1年内不受理该申请人的广告审查申请;以欺骗、贿赂等不正当手段取得广告审查批准的,广告审查机关予以撤销,处10万元以上20万元以下的罚款,3年内不受理该申请人的广告审查申请。

伪造、变造或者转让广告审查批准文件的,由市场监督管理部门没收违法所得,并处1万元以上10万元以下的罚款。

(四)违法广告代言的法律责任

1. 广告主的法律责任

违反《广告法》第38条第2款规定,利用不满10周岁的未成年人作为广告代言人的,或违反《广告法》第38条第3款规定,利用自然人、法人或者其他组织作为广告代言人的,由市场监督管理部门责令停止发布广告,责令广告主在相应范围内消除影响,处广告费用1倍以上3倍以下的罚款,广告费用无法计算或者明显偏低的,处10万元以上20万元以下的罚款;情节严重的,处广告费用3倍以上5倍以下的罚款,广告费用无法计算或者明显偏低的,处20万元以上100万元以下的罚款,可以吊销营业执照,并由广告审查机关撤销广告审查批准文件、1年内不受理其广告审查申请。

2. 广告代言人的法律责任

广告代言人有下列情形之一的,由市场监督管理部门没收违法所得,并处违法所得1倍以上2倍以下的罚款:① 违反《广告法》第16条第1款第4项规定,在医疗、药品、医疗器械广告中作推荐、证明的;② 违反《广告法》第18条第1款第5项规定,在保健食品广告中作推荐、证明的;③ 违反《广告法》第38条第1款规定,为其未使用过的商品或者未接受过的服务作推荐、证明的;④ 明知或者应知广告虚假仍在广告中对商品、服务作推荐、证明的。

(五) 互联网广告的法律责任

违反《广告法》第43条规定发送广告的,由有关部门责令停止违法行为,对广告主处5 000元以上3万元以下的罚款。

违反《广告法》第44条第2款规定,利用互联网发布广告,未显著标明关闭标志,确保一键关闭的,由市场监督管理部门责令改正,对广告主处5 000元以上3万元以下的罚款。

违反《广告法》第45条规定,公共场所的管理者和电信业务经营者、互联网信息服务提供者,明知或者应知广告活动违法不予制止的,由市场监督管理部门没收违法所得,违法所得5万元以上的,并处违法所得1倍以上3倍以下的罚款,违法所得不足5万元的,并处1万元以上5万元以下的罚款;情节严重的,由有关部门依法停止相关业务。

(六) 侵权行为的法律责任

广告主体违反《广告法》规定,有下列侵权行为之一的,依法承担民事责任:① 在广告中损害未成年人或残疾人的身心健康的;② 假冒他人专利的;③ 贬低其他生产经营者的商品或者服务的;④ 广告中未经同意使用他人名义、形象的;⑤ 其他侵犯他人合法民事权益的。

(七) 违反其他禁止性规定的法律责任

违反《广告法》第39条规定在中小学校、幼儿园内或者利用与中小学生、幼儿有关的物品发布广告的,或违反《广告法》第40条第2款规定发布针对不满十四周岁的未成年人的商品或者服务的广告的,由市场监督管理部门责令停止发布广告,责令广告主在相应范围内消除影响,处广告费用1倍以上3倍以下的罚款,广告费用无法计算或者明显偏低的,处10万元以上20万元以下的罚款;情节严重的,处广告费用3倍以上5倍以下的罚款,广告费用无法计算或者明显偏低的,处20万元以上100万元以下的罚款,可以吊销营业执照,并由广告审查机关撤销广告审查批准文件、1年内不受理其广告审查申请。

(八) 信用惩戒

《广告法》第67条规定,有《广告法》规定的违法行为的,由市场监督管理部门记入信用档案,并依照有关法律、行政法规规定予以公示。

二、广告专门机关及其工作人员的责任

广告审查机关对违法的广告内容作出审查批准决定的,对负有责任的主管人员和直接责任人员,由任免机关或者监察机关依法给予处分;构成犯罪的,依法追究刑事责任。

市场监督管理部门对在履行广告监测职责中发现的违法广告行为或者对经投诉、举报的违法广告行为，不依法予以查处的，对负有责任的主管人员和直接责任人员，依法给予处分。市场监督管理部门和负责广告管理相关工作的有关部门的工作人员玩忽职守、滥用职权、徇私舞弊的，依法给予处分。

有上述两种行为，构成犯罪的，依法追究刑事责任。

三、不服行政处罚的处理办法

当事人对行政处罚决定不服的，可以在接到处罚通知之日起15日内向作出处罚决定的机关的上一级机关申请复议；当事人也可以在接到处罚通知起15日内直接向人民法院起诉。

复议机关应当在接到复议申请之日起60日内作出复议决定。当事人对复议决定不服的，可以在接到复议决定之日起15日内，向人民法院起诉。复议机关逾期不作出复议决定的，当事人可以在复议期满之日起15日内，向人民法院起诉。

当事人逾期不申请复议也不向人民法院起诉，又不履行处罚决定的，作出处罚决定的机关可以申请人民法院强制执行。

复习思考题

1. 如何理解广告法的基本原则？
2. 哪些广告内容为法律所禁止？
3. 广告经营者从事广告活动应遵循哪些规定？
4. 试述广告审查制度的内容。
5. 为什么法律要对户外广告的设置作限制规定？

第七章 证券法

在社会主义市场经济的运行和发展中,作为资本市场的证券市场发挥着十分重要的作用。通过证券市场的运作,企业能够筹集大量资金,扩大经营规模,建立起现代企业制度;投资者能够有效利用闲置资金,获取更多的收益。为了规范证券发行和交易行为,保护投资者的合法权益,维护社会经济秩序和社会公共利益,促进市场经济的发展,我国已建立起以《证券法》为基本法的证券法律体系。

第一节 证券法概述

一、证券的概念和特征

证券有广义和狭义之分。广义的证券是指权利凭证,即用来证明证券持有者有权按其所载取得相应权益的凭证,包括金券、资格证券和有价证券。金券就是标明一定金额,只能为一定目的而使用,其权利与票券密不可分的一种证券,如邮票、印花等。资格证券就是表明持有人可以行使一定权利,义务人向持有人履行义务后即可免责的一种证券,如车票、储蓄存单等。有价证券就是表示一定民事权利,权利的行使以持有证券为必要条件的一种证券,包括商品证券(如提单、仓单)、货币证券(如汇票、本票、支票)和资本证券(如股票、债券)。狭义的证券专指资本证券,即证明持有人享有一定的所有权和债权的书面凭证。《证券法》所规范的证券属于狭义的证券,包括股票、公司债券、存托凭证和国务院依法认定的其他证券。

证券具有以下法律特征:① 证券是一种投资权利证书。它是记载投资者权利的凭证,投资者可以凭此享有请求支付股息、还本付息或支付相应收益的权利。② 证券是一种可转让的权利证书。它可以根据当事人的意志在不同主体间转让,以实现当事人的权利。③ 证券是一种面值均等的权利证书。在同一种证券中,标明金额的证券的面值是相等的,不标明金额的证券所代表的价值是相等的。④ 证券是一种内含风险的权利证书。证券投资者的收益和亏损决定于证券发行人经营状况的好坏,而不同的证券其风险不同。

二、证券法的概念

证券法有广义和狭义之分。从狭义上说,证券法是指调整国家在管理证券市场运行中的经济关系的法律规范的总称。这表明,狭义的证券法仅调整证券管理关系,实质上是证券市场管理法。从广义上说,证券法是调整证券活动关系的法律规范的总称。证券活动关系就是在证券发行、交易活动中形成的各种社会关系,它既包括证券管理关系,也包括证券发行人、证券经营机构、证券服务机构与证券投资人等证券市场主体之间的证券交易关系。从性质上看,有关证券市场管理的法律制度应属于经济法,并作为市场规制法的组成部分。

《证券法》属于证券法中的基本法律,该法于1998年12月29日九届全国人大常委会第六次会议通过,1999年7月1日起正式实施,2004年8月28日十届全国人大常委会第十一次会议第一次修正,2005年10月27日十届全国人大常委会第十八次会议第一次修订,2013年6月29日十二届全国人大常委会第三次会议第二次修正,2014年8月31日第十二届全国人大常委会第十次会议第三次修正,2019年12月28日第十三届全国人大常委会第十五次会议第二次修订。此外,证券法还包括其他证券管理的法律、法规,如《公司法》《证券投资基金法》《股票发行与交易管理暂行条例》《国务院关于股份有限公司境外募集股份及上市的特别规定》《国务院关于股份有限公司境内上市外资股的规定》《证券发行与承销管理办法》《证券发行上市保荐业务管理办法》《中国证券监督管理委员会发行审核委员会办法》《上市公司收购管理办法》《合格境外机构投资者境内证券投资管理办法》《证券交易所管理办法》《证券公司合规管理试行规定》《证券公司风险控制指标管理办法》《证券登记结算管理办法》《证券市场禁入规定》等。另外,最高人民法院发布了一些司法解释,如《最高人民法院关于审理证券市场因虚假陈述引发的民事赔偿案件的若干规定》等。

三、证券法的基本原则

证券法的基本原则是证券法规定或者体现的、适用于证券法全部领域的基本准则。它是制定各项证券法律制度和法律规范的基础,也是指导证券市场管理的执法和司法活动的根据。

(一) 公开、公平、公正的原则

《证券法》第3条规定:"证券的发行、交易活动,必须遵循公开、公平、公正的原则。"所谓公开,就是证券发行和交易的一切活动和所涉及的信息都必须公开,以保证发行和交易的公平和公正。它要求:① 证券发行和交易中的一切制度和规则必须公开;② 证券发行和交易的活动都必须公开进行,不得暗箱操作;③ 证券发行和交易过程中影响投资者决策或者影响证券市场价格的信息必须公开。所谓公平,就是在证券发行和交易中,发行人、投资人、证券经营机构和证券服务机构的法律地位平等,他们之间所产生的权利义务应当对等。所谓公正,就是证券监管机关在履行职责过程中,必须依法进行,对所有的主体予以同等的对待。

(二)自愿、有偿、诚实信用的原则

《证券法》第4条规定:"证券发行、交易活动的当事人具有平等的法律地位,应当遵守自愿、有偿、诚实信用的原则。"这是证券发行、交易活动的当事人在证券市场中应当遵循的基本原则。所谓自愿,就是当事人根据自己的意愿来参与证券的发行和交易活动。所谓有偿,就是在证券发行、交易活动中,一方当事人取得另一方当事人的利益必须付出代价。所谓诚实信用,就是证券发行、交易活动中,必须诚实守信,不得欺骗他人,当事人之间、当事人与社会之间必须保持利益的平衡。

(三)合法原则

《证券法》第5条规定:"证券的发行、交易活动,必须遵守法律和行政法规;禁止欺诈、内幕交易和操纵证券市场的行为。"合法原则是立法的普遍原则,也是证券法的基本原则,它要求证券发行、交易活动必须具有合法性。

(四)分业经营、分业管理的原则

《证券法》第6条规定:"证券业和银行业、信托业、保险业实行分业经营、分业管理,证券公司与银行、信托、保险业务机构分别设立。国家另有规定的除外。"目前,我国的证券市场处于初级阶段,市场的变化较大,国家对证券市场的管理仍在探索中,管理措施不够完善,管理水平不是很高,再加上证券市场本身属于高风险的市场,如果银行、信托、保险资金流入证券市场,一旦出现大的风险,势必造成严重的社会问题。因此,证券业和银行业、信托业、保险业实行分业经营、分业管理,有利于防范金融风险,有利于金融业的健康发展。当然,一旦具备混业经营的条件,国家可以另行制定法律予以确认。

(五)统一监管的原则

《证券法》第7条规定:"国务院证券监督管理机构依法对全国证券市场实行集中统一监督管理。"证券市场涉及的主体很多,涉及面很广,各方目标和利益又不完全相同,因此,要使证券市场得到健康、有序的发展,国家就必须进行严格监管。

(六)审计监督的原则

《证券法》第8条规定:"国家审计机关依法对证券交易场所、证券公司、证券登记结算机构、证券监督管理机构进行审计监督。"审计是审计机关对被审计单位的财政收支、财务收支的真实性、合法性进行审核、评价的经济监督活动。在证券机构中,有的属于政府机关,有的是拥有大量国有资产的单位,国家审计机关依法对其进行审计监督,能够规范其经济行为,维护国家利益和社会公共利益,保护投资者的合法权益,促进证券市场的健康发展。

第二节 证券发行

证券发行就是发行人为募集资金向投资者出售证券的行为。证券发行必须在市场中进行,该市场属于证券的初级市场,或称证券的一级市场。《证券法》第9条规定:"公开发行证券,必须符合法律、行政法规规定的条件,并依法报经国务院证券监督管理机构或者国务院授权的部门注册。未经依法注册,任何单位和个人不得公开发行证券。证券发行注册制的具体范围、实施步骤,由国务院规定。"

一、证券发行的条件

(一) 股票发行的条件

股票发行是发行人募集资金的主要形式。根据《证券法》和《公司法》的规定,它包括募集设立公司的公开发行股票、公司公开发行新股以及上市公司非公开发行新股。

1. 募集设立公司公开发行股票的条件

根据《公司法》的规定,设立股份有限公司的方式包括发起设立和募集设立,而募集设立就需要通过公开发行股票来募集资金。在《公司法》颁布前,募集设立公司可以采取定向募集和非定向募集两种形式,这种做法在《公司法》实施后仍然延续。

《证券法》第11条规定,设立股份有限公司公开发行股票,应当符合《公司法》规定的条件和经国务院批准的国务院证券监督管理机构规定的其他条件。须注意,1994年6月19日发布了《国家体改委关于立即停止审批定向募集股份有限公司并重申停止审批和发行内部职工股的通知》,不再审批采用定向募集方式设立股份有限公司。1998年8月5日,依照中国证监会的一份非正式通知,募集设立公司发行股票被禁止。1999年2月,中国证监会下发了《关于对拟公开发行股票公司改制运行情况进行调查的通知》,其中规定:"从1999年开始,国有企业和有限责任公司必须改制成规范化的股份有限公司并运行一年以后方可申请公开发行股票。"这使《公司法》和《证券法》关于募集设立发行股票的规定事实上失效[1]。

---

[1] 参见范健、王建文:《证券法》,法律出版社,2010,第78页。

2. 公司公开发行新股的条件

(1) 首次公开发行股票。《证券法》第 12 条第 1 款规定，公司首次公开发行新股，应当符合下列条件：具备健全且运行良好的组织机构；具有持续经营能力；最近 3 年财务会计报告被出具无保留意见审计报告；发行人及其控股股东、实际控制人最近 3 年不存在贪污、贿赂、侵占财产、挪用财产或者破坏社会主义市场经济秩序的刑事犯罪；经国务院批准的国务院证券监督管理机构规定的其他条件。

《首次公开发行股票并上市管理办法》规定，首次公开发行股票并上市，应当符合《证券法》《公司法》和本办法规定的发行条件。该办法规定的发行条件主要包括三个方面。

第一，主体资格。发行人应当是依法设立且合法存续的股份有限公司。经国务院批准，有限责任公司在依法变更为股份有限公司时，可以采取募集设立方式公开发行股票。发行人自股份有限公司成立后，持续经营时间应当在 3 年以上，但经国务院批准的除外。有限责任公司按原账面净资产值折股整体变更为股份有限公司的，持续经营时间可以从有限责任公司成立之日起计算。另外，发行人的注册资本已足额缴纳，发起人或者股东用作出资的资产的财产权转移手续已办理完毕，发行人的主要资产不存在重大权属纠纷；发行人的生产经营符合法律、行政法规、公司章程和国家产业政策；发行人最近 3 年内主营业务和董事、高级管理人员没有发生重大变化，实际控制人没有发生变更；发行人的股权清晰，控股股东和受控股股东、实际控制人支配的股东持有的发行人股份不存在重大权属纠纷。

第二，规范运行。发行人已经依法建立健全股东大会、董事会、监事会、独立董事、董事会秘书制度，相关机构和人员能够依法履行职责。发行人的董事、监事和高级管理人员符合法律、行政法规和规章规定的任职资格，已经了解与股票发行上市有关的法律法规，知悉上市公司及其董事、监事和高级管理人员的法定义务和责任。发行人的内部控制制度健全且被有效执行，能够合理保证财务报告的可靠性、生产经营的合法性、营运的效率与效果。发行人的公司章程中已明确对外担保的审批权限和审议程序，不存在为控股股东、实际控制人及其控制的其他企业进行违规担保的情形。发行人有严格的资金管理制度，不得有资金被控股股东、实际控制人及其控制的其他企业以借款、代偿债务、代垫款项或者其他方式占用的情形。

此外，发行人不得有下列情形：一是最近 36 个月内未经法定机关核准，擅自公开或者变相公开发行过证券；或者有关违法行为虽然发生在 36 个月前，但目前仍处于持续状态。二是最近 36 个月内违反工商、税收、土地、环保、海关以及其他法律、行政法规,受到行政处罚,且情节严重。三是最近 36 个月内曾向中国证监会提出发行申请,但报送的发行申请文件有虚假记载、误导性陈述或重大遗漏;或者不符合发行条件以欺骗手段骗取发行核准;或者以不正当手段干扰中国证监会及其发行审核委员会审核工作;或者伪造、变造发行人或其董事、监事、高级管理人员的签字、盖章。四是本次报送的发行申请文件有虚假记载、误导性陈述或者重大遗漏。五是涉嫌犯罪被司法机关立案侦查,尚未有明确结论意见。六是严重损害投资者合法权益和社会公共利益的其他情形。

第三,财务与会计。发行人资产质量良好,资产负债结构合理,盈利能力较强,现金流量正常。发行人的内部控制在所有重大方面是有效的,并由注册会计师出具了无保留结论的内部控制鉴证报告。发行人会计基础工作规范,财务报表的编制符合企业会计准则和相关会计制度的规定,在所有重大方面公允地反映了发行人的财务状况、经营成果和现金流量,并由注册会计师出具了无保留意见的审计报告。发行人编制财务报表应以实际发生的交易或者事项为依据;在进行会计确认、计量和报告时应当保持应有的谨慎;对相同或者相似的经济业务,应选用一致的会计政策,不得随意变更。发行人应完整披露关联方关系并按重要性原则恰当披露关联交易;关联交易价格公允,不存在通过关联交易操纵利润的情形。

发行人还应当符合下列条件:一是最近 3 个会计年度净利润均为正数且累计超过人民币 3 000 万元,净利润以扣除非经常性损益前后较低者为计算依据。二是最近 3 个会计年度经营活动产生的现金流量净额累计超过人民币 5 000 万元;或者最近 3 个会计年度营业收入累计超过人民币 3 亿元。三是发行前股本总额不少于人民币 3 000 万元。四是最近一期末无形资产(扣除土地使用权、水面养殖权和采矿权等后)占净资产的比例不高于 20%。五是最近一期末不存在未弥补亏损。

另外,发行人依法纳税,各项税收优惠符合相关法律法规的规定,其经营成果对税收优惠不存在严重依赖;发行人不存在重大偿债风险,不存在影响持续经营的担保、诉讼以及仲裁等重大或有事项;发行人不存在影响持续盈利能力的法定情形;发行人申报文件中不存在违法情形。

此外,中国证监会于 2014 年 2 月 11 日审议通过、并于 2018 年 6 月 6 日修正了《首次公开发行股票并在创业板上市管理办法》,对首次公开发行股票并在创业板上市的条件作出了规定。中国证监会于 2019 年 3 月 1 日审议通过了《科创板首次公开发行股票注册管理办法(试行)》,对首次公开发行股票并在科创板上市作出了规定。

(2)上市公司公开发行新股。《证券法》第 12 条第 2 款规定,上市公司发行新股,应当符合经国务院批准的国务院证券监督管理机构规定的条件,具体管理办法由国务院证券监督管理机构规定。

上市公司公开发行新股,还要符合2006年5月8日施行、并于2020年修订的《上市公司证券发行管理办法》的规定。该办法规定了上市公司发行证券[①]应当具备的三大条件,即组织机构健全、运行良好;盈利能力具有可持续性,财务状况良好;最近36个月内财务会计文件无虚假记载,且不存在规定的重大违法行为。同时,该办法对上市公司募集资金的数额和使用以及公开发行证券的禁止情形作出了规定。

该办法指出,上市公司存在下列情形之一的,不得公开发行证券:本次发行申请文件有虚假记载、误导性陈述或重大遗漏;擅自改变前次公开发行证券募集资金的用途而未作纠正;上市公司最近12个月内受到过证券交易所的公开谴责;上市公司及其控股股东或实际控制人最近12个月内存在未履行向投资者作出的公开承诺的行为;上市公司或其现任董事、高级管理人员因涉嫌犯罪被司法机关立案侦查或涉嫌违法违规被中国证监会立案调查;严重损害投资者的合法权益和社会公共利益的其他情形。

该办法除了规定上市公司发行证券的一般条件外,还规定了上市公司发行股票的特殊条件。一方面,向原股东配售股份(简称"配股")还应当符合下列规定:拟配售股份数量不超过本次配售股份前股本总额的30%;控股股东应当在股东大会召开前公开承诺认配股份的数量;采用证券法规定的代销方式发行。另一方面,向不特定对象公开募集股份(简称"增发")还应当符合下列规定:一是最近3个会计年度加权平均净资产收益率平均不低于6%。扣除非经常性损益后的净利润与扣除前的净利润相比,以低者作为加权平均净资产收益率的计算依据。二是除金融类企业外,最近一期末不存在持有金额较大的交易性金融资产和可供出售的金融资产、借予他人款项、委托理财等财务性投资的情形。三是发行价格应不低于公告招股意向书前20个交易日公司股票均价或前一个交易日的均价。

3. 上市公司非公开发行新股的条件

上市公司非公开发行股票是指上市公司采用非公开方式,向特定对象发行股票的行为。《证券法》规定,上市公司非公开发行新股,应当符合经国务院批准的国务院证券监督管理机构规定的条件,并报国务院证券监督管理机构核准。对此,中国证监会制定的《上市公司证券发行管理办法》和《上市公司非公开发行

---

① 《上市公司证券发行管理办法》所说的证券,包括股票、可转换公司债券以及中国证监会认可的其他品种。

股票实施细则》(2007年9月17日起实施、2020年修改),对上市公司非公开发行新股的条件作出了具体规定。

关于非公开发行股票的特定对象,《上市公司证券发行管理办法》第37条作出以下规定:一是特定对象符合股东大会决议规定的条件;二是发行对象不超过35名。另外,发行对象为境外战略投资者的,应当遵守国家的相关规定。

关于非公开发行股票的价格、转让、资金使用及产生后果,《上市公司证券发行管理办法》第38条规定,上市公司非公开发行股票,应当符合下列规定:第一,发行价格不低于定价基准日前20个交易日公司股票均价的80%;第二,本次发行的股份自发行结束之日起,6个月内不得转让;第三,控股股东、实际控制人及其控制的企业认购的股份,18个月内不得转让;第四,募集资金使用符合本办法第10条的规定①;第五,本次发行将导致上市公司控制权发生变化的,还应当符合中国证监会的其他规定。

关于不得非公开发行股票的情形,《上市公司证券发行管理办法》第39条作出以下规定:第一,本次发行申请文件有虚假记载、误导性陈述或重大遗漏;第二,上市公司的权益被控股股东或实际控制人严重损害且尚未消除;第三,上市公司及其附属公司违规对外提供担保且尚未解除;第四,现任董事、高级管理人员最近36个月内受到过中国证监会的行政处罚,或者最近12个月内受到过证券交易所公开谴责;第五,上市公司或其现任董事、高级管理人员因涉嫌犯罪正被司法机关立案侦查或涉嫌违法违规正被中国证监会立案调查;第六,最近1年及一期财务报表被注册会计师出具保留意见、否定意见或无法表示意见的审计报告,保留意见、否定意见或无法表示意见所涉及事项的重大影响已经消除或者本次发行涉及重大重组的除外;第七,严重损害投资者合法权益和社会公共利益的其他情形。

(二) 公司债券的发行条件

1. 公开发行公司债券的条件

《证券法》第15条第1款规定,公开发行公司债券,应当符合下列条件:① 具备健全且运行良好的组织机构;② 最近3年平均可分配利润足以支付公司债券1年的利息;③ 国务院规定的其他条件。该条第2款还规定,公开发行

---

① 《上市公司证券发行管理办法》第10条规定:"上市公司募集资金的数额和使用应当符合下列规定:(一)募集资金数额不超过项目需要量;(二)募集资金用途符合国家产业政策和有关环境保护、土地管理等法律和行政法规的规定;(三)除金融类企业外,本次募集资金使用项目不得为持有交易性金融资产和可供出售的金融资产、借予他人、委托理财等财务性投资,不得直接或间接投资于以买卖有价证券为主要业务的公司;(四)投资项目实施后,不会与控股股东或实际控制人产生同业竞争或影响公司生产经营的独立性;(五)建立募集资金专项存储制度,募集资金必须存放于公司董事会决定的专项账户。"

公司债券筹集的资金,必须按照公司债券募集办法所列资金用途使用;改变资金用途,必须经债券持有人会议作出决议。公开发行公司债券筹集的资金,不得用于弥补亏损和非生产性支出。

《证券法》第17条规定,有下列情形之一的,不得再次公开发行公司债券:① 对已公开发行的公司债券或者其他债务有违约或者延迟支付本息的事实,仍处于继续状态;② 违反该法规定,改变公开发行公司债券所募资金的用途。

2. 发行可转换公司债券的条件

公司除了可以依法发行公司债券外,还可以依法发行可转换公司债券。可转换公司债券是指发行公司依法发行、在一定期间内依据约定的条件可以转换成股份的公司债券。《证券法》第15条第3款规定:"上市公司发行可转换为股票的公司债券,除应当符合第一款规定的条件外,还应当遵守本法第十二条第二款的规定。但是,按照公司债券募集办法,上市公司通过收购本公司股份的方式进行公司债券转换的除外。"

根据《上市公司证券发行管理办法》的规定,公开发行可转换公司债券的公司,除应当符合该办法关于上市公司发行证券一般条件的规定外,还应当符合下列规定:① 最近3个会计年度加权平均净资产收益率平均不低于6%。扣除非经常性损益后的净利润与扣除前的净利润相比,以低者作为加权平均净资产收益率的计算依据。② 本次发行后累计公司债券余额不超过最近一期末净资产额的40%。③ 最近3个会计年度实现的年均可分配利润不少于公司债券1年的利息。

(三) 公开发行存托凭证的条件

根据《证券法》第12条第3款的规定,公开发行存托凭证的,应当符合首次公开发行新股的条件以及国务院证券监督管理机构规定的其他条件。证监会发布的《存托凭证发行与交易管理办法(试行)》第5条中第1款规定,公开发行以股票为基础证券的存托凭证的,境外基础证券发行人应当符合下列条件:《证券法》第12条第(一)项至第(三)项关于股票公开发行的基本条件。

二、证券发行的注册

根据《证券法》的规定,公开发行证券,必须符合法律、行政法规规定的条件,并依法报经国务院证券监督管理机构或者国务院授权的部门注册。

(一) 证券发行注册的审核权和期限

《证券法》第21条规定,国务院证券监督管理机构或者国务院授权的部门依照法定条件负责证券发行申请的注册。证券公开发行注册的具体办法由国务院规定。按照国务院的规定,证券交易所等可以审核公开发行证券申请,判断发行人是否符合发行条件、信息披露要求,督促发行人完善信息披露内容。

关于证券发行注册的审核期限,《证券法》第 22 条规定,国务院证券监督管理机构或者国务院授权的部门应当自受理证券发行申请文件之日起 3 个月内,依照法定条件和法定程序作出予以注册或者不予注册的决定,发行人根据要求补充、修改发行申请文件的时间不计算在内。不予注册的,应当说明理由。

《证券法》第 24 条还规定,国务院证券监督管理机构或者国务院授权的部门对已作出的证券发行注册的决定,发现不符合法定条件或者法定程序,尚未发行证券的,应当予以撤销,停止发行。已经发行尚未上市的,撤销发行注册决定,发行人应当按照发行价并加算银行同期存款利息返还证券持有人;发行人的控股股东、实际控制人以及保荐人,应当与发行人承担连带责任,但是能够证明自己没有过错的除外。

(二)证券发行的申请文件报送

根据《证券法》第 18 条规定,发行人依法申请公开发行证券所报送的申请文件的格式、报送方式,由依法负责注册的机构或者部门规定。该法第 19 条规定,发行人报送的证券发行申请文件,应当充分披露投资者作出价值判断和投资决策所必需的信息,内容应当真实、准确、完整。为证券发行出具有关文件的证券服务机构和人员,必须严格履行法定职责,保证所出具文件的真实性、准确性和完整性。

(三)预先披露申请文件

《证券法》第 20 条规定,发行人申请首次公开发行股票的,在提交申请文件后,应当按照国务院证券监督管理机构的规定预先披露有关申请文件。《首次公开发行股票并上市管理办法》第 40 条就规定,发行人应当按照中国证监会的有关规定编制和披露招股说明书。

三、证券承销和证券发行上市保荐

(一)证券承销

证券承销是指证券公司根据发行人的委托,帮助发行人发行证券,发行人向证券公司支付费用的法律行为。根据《证券法》第 26 条的规定,发行人向不特定对象发行的证券,法律、行政法规规定应当由证券公司承销的,发行人应当同证券公司签订承销协议。证券承销业务采取代销或者包销方式。

1. 承销方式

《证券法》第 26 条规定,证券承销业务采取代销或者包销方式。证券代销是指证券公司代发行人发售证券,在承销期结束时,将未售出的证券全部退还给发行人的承销方式。证券包销是指证券公司将发行人的证券按照协议全部购入或者在承销期结束时将售后剩余证券全部自行购入的承销方式。可见,证券包销分为全额包销和余额包销。

2. 承销协议

证券公司承销证券,应当同发行人签订代销或者包销协议。承销协议应当载明下列事项:① 当事人的名称、住所及法定代表人姓名;② 代销、包销证券的种类、数量、金额及发行价格;③ 代销、包销的期限及起止日期;④ 代销、包销的付款方式及日期;⑤ 代销、包销的费用和结算办法;⑥ 违约责任;⑦ 国务院证券监督管理机构规定的其他事项。

3. 承销团承销与承销期

《证券法》第 30 条规定,向不特定对象发行证券聘请承销团承销的,承销团应当由主承销和参与承销的证券公司组成。证券的代销、包销期限最长不得超过 90 日。

4. 承销人的义务

承销人应履行下列义务:① 正当获得承销业务。公开发行证券的发行人有权依法自主选择承销的证券公司,证券公司不得以不正当竞争手段招揽证券承销业务,不得进行虚假的或者误导投资者的广告宣传或者其他宣传推介活动。② 核查募集文件。证券公司承销证券,应当对公开发行募集文件的真实性、准确性、完整性进行核查;发现有虚假记载、误导性陈述或者重大遗漏的,不得进行销售活动;已经销售的,必须立即停止销售活动,并采取纠正措施。③ 将证券先行销给认股人。证券公司在承销期内,对所承销的证券应当保证先行出售给认购人,不得为本公司预留所代销的证券和预先购入并留存所包销的证券。④ 报告承销情况。承销期届满,发行人应当在规定的期限内将股票发行情况报国务院证券监督管理机构备案。

另外,股票发行采用代销方式,代销期限届满,向投资者出售的股票数量未达到拟公开发行股票数量 70% 的,为发行失败。发行人应当按照发行价并加算银行同期存款利息返还股票认购人。

(二) 证券发行上市保荐

证券发行上市保荐是指有资格的保荐机构(即保荐人)推荐符合条件的公司公开发行和上市证券,并对所推荐的发行人披露的信息质量和所做承诺提供持续训示、督促、辅导、指导和信用担保的制度。《证券法》规定了这一制度,而证监会于 2020 年 6 月 1 日审议通过并于 2020 年 6 月 12 日发布的《证券发行上市保荐业务管理办法》以及 2019 年修订的《上海证券交易所股票上市规则》《深圳证券交易所股票上市规则》则对该制度作了具体规定。

1. 保荐机构的职责

发行人应当就下列事项聘请具有保荐机构资格的证券公司履行保荐职责：一是首次公开发行股票并上市；二是上市公司发行新股、可转换公司债券；三是公开发行存托凭证；四是中国证券监督管理委员会认定的其他情形。根据《证券发行上市保荐业务管理办法》的规定，保荐机构应当履行以下五个方面的职责。

(1) 辅导职责。保荐机构在推荐发行人首次公开发行股票并上市前，应当对发行人进行辅导，对发行人的董事、监事和高级管理人员、持有5%以上股份的股东和实际控制人（或者其法定代表人）进行系统的法规知识、证券市场知识培训，使其全面掌握发行上市、规范运作等方面的有关法律法规和规则，知悉信息披露和履行承诺等方面的责任和义务，树立进入证券市场的诚信意识、自律意识和法制意识。保荐机构辅导工作完成后，应由发行人所在地的中国证监会派出机构进行辅导验收。

(2) 尽职调查职责。对发行人申请文件、证券发行募集文件中有证券服务机构及其签字人员出具专业意见的内容，保荐机构可以合理信赖，对相关内容应当保持职业怀疑、运用职业判断进行分析，存在重大异常、前后重大矛盾，或者与保荐机构获得的信息存在重大差异的，保荐机构应当对有关事项进行调查、复核，并可聘请其他证券服务机构提供专业服务。对发行人申请文件、证券发行募集文件中无证券服务机构及其签字人员专业意见支持的内容，保荐机构应当获得充分的尽职调查证据，在对各种证据进行综合分析的基础上对发行人提供的资料和披露的内容进行独立判断，并有充分理由确信所作的判断与发行人申请文件、证券发行募集文件的内容不存在实质性差异。

(3) 推荐职责。保荐机构应当尽职推荐发行人证券发行上市。保荐机构应当确信发行人符合法律、行政法规和中国证监会的有关规定，方可推荐其证券发行上市。保荐机构决定推荐发行人证券发行上市的，可以根据发行人的委托，组织编制申请文件并出具推荐文件。保荐机构推荐发行人证券上市，应当向证券交易所提交上市保荐书以及证券交易所要求的其他与保荐业务有关的文件，并报中国证监会备案。

(4) 协助配合职责。保荐机构提交发行保荐书后，应当配合中国证监会的审核，并承担下列工作：一是组织发行人及证券服务机构对中国证监会的意见进行答复；二是按照中国证监会的要求对涉及本次证券发行上市的特定事项进行尽职调查或者核查；三是指定保荐代表人与中国证监会职能部门进行专业沟通，保荐代表人在发行审核委员会会议上接受委员质询；四是中国证监会规定的其他工作。

(5) 持续督导职责。保荐机构推荐发行人证券发行上市后，应持续督导发行人履行有关上市公司规范运作、信守承诺和信息披露等义务。首次公开发行股票并在主板上市的,持续督导的期间为证券上市当年剩余时间及其后2个完整会计年度;主板上市公司发行新股、可转换公司债券的,持续督导的期间为证券上市当年剩余时间及其后1个完整会计年度。首次公开发行股票并在创业板上市的,持续督导的期间为证券上市当年剩余时间及其后3个完整会计年度;创业板、科创板上市公司发行新股、可转换公司债券的,持续督导的期间为证券上市当年剩余时间及其后2个完整会计年度。

2. 保荐机构和保荐代表人的资格

证券公司从事证券发行上市保荐业务,应依照《证券发行上市保荐业务管理办法》规定向中国证监会申请保荐机构资格。未经中国证监会核准,任何机构不得从事保荐业务。

证券公司申请保荐业务资格,应当具备下列条件:① 注册资本不低于人民币1亿元,净资本不低于人民币5 000万元;② 具有完善的公司治理和内部控制制度,风险控制指标符合相关规定;③ 保荐业务部门具有健全的业务规程、内部风险评估和控制系统,内部机构设置合理,具备相应的研究能力、销售能力等后台支持;④ 具有良好的保荐业务团队且专业结构合理,从业人员不少于35人,其中最近3年从事保荐相关业务的人员不少于20人;⑤ 保荐代表人不少于4人;⑥ 最近3年内未因重大违法违规行为受到行政处罚;⑦ 中国证监会规定的其他条件。

第三节 证 券 交 易

一、证券交易的一般规定

证券交易是指证券持有人依照交易规则,将证券转让给其他投资者的行为。证券交易是一种已经依法发行并经投资者认购的证券的买卖,是一种具有财产价值的特定权利的买卖,也是一种标准化合同的买卖。证券交易的方式包括现货交易、期货交易、期权交易、信用交易和回购。证券交易形成的市场为证券的交易市场,即证券的二级市场。

(一) 证券交易的对象

为了保护投资者的利益,维护证券市场秩序和社会公共利益,《证券法》第35条规定:"证券交易当事人依法买卖的证券,必须是依法发行并交付的证券。非依法发行的证券,不得买卖。"这就意味着,证券交易的对象首先必须是合法的证券。

《证券法》第 36 条还规定,依法发行的证券,《公司法》和其他法律对其转让期限有限制性规定的,在限定期限内不得转让。上市公司持有 5% 以上股份的股东、实际控制人、董事、监事、高级管理人员,以及其他持有发行人首次公开发行前发行的股份或者上市公司向特定对象发行的股份的股东,转让其持有的本公司股份的,不得违反法律、行政法规和国务院证券监督管理机构关于持有期限、卖出时间、卖出数量、卖出方式、信息披露等规定,并应当遵守证券交易所的业务规则。这表明,合法发行但处于法定限制交易期间的证券仍然不能进行交易。例如,《公司法》第 141 条规定,发起人持有的本公司股份,自公司成立之日起 1 年内不得转让。公司公开发行股份前已发行的股份,自公司股票在证券交易所上市交易之日起 1 年内不得转让。公司董事、监事、高级管理人员应当向公司申报所持有的本公司的股份及其变动情况,在任职期间每年转让的股份不得超过其所持有本公司股份总数的 25%;所持本公司股份自公司股票上市交易之日起 1 年内不得转让。上述人员离职后半年内,不得转让其所持有的本公司股份。

(二)证券交易的地点和方式

《证券法》第 37 条规定,公开发行的证券,应当在依法设立的证券交易所上市交易或者在国务院批准的其他全国性证券交易场所交易。非公开发行的证券,可以在证券交易所、国务院批准的其他全国性证券交易场所、按照国务院规定设立的区域性股权市场转让。这样规定的目的是保证证券市场的稳定,防止和化解金融风险。1990 年 11 月,上海证券交易所创立并于 1990 年 12 月 19 日营业,1990 年 12 月 1 日深圳证券交易所试营业并于 1991 年 7 月 3 日正式开业,为证券交易提供了重要场所。此外,1990 年 12 月 5 日和 1993 年 4 月 28 日,先后开设 STAQ 系统和 NET 系统两个场外交易市场;1999 年 9 月 9 日,这两个市场被关闭。

为了公平地进行证券交易,适应投资者结构变化和多样化交易的需要,《证券法》第 38 条规定,证券在证券交易所上市交易,应当采用公开的集中交易方式或者国务院证券监督管理机构批准的其他方式。所谓集中交易方式,是指两个以上的买方和两个以上的卖方公开报价,按照价格优先和时间优先的原则撮合成交的证券交易方式。国务院证券监督管理机构批准的其他方式是指非集中交易的方式,主要包括协议转让、大宗交易、裁判转让等。

(三)证券交易的要求

1. 证券机构人员禁止参与交易

为了保证证券交易的公开、公平、公正,《证券法》第 40 条规定,证券交易场所、证券公司和证券登记结算机构的从业人员,证券监督管理机构的工作人员以及法律、行政法规规定禁止参与股票交易的其他人员,在任期或者法定限期内,不得直接或者以化名、借他人名义持有、买卖股票或者其他具有股权性质的证券,也不得收受他人赠送的股票或者其他具有股权性质的证券。任何人在成为上述所列人员时,其原已持有的股票或者其他具有股权性质的证券,必须依法转让。实施股权激励计划或者员工持股计划的证券公司的从业人员,可以按照国务院证券监督管理机构的规定持有、卖出本公司股票或者其他具有股权性质的证券。

2. 中介机构人员限制交易

《证券法》第42条规定,为证券发行出具审计报告或者法律意见书等文件的证券服务机构和人员,在该证券承销期内和期满后6个月内,不得买卖该证券。除前款规定外,为发行人及其控股股东、实际控制人,或者收购人、重大资产交易方出具审计报告或者法律意见书等文件的证券服务机构和人员,自接受委托之日起至上述文件公开后5日内,不得买卖该证券。实际开展上述有关工作之日早于接受委托之日的,自实际开展上述有关工作之日起至上述文件公开后5日内,不得买卖该证券。

3. 短线交易限制

根据《证券法》第44条第1款的规定,上市公司、股票在国务院批准的其他全国性证券交易场所交易的公司持有5%以上股份的股东、董事、监事、高级管理人员,将其持有的该公司的股票或者其他具有股权性质的证券在买入后6个月内卖出,或者在卖出后6个月内又买入,由此所得收益归该公司所有,公司董事会应当收回其所得收益。但是,证券公司因购入包销后剩余股票而持有5%以上股份,以及有国务院证券监督管理机构规定的其他情形的除外。

该条第2款则规定,前款所称董事、监事、高级管理人员、自然人股东持有的股票或者其他具有股权性质的证券,包括其配偶、父母、子女持有的及利用他人账户持有的股票或者其他具有股权性质的证券。

该条第3款还规定,公司董事会不按照第1款规定执行的,股东有权要求董事会在30日内执行。公司董事会未在上述期限内执行的,股东有权为了公司的利益以自己的名义直接向人民法院提起诉讼。公司董事会不按照第1款的规定执行的,负有责任的董事依法承担连带责任。

4. 为客户保密

客户开立的证券账户和资金账户是其进行证券交易的基础,账户中记载的各项内容属于客户的个人信息。为了保护客户的利益,《证券法》第41条规定,证券交易场所、证券公司、证券登记结算机构、证券服务机构及其工作人员应当依法为投资者的信息保密,不得非法买卖、提供或者公开投资者的信息。

5. 依法收取费用

在证券交易的各个环节中，投资者、上市公司、证券公司都会因有偿服务而缴纳相应的费用，如佣金、上市初费、上市月费、入场费等。为了规范各类证券交易收费，《证券法》第43条规定，证券交易的收费必须合理，并公开收费项目、收费标准和管理办法。

二、证券上市

证券上市是指公开发行的证券在证券交易所挂牌交易的过程。证券一旦获准上市交易，该证券就被称为上市证券或挂牌证券，发行该证券的股份有限公司被称为上市公司。

(一) 证券上市交易

《证券法》第46条规定，申请证券上市交易，应当向证券交易所提出申请，由证券交易所依法审核同意，并由双方签订上市协议。申请证券上市交易，应当符合证券交易所上市规则规定的上市条件。证券交易所上市规则规定的上市条件，应当对发行人的经营年限、财务状况、最低公开发行比例和公司治理、诚信记录等提出要求。

(二) 终止证券上市

上市交易的证券，有证券交易所规定的终止上市情形的，由证券交易所按照业务规则终止其上市交易。证券交易所决定终止证券上市交易的，应当及时公告，并报国务院证券监督管理机构备案。对证券交易所作出的不予上市交易、终止上市交易决定不服的，可以向证券交易所设立的复核机构申请复核。

三、持续信息公开制度

(一) 持续信息公开制度的概念

持续信息公开制度又称持续信息披露制度，是指申请证券上市的证券发行人，在证券上市前后依法将其经营和财务信息予以充分、完整、准确、及时披露，以供证券投资者作投资决策的制度。《证券法》建立了持续信息公开制度，2007年1月30日中国证监会发布的《上市公司信息披露管理办法》则对上市公司信息披露作出了具体规定。

持续信息公开制度的实施，使投资者能准确、及时地获得证券发行人、上市公司的主要信息，有利于投资者作出合理的投资决策；也有利于投资者对公司的经营进行监督，防止公司经营混乱，维护投资者的合法权益。

(二) 持续信息公开的内容

1. 上市报告

经国务院证券监督管理机构核准依法公开发行股票，或者经国务院授权的部门核准依法公开发行公司债券,应当公告招股说明书、公司债券募集办法。依法公开发行新股或者公司债券的,还应当公告财务会计报告。

2. 中期报告

上市公司和公司债券上市交易的公司,中期报告应当在每一会计年度的上半年结束之日起2个月内编制完成并披露。

中期报告的内容包括:① 公司基本情况;② 主要会计数据和财务指标;③ 公司股票、债券发行及变动情况、股东总数、公司前10大股东持股情况,控股股东及实际控制人发生变化的情况;④ 管理层讨论与分析;⑤ 报告期内重大诉讼、仲裁等重大事件及对公司的影响;⑥ 财务会计报告;⑦ 中国证监会规定的其他事项。

3. 年度报告

上市公司和公司债券上市交易的公司,年度报告应当在每一会计年度结束之日起4个月内编制完成并披露。

年度报告的内容包括:① 公司基本情况;② 主要会计数据和财务指标;③ 公司股票、债券发行及变动情况,报告期末股票、债券总额、股东总数,公司前10大股东持股情况;④ 持股5%以上股东、控股股东及实际控制人情况;⑤ 董事、监事、高级管理人员的任职情况、持股变动情况、年度报酬情况;⑥ 董事会报告;⑦ 管理层讨论与分析;⑧ 报告期内重大事件及对公司的影响;⑨ 财务会计报告和审计报告全文;⑩ 中国证监会规定的其他事项。

4. 临时报告

《证券法》第80条规定,发生可能对上市公司、股票在国务院批准的其他全国性证券交易场所交易的公司的股票交易价格产生较大影响的重大事件,投资者尚未得知时,公司应当立即将有关该重大事件的情况向国务院证券监督管理机构和证券交易场所报送临时报告,并予公告,说明事件的起因、目前的状态和可能产生的法律后果。上述所称重大事件包括:① 公司的经营方针和经营范围的重大变化;② 公司的重大投资行为,公司在一年内购买、出售重大资产超过公司资产总额30%,或者公司营业用主要资产的抵押、质押、出售或者报废一次超过该资产的30%;③ 公司订立重要合同、提供重大担保或者从事关联交易,可能对公司的资产、负债、权益和经营成果产生重要影响;④ 公司发生重大债务和未能清偿到期重大债务的违约情况;⑤ 公司发生重大亏损或者重大损失;⑥ 公司生产经营的外部条件发生的重大变化;⑦ 公司的董事、1/3以上监事或者经理发生变动,董事长或者经理无法履行职责;⑧ 持有公司5%以上股份的股东或者实际控制人持有股份或者控制公司的情况发生较大变化,公司的实际控制人及其控制的其他企业从事与公司相同或者相似业务的情况发生较大变化；⑨ 公司分配股利、增资的计划，公司股权结构的重要变化，公司减资、合并、分立、解散及申请破产的决定，或者依法进入破产程序、被责令关闭；⑩ 涉及公司的重大诉讼、仲裁，股东大会、董事会决议被依法撤销或者宣告无效；⑪ 公司涉嫌犯罪被依法立案调查，公司的控股股东、实际控制人、董事、监事、高级管理人员涉嫌犯罪被依法采取强制措施；⑫ 国务院证券监督管理机构规定的其他事项。

《证券法》第81条还规定，发生可能对上市交易公司债券的交易价格产生较大影响的重大事件，投资者尚未得知时，公司应当立即将有关该重大事件的情况向国务院证券监督管理机构和证券交易场所报送临时报告，并予公告，说明事件的起因、目前的状态和可能产生的法律后果。上述所称重大事件包括：① 公司股权结构或者生产经营状况发生重大变化；② 公司债券信用评级发生变化；③ 公司重大资产抵押、质押、出售、转让、报废；④ 公司发生未能清偿到期债务的情况；⑤ 公司新增借款或者对外提供担保超过上年末净资产的20%；⑥ 公司放弃债权或者财产超过上年末净资产的10%；⑦ 公司发生超过上年末净资产10%的重大损失；⑧ 公司分配股利，作出减资、合并、分立、解散及申请破产的决定，或者依法进入破产程序、被责令关闭；⑨ 涉及公司的重大诉讼、仲裁；⑩ 公司涉嫌犯罪被依法立案调查，公司的控股股东、实际控制人、董事、监事、高级管理人员涉嫌犯罪被依法采取强制措施；⑪ 国务院证券监督管理机构规定的其他事项。

（三）持续信息公开的要求和法律后果

《证券法》第82条规定，发行人的董事、高级管理人员应当对证券发行文件和定期报告签署书面确认意见；发行人的监事会应当对董事会编制的证券发行文件和定期报告进行审核并提出书面审核意见，监事应当签署书面确认意见。发行人的董事、监事和高级管理人员应当保证发行人及时、公平地披露信息，所披露的信息真实、准确、完整；董事、监事和高级管理人员无法保证证券发行文件和定期报告内容的真实性、准确性、完整性或者有异议的，应当在书面确认意见中发表意见并陈述理由，发行人应当披露。发行人不予披露的，董事、监事和高级管理人员可以直接申请披露。

信息披露义务人披露的信息应当同时向所有投资者披露，不得提前向任何单位和个人泄露。但是，法律、行政法规另有规定的除外。除依法需要披露的信息之外，信息披露义务人可以自愿披露与投资者作出价值判断和投资决策有关的信息，但不得与依法披露的信息相冲突，不得误导投资者。

发行人及其控股股东、实际控制人、董事、监事、高级管理人员等作出公开承诺的，应当披露；不履行承诺给投资者造成损失的，应当依法承担赔偿责任。信息披露义务人未按照规定披露信息,或者公告的证券发行文件、定期报告、临时报告及其他信息披露资料存在虚假记载、误导性陈述或者重大遗漏,致使投资者在证券交易中遭受损失的,信息披露义务人应当承担赔偿责任;发行人的控股股东、实际控制人、董事、监事、高级管理人员和其他直接责任人员以及保荐人、承销的证券公司及其直接责任人员,应当与发行人承担连带赔偿责任,但是能够证明自己没有过错的除外。

四、禁止的交易行为

(一)内幕交易

内幕交易又称内线交易或知情交易,是指知悉证券交易内幕信息的知情人和非法获取内幕信息的人,利用内幕信息自己买卖证券、建议他人买卖证券,或者泄露内幕信息使他人利用该信息买卖证券,从中牟利或者避免损失的行为。内幕交易行为必然会损害证券市场的秩序,因此,《证券法》明文规定禁止这种行为。

《证券法》规定,证券交易内幕信息的知情人即内幕人员,包括:① 发行人的董事、监事、高级管理人员;② 持有公司5%以上股份的股东及其董事、监事、高级管理人员,公司的实际控制人及其董事、监事、高级管理人员;③ 发行人控股或者实际控制的公司及其董事、监事、高级管理人员;④ 由于所任公司职务或者因与公司业务往来可以获取公司有关内幕信息的人员;⑤ 上市公司收购人或者重大资产交易方及其控股股东、实际控制人、董事、监事和高级管理人员;⑥ 因职务、工作可以获取内幕信息的证券交易场所、证券公司、证券登记结算机构、证券服务机构的有关人员;⑦ 因职责、工作可以获取内幕信息的证券监督管理机构工作人员;⑧ 因法定职责对证券的发行、交易或者对上市公司及其收购、重大资产交易进行管理可以获取内幕信息的有关主管部门、监管机构的工作人员;⑨ 国务院证券监督管理机构规定的可以获取内幕信息的其他人员。可见,我国《证券法》所规定的内幕人员的范围较宽。

内幕信息是指证券交易活动中,涉及发行人的经营、财务或者对该发行人证券的市场价格有重大影响的尚未公开的信息。《证券法》第80条、第81条所列重大事件属于内幕信息。

(二)操纵市场

操纵市场又称操纵行情,是指操纵人利用掌握的资金、信息等优势,采用不正当手段,人为地制造证券行情,操纵或影响证券市场价格,以诱导证券投资者盲目进行证券买卖,从而为自己谋取利益或者转嫁风险的行为。操纵市场行为必然会扭曲证券的供求关系,导致市场机制失灵,并会形成垄断、妨碍竞争,同时还会诱发过度投机,损害投资者的利益。因此,《证券法》明确禁止这种行为,同时规定,操纵证券市场行为给投资者造成损失的,行为人应当依法承担赔偿责任。

操纵市场的行为包括:① 单独或者通过合谋,集中资金优势、持股优势或者利用信息优势联合或者连续买卖;② 与他人串通,以事先约定的时间、价格和方式相互进行证券交易;③ 在自己实际控制的账户之间进行证券交易;④ 不以成交为目的,频繁或者大量申报并撤销申报;⑤ 利用虚假或者不确定的重大信息,诱导投资者进行证券交易;⑥ 对证券、发行人公开作出评价、预测或者投资建议,并进行反向证券交易;⑦ 利用在其他相关市场的活动操纵证券市场;⑧ 操纵证券市场的其他手段。

(三) 信息虚假

在证券交易中,投资者主要是根据所了解的证券市场信息和各证券发行人或上市公司的发行、经营信息作出证券投资的决定。因此,上述信息是否真实、客观,直接关系到投资者能否作出正确的投资决定,关系到投资者的利益。对此,《证券法》第 56 条规定:"禁止任何单位和个人编造、传播虚假信息或者误导性信息,扰乱证券市场。"并且,该条还特别对证券机构和传播媒介信息虚假行为作出禁止规定,即"禁止证券交易场所、证券公司、证券登记结算机构、证券服务机构及其从业人员,证券业协会、证券监督管理机构及其工作人员,在证券交易活动中作出虚假陈述或者信息误导。各种传播媒介传播证券市场信息必须真实、客观,禁止误导。传播媒介及其从事证券市场信息报道的工作人员不得从事与其工作职责发生利益冲突的证券买卖。"

为了遏制信息虚假行为,保护投资者的利益,《证券法》第 56 条规定:"编造、传播虚假信息或者误导性信息,扰乱证券市场,给投资者造成损失的,应当依法承担赔偿责任。"根据《最高人民法院关于审理证券市场因虚假陈述引发的民事赔偿案件的若干规定》,投资人有权以自己受到虚假陈述侵害遭受损失为由,依据有关机关的行政处罚决定或者人民法院的刑事判决文书对虚假陈述行为人提起民事赔偿诉讼。

(四) 欺诈客户

欺诈客户是指在证券交易中,证券公司及其从业人员利用受托人的地位,进行损害投资者利益或者诱使投资者进行证券买卖并从中获利的行为。欺诈客户必然会造成投资者利益的损害,最终将损害证券市场的健康发展。因此,《证券法》明确禁止该行为,并且规定,欺诈客户行为给客户造成损失的,行为人应当依法承担赔偿责任。

欺诈客户的行为包括:① 违背客户的委托为其买卖证券;② 不在规定时间内向客户提供交易的确认文件;③ 未经客户的委托,擅自为客户买卖证券,或者假借客户的名义买卖证券；④ 为牟取佣金收入，诱使客户进行不必要的证券买卖；⑤ 其他违背客户真实意思表示，损害客户利益的行为。

(五) 其他禁止行为

在证券交易中，除了不得进行上述行为外，《证券法》还规定了其他禁止从事的行为，具体包括：禁止任何单位和个人出借自己的证券账户或者借用他人的证券账户从事证券交易；禁止资金违规流入股市；禁止投资者违规利用财政资金、银行信贷资金买卖证券；国有独资企业、国有独资公司、国有资本控股公司买卖上市交易的股票，必须遵守国家有关规定。

第四节 上市公司收购

一、上市公司收购的概念和方式

(一) 上市公司收购的概念

上市公司收购是指投资者以获得某上市公司的控股权或者对该上市公司进行兼并为目的，依法定的程序和方式购入该上市公司公开发行的部分或者全部股份的行为。在收购行为中，实施收购行为的投资者为收购人，作为收购目标的上市公司为被收购公司或目标公司。

(二) 上市公司收购的方式

《证券法》第62条规定："投资者可以采取要约收购、协议收购及其他合法方式收购上市公司。"其中，要约收购是指收购人通过向目标公司股东发出购买其所持该公司股份的要约，并按照该要约所规定的收购条件、收购价格、收购期限等内容进行收购的方式。协议收购是指收购人通过与目标公司的特定股东进行协商达成收购协议，并按照该协议所规定的收购条件、收购价格、收购期限等内容进行收购的方式。其他合法收购方式是指要约收购和协议收购以外法律规定的收购方式。

二、上市公司收购的制度

(一) 持股披露制度

持股披露制度是各国证券法用以规范场内上市公司收购的主要措施，它要求投资者在持有上市公司股份一定比例时或者达到该比例后持股量发生法定比例的增减变化时，必须向证券管理机关和社会公众披露持股情况。其目的在于防止出现操纵市场等行为，也使上市公司的其他投资者及时了解这些大宗股份买卖行为，对今后的投资作出决策。

1. 持有一定股份的披露

通过证券交易所的证券交易,投资者持有或者通过协议、其他安排与他人共同持有一个上市公司已发行的有表决权股份达到5%时,应当在该事实发生之日起3日内,向国务院证券监督管理机构、证券交易所作出书面报告,通知该上市公司,并予公告,在上述期限内不得再行买卖该上市公司的股票,但国务院证券监督管理机构规定的情形除外。

2. 持股比例增减的披露

投资者持有或者通过协议、其他安排与他人共同持有一个上市公司已发行的有表决权股份达到5%后,其所持该上市公司已发行的有表决权股份比例每增加或者减少5%,应当依照前款规定进行报告和公告,在该事实发生之日起至公告后3日内,不得再行买卖该上市公司的股票,但国务院证券监督管理机构规定的情形除外。

投资者持有或者通过协议、其他安排与他人共同持有一个上市公司已发行的有表决权股份达到5%后,其所持该上市公司已发行的有表决权股份比例每增加或者减少1%,应当在该事实发生的次日通知该上市公司,并予公告。

违反上述规定买入上市公司有表决权的股份的,在买入后的36个月内,对该超过规定比例部分的股份不得行使表决权。

依照上述规定所作的书面报告和公告,应当包括下列内容:① 持股人的名称、住所;② 持有的股票的名称、数额;③ 持股达到法定比例或者持股增减变化达到法定比例的日期、增持股份的资金来源;④ 在上市公司中拥有有表决权的股份变动的时间及方式。

(二) 要约收购制度

《证券法》第65条规定,通过证券交易所的证券交易,投资者持有或者通过协议、其他安排与他人共同持有一个上市公司已发行的有表决权股份达到30%时,继续进行收购的,应当依法向该上市公司所有股东发出收购上市公司全部或者部分股份的要约。

1. 公告收购报告书

依照上述规定发出收购要约,收购人必须公告上市公司收购报告书,并载明下列事项:① 收购人的名称、住所;② 收购人关于收购的决定;③ 被收购的上市公司名称;④ 收购目的;⑤ 收购股份的详细名称和预定收购的股份数额;⑥ 收购期限、收购价格;⑦ 收购所需资金额及资金保证;⑧ 公告上市公司收购报告书时持有被收购公司股份数占该公司已发行的股份总数的比例。须注意,收购要约提出的各项收购条件适用于被收购公司的所有股东。上市公司发行不同种类股份的,收购人可以针对不同种类股份提出不同的收购条件。

2. 收购要约的期限及对收购人的约束

收购要约约定的收购期限不得少于30日,并不得超过60日。

在收购要约确定的承诺期限内,收购人不得撤销其收购要约。收购人需要变更收购要约的,应当及时公告,载明具体变更事项,且不得存在下列情形:① 降低收购价格;② 减少预定收购股份数额;③ 缩短收购期限;④ 国务院证券监督管理机构规定的其他情形。

收购人在收购期限内,不得卖出被收购公司的股票,也不得采取要约规定以外的形式和超出要约的条件买入被收购公司的股票。

3. 收购期限届满的后果和收购完成后的事项

收购期限届满,被收购公司股权分布不符合证券交易所规定的上市交易要求的,该上市公司的股票应当由证券交易所依法终止上市交易;其余仍持有被收购公司股票的股东,有权向收购人以收购要约的同等条件出售其股票,收购人应当收购。

收购行为完成后,被收购公司不再具备股份有限公司条件的,应当依法变更企业形式;收购人与被收购公司合并,并将该公司解散的,被解散公司的原有股票由收购人依法变更。同时,收购人应当在15日内将收购情况报告国务院证券监督管理机构和证券交易所,并予公告。

(三) 协议收购制度

1. 签订收购协议

收购人应当依照法律、行政法规的规定,与被收购公司的股东签订收购协议进行股权转让。

2. 报告与公告

签订收购协议后,收购人必须在3日内将该收购协议向国务院证券监督管理机构及证券交易所作出书面报告,并予公告。在公告前,不得履行收购协议。

3. 托管股票并存入资金

为履行收购协议,协议双方可以临时委托证券登记结算机构保管协议转让的股票,并将资金存放于指定的银行。

4. 收购完成后的事项

这方面的规定与要约收购的规定相同,此处不再赘述。

第五节 投资者保护

一、证券投资者适当性保护

证券公司向投资者销售证券、提供服务时,应当按照规定充分了解投资者的基本情况、财产状况、金融资产状况、投资知识和经验、专业能力等相关信息;如实说明证券、服务的重要内容,充分揭示投资风险;销售、提供与投资者上述状况相匹配的证券、服务。投资者在购买证券或者接受服务时,应当按照证券公司明示的要求提供真实信息。拒绝提供或者未按照要求提供信息的,证券公司应当告知其后果,并按照规定拒绝向其销售证券、提供服务。证券公司违反《证券法》相关规定导致投资者损失的,应当承担相应的赔偿责任。

根据财产状况、金融资产状况、投资知识和经验、专业能力等因素,投资者可以分为普通投资者和专业投资者。专业投资者的标准由国务院证券监督管理机构规定。

普通投资者与证券公司发生纠纷的,证券公司应当证明其行为符合法律、行政法规以及国务院证券监督管理机构的规定,不存在误导、欺诈等情形。证券公司不能证明的,应当承担相应的赔偿责任。

二、上市公司股东权利保护

(一) 股东权的委托和征集

上市公司董事会、独立董事、持有1%以上有表决权股份的股东或者依照法律、行政法规或者国务院证券监督管理机构的规定设立的投资者保护机构,可以作为征集人,自行或者委托证券公司、证券服务机构,公开请求上市公司股东委托其代为出席股东大会,并代为行使提案权、表决权等股东权利。依照《证券法》规定征集股东权利的,征集人应当披露征集文件,上市公司应当予以配合。同时,《证券法》禁止以有偿或者变相有偿的方式公开征集股东权利。公开征集股东权利违反法律、行政法规或者国务院证券监督管理机构有关规定,导致上市公司或者其股东遭受损失的,应当依法承担赔偿责任。

(二) 收益权的保障

上市公司应当在章程中明确分配现金股利的具体安排和决策程序,依法保障股东的资产收益权。上市公司当年税后利润,在弥补亏损及提取法定公积金后有盈余的,应当按照公司章程的规定分配现金股利。

(三) 证券纠纷解决与司法保护

1. 先行赔付

发行人因欺诈发行、虚假陈述或者其他重大违法行为给投资者造成损失的,发行人的控股股东、实际控制人、相关的证券公司可以委托投资者保护机构,就赔偿事宜与受到损失的投资者达成协议,予以先行赔付。先行赔付后,可以依法向发行人以及其他连带责任人追偿。

2. 证券纠纷调解、支持诉讼和直接起诉

投资者与发行人、证券公司等发生纠纷的,双方可以向投资者保护机构申请调解。普通投资者与证券公司发生证券业务纠纷,普通投资者提出调解请求的,证券公司不得拒绝。

投资者保护机构对损害投资者利益的行为,可以依法支持投资者向人民法院提起诉讼。

发行人的董事、监事、高级管理人员执行公司职务时违反法律、行政法规或者公司章程的规定给公司造成损失,发行人的控股股东、实际控制人等侵犯公司合法权益给公司造成损失,投资者保护机构持有该公司股份的,可以为公司的利益以自己的名义向人民法院提起诉讼,持股比例和持股期限不受《公司法》规定的限制。

3. 代表人诉讼

投资者提起虚假陈述等证券民事赔偿诉讼时,诉讼标的是同一种类,且当事人一方人数众多的,可以依法推选代表人进行诉讼。投资者保护机构受50名以上投资者委托,可以作为代表人参加诉讼,并为经证券登记结算机构确认的权利人依照前款规定向人民法院登记,但投资者明确表示不愿意参加该诉讼的除外。

第六节 证券机构

一、证券交易所

(一) 证券交易所的概念和设立

证券交易所是指依法设立,为证券集中交易提供场所和设施,组织和监督证券交易,实行自律管理的法人。从世界各国的情况看,证券交易所有两种,即公司制的营利性法人和会员制的非营利性法人,我国的证券交易所属于后一种。目前,我国有两家证券交易所,即1990年11月设立的上海证券交易所和1990年12月试营业的深圳证券交易所。

《证券法》规定,证券交易所的设立和解散由国务院决定。设立证券交易所必须制定章程,该章程的制定和修改,必须经国务院证券监督管理机构批准。另外,证券交易所必须在其名称中标明证券交易所字样。

(二) 证券交易所的机构设置和人员管理

根据《证券法》和《证券交易所管理办法》的规定,证券交易所根据《中国共产党章程》设立党委,发挥领导作用,把方向、管大局、保落实,依照规定讨论和决定交易所重大事项,保证监督党和国家的方针、政策在交易所得到全面贯彻落实。从组织机构来说,证券交易所设会员大会、理事会、总经理和监事会。其中,会员大会由全体会员组成,是证券交易所的最高权力机构,决定重大问题。理事会是证券交易所的执行机构,执行会员大会决议,处理日常工作。理事会由 7 至 13 人组成,会员理事由会员大会选举产生,非会员理事由证监会委派且其人数不少于成员总数的 1/3、不超过成员总数的 1/2。总经理是协助理事会工作的机构,向理事会负责,总经理由国务院证券监督管理机构任免,不得由理事长兼任。监事会是证券交易所的监督机构,对理事、总经理活动的合法性进行监督。

《证券法》规定,有下列情形之一的,不得担任证券交易所的负责人:① 有《公司法》第 146 条规定情形的;② 因违法行为或者违纪行为被解除职务的证券交易所、证券登记结算机构的负责人或者证券公司的董事、监事、高级管理人员,自被解除职务之日起未逾 5 年的;③ 因违法行为或者违纪行为被撤销资格的律师、注册会计师或者其他证券服务机构的专业人员,自被撤销资格之日起未逾 5 年的。另外,因违法行为或者违纪行为被开除的证券交易所、证券公司、证券登记结算机构、证券服务机构的从业人员和被开除的国家机关工作人员,不得招聘为证券交易所的从业人员。

(三) 证券交易所的职能

2020 年 3 月最新修正《证券交易所管理办法》规定,证券交易所履行下列职能:① 提供证券交易的场所、设施和服务;② 制定和修改证券交易所的业务规则;③ 依法审核公开发行证券申请;④ 审核、安排证券上市交易,决定证券终止上市和重新上市;⑤ 提供非公开发行证券转让服务;⑥ 组织和监督证券交易;⑦ 对会员进行监管;⑧ 对证券上市交易公司及相关信息披露义务人进行监管;⑨ 对证券服务机构为证券上市、交易等提供服务的行为进行监管;⑩ 管理和公布市场信息;⑪ 开展投资者教育和保护;⑫ 法律、行政法规规定的以及中国证监会许可、授权或者委托的其他职能。

但是,证券交易所不得直接或者间接从事以下业务或活动:① 新闻出版业;② 发布对证券价格进行预测的文字和资料;③ 为他人提供担保;④ 未经中国证监会批准的其他业务。

(四) 证券交易所的竞价交易规则

1. 进场交易的主体

进入证券交易所参与集中竞价交易的,必须是具有证券交易所会员资格的证券公司。

2. 投资者委托交易

投资者应当在证券公司开立证券交易账户,以书面、电话以及其他方式,委托为其开户的证券公司代其买卖证券。委托方式包括市价委托和限价委托。

3. 提出交易申报

证券公司根据投资者的委托,按照时间优先的规则提出交易申报,参与集中竞价交易。

4. 进行清算交割

证券登记结算机构根据成交结果,按照清算交割规则进行证券和资金的清算交割,办理证券的登记过户手续。

二、证券公司

(一) 证券公司的概念

证券公司是指依照《公司法》和《证券法》规定设立的经营证券业务的有限责任公司或者股份有限公司。《证券法》规定,证券公司必须在其名称中标明证券有限责任公司或者证券股份有限公司字样。

(二) 证券公司的设立及业务范围

设立证券公司,必须经国务院证券监督管理机构审查批准。未经国务院证券监督管理机构批准,任何单位和个人不得经营证券业务。证券公司设立、收购或者撤销分支机构,变更业务范围或者注册资本,变更持有 5% 以上股权的股东、实际控制人,变更公司章程中的重要条款,合并、分立、变更公司形式、停业、解散、破产,必须经国务院证券监督管理机构批准。

设立证券公司,应当具备下列条件:① 有符合法律、行政法规规定的公司章程;② 主要股东及公司的实际控制人具有良好的财务状况和诚信记录,最近 3 年无重大违法违规记录;③ 有符合该法规定的公司注册资本;④ 董事、监事、高级管理人员、从业人员符合该法规定的条件;⑤ 有完善的风险管理与内部控制制度;⑥ 有合格的经营场所、业务设施和信息技术系统;⑦ 法律、行政法规和经国务院批准的国务院证券监督管理机构规定的其他条件。

经国务院证券监督管理机构批准,证券公司可以经营下列部分或者全部业务:① 证券经纪;② 证券投资咨询;③ 与证券交易、证券投资活动有关的财务顾问;④ 证券承销与保荐;⑤ 证券融资融券;⑥ 证券做市交易;⑦ 证券自营;⑧ 其他证券业务。证券公司经营上述第①—③项业务的,注册资本最低限额为人民币 5 000 万元;经营上述第④—⑧项业务之一的,注册资本最低限额为人民币 1 亿元;经营上述第④—⑧项业务中两项以上的,注册资本最低限额为人民币 5 亿元。证券公司的注册资本应当是实缴资本。

申请人申请设立证券公司的,国务院证券监督管理机构应当自受理证券公司设立申请之日起 6 个月内,依照法定条件和法定程序并根据审慎监管原则进行审查,作出批准或者不予批准的决定,并通知申请人;不予批准的,应当说明理由。证券公司设立申请获得批准的,申请人应当在规定的期限内向公司登记机关申请设立登记,领取营业执照。证券公司应当自领取营业执照之日起 15 日内,向国务院证券监督管理机构申请经营证券业务许可证;未取得经营证券业务许可证,证券公司不得经营证券业务。

(三) 对证券公司的监管规定

证券公司依法享有自主经营的权利,其合法经营不受干涉。但是,证券公司在证券市场上处于特殊地位,必须对其实施严格的监管。

1. 经营风险的控制管理

国务院证券监督管理机构应当对证券公司净资本和其他风险控制指标作出规定。证券公司除依照规定为其客户提供融资融券外,不得为其股东或者股东的关联人提供融资或者担保。

证券公司从每年的业务收入中提取交易风险准备金,用于弥补证券经营的损失,其提取的具体比例由国务院证券监督管理机构会同国务院财政部门规定。

2. 证券公司董事、监事、高级管理人员和从业人员的任职要求

证券公司的董事、监事、高级管理人员,应当正直诚实、品行良好,熟悉证券法律、行政法规,具有履行职责所需的经营管理能力。证券公司任免董事、监事、高级管理人员,应当报国务院证券监督管理机构备案。有《公司法》第 146 条规定的情形或者下列情形之一的,不得担任证券公司的董事、监事、高级管理人员:① 因违法行为或者违纪行为被解除职务的证券交易场所、证券登记结算机构的负责人或者证券公司的董事、监事、高级管理人员,自被解除职务之日起未逾 5 年;② 因违法行为或者违纪行为被吊销执业证书或者被取消资格的律师、注册会计师或者其他证券服务机构的专业人员,自被吊销执业证书或者被取消资格之日起未逾 5 年。

证券公司从事证券业务的人员应当品行良好,具备从事证券业务所需的专业能力。因违法行为或者违纪行为被开除的证券交易场所、证券公司、证券登记结算机构、证券服务机构的从业人员和被开除的国家机关工作人员,不得招聘为证券公司的从业人员。

另外,国家机关工作人员和法律、行政法规规定的禁止在公司中兼职的其他人员,不得在证券公司中兼任职务。

3. 证券投资者保护基金的设立

《证券法》第 126 条规定,国家设立证券投资者保护基金。证券投资者保护基金由证券公司缴纳的资金及其他依法筹集的资金组成,其规模以及筹集、管理和使用的具体办法由国务院规定。

4. 内部控制制度的建立

证券公司应当建立健全内部控制制度,采取有效隔离措施,防范公司与客户之间、不同客户之间的利益冲突。证券公司必须将其证券经纪业务、证券承销业

务、证券自营业务、证券做市业务和证券资产管理业务分开办理,不得混合操作。

5. 经营自营业务的规定

证券公司的自营业务必须以自己的名义进行,不得假借他人名义或者以个人名义进行。证券公司的自营业务必须使用自有资金和依法筹集的资金。证券公司不得将其自营账户借给他人使用。

6. 经营经纪业务的规定

《证券法》对证券公司经营经纪业务作出以下规定:① 证券公司办理经纪业务,应当置备统一制定的证券买卖委托书,供委托人使用;采取其他委托方式的,必须作出委托记录。② 客户的证券买卖委托,不论是否成交,其委托记录应当按照规定的期限,保存于证券公司。③ 证券公司接受证券买卖的委托,应当根据委托书载明的证券名称、买卖数量、出价方式、价格幅度等,按照交易规则代理买卖证券,如实进行交易记录;买卖成交后,应当按照规定制作买卖成交报告单交付客户。④ 证券公司办理经纪业务,不得接受客户的全权委托而决定证券买卖、选择证券种类、决定买卖数量或者买卖价格。⑤ 证券公司不得对客户证券买卖的收益或者赔偿证券买卖的损失作出承诺。⑥ 证券公司的从业人员不得私下接受客户委托买卖证券。

7. 交易结算资金的管理

《证券法》第131条规定,证券公司客户的交易结算资金应当存放在商业银行,以每个客户的名义单独立户管理。证券公司不得将客户的交易结算资金证券归入其自有财产;禁止任何单位或者个人以任何形式挪用客户的交易结算资金和证券;证券公司破产或者清算时,客户的交易结算资金和证券不属于其破产财产或者清算财产;非因客户本身的债务或者法律规定的其他情形,不得查封、冻结、扣划或者强制执行客户的交易结算资金和证券。

8. 对从业人员的违规行为承担责任

证券公司的从业人员在证券交易活动中,执行所属的证券公司的指令或者利用职务违反交易规则的,由所属的证券公司承担全部责任。

9. 信息和资料的管理

证券公司应当妥善保存客户开户资料、委托记录、交易记录和与内部管理、业务经营有关的各项资料,任何人不得隐匿、伪造、篡改或者毁损。上述信息的保存期限不得少于20年。

证券公司应当按照规定向国务院证券监督管理机构报送业务、财务等经营管理信息和资料。国务院证券监督管理机构有权要求证券公司及其主要股东、实际控制人在指定的期限内提供有关信息、资料。证券公司及其主要股东、实际控制人向国务院证券监督管理机构报送或者提供的信息、资料,必须真实、准确、完整。

10. 违法经营和重大风险管理

证券公司违法经营或者出现重大风险,严重危害证券市场秩序、损害投资者利益的,国务院证券监督管理机构可以对该证券公司采取责令停业整顿、指定其他机构托管、接管或者撤销等监管措施。证券公司的董事、监事、高级管理人员未能勤勉尽责,致使证券公司存在重大违法违规行为或者重大风险的,国务院证券监督管理机构可以责令证券公司予以更换。

三、证券登记结算机构

(一) 证券登记结算机构的概念和设立

证券登记结算机构是指为证券交易提供集中登记、存管与结算服务,不以营利为目的的法人。

设立证券登记结算机构,必须经国务院证券监督管理机构批准。设立该机构应具备下列条件:① 自有资金不少于人民币2亿元;② 具有证券登记、存管和结算服务所必需的场所和设施;③ 国务院证券监督管理机构规定的其他条件。另外,证券登记结算机构的名称中应当标明证券登记结算字样。

(二) 证券登记结算机构的职能和业务规则

《证券法》第147条规定,证券登记结算机构履行下列职能:① 证券账户、结算账户的设立;② 证券的存管和过户;③ 证券持有人名册登记;④ 证券交易的清算和交收;⑤ 受发行人的委托派发证券权益;⑥ 办理与上述业务有关的查询、信息服务;⑦ 国务院证券监督管理机构批准的其他业务。

证券登记结算机构的业务规则有:① 证券登记结算采取全国集中统一的运营方式;② 为投资者开立证券账户;③ 不得挪用客户的证券;④ 向证券发行人提供证券持有人名册及其有关资料;⑤ 提供净额结算服务时,应当要求结算参与人按照货银对付的原则,足额交付证券和资金,并提供交收担保;⑥ 收取的各类结算资金和证券,必须存放于专门的清算交收账户,只能用于已成交的证券交易的清算交收;⑦ 根据证券登记结算的结果,确认证券持有人持有证券的事实,提供证券持有人登记资料;⑧ 保证证券持有人名册和登记过户记录真实、准确、完整;⑨ 采取措施保证业务的正常进行,如具有必备的服务设施和完善数据安全保护措施等;⑩ 妥善保存登记、存管和结算的原始凭证及有关文件和资料,保存期限不得少于20年;⑪ 设立结算风险基金,用于垫付或者弥补因违约交收、技术故障、操作失误、不可抗力造成的证券登记结算机构的损失。

四、证券交易服务机构

(一) 证券交易服务机构的概念

证券交易服务机构是指为证券市场和市场主体提供各种服务的社会中介机

构。它包括证券咨询机构、财务顾问机构、资信评级机构、资产评估机构、会计师事务所、律师事务所等。

证券交易服务机构虽然不直接参与证券的发行和交易,只是为证券的发行和交易提供各类服务,但是在证券市场上却发挥着重要的作用。

(二) 证券交易服务机构的管理规定

从事证券投资咨询服务业务,应当经国务院证券监督管理机构核准;未经核准,不得为证券的交易及相关活动提供服务。从事其他证券服务业务,应当报国务院证券监督管理机构和国务院有关主管部门备案。

律师事务所从事证券法律业务,可以为下列事项出具法律意见:① 首次公开发行股票及上市;② 上市公司发行证券及上市;③ 上市公司的收购、重大资产重组及股份回购;④ 上市公司实行股权激励计划;⑤ 上市公司召开股东大会;⑥ 境内企业直接或者间接到境外发行证券、将其证券在境外上市交易;⑦ 证券公司、证券投资基金管理公司及其分支机构的设立、变更、解散、终止;⑧ 证券投资基金的募集、证券公司集合资产管理计划的设立;⑨ 证券衍生品种的发行及上市;⑩ 中国证监会规定的其他事项。

投资咨询机构及其从业人员从事证券服务业务不得有下列行为:① 代理委托人从事证券投资;② 与委托人约定分享证券投资收益或者分担证券投资损失;③ 买卖本咨询机构提供服务的证券;④ 法律、行政法规禁止的其他行为。有上述行为之一,给投资者造成损失的,依法承担赔偿责任。

证券服务机构为证券的发行、上市、交易等证券业务活动制作、出具审计报告、资产评估报告、财务顾问报告、资信评级报告或者法律意见书等文件,应当勤勉尽责,对所依据的文件资料内容的真实性、准确性、完整性进行核查和验证。其制作、出具的文件有虚假记载、误导性陈述或者重大遗漏,给他人造成损失的,应当与委托人承担连带赔偿责任,但是能够证明自己没有过错的除外。

五、证券业协会

(一) 证券业协会的概念和机构设置

证券业协会是证券业的自律性组织,是社会团体法人。《证券法》第164条规定,证券公司应当加入证券业协会。1991年8月28日,中国证券业协会正式成立。

证券业协会的权力机构是由全体会员组成的会员大会。会员大会的职责主要是制定和修改章程、审议协会工作计划、听取理事会工作报告等。协会设理事会作为其执行机构,它的主要职责是执行会员大会的决议、制定协会年度工作计划和实施办法等。

(二) 证券业协会的职责

证券业协会履行以下职责:① 教育和组织会员及其从业人员遵守证券法

律、行政法规,组织开展证券行业诚信建设,督促证券行业履行社会责任;② 依法维护会员的合法权益,向证券监督管理机构反映会员的建议和要求;③ 督促会员开展投资者教育和保护活动,维护投资者合法权益;④ 制定和实施证券行业自律规则,监督、检查会员及其从业人员行为,对违反法律、行政法规、自律规则或者协会章程的,按照规定给予纪律处分或者实施其他自律管理措施;⑤ 制定证券行业业务规范,组织从业人员的业务培训;⑥ 组织会员就证券行业的发展、运作及有关内容进行研究,收集整理、发布证券相关信息,提供会员服务,组织行业交流,引导行业创新发展;⑦ 对会员之间、会员与客户之间发生的证券业务纠纷进行调解;⑧ 证券业协会章程规定的其他职责。

六、证券监督管理机构

(一) 证券监督管理机构的设立和职责

《证券法》第168条规定,国务院证券监督管理机构依法对证券市场实行监督管理,维护证券市场公开、公平、公正,防范系统性风险,维护投资者合法权益,促进证券市场健康发展。目前,该机构就是中国证券监督管理委员会。

国务院证券监督管理机构履行以下职责:① 依法制定有关证券市场监督管理的规章、规则,并依法进行审批、核准、注册,办理备案;② 依法对证券的发行、上市、交易、登记、存管、结算等行为,进行监督管理;③ 依法对证券发行人、证券公司、证券服务机构、证券交易场所、证券登记结算机构的证券业务活动,进行监督管理;④ 依法制定从事证券业务人员的行为准则,并监督实施;⑤ 依法监督检查证券发行、上市、交易的信息披露;⑥ 依法对证券业协会的自律管理活动进行指导和监督;⑦ 依法监测并防范、处置证券市场风险;⑧ 依法开展投资者教育;⑨ 依法对证券违法行为进行查处;⑩ 法律、行政法规规定的其他职责。

(二) 证券监督管理机构及其工作人员履行职责的措施和义务

证券监督管理机构在履行职责时可以采取以下措施:① 对证券发行人、证券公司、证券服务机构、证券交易场所、证券登记结算机构进行现场检查。② 进入涉嫌违法行为发生场所调查取证。③ 询问当事人和与被调查事件有关的单位和个人,要求其对与被调查事件有关的事项作出说明;或者要求其按照指定的方式报送与被调查事件有关的文件和资料。④ 查阅、复制与被调查事件有关的财产权登记、通讯记录等文件和资料。⑤ 查阅、复制当事人和与被调查事件有关的单位和个人的证券交易记录、登记过户记录、财务会计资料及其他相关文件和资料;对可能被转移、隐匿或者毁损的文件和资料,可以予以封存、扣押。⑥ 查询当事人和与被调查事件有关的单位和个人的资金账户、证券账户、银行账户以及其他具有支付、托管、结算等功能的账户信息,可以对有关文件和资料进行复制;对有证据证明已经或者可能转移或者隐匿违法资金、证券等涉案财产或者隐匿、伪造、毁损重要证据的,经国务院证券监督管理机构主要负责人或者其授权的其他负责人批准,可以冻结或者查封,期限为6个月;因特殊原因需要延长的,每次延长期限不得超过3个月,冻结、查封期限最长不得超过2年。
⑦ 在调查操纵证券市场、内幕交易等重大证券违法行为时,经国务院证券监督管理机构主要负责人或者其授权的其他负责人批准,可以限制被调查的当事人的证券买卖,但限制的期限不得超过3个月;案情复杂的,可以延长3个月。
⑧ 通知出境入境管理机关依法阻止涉嫌违法人员、涉嫌违法单位的主管人员和其他直接责任人员出境。

证券监督管理机构对涉嫌证券违法的单位或者个人进行调查期间,被调查的当事人书面申请,承诺在国务院证券监督管理机构认可的期限内纠正涉嫌违法行为,赔偿有关投资者损失,消除损害或者不良影响的,国务院证券监督管理机构可以决定中止调查。被调查的当事人履行承诺的,国务院证券监督管理机构可以决定终止调查;被调查的当事人未履行承诺或者有国务院规定的其他情形的,应当恢复调查。具体办法由国务院规定。

证券监督管理机构及其工作人员在履行职责时还应履行以下义务:① 进行监督检查或者调查,其监督检查、调查的人员不得少于2人,并应当出示合法证件和监督检查、调查通知书或者其他执法文书。监督检查、调查的人员少于2人或者未出示合法证件和监督检查、调查通知书或者其他执法文书的,被检查、调查的单位和个人有权拒绝。② 证券监督管理机构制定的规章、规则和监督管理工作制度应当依法公开。③ 证券监督管理机构依据调查结果,对证券违法行为作出的处罚决定,应当公开。④ 发现证券违法行为涉嫌犯罪的,应当依法将案件移送司法机关处理;发现公职人员涉嫌职务违法或者职务犯罪的,应当依法移送监察机关处理。⑤ 证券监督管理机构工作人员必须忠于职守、依法办事、公正廉洁,不得利用职务便利牟取不正当利益,不得泄露所知悉的有关单位和个人的商业秘密。⑥ 证券监督管理机构工作人员在任职期间,或者离职后在《公务员法》规定的期限内,不得到与原工作业务直接相关的企业或者其他营利性组织任职,不得从事与原工作业务直接相关的营利性活动。

第七节 法 律 责 任

一、违反证券发行规定的法律责任

证券发行违法行为主要包括:① 发行人擅自公开或者变相公开发行证券,

或者发行人在其公告的证券发行文件中隐瞒重要事实或者编造重大虚假内容的;② 保荐人出具有虚假记载、误导性陈述或者重大遗漏的保荐书,或者不履行其他法定职责的;③ 证券公司承销或者销售擅自公开发行或者变相公开发行的证券的;④ 发行人擅自改变公开发行证券所募集资金的用途的。

作出上述行为的,有关主体分别承担相应的责任,具体包括:① 行政责任,如责令违法主体停止发行、责令改正、给予警告、没收违法所得、罚款等;② 民事责任,如退还所募资金并加算银行同期存款利息、赔偿损失等;③ 刑事责任,即所作出的行为构成犯罪的,按刑法规定追究刑事责任。

二、违反证券交易规定的法律责任

证券交易违法行为主要包括:① 内幕交易;② 操纵市场;③ 作出虚假陈述或者信息误导;④ 违背客户委托买卖证券,办理交易事项及其他事项;⑤ 挪用客户的资金或者证券,或者未经客户的委托,擅自为客户买卖证券;⑥ 法人以他人名义设立账户或者利用他人账户买卖证券;⑦ 在限制转让期限内买卖证券;⑧ 禁止参与股票交易的人员违法持有、买卖股票或具有股权性质的证券;⑨ 证券公司及其从业人员有损害客户利益的行为;⑩ 证券公司未履行或者未按照规定履行投资者适当性管理义务等。

作出上述行为的,有关主体分别承担相应的责任,具体包括:① 行政责任,如责令依法处理非法持有的证券、没收违法所得、罚款等;② 民事责任,如赔偿损失等;③ 刑事责任,即所作出的行为构成犯罪的,按刑法规定追究刑事责任。

三、违反证券机构管理规定的法律责任

违反证券机构管理规定的行为主要包括:① 非法开设证券交易场所;② 证券交易所违法允许非会员直接参与股票的集中交易;③ 擅自设立证券公司、非法经营证券业务,或者未经批准以证券公司名义开展证券业务活动;④ 证券公司违法提供证券融资融券服务;⑤ 证券公司违法为其股东或者股东的关联人提供融资或者担保;⑥ 证券公司未采取有效隔离措施防范利益冲突,或者未分开办理相关业务、混合操作;⑦ 证券公司将客户的资金和证券归入自有财产或者挪用客户的资金和证券;⑧ 证券公司接受客户的全权委托买卖证券或者对客户的收益或者赔偿客户的损失作出承诺;⑨ 证券公司的从业人员私下接受客户委托买卖证券;⑩ 擅自设立证券登记结算机构或者证券交易服务机构;⑪ 证券投资咨询机构擅自从事证券服务业务,或者从事证券服务业务有违法行为;⑫ 证券服务机构未勤勉尽责,所制作、出具的文件有虚假记载、误导性陈述或者重大遗漏等。

作出上述行为的,有关主体分别承担相应的责任,具体包括:① 行政责任,如依法取缔、责令改正、取消证券业务许可、责令关闭、责令停业、没收违法所得、罚款、给予直接负责的主管人员和直接责任人员行政处分等;② 民事责任,如赔偿损失等;③ 刑事责任,即所作出的行为构成犯罪的,按刑法规定追究刑事责任。

复习思考题

1. 如何理解证券法的基本原则?
2. 试述公开发行股票的条件。
3. 比较分析要约收购制度和协议收购制度。
4. 如何追究虚假陈述行为人的民事责任?
5. 法律对证券公司监管作出哪些规定?

第八章 城市房地产管理法

20世纪90年代以来,房地产业作为我国国民经济的支柱产业发展迅猛,房地产市场成为令人关注的重要市场。为了加强对城市房地产的管理,维护房地产市场秩序,保障房地产权利人的合法权益,促进房地产业的健康发展,我国已建立起以《城市房地产管理法》为基本法的城市房地产管理法律体系。

第一节 城市房地产管理法概述

一、城市房地产管理法的概念

房地产是指房屋及其附属物和承载房屋及其附属物的土地,以及与它们相应的各种财产权利。其中,附属物主要指与房屋相关的建筑物,如小区设施、建筑附着物等。这里所说的建筑附着物,主要指已经附着于建筑物上的建筑装饰材料、电梯,以及各种给排水、采暖、电气照明等与建筑物的使用密切相关的物。房地产属于不动产,可以用于居住、工业生产、商业经营、公共事业和休闲娱乐等。

《城市房地产管理法》第2条第1款规定:"在中华人民共和国城市规划区国有土地(以下简称国有土地)范围内取得房地产开发用地的土地使用权,从事房地产开发、房地产交易,实施房地产管理,应当遵守本法。"可见,城市房地产管理法是调整国家对城市规划区范围内取得国有土地使用权的房地产开发和房地产交易实施管理而形成的各种社会关系的法律规范的总称。需要说明的是,城市是指国家按行政建制设立的直辖市、市、镇;城市规划区是指城市市区、郊区以及城市行政区域内因城市建设和发展需要实行规划控制的区域,其范围由城市人民政府在编制城市总体规划时划定;房地产开发是指在依法取得国有土地使用权的土地上进行基础设施、房屋建设的行为;房地产交易是指当事人之间进行的房地产转让、房地产抵押和房屋租赁的活动。另外,用于城市房地产开发和交易的国有土地使用权,就是国有建设用地使用权。

城市房地产管理法有广义和狭义之分。从狭义上说,它仅指其基本法,即《城市房地产管理法》(1994年7月5日八届全国人大常委会第八次会议通过,经2007年8月30日十届全国人大常委会第二十九次会议、2009年8月27日十一届全国人大常委会第十次会议和2019年8月26日十三届全国人大常委会第十二次会议三次修改）；从广义上说，它除包括该法外，还包括其他所有调整城市房地产开发和交易管理关系的法律、法规，如《土地管理法》《城镇国有土地使用权出让和转让暂行条例》《城市房地产开发经营管理条例》《不动产登记暂行条例》《城市房地产转让管理规定》《城市商品房预售管理办法》《城市房地产抵押管理办法》《商品房屋租赁管理办法》等。

二、城市房地产管理法的基本原则

城市房地产管理法的基本原则，是指城市房地产管理法规定的、适用于城市房地产管理法全部领域的基本准则。它是制定各项城市房地产管理法律制度和法律规范的基础，也是指导城市房地产管理的执法和司法活动的根据。

（一）国有土地有偿、有限期使用的原则

《城市房地产管理法》第3条规定："国家依法实行国有土地有偿、有限期使用制度。但是，国家在本法规定的范围内划拨国有土地使用权的除外。"这表明，除法律规定划拨取得国有土地使用权外，国有土地使用权一律实行有偿、有限期使用制度。这是国家对国有土地使用权制度的重大改革，它改变了长期以来依靠国家行政手段划拨使用国有土地的状况，从而有利于合理配置土地资源和提高土地使用效益，实现城市基础设施建设的良性循环，促进经济和社会的健康发展。

（二）国家扶持发展居民住宅建设的原则

《城市房地产管理法》第4条规定："国家根据社会、经济发展水平，扶持发展居民住宅建设，逐步改善居民的居住条件。"住宅是城市居民基本的生活资料，居民住宅问题是城市的重大社会问题。保障城市居民的居住权利，逐步改善居民的居住条件，对于促进城市经济发展、维护社会安定具有不可估量的作用。因此，国家采取税收优惠、住宅用地供应优惠、贷款优惠、重点解决城市居民住宅特别困难户等措施，来扶持发展居民住宅建设。

（三）保护房地产权利人合法权益的原则

《城市房地产管理法》第5条规定："房地产权利人的合法权益受法律保护，任何单位和个人不得侵犯。"在我国，房地产权利人是依法对房地产享有某种权利的单位或个人，包括房屋所有权人、土地使用权人、商品房预购人、房地产抵押权人、房屋承租人、房屋被征收人等。房地产权利人按照法律规定或合同约定取得房屋所有权、土地使用权、房屋预购权、房地产抵押权、房屋租赁权等权利，这些权利理应受到法律的充分保护。因此，城市房地产管理法所确立的制度应充分体现对房地产权利人合法权益的保护。

三、城市房地产的管理体制

《城市房地产管理法》第 7 条规定,国务院建设行政主管部门、土地管理部门依照国务院规定的职权划分,各司其职,密切配合,管理全国房地产工作。县级以上地方人民政府房产管理、土地管理部门的机构设置及其职权由省、自治区、直辖市人民政府确定。

第二节 房地产开发用地

一、房地产开发用地的概念和特点

《城市房地产管理法》第 2 条第 3 款规定:"本法所称房地产开发,是指在依据本法取得国有土地使用权的土地上进行基础设施、房屋建设的行为。"依据这一规定,房地产开发用地是指用于基础设施建设和房屋建设的土地。其中,基础设施建设用地是指水、电、煤、热力、道路、桥梁、公共交通设施、园林绿化、环境卫生以及消防、路标、路灯等设施建设用地,房屋建设用地是指住宅建设用地以及工业、交通、仓库、商品服务、教科文卫等用房和办公用房等各类房屋建设用地。

房地产开发用地具有以下主要特点:① 房地产开发用地的主体主要是房地产开发企业;② 房地产开发用地一般具有资产增值的功能;③ 房地产开发用地通常以市场取向为目的;④ 房地产开发用地的用途具有广泛性。

二、房地产开发用地的供地方式

房地产开发用地的供地方式,是指国家向房地产开发投资者提供房地产开发用地的方式。《城市房地产管理法》规定,房地产开发用地的供地方式有两种,即土地使用权出让和土地使用权划拨。

(一) 土地使用权出让

1. 土地使用权出让的概念和特点

《城市房地产管理法》第 8 条规定:"土地使用权出让,是指国家将国有土地使用权(以下简称土地使用权)在一定年限内出让给土地使用者,由土地使用者向国家支付土地使用权出让金的行为。"根据这一规定,土地使用权出让具有以下四个特点。

(1) 土地使用权出让以土地所有权与土地使用权的分离为基础。作为土地所有者的国家在出让土地使用权时仅将土地使用权转移给土地使用者,而土地所有权仍然保留在自己手中。土地使用权出让事实的发生,以出让方与受让方签订土地使用权出让合同并产生法律效力为根据。

(2) 土地使用权出让是有年限的。也就是说,作为受让方的土地使用者享有权利的期限以出让年限为限。最高年限由法律规定,实际年限则由土地使用权出让合同约定。合同约定的出让年限不得超过法律规定的最高年限。合同约定的土地使用权年限届满,除土地使用者申请续期使用并经依法批准外,国家无偿收回土地使用权。

(3) 土地使用权出让是有偿的。土地使用者取得一定年限的土地使用权,必须以向作为土地所有者的国家支付土地使用权出让金为代价。在土地使用者支付全部土地使用权出让金后,由市、县人民政府发给土地使用权证书,土地使用者取得受让土地的使用权。

(4) 土地使用者享有权利的效力不及于地下之物。土地使用者对地下的资源、埋藏物和市政公共设施等,不因其享有土地使用权而享有权利。

2. 土地使用权出让的范围

根据《城市房地产管理法》的规定,土地使用权出让的范围包括地域范围、土地范围和建设项目范围。

(1) 地域范围。土地使用权出让的地域范围是城市规划区,包括城市市区、郊区,以及城市行政区域内因城市建设和发展需要实行规划控制的区域。

(2) 土地范围。土地使用权出让的土地范围一般是城市规划区范围内的国有土地。《城市房地产管理法》第9条规定:"城市规划区内的集体所有的土地,经依法征收转为国有土地后,该幅国有土地的使用权方可有偿出让,但法律另有规定的除外。"

(3) 建设项目范围。土地使用权出让的建设项目范围,是除依法可以采取划拨方式提供建设项目以外的其他建设项目,包括居住、工业、商业、旅游、娱乐、教育、科技、文化、卫生、体育等建设项目。

3. 土地使用权出让的宏观管理

为了推进房地产市场的健康发展,实现城市经济和社会发展目标,国家对于土地使用权出让实施严格管理。

(1) 规划和计划约束。《城市房地产管理法》第10条规定:"土地使用权出让,必须符合土地利用总体规划、城市规划和年度建设用地计划。"国家通过实施规划和计划约束,使得用于房地产开发的土地使用权出让符合这些规划、计划对于建设用地规模控制、用途管理和城市建设的要求,以实现保护耕地和推动发展的目标。

(2) 总量控制。《土地管理法》第11条规定:"县级以上地方人民政府出让土地使用权用于房地产开发的,须根据省级以上人民政府下达的控制指标拟订年度出让土地使用权总面积方案,按照国务院规定,报国务院或者省级人民政府批准。"这表明,国家通过年度出让土地使用权总面积方案,对地方政府每年用于房地产开发的土地使用权出让的规模进行控制。

4. 土地使用权出让的申请和审批

建设单位需要通过出让使用国有土地的,必须经过申请和审批。《土地管理法》第53条规定:"经批准的建设项目需要使用国有建设用地的,建设单位应当持法律、行政法规规定的有关文件,向有批准权的县级以上人民政府自然资源主管部门提出建设用地申请,经自然资源主管部门审查,报本级人民政府批准。"

《城市房地产管理法》第12条还规定:"土地使用权出让,由市、县人民政府有计划、有步骤地进行。出让的每幅地块、用途、年限和其他条件,由市、县人民政府土地管理部门会同城市规划、建设、房产管理部门共同拟定方案,按照国务院规定,报经有批准权的人民政府批准后,由市、县人民政府土地管理部门实施。直辖市的县人民政府及其有关部门行使前款规定的权限,由直辖市人民政府规定。"

5. 土地使用权出让的方式

《城市房地产管理法》第13条第1款规定:"土地使用权出让,可以采取拍卖、招标或者双方协议的方式。"国土资源部2007年9月28日公布的《招标拍卖挂牌出让国有建设土地使用权规定》在规定了协议、拍卖、招标方式之外,又增加了挂牌方式。

据此,土地使用权出让的方式有四种:① 协议出让,即国家以协议方式将国有土地使用权在一定年限内出让给土地使用者,由土地使用者向国家支付土地使用权出让金的行为。② 招标出让,即出让人发布招标公告,邀请特定或者不特定的自然人、法人和其他组织参加土地使用权投标,根据投标结果确定土地使用权人的行为。③ 拍卖出让,即出让人发布拍卖公告,由竞买人在指定时间、地点进行公开竞价,根据出价结果确定土地使用权人的行为。④ 挂牌出让,即出让人发布挂牌公告,按公告规定的期限将拟出让宗地的交易条件在指定的土地交易场所挂牌公布,接受竞买人的报价申请并更新挂牌价格,根据挂牌期限截止时的出价结果或者现场竞价结果确定土地使用权人的行为。

在上述四种方式中,招标、拍卖和挂牌这三种方式属于公开竞争方式。采用这些方式出让土地,有利于充分发挥市场优化配置土地资源的作用,从源头上预防土地批租领域的不正之风和腐败行为。因此,《民法典》第347条第2款规定:"工业、商业、旅游、娱乐和商品住宅等经营性用地以及同一土地有两个以上意向用地者的,应当采取招标、拍卖等公开竞价的方式出让。"《招标拍卖挂牌出让国有建设土地使用权规定》第4条也规定:"工业、商业、旅游、娱乐和商品住宅等经营性用地以及同一宗地有两个以上意向用地者的,应当以招标、拍卖或者挂牌方式出让。"为了具体规范招标、拍卖和挂牌三种出让方式,《招标拍卖挂牌出让国有建设土地使用权规定》作出了详尽的制度安排。

协议出让属于非公开竞争方式,如果对此不加以严格规范,容易滋生腐败并损害国家利益,因此《城市房地产管理法》第 13 条规定,采取双方协议方式出让土地使用权的出让金不得低于按国家规定所确定的最低价。根据《城市房地产管理法》和《土地管理法》的精神,国土资源部于 2003 年 6 月 11 日发布了《协议出让国有土地使用权规定》。该规章作出了以下重要规定：① 协议出让的范围。在公布的地段上,同一地块只有一个意向用地者的,市、县人民政府国土资源行政主管部门(以下简称市、县国土资源部门)方可采取协议方式出让,但商业、旅游、娱乐和商品住宅等经营性用地除外。② 协议出让的金额。以协议方式出让国有土地使用权的出让金不得低于按国家规定所确定的最低价,低于最低价时国有土地使用权不得出让。协议出让最低价不得低于新增建设用地的土地有偿使用费、征地(拆迁)补偿费用以及按照国家规定应当缴纳的有关税费之和;有基准地价的地区,协议出让最低价不得低于出让地块所在级别基准地价的 70%。③ 协议出让的程序。对符合协议出让条件的,市、县国土资源部门会同城市规划等有关部门,制定协议出让土地方案,确定协议出让底价,底价不得低于协议出让最低价。协议出让土地方案和底价经有批准权的人民政府批准后,市、县国土资源部门应当与意向用地者就土地出让价格等进行充分协商,方可达成协议,根据协议结果与意向用地者签订《国有土地使用权出让合同》。④ 协议出让的监督。合同签订后 7 日内,市、县国土资源部门应当将协议出让结果在土地有形市场等指定场所,或者通过报纸、互联网等媒介向社会公布,接受社会监督,公布时间不得少于 15 日。

6. 土地使用权出让的年限

土地使用权出让的年限是指国家将土地使用权一次性出让给土地使用者,在法律规定的最高年限内,经双方约定,土地使用者可以使用土地的年限。根据 1990 年 5 月 19 日国务院发布的《城镇国有土地使用权出让和转让暂行条例》第 12 条的规定,土地使用权出让最高年限按下列用途确定为：① 居住用地 70 年；② 工业用地 50 年；③ 教育、科技、文化、卫生、体育用地 50 年；④ 商业、旅游、娱乐用地 40 年；⑤ 综合或者其他用地 50 年。出让年限自土地使用者领取土地使用证、取得土地使用权时开始计算。

土地使用权出让年限届满后,土地使用者需要继续使用土地的,可以依法续期。《民法典》第 359 条规定："住宅建设用地使用权期限届满的,自动续期。续期费用的缴纳或者减免,依照法律、行政法规的规定办理。非住宅建设用地使用权期限届满后的续期,依照法律规定办理。"对于土地使用权续期的办理,《城市房地产管理法》作出了具体规定。该法第 22 条第 1 款规定:"土地使用权出让合同约定的使用年限届满,土地使用者需要继续使用土地的,应当至迟于届满前一年申请续期,除根据社会公共利益需要收回该幅土地的,应当予以批准。经批准准予续期的,应当重新签订土地使用权出让合同,依照规定支付土地使用权出让金。"

7. 土地使用权出让合同

土地使用权出让,应当签订书面出让合同。土地使用权出让合同是指市、县人民政府土地管理部门代表国家与土地使用者签订的关于土地使用权的权利和义务关系的合同。它具有以下特征:第一,土地使用权出让合同是当事人之间设立、变更土地使用权法律关系的协议。第二,土地使用权出让合同中的出让方是特定的,必须是市、县人民政府土地管理部门。第三,土地使用权出让合同中的受让方一般为境内外的企业法人。第四,土地使用权出让合同是订立土地使用权转让合同的前提条件。

土地使用权出让合同包括以下主要条款:① 合同主体,即出让方和受让方;② 标的,即一定范围的土地使用权;③ 价款及其支付,即土地使用权出让金以及其他税费;④ 出让期限;⑤ 土地用途;⑥ 违约责任。

土地使用权出让合同可以因一定的事由而解除,以使合同当事人双方权利义务关系终止。出让合同解除的情形主要如下:一是土地使用者不按出让合同约定支付土地使用权出让金的,土地管理部门有权解除合同;二是土地管理部门未按合同约定提供出让土地的,土地使用者有权解除合同;三是土地使用者不按法律、法规的规定和出让合同的约定开发、利用、经营土地使用权的,土地管理部门根据情节给予处罚,直至收回土地使用权。

8. 土地使用权的收回

国家通过出让合同将国有土地使用权确定给土地使用者在一定期限内行使,但是因法定事由发生可以收回。

(1) 因合同期限届满而自动收回。《土地管理法》第 58 条第 1 款第 2 项规定,土地出让等有偿使用合同约定的使用期限届满,土地使用者未申请续期或者申请续期未获批准的,由有关人民政府自然资源主管部门报经原批准用地的人民政府或者有批准权的人民政府批准,可以收回国有土地使用权。《城市房地产管理法》第 22 条第 2 款也规定:"土地使用权出让合同约定的使用年限届满,土地使用者未申请续期或者虽申请续期但依照前款规定未获批准的,土地使用权由国家无偿收回。"

(2) 因违反合同未开发而强制收回。《城市房地产管理法》第 26 条规定,超过出让合同约定的动工开发日期满 2 年未动工开发的,可以无偿收回土地使用权。但是,因不可抗力或者政府、政府有关部门的行为或者动工开发必需的前期工作造成动工开发迟延的除外。

(3) 因社会公共利益需要而提前收回。《民法典》第 358 条规定:"建设用地使用权期限届满前,因公共利益需要提前收回该土地的,应当依据本法第二百四十三条的规定①对该土地上的房屋以及其他不动产给予补偿,并退还相应的出让金。"根据《土地管理法》第 58 条第 1 款第 1 项、第 2 款和《城市房地产管理法》第 20 条的规定,为实施城市规划进行旧城区改建以及其他社会公共利益需要,确需使用土地的,可以依照法律程序提前收回土地使用权,并根据土地使用者使用土地的实际年限和开发土地的实际情况给予相应的补偿。

(二) 土地使用权划拨

土地使用权划拨是指县级以上人民政府依法批准,在土地使用者缴纳补偿、安置等费用后将该幅土地交付其使用,或者将国有土地使用权无偿交付给土地使用者使用的行为。

土地使用权划拨与土地使用权出让一样,都是国有土地使用权的取得方式,其标的仅限于国有土地,但它又有区别于土地使用权出让的特点,主要包括:① 土地使用权的取得具有行政性,即国家运用行政权力将某幅土地划拨给土地使用者使用,使其取得该幅土地的使用权;② 土地使用权的取得具有无偿性,即土地使用者通过划拨取得土地使用权,虽然要向原先的土地使用者缴纳补偿、安置等费用,但不必向国家支付地租性质的金钱;③ 取得的土地使用权具有无期限性,即土地使用者依法以划拨方式取得土地使用权的,除法律、行政法规另有规定外,没有使用期限的限制;④ 取得土地使用权的建设用地具有特定性,即通过划拨取得土地使用权的建设用地限于公共利益和国计民生的项目,并由法律予以明确规定。

《城市房地产管理法》第 24 条规定,下列建设用地的土地使用权,确属必需的,可以由县级以上人民政府依法批准划拨:① 国家机关用地和军事用地;② 城市基础设施用地和公益事业用地;③ 国家重点扶持的能源、交通、水利等项目用地;④ 法律、行政法规规定的其他用地。

根据法律规定,划拨的土地使用权在下列情况下终止:① 因社会公共利益需要而收回土地使用权。根据《土地管理法》第 58 条第 1 款第 1 项和第 2 款的规定,国家为实施城市规划进行旧城区改建以及其他公共利益需要,确需使用土地的,可以收回划拨的国有土地使用权,但应当对土地使用权人给予适当补偿。② 因使用者停止使用而收回土地使用权。根据《土地管理法》第 58 条第 1 款第

---

① 《民法典》第 243 条第 3 款的规定涉及提前收回国有土地使用权的补偿。它规定:"征收组织、个人的房屋以及其他不动产,应当依法给予征收补偿,维护被征收人的合法权益;征收个人住宅的,还应当保障被征收人的居住条件。"

3项的规定,因单位撤销、迁移等原因,停止使用原划拨的国有土地的,国家可以收回划拨的国有土地使用权。③ 因特定项目终止而收回土地使用权。根据《土地管理法》第58条第1款第4项的规定,公路、铁路、机场、矿场等经核准报废的,国家可以收回划拨的国有土地使用权。④ 土地灭失而消灭土地使用权。《城市房地产管理法》第21条规定:"土地使用权因土地灭失而终止。"

第三节 房地产开发

一、房地产开发的概念和特点

房地产开发是指在依法取得土地使用权的国有土地上进行基础设施、房屋建设的行为。基础设施建设也称土地开发或再开发,就是进行"三通一平"或者"七通一平"。"三通一平"包括实现开发区域以外的道路通、给水排水通、供电线路通和对施工现场的土地进行平整;"七通一平"包括道路通、上下水通、雨污排水通、电力通、通信通、煤气通、热力通和场地平整。土地开发使得自然状态的土地变为可供建造房屋和各类设施的建筑用地,即把生地变成熟地。房屋建设也称房屋开发,就是经过开发或再开发,在具备建设条件的城市土地上建设各类房屋,包括住宅、工业厂房、商业楼宇、办公用房和其他专用房。

一般来说,房地产开发具有涉及面广、工程项目多、投资量大、综合成本高和建设周期长等特点。

二、房地产开发的基本原则

《城市房地产管理法》阐明了房地产开发应当遵循的一些基本原则,它们内含了房地产开发的总体要求和价值取向。

(一)严格执行城市规划的原则

城市规划是城市发展的纲领,也是房地产开发和城市各项建设的依据。《城市房地产管理法》第25条明确规定:"房地产开发必须严格执行城市规划。"严格执行城市规划要重点做好以下工作:① 严格履行建设用地规划许可证和建设工程规划许可证的申领手续。② 按照城市规划的要求,合理确定各项经济、技术指标,做好开发项目的规划设计工作;详细规划和重大建筑工程的设计方案要由规划主管部门审定。③ 在开发建设项目过程中,要认真执行经审查批准的规划设计方案,未经许可不得违背城市规划,任意修改规划设计方案。

(二)经济、社会和环境效益相统一的原则

《城市房地产管理法》第25条规定,房地产开发必须遵循经济效益、社会效益、环境效益相统一的原则。坚持经济、社会和环境效益三者的统一,既是房地产开发必须遵循的基本原则,也是保持房地产业生命力的根本保证。经济效益是房地产开发企业赖以生存和发展的必要条件,社会效益是进行房地产开发要达到的重要目标,环境效益则是惠及人民群众、造福子孙后代、改善城市形象的基本保证。房地产开发所追求的三大效益是一个统一整体,它们之间相辅相成,缺一不可。

(三) 全面规划、合理布局、综合开发和配套建设的原则

《城市房地产管理法》第 25 条规定,房地产开发必须实行全面规划、合理布局、综合开发和配套建设。所谓全面规划、合理布局,就是在城市建设中,必须根据城市规划的要求,按照经济、社会和环境效益相统一原则,对房地产开发作出系统安排。所谓综合开发、配套建设,就是统筹安排房地产开发项目,开发建设应当注意基础设施和公共设施的同步建设,遵循先地下、后地上的原则。

(四) 按照合同约定开发土地的原则

按照合同约定开发土地的原则,就是土地使用者应当按照土地使用权出让合同约定的土地用途、动工开发期限开发土地。《城市房地产管理法》第 26 条规定:"以出让方式取得土地使用权进行房地产开发的,必须按照土地使用权出让合同约定的土地用途、动工开发期限开发土地。"该原则内容包括两个方面:一是按照土地使用权出让合同约定的土地用途开发土地。合同中约定的土地用途实际上是按照土地利用总体规划和城市规划确定的,它反映了国家和土地使用者之间的经济利益关系,因此在房地产开发中必须遵守,不能随意改变。二是按照土地使用权出让合同约定的动工开发期限开发土地。合同中约定动工开发期限,是要防止土地闲置,浪费资源,损害社会经济效益。

(五) 保证房地产开发质量的原则

房地产开发质量不仅关系到房地产工程本身的好坏,而且关系到房地产使用人的生命安全,因此,房地产开发企业在实施房地产开发项目时必须严格按照质量要求进行。对此,《城市房地产管理法》第 27 条规定:"房地产开发项目的设计、施工,必须符合国家的有关标准和规范。房地产开发项目竣工,经验收合格后,方可交付使用。"

(六) 鼓励开发、建设居民住宅的原则

住宅建设是社会保障体系的一个重要方面,居住水平从一个侧面反映人民生活水平和社会进步程度。目前,我国城镇居民的居住水平与发达国家相比还较低,居民的居住条件有待进一步改善。因此,《城市房地产管理法》第 4 条规定:"国家根据社会、经济发展水平,扶持发展居民住宅建设,逐步改善居民的居住条件。"该法第 29 条还规定:"国家采取税收等方面的优惠措施鼓励和扶持房

地产开发企业开发建设居民住宅。"

三、房地产开发企业的设立和管理

（一）房地产开发企业的概念和种类

《城市房地产管理法》第 30 条规定，房地产开发企业是以营利为目的、从事房地产开发和经营的企业。2000 年 3 月 29 日由建设部发布、2015 年 5 月 4 日经住房和城乡建设部修改的《房地产开发企业资质管理规定》第 2 条规定，房地产开发企业是指依法设立、具有企业法人资格的经济实体。可见，房地产开发企业是具有法人资格的从事房地产开发和经营的经济组织，它一般采用公司形式。

房地产开发企业是房地产开发的主体，按照不同的标准可以对其作出不同的分类。例如，按照经营性质的不同，它可以分为房地产开发专营企业、房地产开发兼营企业和房地产开发项目企业。

（二）房地产开发企业设立的条件

根据《城市房地产管理法》和《城市房地产开发经营管理条例》（国务院于 1998 年 7 月 20 日发布，2011 年 1 月 8 日、2018 年 3 月 19 日、2019 年 3 月 24 日和 2020 年 3 月 27 日修改）的规定，设立房地产开发企业必须具备以下条件：① 有自己的名称和组织机构；② 有固定的经营场所；③ 有 100 万元以上的注册资本；④ 有 4 名以上持有资格证书的房地产专业、建筑工程专业的专职技术人员，2 名以上持有资格证书的专职会计人员；⑤ 法律、行政法规规定的其他条件。另外，省、自治区、直辖市人民政府可以根据本地方的实际情况，对设立房地产开发企业的注册资本和专业技术人员的条件作出高于上述条件的规定。

设立有限责任公司、股份有限公司从事房地产开发经营的，还应当执行公司法的有关规定。

（三）房地产开发企业的登记、备案和资质管理

《城市房地产管理法》和《城市房地产开发经营管理条例》规定，设立房地产开发企业，应当向工商行政管理部门申请登记。工商行政管理部门对符合上述规定条件的，应当自收到申请之日起 30 日内予以登记，发给营业执照；对不符合条件不予登记的，应当说明理由。

为了将设立后的房地产开发企业纳入政府房地产行业管理部门的监督管理，确保房地产开发企业规范经营和健康发展，《城市房地产管理法》第 30 条第 4 款规定："房地产开发企业在领取营业执照后的一个月内，应当到登记机关所在地的县级以上地方人民政府规定的部门备案。"《城市房地产开发经营管理条例》第 8 条则规定，房地产开发企业应当自领取营业执照之日起 30 日内，提交下列纸质或电子材料，向登记机关所在地的房地产开发主管部门备案：① 营业执

照复印件;② 企业章程;③ 专业技术人员的资格证书和聘用合同。

为了规范房地产开发企业的经营行为,使其按照经济实力、业务能力和管理水平承担相应房地产项目,国家对房地产开发企业实施资质管理。对此,《城市房地产开发经营管理条例》第9条规定:"房地产开发主管部门应当根据房地产开发企业的资产、专业技术人员和开发经营业绩等,对备案的房地产开发企业核定资质等级。房地产开发企业应当按照核定的资质等级,承担相应的房地产开发项目。"为实施该制度,《房地产开发企业资质管理规定》规定了四个资质等级的具体条件、核定程序和法律责任。

四、房地产开发的具体规定

(一)开发项目的确定

《城市房地产开发经营管理条例》规定,确定房地产开发项目,应当符合土地利用总体规划、年度建设用地计划和城市规划、房地产开发年度计划的要求;按照国家有关规定需要经计划主管部门批准的,还应当报计划主管部门批准,并纳入年度固定资产投资计划。

确定房地产开发项目,应当坚持旧区改建和新区建设相结合的原则,注重开发基础设施薄弱、交通拥挤、环境污染严重以及危旧房屋集中的区域,保护和改善城市生态环境,保护历史文化遗产。

(二)项目资本金制度

《城市房地产开发经营管理条例》规定,房地产开发项目应当建立资本金制度,资本金占项目总投资的比例不得低于20%。针对房地产开发投资增幅过高,开发资金过多依赖银行贷款的状况,2004年4月26日发布的《国务院关于调整部分行业固定资产投资项目资本金比例的通知》规定,房地产开发项目(不含经济适用房项目)资本金比例由20%及以上提高到35%及以上。之后,国务院根据国民经济发展状况、改善宏观调控与防范投资和金融风险的要求,对房地产开发项目资本金比例适时作出调整。例如,2009年5月25日发布的《国务院关于调整固定资产投资项目资本金比例的通知》规定,保障性住房和普通商品住房项目的最低资本金比例为20%,其他房地产开发项目的最低资本金比例为30%。2015年9月9日发布的《国务院关于调整和完善固定资产投资项目资本金制度的通知》则规定,保障性住房和普通商品住房项目维持20%,其他项目由30%调整为25%。

(三)符合规定开发

根据《城市房地产管理法》和《城市房地产开发经营管理条例》的规定,房地产开发企业应当按照土地使用权出让合同约定的土地用途、动工开发期限开发土地。出让合同约定的动工开发期限满1年未动工开发的,可以征收相当于土地使用权出让金20%以下的土地闲置费;满2年未动工开发的,可以无偿收回土地使用权。但是,因不可抗力或者政府、政府有关部门的行为或者动工开发必需的前期工作造成动工迟延的除外。另外,房地产开发项目的开发建设应当统筹安排配套基础设施,并根据先地下、后地上的原则实施。

《城市房地产管理法》第27条第1款规定:"房地产开发项目的设计、施工,必须符合国家的有关标准和规范。"根据该法律条文,《城市房地产开发经营管理条例》第16条具体规定,房地产开发企业开发建设的项目,应当符合有关法律、法规的规定和建筑工程质量、安全标准、建筑工程勘察、设计、施工的技术规范以及合同的约定。房地产开发企业应当对其开发建设的房地产开发项目的质量承担责任。勘察、设计、施工、监理等单位应当依照有关法律、法规的规定或者合同的约定,承担相应的责任。

(四)项目竣工验收

项目竣工验收是全面考核建设工作、检查项目建设是否符合设计要求和工程质量的重要环节,对促进建设项目及时交付使用、发挥投资效果、总结建设经验有着重要作用。对此,《城市房地产管理法》第27条第2款规定:"房地产开发项目竣工,经验收合格后,方可交付使用。"《城市房地产开发经营管理条例》第17条则规定:"房地产开发项目竣工,依照《建设工程质量管理条例》的规定验收合格后,方可交付使用。"

关于建设工程竣工验收,《建设工程质量管理条例》(国务院于2000年1月30日发布,2017年10月7日、2019年4月23日修改)第16条规定,建设单位收到建设工程竣工报告后,应当组织设计、施工、工程监理等有关单位进行竣工验收。建设工程竣工验收应当具备下列条件:① 完成建设工程设计和合同约定的各项内容;② 有完整的技术档案和施工管理资料;③ 有工程使用的主要建筑材料、建筑构配件和设备的进场试验报告;④ 有勘察、设计、施工、工程监理等单位分别签署的质量合格文件;⑤ 有施工单位签署的工程保修书。

第四节 房地产交易

一、房地产交易的概念和特点

房地产交易是指当事人之间进行的房地产转让、抵押和房屋租赁的活动。房地产交易具有以下两个特点。

1. 房地产交易的标的物是房地产

在一般的商品交易中,交易的标的物是动产,交易往往会引起标的物发生空间的移动,标的物的转移和权利的转移紧密结合。在房地产交易中,交易的标的物是房地产。房地产是不动产,它不能移动或者一旦移动会损害其经济效用和经济价值,交易不会引起标的物发生空间的移动,因而房地产交易的标的物是一种特殊的商品。

2. 房地产交易的内容包括房地产转让、房地产抵押和房屋租赁

房地产转让是指房地产权利人通过买卖、赠与或者其他合法方式,将其房地产转移给他人的行为。房地产抵押是指房地产抵押人将其合法的房地产以不转移占有的方式,向抵押权人提供债务履行担保的行为。房屋租赁是指房屋所有权人作为出租人将房屋出租给承租人使用,由承租人向出租人支付租金的行为。

二、房地产交易的一般规定

(一) 房地产转让、抵押的原则

我国《民法典》第 356 条规定:"建设用地使用权转让、互换、出资或者赠与的,附着于该土地上的建筑物、构筑物及其附属设施一并处分。"该法典第 357 条规定:"建筑物、构筑物及其附属设施转让、互换、出资或者赠与的,该建筑物、构筑物及其附属设施占用范围内的建设用地使用权一并处分。"该法典第 397 条第 1 款还规定:"以建筑物抵押的,该建筑物占用范围内的建设用地使用权一并抵押。以建设用地使用权抵押的,该土地上的建筑物一并抵押。"《城市房地产管理法》第 32 条则规定:"房地产转让、抵押时,房屋的所有权和该房屋占用范围内的土地使用权同时转让、抵押。"

上述法律规定确立了房地产同时转让、同时抵押的原则,其内容包括:① 房屋转让的,房屋占用范围内的土地使用权必须同时转让;② 土地使用权转让的,该土地上的房屋的所有权应同时转让;③ 房屋抵押的,房屋占用范围内的土地使用权必须同时抵押;④ 土地使用权抵押的,该土地上的房屋的所有权应同时抵押。

(二) 房地产价格管理制度

1. 定期确定和公布房地产基础价格制度

《城市房地产管理法》第 33 条规定:"基准地价、标定地价和各类房屋的重置价格应当定期确定并公布。"这里所说的基准地价,是指按照不同的土地级别、区域分别评估和测算的商业、工业、住宅等各类用地某一时间土地使用权的平均价格;标定地价是指对需要进行土地使用权出让、转让、抵押的地块评定的具体价格,它是以基准地价为依据,根据市场行情、地块大小、形状、容积率、微观区位和土地使用年限等条件评定的某一宗土地在某一时间的土地使用权价格;房屋的重置价格是指按照当前的建筑技术、工艺水平、建筑材料的价格、人工和运输费

用等条件,重新建造同类结构、式样、质量标准的房屋价格。所谓定期确定和公布,就是城市人民政府或其授权的部门应当根据经济和社会发展的情况,在一定的时期内评定基准地价、标定地价和各类房屋的重置价格,并予以公布。

2. 房地产价格评估制度

《城市房地产管理法》第 34 条规定,国家实行房地产价格评估制度。房地产价格评估,应当遵循公正、公平、公开的原则,按照国家规定的技术标准和评估程序,以基准地价、标定地价和各类房屋的重置价格为基础,参照当地的市场价格进行评估。

3. 房地产成交价格申报制度

《城市房地产管理法》第 35 条规定,国家实行房地产成交价格申报制度。房地产权利人转让房地产,应当向县级以上地方人民政府规定的部门如实申报成交价,不得瞒报或者作不实的申报。

三、房地产转让

(一) 房地产转让的概念和特点

《城市房地产管理法》第 37 条规定:"房地产转让,是指房地产权利人通过买卖、赠与或者其他合法方式将其房地产转移给他人的行为。"

上述规定明确了房地产转让的内涵,也蕴含着房地产转让的特点:首先,房地产转让是房地产权利人实施的行为;其次,房地产转让是房地产权利人将房地产转移给他人的行为;最后,房地产转让是通过买卖、赠与或者其他合法方式实现的。根据 2001 年 8 月 15 日建设部修改的《城市房地产转让管理规定》第 3 条第 2 款的规定,这里所说的其他合法方式,主要包括下列行为:① 以房地产作价入股、与他人成立企业法人,房地产权属发生变更的;② 一方提供土地使用权,另一方或者多方提供资金,合资、合作开发经营房地产,而使房地产权属发生变更的;③ 因企业被收购、兼并或合并,房地产权属随之转移的;④ 以房地产抵债的;⑤ 法律、法规规定的其他情形。

(二) 房地产转让的条件和范围

1. 房地产转让的条件

《城市房地产管理法》分别对以出让方式取得土地使用权的房地产转让条件和以划拨方式取得土地使用权的房地产转让条件作出具体规定。

一方面,该法第 39 条规定,以出让方式取得土地使用权的,转让房地产时,应当符合下列条件:① 按照出让合同约定已经支付全部土地使用权出让金,并取得土地使用权证书;② 按照出让合同约定进行投资开发,属于房屋建设工程的,完成开发投资总额的 25% 以上,属于成片开发土地的,形成工业用地或者其他建设用地条件。此外,转让房地产时房屋已经建成的,还应当持有房屋所有权证书。

另一方面,该法第40条规定,允许以划拨方式取得土地使用权的房地产进行转让,但对其作了如下限制性规定:① 办理土地使用权出让手续的,应当缴纳土地使用权出让金;② 不办理土地使用权出让手续的,应当将转让房地产所获收益上缴国家或作其他处理。根据《城市房地产转让管理规定》第12条的规定,以划拨方式取得土地使用权的,转让房地产时,属于下列情形之一的,经有批准权的人民政府批准,可以不办理土地使用权出让手续,但应当将转让房地产所获收益中的土地收益上缴国家或者作其他处理:一是经城市规划行政主管部门批准,转让的土地用于建设《城市房地产管理法》第23条规定的项目的;二是私有住宅转让后仍用于居住的;三是按照国务院住房制度改革有关规定出售公有住宅的;四是同一宗土地上部分房屋转让而土地使用权不可分割转让的;五是转让的房地产暂时难以确定土地使用权出让用途、年限和其他条件的;六是根据城市规划土地使用权不宜出让的;七是县级以上人民政府规定暂时无法或不需要采取土地使用权出让方式的其他情形。

2. 房地产转让的范围

《城市房地产管理法》第38条规定,下列房地产不得转让:① 以出让方式取得的土地使用权,不符合上述转让条件的;② 司法机关和行政机关依法裁定、决定查封或者以其他形式限制房地产权利的;③ 依法收回土地使用权的;④ 共有房地产,未经其他共有人书面同意的;⑤ 权属有争议的;⑥ 未依法登记领取权属证书的;⑦ 法律、行政法规规定禁止转让的其他情形。除此之外,其他房地产都可以依法转让。

(三) 房地产转让的程序与合同

根据《城市房地产转让管理规定》第7条的规定,房地产转让应当按照下列程序办理:① 房地产转让当事人签订书面转让合同;② 房地产转让当事人在房地产转让合同签订后90日内持房地产权属证书、当事人的合法证明、转让合同等有关文件向房地产所在地的房地产管理部门提出申请,并申报成交价格;③ 房地产管理部门对提供的有关文件进行审查,并在7日内作出是否受理申请的书面答复,7日内未作书面答复的,视为同意受理;④ 房地产管理部门核实申报的成交价格,并根据需要对转让的房地产进行现场查勘和评估;⑤ 房地产转让当事人按照规定缴纳有关税费;⑥ 房地产管理部门办理房屋权属登记手续,核发房地产权属证书。

房地产转让合同是指房地产权利人与受让人之间签订的转让房地产的协议。《城市房地产管理法》第41条规定:"房地产转让,应当签订书面转让合同,合同中应当载明土地使用权取得的方式。"据此,《城市房地产转让管理规定》第8条规定,房地产转让合同应当载明下列主要内容:① 双方当事人的姓名或者名称、住所;② 房地产权属证书名称和编号;③ 房地产坐落位置、面积、四至界限;④ 土地宗地号、土地使用权取得的方式及年限;⑤ 房地产的用途或使用性质;⑥ 成交价格及支付方式;⑦ 房地产交付使用的时间;⑧ 违约责任;⑨ 双方约定的其他事项。

(四) 商品房预售

1. 商品房预售的概念

商品房预售是指房地产开发企业将正在建设中的房屋预先出售给承购人,由承购人支付定金或房价款的行为。可见,商品房预售的标的物是正在建设、尚未竣工交付的房屋,属于期房。预售的商品房竣工交付后,承购人在房地产开发企业协助下通过办理权属登记手续取得该商品房的所有权。

商品房预售有利于房地产开发企业筹集一部分建设资金,减轻资金借贷压力,也有利于承购人获得商品房从预购到竣工交付之间的差价。但是,在商品房预售中,承购人处于不利的地位,会对其产生风险,因此,国家对商品房预售的条件、程序及预售款的使用等作出严格规定。

2. 商品房预售的条件

根据《城市房地产管理法》和建设部2004年7月13日修改的《城市商品房预售管理办法》的规定,房地产开发企业预售商品房,应当符合下列条件:① 已交付全部土地使用权出让金,取得土地使用权证书;② 持有建设工程规划许可证和施工许可证;③ 按提供预售的商品房计算,投入开发建设的资金达到工程建设总投资的25%以上,并已确定施工进度和竣工交付日期;④ 向县级以上人民政府房产管理部门办理预售登记,取得商品房预售许可证明。

3. 商品房预售的程序

(1) 取得商品房预售许可。商品房预售实行许可制度。房地产开发企业进行商品房预售,应当向房地产管理部门申请预售许可,取得商品房预售许可证;未取得商品房预售许可证的,不得进行商品房预售。房地产开发企业进行商品房预售,应当向县级以上人民政府房产管理部门办理预售登记,取得商品房预售许可证明。

房地产开发企业申请预售许可,应当提交下列证件(复印件)及资料:商品房预售许可申请表;开发企业的营业执照和资质证书;土地使用权证、建设工程规划许可证、施工许可证;投入开发建设的资金占工程建设总投资的比例符合规定条件的证明;工程施工合同及关于施工进度的说明;商品房预售方案。预售方案应当说明预售商品房的位置、面积、竣工交付日期等内容,并应当附预售商品房分层平面图。

房地产管理部门受理申请后,对房地产开发企业提供的有关材料是否符合法定条件进行审核。经审查,房地产开发企业的申请符合法定条件的,房地产管理部门应当在受理之日起10日内,依法作出准予预售的行政许可书面决定,发送房地产开发企业,并自作出决定之日起10日内向房地产开发企业颁发、送达《商品房预售许可证》。

(2) 签订商品房预售合同并登记备案。《城市商品房预售管理办法》第10条第1款规定,商品房预售,房地产开发企业应当与承购人签订商品房预售合同。房地产开发企业应当自签约之日起30日内,向房地产管理部门和市、县人民政府土地管理部门办理商品房预售合同登记备案手续。

(3) 交付商品房。房地产开发企业应当在房屋竣工后按商品房预售合同的要求,及时办理房屋交付手续。《城市商品房预售管理办法》第12条规定,预售的商品房交付使用之日起90日内,承购人应当依法到房地产管理部门和市、县人民政府土地管理部门办理权属登记手续。房地产开发企业应当予以协助,并提供必要的证明文件。由于房地产开发企业的原因,承购人未能在房屋交付使用之日起90日内取得房屋权属证书的,除房地产开发企业和承购人有特殊约定外,房地产开发企业应当承担违约责任。

四、房地产抵押

(一) 房地产抵押的概念

房地产抵押是指房地产抵押人将其合法的房地产以不转移占有的方式向抵押权人提供债务履行担保的行为。债务人不履行债务时,抵押权人有权依法以抵押的房地产拍卖、变卖或折价所得价款优先受偿。

房地产抵押关系一旦建立,抵押权人即享有房地产抵押权。房地产抵押权是一种担保物权,具有以下性质:首先,它是一种从属权利;其次,它是一种价值支配权;最后,它是一种优先受偿权。

(二) 房地产抵押权的设定

1. 设定抵押权的房地产范围

根据《民法典》第395条的规定,债务人或者第三人有权处分的建筑物和其他土地附着物、建设用地使用权、正在建造的建筑物,可以抵押。该法典第399条还规定了不得抵押的财产,如学校、幼儿园、医疗机构等为公益目的成立的非营利法人的教育设施、医疗卫生设施和其他公益设施,所有权、使用权不明或者有争议的财产,依法被查封、扣押、监管的财产等。《城市房地产管理法》第48条也规定,依法取得的房屋所有权连同该房屋占用范围内的土地使用权,以出让方式取得的土地使用权,可以设定抵押权。建设部于2001年8月15日修改的《城市房地产抵押管理办法》则规定,房地产抵押人可以将城市规划区国有土地范围内的房地产进行抵押。设定房地产抵押权的范围包括已建成的房地产,还包括在建工程。但是,下列房地产不得设定抵押:① 权属有争议的房地产;② 用于教育、医疗、市政等公共福利事业的房地产;③ 列入文物保护的建筑物和有重要纪念意义的其他建筑物;④ 已依法公告列入拆迁范围的房地产;⑤ 被依法查封、扣押、监管或者以其他形式限制的房地产;⑥ 依法不得抵押的其他房地产。

以房地产设定抵押时,需要注意以下两方面的规定:① 有关抵押物价值的规定。抵押人所担保的债权不得超出其抵押物的价值。房地产抵押后,该抵押房地产的价值大于所担保债权的余额部分,可以再次抵押,但不得超出余额部分。以享受国家优惠政策购买的房地产抵押的,其抵押额以房地产权利人可以处分和收益的份额比例为限。② 有关抵押物年限的规定。有经营期限的企业以其所有的房地产设定抵押的,所担保债务的履行期限不应当超过该企业的经营期限。以具有土地使用年限的房地产设定抵押的,所担保债务的履行期限不得超过土地使用权出让合同规定的使用年限减去已经使用年限后的剩余年限。

2. 房地产抵押合同

根据《民法典》第400条和《城市房地产管理法》第50条的规定,以房地产设定抵押权,抵押人和抵押权人应当签订书面抵押合同。房地产抵押合同是指房地产抵押人与抵押权人之间签订的设定房地产抵押权的协议。

关于房地产抵押合同的内容,《城市房地产抵押管理办法》第26条规定,房地产抵押合同一般应当包括以下主要条款:① 抵押人、抵押权人的名称或者个人姓名、住所;② 主债权的种类、数额;③ 抵押房地产的处所、名称、状况、建筑面积、用地面积以及四至等;④ 抵押房地产的价值;⑤ 抵押房地产的占用管理人、占用管理方式、占用管理责任以及意外损毁、灭失的责任;⑥ 债务人履行债务的期限;⑦ 抵押权灭失的条件;⑧ 违约责任;⑨ 争议解决方式;⑩ 抵押合同订立的时间与地点;⑪ 双方约定的其他事项。

此外,该管理办法还对房地产抵押合同的内容作出两项特别规定。一方面,以在建工程抵押的,抵押合同的内容还应当包括:① 国有土地使用权证、建设用地规划许可证和建设工程规划许可证的编号;② 已交纳的土地使用权出让金或需交纳的相当于土地使用权出让金的款额;③ 已投入在建工程的工程款;④ 施工进度及工程竣工日期;⑤ 已完成的工作量和工程量。另一方面,抵押权人要求抵押房地产保险的,以及要求在房地产抵押后限制抵押人出租、转让抵押房地产或者改变抵押房地产用途的,抵押当事人应当在抵押合同中载明。

3. 房地产抵押登记

根据《民法典》第 402 条的规定，以建筑物和其他土地附着物、建设用地使用权、正在建造的建筑物抵押的，应当办理抵押登记，抵押权自登记时设立。可见，我国对房地产抵押实行登记生效原则。

《城市房地产抵押管理办法》和 2019 年 3 月 24 日国务院修订的《不动产登记暂行条例》还规定，房地产抵押合同签订后，抵押当事人应当到不动产登记机构办理房地产抵押登记。办理房地产抵押登记，应当向登记机关交验下列文件：① 抵押当事人的身份证明或法人资格证明；② 抵押登记申请书；③ 抵押合同；④ 国有土地使用权证、房屋所有权证或房地产权证，共有的房屋还必须提交房屋共有权证和其他共有人同意抵押的证明；⑤ 可以证明抵押人有权设定抵押权的文件与证明材料；⑥ 可以证明抵押房地产价值的资料；⑦ 登记机关认为必要的其他文件。不动产登记机构一般自受理登记申请之日起 30 个工作日内办结房地产抵押登记手续。

（三）房地产抵押权的实现

房地产抵押权的实现是指当债务人不能履行债务时，房地产抵押权人行使其抵押权将抵押的房地产变价以满足其债权得到优先清偿的过程。

《城市房地产抵押管理办法》第 40 条规定，有下列情况之一的，抵押权人有权要求处分抵押的房地产：① 债务履行期满，抵押权人未受清偿的，债务人又未能与抵押权人达成延期履行协议的。② 抵押人死亡，或者被宣告死亡而无人代为履行到期债务的；或者抵押人的合法继承人、受遗赠人拒绝履行到期债务的。③ 抵押人被依法宣告解散或者破产的。④ 抵押人违反本办法的有关规定，擅自处分抵押房地产的。⑤ 抵押合同约定的其他情况。

根据《民法典》第 410 条的规定，债务人不履行到期债务或者发生当事人约定的实现抵押权的情形，抵押权人可以与抵押人协议以抵押的房地产折价或者以拍卖、变卖该抵押的房地产所得的价款优先受偿。抵押权人与抵押人未就抵押权实现方式达成协议的，抵押权人可以请求人民法院拍卖、变卖抵押财产。须注意，《城市房地产管理法》第 51 条规定："设定房地产抵押权的土地使用权是以划拨方式取得的，依法拍卖该房地产后，应当从拍卖所得的价款中缴纳相当于应缴纳的土地使用权出让金的款额后，抵押权人方可优先受偿。"

五、房屋租赁

（一）房屋租赁的概念

房屋租赁是指出租人将房屋出租给承租人使用，由承租人向出租人支付租金的行为。房屋租赁具有以下主要特征：① 出租人对房屋拥有处分权，因而出租人一般为房屋所有人,但公有房屋的经营管理人、房屋所有人委托的代理人、经出租人同意的承租人,也可以依法成为出租人。② 房屋租赁只是出租人将房屋的占有、使用、收益的权利有期限地转移给承租人行使,承租人不能由此取得房屋的所有权。③ 房屋租赁是双务、有偿的法律行为,出租人和承租人必须承担法律和合同约定的义务,承租人必须向出租人支付租金。

房屋租赁可以根据不同标准作不同分类。例如:按租赁房屋的所有权性质,房屋租赁分为公房租赁和私房租赁;按租房的用途,房屋租赁分为住宅用房租赁和生产经营用房租赁。

(二) 房屋租赁的范围

《商品房屋租赁管理办法》第 6 条规定,有下列情形之一的房屋不得出租:① 属于违法建筑的;② 不符合安全、防灾等工程建设强制性标准的;③ 违反规定改变房屋使用性质的;④ 法律、法规规定禁止出租的其他情形。

(三) 房屋租赁合同

房屋租赁时,房屋租赁当事人应当依法订立租赁合同。房屋租赁合同的内容由当事人双方约定,一般应当包括以下内容:① 房屋租赁当事人的姓名(名称)和住所;② 房屋的坐落、面积、结构、附属设施,家具和家电等室内设施状况;③ 租金和押金数额、支付方式;④ 租赁用途和房屋使用要求;⑤ 房屋和室内设施的安全性能;⑥ 租赁期限;⑦ 房屋维修责任;⑧ 物业服务、水、电、燃气等相关费用的缴纳;⑨ 争议解决办法和违约责任;⑩ 其他约定。另外,房屋租赁当事人应当在房屋租赁合同中约定房屋被征收或者拆迁时的处理办法。

房屋租赁合同生效后,房屋租赁当事人应当严格履行合同。对此,《商品房屋租赁管理办法》作出以下规定:① 出租人的义务。出租人应当按照合同约定履行房屋的维修义务并确保房屋和室内设施安全;未及时修复损坏的房屋,影响承租人正常使用的,应当按照约定承担赔偿责任或者减少租金。房屋租赁合同期内,出租人不得单方面随意提高租金水平。② 承租人的义务。承租人应当按照合同约定的租赁用途和使用要求合理使用房屋,不得擅自改动房屋承重结构和拆改室内设施,不得损害其他业主和使用人的合法权益;承租人因使用不当等原因造成承租房屋和设施损坏的,承租人应当负责修复或者承担赔偿责任。承租人转租房屋的,应当经出租人书面同意;承租人未经出租人书面同意转租的,出租人可以解除租赁合同,收回房屋并要求承租人赔偿损失。

关于房屋租赁合同的效力,《商品房租赁管理办法》第 12 条作出以下规定:① 房屋租赁期间内,因赠与、析产、继承或者买卖转让房屋的,原房屋租赁合同继续有效;② 承租人在房屋租赁期间死亡的,与其生前共同居住的人可以按照原租赁合同租赁该房屋。

（四）房屋租赁登记备案

为了加强对房屋租赁的管理，我国实行房屋租赁登记备案制度。《商品房屋租赁管理办法》第 14—16 条、第 19 条规定，房屋租赁合同订立后 30 日内，房屋租赁当事人应当到租赁房屋所在地直辖市、市、县人民政府建设（房地产）主管部门办理房屋租赁登记备案，也可以书面委托他人办理租赁登记备案。办理房屋租赁登记备案，房屋租赁当事人应当提交以下材料：① 房屋租赁合同；② 房屋租赁当事人身份证明；③ 房屋所有权证书或者其他合法权属证明；④ 直辖市、市、县人民政府建设（房地产）主管部门规定的其他材料。对符合要求的，直辖市、市、县人民政府建设（房地产）主管部门应当在 3 个工作日内办理房屋租赁登记备案，向租赁当事人开具房屋租赁登记备案证明。房屋租赁登记备案内容发生变化、续租或者租赁终止的，当事人应当在 30 日内，到原租赁登记备案的部门办理房屋租赁登记备案的变更、延续或者注销手续。

《商品房屋租赁管理办法》第 20 条规定，直辖市、市、县建设（房地产）主管部门应当建立房屋租赁登记备案信息系统，逐步实行房屋租赁合同网上登记备案，并纳入房地产市场信息系统。房屋租赁登记备案记载的信息应当包含以下内容：① 出租人的姓名（名称）、住所；② 承租人的姓名（名称）、身份证件种类和号码；③ 出租房屋的坐落、租赁用途、租金数额、租赁期限；④ 其他需要记载的内容。

六、房地产中介服务机构

（一）房地产中介服务机构的设立

《城市房地产管理法》第 57 条规定："房地产中介服务机构包括房地产咨询机构、房地产价格评估机构、房地产经纪机构等。"房地产咨询机构是专门为委托人提供房地产业务信息、政策法律知识等咨询服务的机构；房地产价格评估机构是为委托人提供房地产价格评估的机构；房地产经纪机构是为委托人提供房地产信息和居间代理业务等经纪活动的机构。

设立房地产中介服务机构，必须具备下列条件：① 有自己的名称和组织机构；② 有固定的服务场所；③ 有必要的财产和经费；④ 有足够数量的专业人员；⑤ 法律、行政法规规定的其他条件。设立房地产中介服务机构，应当向工商行政管理部门申请设立登记，领取营业执照，方可开业。

（二）房地产中介服务活动

所谓房地产中介服务，是指房地产中介服务机构从事的房地产咨询、经纪和价格评估等业务活动。

1. 房地产经纪

房地产经纪是指房地产经纪机构和房地产经纪人员为促成房地产交易，向委托人提供房地产居间、代理等服务并收取佣金的行为。为了规范房地产经纪活动，保护房地产交易及经纪活动当事人的合法权益，促进房地产市场健康发展，住房和城乡建设部、国家发展和改革委员会以及人力资源和社会保障部于2011年1月20日发布了《房地产经纪管理办法》，该办法于2016年3月1日作了修改。

《房地产经纪管理办法》规定，房地产经纪业务应当由房地产经纪机构统一承接，服务报酬由房地产经纪机构统一收取。分支机构应当以设立该分支机构的房地产经纪机构名义承揽业务。房地产经纪人员不得以个人名义承接房地产经纪业务和收取费用。

房地产经纪机构接受委托提供房地产信息、实地看房、代拟合同等房地产经纪服务的，应当与委托人签订书面房地产经纪服务合同。房地产经纪服务合同应当包含下列内容：① 房地产经纪服务双方当事人的姓名(名称)、住所等情况和从事业务的房地产经纪人员情况；② 房地产经纪服务的项目、内容、要求以及完成的标准；③ 服务费用及其支付方式；④ 合同当事人的权利和义务；⑤ 违约责任和纠纷解决方式。房地产经纪机构提供代办贷款、代办房地产登记等其他服务的，应当向委托人说明服务内容、收费标准等情况，经委托人同意后，另行签订合同。

房地产经纪服务实行明码标价制度。房地产经纪机构不得收取任何未予标明的费用；不得利用虚假或者使人误解的标价内容和标价方式进行价格欺诈；一项服务可以分解为多个项目和标准的，应当明确标示每一个项目和标准，不得混合标价、捆绑标价。房地产经纪机构未完成房地产经纪服务合同约定事项，或者服务未达到房地产经纪服务合同约定标准的，不得收取佣金。两家或者两家以上房地产经纪机构合作开展同一宗房地产经纪业务的，只能按照一宗业务收取佣金，不得向委托人增加收费。

房地产经纪机构和房地产经纪人员不得有下列行为：① 捏造散布涨价信息，或者与房地产开发经营单位串通捂盘惜售、炒卖房号，操纵市场价格；② 对交易当事人隐瞒真实的房屋交易信息，低价收进高价卖(租)出房屋赚取差价；③ 以隐瞒、欺诈、胁迫、贿赂等不正当手段招揽业务，诱骗消费者交易或者强制交易；④ 泄露或者不当使用委托人的个人信息或者商业秘密，谋取不正当利益；⑤ 为交易当事人规避房屋交易税费等非法目的，就同一房屋签订不同交易价款的合同提供便利；⑥ 改变房屋内部结构分割出租；⑦ 侵占、挪用房地产交易资金；⑧ 承购、承租自己提供经纪服务的房屋；⑨ 为不符合交易条件的保障性住房和禁止交易的房屋提供经纪服务；⑩ 法律、法规禁止的其他行为。

2. 房地产价格评估

房地产价格评估是指房地产估价机构接受委托人委托对其房地产进行测

算、评定其经济价值和价格的经营活动。为了规范房地产估价机构行为，维护房地产估价市场秩序，保障房地产估价活动当事人合法权益，建设部于 2005 年 10 月 12 日发布了《房地产估价机构管理办法》，住房和城乡建设部于 2013 年 10 月 16 日、2015 年 5 月 4 日对该办法进行了两次修改。

《房地产估价机构管理办法》规定，从事房地产估价活动的机构，应当依法取得房地产估价机构资质，并在其资质等级许可范围内从事估价业务。房地产估价业务应当由房地产估价机构统一接受委托，统一收取费用。房地产估价师不得以个人名义承揽估价业务，分支机构应当以设立该分支机构的房地产估价机构名义承揽估价业务。

房地产估价机构承揽房地产估价业务，应当与委托人签订书面估价委托合同。估价委托合同应当包括下列内容：① 委托人的名称或者姓名和住所；② 估价机构的名称和住所；③ 估价对象；④ 估价目的；⑤ 价值时点；⑥ 委托人的协助义务；⑦ 估价服务费及其支付方式；⑧ 估价报告交付的日期和方式；⑨ 违约责任；⑩ 解决争议的方法。

房地产估价机构未经委托人书面同意，不得转让受托的估价业务。经委托人书面同意，房地产估价机构可以与其他房地产估价机构合作完成估价业务，以合作双方的名义共同出具估价报告。房地产估价报告应当由房地产估价机构出具，加盖房地产估价机构公章，并有至少 2 名专职注册房地产估价师签字。

房地产估价机构不得有下列行为：① 涂改、倒卖、出租、出借或者以其他形式非法转让资质证书；② 超越资质等级业务范围承接房地产估价业务；③ 以迎合高估或者低估要求、给予回扣、恶意压低收费等方式进行不正当竞争；④ 违反房地产估价规范和标准；⑤ 出具有虚假记载、误导性陈述或者重大遗漏的估价报告；⑥ 擅自设立分支机构；⑦ 未经委托人书面同意，擅自转让受托的估价业务；⑧ 法律、法规禁止的其他行为。

第五节　房地产权属登记

一、房地产权属登记的概念和职能

房地产权属登记是指不动产登记机构依法将房地产权利归属和其他法定事项记载于登记簿的行为。也就是说，它是不动产登记机构对房地产权属状况进行的持续的记录，是对房地产权利人的权利的种类、权利的范围等情况的记录。

现代房地产法律制度由产权制度、交易制度和管理制度三部分组成，房地产权属登记为这些制度的运行提供了对房地产权属以及相关权利的确认服务。房地产权属登记作为现代房地产法律制度的基础,具有三个方面的职能:① 产权确认职能,即确认房地产权属状态,赋予房地产权利以法律效力;② 公示职能,即将房地产权利变动的事实向社会公开以标示房地产的流转;③ 管理职能,包括产籍管理职能和审查监督职能,前者是指对反映房地产权属现状和历史的档案资料进行管理,后者是指对申请登记的房地产权利的真实性和合法性进行审查,并对房地产的交易状况进行监督。

2015年3月以前,我国对房屋和土地权属登记分别立法,并依法对房屋和土地权利分别进行登记,分别颁证。2014年11月24日,国务院公布了《不动产登记暂行条例》[①],从2015年3月1日该条例实施起,我国对房屋、土地以及其他不动产权利统一进行不动产登记。为实施该条例,2016年1月1日,国土资源部公布了《不动产登记暂行条例实施细则》(2019年7月24日,自然资源部对该实施细则进行了修改)。《不动产登记暂行条例》第5条规定了应当办理登记的不动产权利,其中包括城市房地产法所涉及的房地产权利,即房屋等建筑物、构筑物所有权和建设用地使用权,以及抵押权。本节按照《不动产登记暂行条例》及其实施细则的规定,阐述与城市房地产权属登记有关的内容。

二、房地产权属登记的类型

《不动产登记暂行条例》将不动产登记分为首次登记、变更登记、转移登记、注销登记、更正登记、异议登记、预告登记、查封登记等类型,《不动产登记暂行条例实施细则》对这些类型的登记作出了具体规定。房地产权利人按照这些规定申请办理相应的不动产登记。

首次登记是指不动产权利第一次登记。《不动产登记暂行条例实施细则》第24条规定,未办理不动产首次登记的,不得办理不动产其他类型登记,但法律、行政法规另有规定的除外。据此,房地产权利人首次取得房地产权利的,应当按照该规定申请办理不动产首次登记。

变更登记是指因不动产权利人身份或者不动产状况等发生改变,但不发生不动产权利转移而进行的不动产登记。根据《不动产登记暂行条例实施细则》第26条的规定,出现下列情形之一的,房地产权利人可以向不动产登记机构申请不动产变更登记:① 权利人的姓名、名称、身份证明类型或者身份证明号码发生变更的;② 房地产的坐落、界址、用途、面积等状况变更的;③ 房地产权利期限、来源等状况发生变化的;④ 同一权利人分割或者合并不动产的;⑤ 抵押担保的范围、主债权数额、债务履行期限、抵押权顺位发生变化的;⑥ 最高额抵押

---

① 2019年3月24日公布的《国务院关于修改部分行政法规的决定》,对《不动产登记暂行条例》作了修订。

担保的债权范围、最高债权额、债权确定期间等发生变化的;⑦ 地役权的利用目的、方法等发生变化的;⑧ 共有性质发生变更的;⑨ 法律、行政法规规定的其他不涉及不动产权利转移的变更情形。

转移登记是指因不动产转让引起不动产权利发生转移而进行的不动产登记。根据《不动产登记暂行条例实施细则》第 27 条的规定,因下列情形导致房地产权利转移的,当事人可以向不动产登记机构申请不动产转移登记:① 买卖、互换、赠与房地产的;② 以房地产作价出资(入股)的;③ 法人或者其他组织因合并、分立等原因致使房地产权利发生转移的;④ 房地产分割、合并导致权利发生转移的;⑤ 继承、受遗赠导致权利发生转移的;⑥ 共有人增加或者减少以及共有房地产份额变化的;⑦ 因人民法院、仲裁委员会的生效法律文书导致房地产权利发生转移的;⑧ 因主债权转移引起房地产抵押权转移的;⑨ 因需役地房地产权利转移引起地役权转移的;⑩ 法律、行政法规规定的其他房地产权利转移情形。

注销登记是指因不动产或其权利消灭而进行的不动产登记。根据《不动产登记暂行条例实施细则》第 28 条的规定,有下列情形之一的,房地产权利人可以申请办理不动产注销登记:① 房地产灭失的;② 权利人放弃房地产权利的;③ 房地产被依法没收、征收或者收回的;④ 人民法院、仲裁委员会的生效法律文书导致房地产权利消灭的;⑤ 法律、行政法规规定的其他情形。

更正登记是指为了对不动产登记簿上的错误或疏漏记载进行改正、补充而进行的登记。根据《不动产登记暂行条例实施细则》第 79—81 条的规定,房地产权利人、利害关系人认为不动产登记簿记载的事项有错误,可以申请不动产更正登记,不动产登记机构认为不动产登记簿记载确有错误的,应当予以更正。不动产登记机构发现不动产登记簿记载的事项错误,应当通知当事人在 30 个工作日内办理更正登记;当事人逾期不办理的,不动产登记机构应当在公告 15 个工作日后,依法予以更正。

异议登记是指利害关系人认为不动产登记簿记载的事项错误但权利人不同意更正,而就登记的权利向不动产登记机构提出异议,不动产登记机构经审查将异议记载于登记簿的登记行为。异议登记使得登记簿上所记载的权利失去正确性推定的效力,使第三人不得主张基于登记而产生的公信力。异议登记不是对错误登记的终局救济,而是更正登记之前所采取的临时措施。根据《不动产登记暂行条例实施细则》第 82 条的规定,利害关系人认为不动产登记簿记载的事项错误,房地产权利人不同意更正的,利害关系人可以申请异议登记。

预告登记是指当事人签订买卖房屋或者其他不动产物权的协议,为保障将来实现物权,而按照约定可以向登记机关申请的预先登记。根据《不动产登记暂行条例实施细则》第85条的规定，有下列情形之一的，房地产权利人可以按照约定申请不动产预告登记：① 商品房预售的；② 房地产买卖、抵押的；③ 以预购商品房设定抵押权的；④ 法律、行政法规规定的其他情形。预告登记生效期间，未经预告登记的权利人书面同意，处分该房地产权利申请登记的，不动产登记机构应当不予办理。预告登记后，债权未消灭且自能够进行相应的不动产登记之日起3个月内，房地产权利人申请不动产登记的，不动产登记机构应当按照预告登记事项办理相应的登记。

查封登记是指因继承、判决或者强制执行等原因，作为被执行人的不动产权利人尚未向不动产登记机构办理登记手续，而由执行法院向不动产登记机构提供被执行人取得财产所依据的继承证明、生效判决书或者执行裁定书及协助执行通知书，由不动产登记机构对该不动产的权属直接进行登记，然后再予以查封。查封登记与预告登记一样，属于权利限制的登记。根据《不动产登记暂行条例实施细则》第90条的规定，人民法院对符合条件的房地产有权要求不动产登记机构办理查封登记。

三、房地产权属登记的程序

（一）申请和受理

我国的不动产登记实行依申请登记的原则，因此，房地产权利人办理不动产登记应当向不动产登记机构提出申请。根据《不动产登记暂行条例》第14条的规定，因房地产买卖、设定抵押权等申请不动产登记的，应当由当事人双方共同申请。属于下列情形之一的，可以由当事人单方申请：① 尚未登记的房地产首次申请登记的；② 继承、接受遗赠取得房地产权利的；③ 人民法院、仲裁委员会生效的法律文书或者人民政府生效的决定等设立、变更、转让、消灭房地产权利的；④ 权利人姓名、名称或者自然状况发生变化，申请变更登记的；⑤ 房地产灭失或者权利人放弃不动产权利，申请注销登记的；⑥ 申请更正登记或者异议登记的；⑦ 法律、行政法规规定可以由当事人单方申请的其他情形。

根据《不动产登记暂行条例》第16条的规定，申请房地产权利的不动产登记，申请人应当提交下列材料，并对申请材料的真实性负责：① 登记申请书；② 申请人、代理人身份证明材料、授权委托书；③ 相关的房地产权属来源证明材料、登记原因证明文件、房地产权属证书；④ 房地产界址、空间界限、面积等材料；⑤ 与他人利害关系的说明材料；⑥ 法律、行政法规以及该条例实施细则规定的其他材料。另外，《不动产登记暂行条例实施细则》对于申请人申请房地产权利的首次登记、变更登记、转移登记、预告登记等各种类型登记应提交的材料，作出了具体规定。

不动产登记机构收到上述不动产登记申请材料,应当分别按照下列情况办理:① 属于登记职责范围,申请材料齐全、符合法定形式,或者申请人按照要求提交全部补正申请材料的,应当受理并书面告知申请人;② 申请材料存在可以当场更正的错误的,应当告知申请人当场更正,申请人当场更正后,应当受理并书面告知申请人;③ 申请材料不齐全或者不符合法定形式的,应当当场书面告知申请人不予受理并一次性告知需要补正的全部内容;④ 申请登记的房地产不属于本机构登记范围的,应当当场书面告知申请人不予受理并告知申请人向有登记权的机构申请。不动产登记机构未当场书面告知申请人不予受理的,视为受理。

(二) 审查和登记

根据《不动产登记暂行条例》的规定,不动产登记机构受理房地产权利人提交的不动产登记申请的,应当按照下列要求进行查验:① 房地产界址、空间界限、面积等材料与申请登记的不动产状况是否一致;② 有关证明材料、文件与申请登记的内容是否一致;③ 登记申请是否违反法律、行政法规规定。属于下列情形之一的,不动产登记机构可以对申请登记的房地产进行实地查看:① 房屋等建筑物、构筑物所有权首次登记;② 在建建筑物抵押权登记;③ 因房地产灭失导致的注销登记;④ 不动产登记机构认为需要实地查看的其他情形。对可能存在权属争议,或者可能涉及他人利害关系的登记申请,不动产登记机构可以向申请人、利害关系人或者有关单位进行调查。不动产登记机构进行实地查看或者调查时,申请人、被调查人应当予以配合。

不动产登记机构应当自受理登记申请之日起 30 个工作日内办结不动产登记手续,法律另有规定的除外。登记事项自记载于不动产登记簿时完成登记。不动产登记机构完成登记,应当依法向申请人核发不动产权属证书或者登记证明。

第六节 法 律 责 任

一、违反房地产管理规定的法律责任

(一) 擅自批准出让或者擅自出让土地使用权的法律责任

擅自批准出让土地使用权,是指县级以上地方人民政府未经国务院或者省级人民政府批准,擅自批准将本辖区内的国有土地使用权出让的行为。擅自出让土地使用权,是指市、县人民政府土地管理部门未将会同城市规划、建设、房产管理部门共同拟定的出让方案报经有关人民政府批准,擅自实施土地使用权出让的行为。作出上述行为的,由上级机关或者所在单位有关责任人员行政处分。

(二)擅自从事房地产开发业务的法律责任

擅自从事房地产开发业务,是指未取得房地产开发企业营业执照的单位或个人擅自从事房地产开发的行为。作出上述行为的,由县级以上人民政府工商行政管理部门责令停止房地产开发业务活动,没收违法所得,可以并处罚款。

(三)违反出让土地转让条件转让土地使用权的法律责任

违反出让土地转让条件转让土地使用权,是指未全部支付土地使用权出让金或者未取得土地使用权证书而转让土地使用权的行为,以及未按照出让合同约定进行投资开发或者投资开发不足总额25%而转让土地使用权的行为。作出上述行为的,由县级以上人民政府土地管理部门没收违法所得,可以并处罚款。

(四)违反划拨土地转让条件转让房地产的法律责任

违反划拨土地转让条件转让房地产,是指贷款未经批准而进行房地产转让的行为,以及虽经批准但受让方未依法办理土地使用权出让手续或者未缴纳土地使用权出让金的行为。作出上述行为的,由县级以上人民政府土地管理部门责令缴纳土地使用权出让金,没收违法所得,可以并处罚款。

(五)违法预售商品房的法律责任

违法预售商品房,是指预售人未支付全部土地使用权出让金或未取得土地使用权证书而预售商品房的行为,未持有建设工程规划许可证而预售商品房的行为,投入预售商品房开发建设资金未达到工程建设总投资的25%、未确定施工进度和竣工交付日期而预售商品房的行为,以及未向县级以上人民政府房产管理部门办理预售登记或未取得商品房预售许可证明而预售商品房的行为。作出上述行为的,由县级以上人民政府房产管理部门责令停止预售活动,没收违法所得,可以并处罚款。

(六)擅自从事房地产中介服务的法律责任

擅自从事房地产中介服务,是指未领取房地产中介服务机构营业执照而从事房地产中介服务的行为。作出上述行为的,由县级以上人民政府工商行政管理部门责令停止房地产中介服务活动,没收违法所得,可以并处罚款。

二、行政执法人员违法的法律责任

(一)乱收费的法律责任

乱收费是指没有法律、法规的依据,向房地产开发企业收费的行为。作出上述行为的,上级机关应当责令退回所收取的钱款;情节严重的,由上级机关或者所在单位给予直接责任人员行政处分。

(二) 玩忽职守、滥用职权的法律责任

玩忽职守是指房地产管理部门工作人员不履行或者不正确履行法定职责的行为。滥用职权是指房地产管理部门工作人员利用手中的职权作法律所禁止的行为。作出上述行为,构成犯罪的,依法追究刑事责任;不构成犯罪的,给予行政处分。

(三) 受贿的法律责任

受贿是指房地产管理部门、土地管理部门的工作人员利用职务上的便利,索取他人财物或者非法收受他人财物为他人谋利益的行为。作出上述行为,构成犯罪的,依法追究刑事责任;不构成犯罪的,给予行政处分。

复习思考题

1. 如何理解城市房地产管理法的基本原则?
2. 试述土地使用权出让的范围和方式。
3. 我国法律对房地产转让作出了哪些规定?
4. 谈谈对商品房预售承购人的法律保护。
5. 房地产经纪机构应遵循哪些法律规定?

第九章 计 划 法

计划是社会调控的一种手段,并不是计划经济的专有物,市场经济也需要计划。当今世界各国,即使是最自由的市场经济国家也在一定程度上存在着计划的成分。但由于人们认识上的偏差等原因,对计划有多种理解、多种使用方法。国家为了防止计划的偏差、规范计划的规则,就有必要从法律上对计划给予具体的规定。但到目前为止,我国尚无调整计划关系的法律。

第一节 计划法概述

一、计划和计划法的概念

(一) 计划的概念和职能

"计划"一词可以在不同的意义上使用。通常意义上,"计划"被理解为人们在行动以前预先进行的设计、规划或筹划,它包括行动的具体内容和实施步骤等。"计划"还可以被理解为宏观经济调控的一种手段和经济体制中的一种体制等。计划法属于经济法,所以计划法中的"计划"主要指的是经济计划,即一国对其经济和社会事业发展所作出的预测及其希望实现的政策目标,以及为实现政策目标所需要采取的相互协调的政策措施。

莫里斯·博恩斯坦曾经给计划下了一个定义:计划是未来行动的方案,它包括三个主要特征:① 它必须与未来有关;② 它必须与行动有关;③ 必须有某个机构负责促进这种未来行动[①]。我国学界一般认为,计划法中的计划包括以下主要内涵:① 计划必然以信息的掌握为基础,不掌握确实可靠的信息而制定的计划肯定是盲目的,在实践中会造成难以估计的不良后果;② 计划必然与未来有关,计划都是事前拟订的,虽然有可能在计划的实行过程中根据情况的变化对原定计划作出调整和修改,但针对的仍然是将来的行动目标;③ 计划必然与行动有关,应该包括实现计划的行动和步骤;④ 必须有某个或某几个机构负责促进计划的实现,要注意的是,促进计划实现的机构与实际实施计划内容的主

---

① [美]莫里斯·博恩斯坦:《东西方的经济计划》,朱泱等译,商务印书馆,1995,第4页。

体是不同的,后者的范围要远远大于前者。

从资源配置角度来看,计划是与市场相对应的概念,计划与市场的关系问题是长期以来人们一直讨论的问题。它涉及计划经济体制和市场经济体制的选择,还涉及计划的职能、地位以及计划法的宗旨、地位等。我国自提出实行社会主义市场经济体制以来,对于计划职能的认识也在不断深化,传统的计划概念已经在根本上改变。有学者认为,计划的职能主要有:① 预测引导,即预测未来发展方向,引导市场主体遵从;② 政策协调,即在实施计划目标的过程中协调各个方面的政策,以实现计划目标;③ 宏观调控,即通过预测引导、政策协调,来对经济与社会发展的主要方面进行宏观调控。

计划的上述主要职能表明,在现代市场经济条件下,计划在国家的经济和社会发展中有着非常重要的作用,它在宏观上为国家和国民提供了行动的指针和目标,并为实现预期目标提供了具体的政策协调和政策引导;它本身就是一种宏观调控的手段,还可以对其他的宏观调控手段进行协调,因而计划调控是一种更高层次的调控。

(二) 计划的内容和形式

改革开放以来,传统的计划经济体制逐渐为社会主义市场经济体制所取代,计划逐渐由原来的以指令性计划为主转变为现在的以指导性计划为主,计划的内容和形式也随之发生改变。与计划的职能相关,指导性计划的主要特点是预测性、政策性和协调性,其调节的对象不再是企业,而是市场。同时,计划也从过去重视微观的经济任务和生产指标,转变为现在更重视宏观上的经济与社会的协调发展。正因为如此,我国1982年颁布的《宪法》将计划的名称由"国民经济计划"改为"国民经济和社会发展计划",并从1983年开始使用这一新的名称,从而在宏观上扩大了计划的适用范围,进而对计划的内容也产生了影响。

现行计划的内容主要是:确定国家在一定时期经济和社会发展的主要目标和为实现计划目标所采取的政策措施。因此,计划的内容主要包括两大部分,即目标体系和政策体系。计划的目标体系包括经济增长率、货币增长率、通货膨胀率、国民收入、就业率、国际收支平衡,以及人口增长等方面的重要指标,而计划的政策体系则包括以调节总需求为重点的经济总量平衡政策,以产业政策为核心的经济结构调整政策,以兼顾效率与公平为宗旨的收入分配政策,以促进经济、科技、社会、环境协调发展为目标的可持续发展政策,以获取国际比较利益为目标的对外经济政策等。这些政策与具体实行的财政政策、货币政策、投资政策、价格政策、国际收支政策、人口政策等直接相关,因而必须对这些政策进行有效协调,才能实现宏观经济和社会发展的各项目标。

上述计划的内容需要以一定的计划形式加以体现。计划的形式依据不同的标准可作多种分类。主要有两种：① 按照计划的适用范围,可分为综合性计划、行业性计划和专项计划。其中,综合性计划是指国家依法制定的国民经济和社会发展计划,包括国民经济、科技进步和社会事业三大方面的内容。行业计划是全国性的各行业、各部门系统的计划,是综合计划中有关内容的具体化。专项计划是某一重要领域或特定时期的专门计划,是国家为实现特定目的而制定的特殊计划。② 按照计划的适用期限,可分为长期计划、中期计划和短期计划。长期计划是 10 年或 10 年以上的纲领性计划；中期计划一般是 5 年计划,是长期计划的实施性计划；短期计划一般是年度计划,是落实中期计划的具体行动计划。

(三) 计划法的概念和立法

计划法是调整计划关系的法律,即调整在制定和实施国家计划的过程中发生的社会关系的法律规范的总称。它是经济法中宏观调控法的重要部门法,在宏观调控方面具有极为重要的作用。

计划法的调整对象是在制定和实施国家计划的过程中发生的社会关系,简称计划关系。它可以分为计划实体关系和计划程序关系,还可以分为直接计划关系和间接计划关系。参加计划关系的主体简称计划主体,计划法律关系是依据计划法而形成的计划主体之间的权利义务关系。在计划经济体制下,国家计划管理主要是通过下达指令性计划实现的,因此,直接计划关系是主要的、大量的,规定的权利义务刚性较强。在指令性计划转为指导性计划的情况下,由于计划手段的运用主要是间接调控,所以间接计划关系是主要的、大量的,因而实际上主要是通过经济政策、经济杠杆等的间接调节,使受计划影响的市场主体能够趋利避害并按照计划的指引作出理性的选择。在这方面,计划法上的权利义务不像传统的民法、行政法、刑法等规定的权利义务那样刚性较强,而是较为柔和。

我国曾长期实行计划经济体制,虽然制定了一些计划方面的规范性文件,如《国民经济计划编制暂行办法》(1952 年 1 月颁布)、《关于编制国民经济年度计划暂行办法(草案)》(1953 年 8 月颁布)、《中共中央、国务院关于改进计划管理体制的规定》(1958 年 9 月颁布)、《国家计划委员会关于改进计划体制工作的若干暂行规定》(1984 年 10 月颁布)等,但计划立法比较薄弱,至今尚无一部调整计划关系的专门法律。这主要是因为在实行计划经济体制的时期,法制不受重视,指令性计划就是行政命令,必须执行；而从计划经济体制转向市场经济体制后,法制建设得到重视,但对于计划的职能、地位还缺少明确的、统一的、深入的认识,因而计划法难以出台。尽管如此,在市场经济条件下,计划仍然是必不可少的,而且有计划就会有计划工作或计划行为,有计划行为就需要有法律对其进行规范,否则计划的科学性就无法保障,其指导作用也无法发挥,因此,必须加强计划立法。

随着计划观念的转变，对于计划法的认识也在逐渐深化。从部门法的角度说，不仅计划法不能与计划相等同，而且作为部门法的计划法是实质意义上的计划法律规范的总称，它与形式意义上的《计划法》还有许多区别；同时，计划法应当包括的范围更广，其立法形式应当是多样的。

二、计划法的基本原则

(一) 遵循市场经济规律原则

在市场经济体制下，遵循客观经济规律的内涵之一就是要以市场为配置资源的基础性方式，注重自觉运用价值规律，充分发挥市场的调节作用。对于计划法来说，只有在市场缺陷导致市场无法自我调节的时候，包括计划在内的宏观调控等经济手段才可以起补位的调节作用。换言之，在市场自我调节正常作用的时候，计划法应当限制计划超越市场配置资源的基础性地位的"越位"行为；而在市场调节失灵时，计划法又应当保障计划调控对市场调节失灵之补救作用的发挥。不论是哪种情况，都应始终以遵循客观经济规律为原则。

计划调控虽然在市场调节失灵时才发挥作用，但这并不意味着调控计划的制定可以任意为之，它仍然必须以市场规律为依托；换言之，计划调控的目的在于使市场调节恢复正常，而不是在市场调节之外再创造或实行另一套调控体制，即"一元调节"而非"二元调节"。因此，计划调控不仅以市场经济规律的扭曲为触发的前提，而且以市场经济规律恢复正常为最终目的之一，这才是计划法的"遵循市场经济规律"原则的全部含义，而且后者更应是中国当前计划实践尤须强调的方面。

(二) 综合平衡与协调原则

所谓综合平衡与协调原则，是指计划法要从整个国民经济的协调发展和社会经济的总体效益出发，调整国民经济结构和经济政策的关系，以促进社会经济的协调、稳定和发展。这也是经济法的"社会总体经济效益优先，兼顾社会各方利益"的公平原则在计划法中的具体体现。

相对于国家其他宏观调控手段来说，计划是更具综合性、更高层次的调控手段。这是因为，一国经济的整体性决定了各种宏观调控手段不可能自行其是，只有作为一个整体相互配合、协调，才能真正对国民经济起到切实有效的调节作用。这就需要一个能够起协调作用并解决冲突的"统帅"，此即计划；计划法的功用在于确保计划的这种综合平衡与协调作用在国家整个宏观调控体系中居于主导地位和决定地位，使其他各种宏观调控手段及其法律服从计划及计划法的统一安排，共同发挥作用。

计划法的综合平衡与协调的对象首先是计划体系本身。计划体系中各种类、各层次的计划彼此之间应当保持一致性与协调性,因为"许多分别的计划没有形成一个有计划的整体——实际上,计划者应该首先承认——它们或许比没有计划还要糟糕"①。其次是作为全国整体计划的中央计划与财政、产业、金融、税收和价格等宏观调控政策。由于政府的各职能部门、各个地区因部门利益、地区利益的差异而导致的部门保护主义和地区保护主义的存在,各部门、各地区分别制定的经济政策往往彼此不相协调,甚至冲突,这时需要计划法从一个更高的层次上进行平衡和协调;而且,目前看来,计划法在这方面的平衡协调功能尤须加强。最后是具体的计划与财政、价格等其他宏观调控措施之间也有平衡与协调的必要。

(三) 兼顾国家、集体、个人三方利益原则

兼顾国家、集体和个人三方利益原则意味着:一方面,我们要强调和保证中央计划的统一性。这是因为,中央计划在根本上代表全国人民的共同利益,对共同利益的损害归根结底也是对个人利益的损害。另一方面,也不能借口保护国家利益,而忽视集体和个人的利益。反映在计划法中,就是要适当界定地方的计划权限,注重地区各方面条件的差异而赋予计划一定的灵活性。

兼顾国家、集体和个人三方利益同时涉及三者利益的先后顺序问题。由于计划法的宏观性,个人的经济利益难以在其中得到直接体现,所以主要是国家利益与集体(或地方)利益的优先或劣后。在一般情况下,当以国家利益为重,而集体利益次之。但是,在某些特定情况下,还应当允许集体或地方的利益优先于国家利益。比如,当地方政府作为社区所有权的代表时,地方政府的角色首先是社区意志和利益的代表,其次才是国家政权之基层或地方组织,遇到社区利益与国家利益发生矛盾时,当可在法律允许的范围内以社区利益为重②。

三、计划法的立法模式

各国有关计划法的立法相对来说是较为薄弱的。从总体上看,主要有两种立法模式:一种是分散立法,即不进行专门的计划立法,只是在相关的立法中规定一些有关计划法的条款;另一种是集中立法,即进行专门的计划立法。在采取集中立法模式的情况下,从国内外已有和拟定的计划法来看,计划法的立法形式主要有以下几种:① 法典形式的计划法;② 经济稳定增长法;③ 宏观经济协调法。

---

① [英] 弗里德里希·哈耶克:《通往奴役之路》,王明毅、冯兴元等译,中国社会科学出版社,1997,第68页。
② 王健主编《经济法学》,厦门大学出版社,2006,第274—275页。

(一) 法典形式的计划法

一般说来,在计划法法典中应规定立法宗旨、计划的性质和任务、计划的职能、计划的内容和形式、计划主体的权利和义务及法律责任等内容。

有必要说明的是,计划权作为国家宏观调控权的重要组成部分,主要包括计划决策权和计划管理权,须在权力机关和行政机关之间进行分割、配置,这与其他宏观调控权的分配原理是一致的。其中,在政府中具体行使计划管理权的是法定的计划管理部门。宏观调控权要高度上收,因此,计划管理权不应像某些权力那样在各级政府之间层层分配,而是应使国家计划部门的宏观调控权更大。

国家计划管理机关的计划管理权主要如下:确定全国国民经济和社会发展的战略目标、任务和主要政策措施;制定和组织实施全国计划,以及全国性的行业计划和专项计划;制定全国产业政策、行业发展政策;组织全国计划的综合平衡;安排重点骨干工程建设,扶持少数民族地区和贫困落后地区经济和社会的发展,指导区域经济发展。至于地方政府计划管理权的行使,尤其应强调贯彻执行中央统一的计划和经济政策,组织实施中央计划中与本地区相关的任务,即应围绕国家计划的实现来做具体的计划工作。

(二) 经济稳定增长法

经济稳定增长法,即稳定法,是计划法的重要形式。该法的立法宗旨是通过各种法律化的经济政策的综合调控来实现总体经济的平衡,以求在市场经济体制下促使经济持续稳定增长,实现宏观经济的四大目标,即稳定物价、充分就业、经济增长和国际收支平衡。

经济稳定增长法的基本功能是通过法律化的经济手段来促进经济平衡,熨平经济周期,防止或缓解经济波动。为了保障上述职能的实现,该法运用的是各类法律化的经济政策综合、协调调整的方法,主要体现为法律化的财税政策、货币政策、投资政策、外贸政策等各类政策的协调配合,以求实现计划的合力。为此,必须规定一系列的计划实体法律制度。这突出地表现在:为了反周期,该法不仅要规定专门的执法机关,还要规定一系列的具体制度,如经济预测、监测、预警制度,经济信息发布制度,重要商品的国家订货、储备、吞吐制度,最高限价制度,紧急状态的产业保护制度等。这些制度,有的还可能要在与计划法相关的一些法律中作出具体的规定。例如,在价格法中有保护价的规定以及物资储备、投放制度的具体规定,在财政法里可以有国家订货或称政府采购的规定等。这些制度总体上都属于经济对策法律制度。

(三) 宏观经济协调法

宏观经济协调法或称宏观经济调控法,是协调各类宏观经济政策以及相关的宏观调控立法的一部法律。它尤其要明确计划、财政、金融之间相互配合和制约的机制,规定宏观调控的原则、任务、范围、目标,协调计划管理机关与有关经济综合部门的职责划分,确定宏观调控的方式、决策程序、监督检查、法律责任等。另外,在立法上,宏观经济协调法的相关规定也可以分解到上述计划法法典或稳定法的相关规定之中。

第二节 计划实体法

一、计划体系

计划体系的基本构成方式就是计划的分类方式。根据不同的标准,对计划可以进行不同的分类。一般来说,主要有以下三种分类方式。

(一) 中央计划、部门计划与地方计划

中央计划又称国家计划,是由国家发展和改革委员会负责组织编制、国务院审定、全国人民代表大会审议批准的计划。国家计划规定国家的产业政策和全国的经济社会发展战略目标、方向、主要任务及实施措施等。国家计划在整个计划体系中居于主导地位,是制定部门计划和地方计划的依据。部门计划是经济主管部门所编制的本部门所属行业的经济发展计划。它根据国家计划的总体要求和有关控制指标制定,并与国家计划基本一致。地方计划是省、自治区、直辖市和计划单列市、市、县等所编制的计划。地方计划是国家计划在各地区的具体化,它根据国家计划,结合本地方的具体情况,确定本地区经济、科技和社会发展的目标、任务和措施。

(二) 长期计划、中期计划和短期计划

长期计划又称长远规划或远景规划,其期限一般在10年或10年以上,是对国家在较长时期内的任务和目标的总体规划。长期计划中不确定因素较多,因此不可能过于具体细微,而只能是一种战略性的设想和规划。中期计划的期限一般是5年,是长期计划的具体化或实施性计划,是国民经济和社会发展计划的基本形式,如我国的"一五"计划一直到目前的"十三五"规划都属于中期计划。短期计划一般是年度计划,是落实中期计划的具体行动计划。长期计划是制定中期、短期计划的依据。中期计划又是短期计划的依据,它作为连接长期计划与短期计划的中间性计划,是整个国家计划体系中的纲领性计划,也是三种计划形式中最重要的一种;在长期计划的基础上,加强中期计划的调控指导作用,将是计划法规范的重心所在。

(三) 综合性计划、行业计划和专项计划

综合性计划是指国家依法制定的国民经济和社会发展计划,是国民计划体系中最重要的计划形式,包括国民经济、科技进步和社会事业三大方面的内容。行业计划是全国性的各行业、各部门系统的计划,是综合计划中有关内容的具体化。专项计划是某一重要领域或特定时期的专门计划,是国家为实现特定目的而制定的特殊计划。

值得注意的是,计划法调整规范的重点是中央计划;在中央计划中,又侧重于综合性计划。

二、计划任务

计划任务是计划所要实现的目标的具体化。对国家计划任务进行法律规定是计划法核心之所在。从根本上说,国家计划的任务在于对经济发展规律的尊重和适应,并能进行有效的恰如其分的积极干预,具体又表现为在国家实行的一定经济体制下对经济规律运作的适应与促进。这是衡量具体的经济计划是否优秀的基本标准。

依据社会主义市场经济规律的基本要求,从我国的实际情况出发,按照《中共中央关于建立社会主义市场经济体制若干问题的决定》的精神,计划法规定国家计划的总体任务主要包括三个方面:① 合理确定国民经济和社会发展的战略、宏观调控目标和产业政策;② 搞好经济预测;③ 规划基本经济结构、生产力布局、国土整治和重点建设。

三、计划指标

计划指标是计划任务的数量和质量的具体表现形式。完整的计划指标由指标名称和指标数值两部分组成。指标名称是指经济和社会发展现象的总体特征。指标数值是指标名称的数量表现,它有绝对数和相对数之分。

计划指标用来规定计划期内经济、社会和科技发展的方向、目标、规模、速度、比例和效益。建立科学的计划指标体系,对有效、定量地组织和管理国民经济和社会的发展具有十分重要的意义。

四、计划法律责任

计划法律责任是在计划决策、编制到执行的全过程中,计划主体违反计划法规定的义务而应承担的法律后果。它可分为计划管理主体的责任和计划执行主体的责任。

(一) 计划管理主体的责任

对于计划管理主体的责任,有必要区分计划管理机关和管理机关中有关责任个人的不同责任。

计划机关必须实现为计划执行主体执行计划创造条件的种种承诺,并且承担计划执行主体因执行计划而受到的政策性损失等正常损失。如果由于计划机关的原因，造成计划失误，以致计划执行主体遭受了损失，包括实际损失和可得利益损失，计划执行主体可以通过计划保障请求权要求计划机关承担财产责任；必要时，计划机关还要承担经济管理责任。当计划执行主体遭受的损失巨大，不宜也无法由计划机关单独承担时，则必须由国家出面承担国家赔偿责任，这也是要在计划法律责任体系当中纳入"国家责任"的必要性所在。

管理机关中有关个人因计划决策或组织实施过程中的失误造成损失的，该个人也应承担相应的财产责任和经济管理责任。而且，对于计划法律责任制度的完善而言，追究有关责任个人的责任具有更重要的意义。因为从某种意义上说，计划机关只具有虚拟的人格，仅由计划机关作为组织体承担责任，而不对该组织体的成员进行制裁或处罚的话，无法起到通过责任制约权力的有效作用；而且，相对来说，由计划机关承担责任更多是出于对计划执行主体的损失加以赔偿的目的，其惩罚性不如由有关责任个人来承担责任明显，所以，只有将有关责任最终追究到个人，才能够真正发挥计划法律责任制度的作用。

(二) 计划执行主体的责任

相对计划管理主体的责任而言，计划执行主体的责任较为简单。如果在执行计划的过程中，由于执行主体自身的原因导致损失的发生，则该损失由执行主体自己承担，而不得要求计划机关或国家承担。

此外，在计划执行过程中，如果计划管理主体和计划执行主体是通过计划合同的方式规定其相互间的权利义务关系的话，那么任何一方违约都必须承担相应的违约责任。

第三节 计划程序法

一、计划运行制度

计划运行制度主要是指通过计划的实施手段使计划有效运作并最终得以实现的制度。在计划经济体制下，计划的实施主要依靠行政手段，通过国家下达指令性计划，并将计划指标层层分解落实。这种办法在一定时期发挥了积极作用。但随着市场经济的建立和发展，这种办法已不能适应实际的需要，不利于发挥各方面的积极性。因此，在市场经济条件下，计划的实现自始至终都应当以市场为基础，换言之，计划可以通过市场实现。计划的实施应当主要依靠非权力和非强制的手段，对从业者采取诱导的方法，通过宏观引导，使各单位的主要经济活动符合国家计划的要求。具体而言，可以采用以下三种方式：

(一) 公布有关计划和经济政策措施

将有关计划和经济政策措施作为信息，定期向各市场经济主体公布，由其根据提供的信息编制自身的相应活动计划，以使国家的计划任务得到部分的落实。这其中的关键是经济信息。经济信息是一个要作广泛理解的不可能下终结性定义的集合概念，它包括本部门特有信息意义上的经济观察和经济统计，并且延伸到收集、传播、评价，以及向经济行政部门、其他公共部门和私人经济主体的传送。有远见的经济政策、有计划的经济行动和正确的抉择必须有可靠的规划和预测，而可靠的规划和预测只能在现实的统计资料的基础上进行，但我国目前的信息系统是非常不健全的。

(二) 广泛推行计划合同制

我国《民法典》第494条规定："国家根据抢险救灾、疫情防控或者其他需要下达国家订货任务、指令性任务的，有关民事主体之间应当依照有关法律、行政法规规定的权利和义务订立合同。"这为在计划领域实行合同制提供了明确的法律依据。

事实上，许多国家都注重通过合同的方式来完成一定的国家计划任务。其中最典型的是法国。计划合同是法国政府在长期实践中形成的一种管理国有企业的比较有效的形式。它是于1969年由当时的法国财政总监诺哈提出的，通过国家与企业签订合同的形式，从法律上规定双方的权利义务关系，确定解决国家与国有企业关系的基本原则。计划合同形式的出现，解决了企业要求独立经营与国家要求企业实现自己的目标之间的矛盾。20世纪80年代，计划合同形式得到了进一步的发展和扩大。目前，法国国有企业中与国家签订了计划合同的企业有一半左右。

(三) 通过国家下达极少量、必要的指令性计划指标来落实计划

尽管在市场经济条件下，计划以指导性为主，但指令性计划仍然是不可或缺的，尤其是对于那些关系国计民生的企业而言。但是，指令性计划的实施应当慎重，不能再用计划体制下的旧思维、旧方式来对待市场体制下的指令性计划。按现行有关法规的规定，除国务院和省级政府计划部门直接下达的，或者授权有关部门下达的指令性计划以外，企业有权不执行任何部门下达的指令性计划。企业对缺乏应当由国家计划保证的能源、主要物资供应和运输条件的指令性计划，可以要求调整，计划下达部门不予调整的，企业可以不执行。

二、计划程序内容

计划程序是指计划过程中按序进行的各个阶段的工作程式和行为准则。有关计划程序的法律规定即为计划程序法。计划法所确立的计划程序应当具有民

主性、科学性、公开性和公正性等特点。可以说,计划的程序是计划的生命,计划必须高度重视程序,只有严格、健全的程序才能保证计划制订的科学性。

(一) 计划的编制、审批和下达

计划法应当规定我国国民经济和社会发展计划的编制、审批、下达程序,特别是编制程序,分为以下几个阶段:① 提出初步设想方案阶段;② 编制计划草案阶段;③ 审议批准计划草案阶段;④ 下达计划阶段。

(二) 计划的执行和调整

计划的执行是继计划的编制、审批和下达之后的又一个基本环节。它是计划在国民经济和社会发展中发挥指导、组织和管理作用的必经程序和决定性阶段。计划的执行因指令性和指导性计划指标要求的不同而有所区别:对于指令性计划,计划执行主体必须按计划要求执行,否则要承担法律责任;对于指导性计划,有关部门、地方和单位应按照国家计划的总体要求和指导方向,根据原材料、能源、资金的可能和市场需要,自行安排生产和销售,国家则主要通过运用各种经济杠杆和经济法规手段,促进计划的实现。

计划的调整是在计划执行过程中,因情况的变化,依法定权限和程序对计划进行必要的变更或修改。计划一经下达,只有在出现法定事由时,才可以变更、修改。这些事由有:① 国际环境发生重大变化,严重影响国内经济发展;② 遭受重大自然灾害或发生未能预料的重大事件;③ 国家重大决策发生变化;④ 市场供需情况有重大变化;⑤ 因其他重大特殊原因必须修改、变更计划。

(三) 计划的监督和检查

计划的监督检查是在国民经济和社会发展计划的执行过程中,对执行单位完成计划的情况进行察看和督促,并指明存在的问题。计划的监督检查是职能部门和被检查单位对国家应尽的法定义务,是计划程序的重要组成部分,也是增强计划的严肃性、提高计划水平的重要环节。

计划监督检查的主要内容包括:计划的制定和实施是否符合法定程序;计划的内容是否切合实际;保证计划执行的政策和措施是否落实及落实的情况;计划执行过程中是否有违法行为;等等。计划的监督和检查可采取多种多样的方法,除大量运用统计资料进行经济定量分析外,还要深入实际、调查研究,利用抽样调查、典型调查、现场考察、举行小型座谈会、听取和研究下级的计划检查报告等,使检查工作既深入又全面,切忌流于形式[1]。

---

[1] 王健主编《经济法学》,厦门大学出版社,2006,第 280—281 页。

复习思考题

1. 如何理解计划法的基本原则？
2. 比较分析计划任务和计划指标。
3. 试述计划法的实体性内容。
4. 何种事由能够引起计划调整？
5. 计划法所确立的计划程序应包括哪些内容？

第十章 产业政策法

产业政策法是规范和保障产业政策的法。产业政策法主要由产业结构政策法、产业组织政策法、产业技术政策法和产业布局政策法所构成。它是经济法的一个重要的不可或缺的组成部分,其基本方面可归入宏观调控法的范畴。

第一节 产业政策法概述

一、产业政策的概念

产业一词的使用相当普遍,但口径不一,尚无统一的定义。大体上说,产业有如下属性:① 产业是一个经济单位,它既是国民经济的组成部分,又是同类企业的集合。② 产业是一个历史范畴,是与社会生产力发展水平相适应的社会分工形式的表现。③ 产业是一个经济系统,不是孤立封闭的,产业与产业之间存在着复杂的直接和间接关联,使全部产业成为一个有机系统。④ 产业是一个核算单位,要进行投入与产出的效益分析,进而提出指导实践的产业政策选择[①]。

产业政策是指国家或政府为实现特定的经济、社会目的而对产业实施的一种特殊政策,这种政策实质上是一种经济干预。政策在经济学领域中通常有两方面的含义:一是指国家经济发展的基本方针或原则;二是指干预社会经济活动的政府行为。作为基本方针或原则,政策对计划制定或市场活动,对政府行为和企业行为,对生产和消费等都有指导作用;作为政府干预经济的行为,政策对资源和社会财富的分配或再分配产生影响。在这里,主要讲的是后一种意义上的产业政策法,即产业政策主要是指政府利用所属的各种职能机构对产业发展或结构转换等的干预行为,产业政策法的提法正体现了其对政府干预产业行为的规范和保障的实质。因此,产业政策法不仅有将产业政策上升为法律形式的问题,而且更意味着制定和实施产业政策的行为受到法律的规范和保障。

---

① 王晓晔主编《经济法学》,社会科学文献出版社,2005,第407—408页。

二、产业政策法的概念和特征

产业政策法是调整产业政策制定和实施过程中产生的经济关系的法律规范的总称。简单地说,产业政策法就是规范和保障产业政策的法。它是经济法的一个重要组成部分,其基本方面可归为宏观调控法的范畴[①]。

作为经济法的一个组成部分,产业政策法具有经济法的一般特征,如经济性或专业性、政策性、行政主导性和综合性等[②]。从产业政策法的基本性质、内容和各国立法、执法情况出发,产业政策法具有以下四个方面的鲜明特征。

(一) 政策性

这是产业政策法在内容方面的特征。产业政策法实际上就是产业政策的法律化。有的学者认为:"产业政策法是政策与法律相互交叉而形成的一种法律。在产业政策法中,政策是其内容,法律是其形式,或者说产业政策获得了法律的表现形式,进而具有法律的一般性质,如规范性和约束力,或者说政策本身就具有法律性质,在这里,政策和法律融为一体。"[③]产业政策法的政策性特征主要表现为产业政策法的制定、修改与国家的经济政策密切相关,这决定了产业政策法具有较大的变动性和灵活性,不同的国家以及同一个国家的不同时期的产业政策法在内容和侧重点上往往差别很大。有关产业政策法一般具有较明显的时限性和阶段性,同时,产业政策法在实施过程中往往也会受到政策变化的影响。

(二) 阶段性

产业政策法的阶段性与针对性有着密切的联系。当它所针对的特定产业被成功扶持或调整时,该产业政策法的历史任务也将完成,从而被废止。许多产业政策法被冠以"临时法"的称呼就是这个道理。从世界各国发展规律看,具体的产业政策一般以每十年或更短的时间为一个周期,产业政策的内容就进行一次较大的更新和调整。产业政策法也是如此[④]。

(三) 社会本位性

产业政策法保护的既不是单纯的国家利益、政府利益,也不是完全的社会个体的利益,而是同这两者既有密切联系又有明显区别的社会公共利益,即广大人民群众所享受的利益。虽然政府应当是社会公共利益的代表,但政府并非没有自身的独立利益。政府在法定的限度内追求自身预算约束的宽松、程序约束的简化、职责履行责任的减轻和模糊化,甚至办公条件的改善等,都是司空见惯的现象。在产业政策的制定与实施过程中,一般来说,政府代表的是社会共同利

[①] 王先林:《产业政策法初论》,《中国法学》2003 年第 3 期。
[②] 史际春、邓峰:《经济法总论》,法律出版社,1998,第 55—66 页。
[③] 董进宇:《宏观调控法学》,吉林大学出版社,1999,第 212 页。
[④] 王健:《产业政策法若干问题研究》,《法律科学》2002 年第 1 期。

益,但这并非在任何时候都能够自动实现,而需要在产业政策法中得到体现和保障。以社会利益为本位的产业政策法的调整包括对某些行业、企业进行规划、引导、扶持、保护和限制等,其所要达到的直接目的都是维护社会整体利益,而不是直接维护某个或某些私人(企业)的利益,尽管它在客观上和间接地会对个体利益产生某种积极或消极的影响。产业政策法的社会本位性体现了经济法追求实质正义的基本价值[①]。

(四) 综合性

产业政策法的综合性表现在:① 产业政策法的内容具有综合性。产业政策是综合的,而不是单一的,以此为内容的产业政策法也必然具有综合性。② 产业政策法的实施手段具有综合性。产业政策法的实施手段多种多样,由财政手段、金融手段、直接规制手段及行政指导手段等构成。③ 产业政策法的综合性还表现为其既包括实体规范又包括程序规范,两方面结合在一起构成完整的产业政策法律制度。

三、产业政策法的立法模式

当今世界,产业政策法的立法模式主要有两种:一为倾斜型产业政策立法模式,以日本为代表。该模式重视产业结构的法律调整,在法律中规定,国家要集中必要的资源、资金和技术力量,实行倾斜性投入和扶持,以加快本国主导产业的超常发展,力求以最小的成本、最快的速度,达到缩短同发达国家差距或增强国际竞争优势的目的。二为竞争型产业政策立法模式,以美国为代表。竞争型产业政策立法模式倾向于产业组织的法律调整,集中于调整竞争关系与防止垄断方面。它强调要充分发挥市场的作用,为各类产业创造一种公平竞争的政策环境,使产业结构的调整顺应市场需求结构发展的趋势,让企业在市场机制作用下自觉地进行生产要素的优化组合和更新换代,尽可能不采取强制性的行政手段。从我国的国情来看,中国的产业政策立法模式应不同于美、日等国的立法模式,我们既要重视产业结构立法,也要重视产业组织立法,双管齐下。只有这样,才能优化我国的产业结构,提升我国的产业竞争力[②]。

四、产业政策法的基本制度体系

产业政策法的基本制度体系主要由产业结构政策法、产业组织政策法、产业技术政策法和产业布局政策法构成。其中,产业结构政策法和产业组织政策法是产业政策法基本制度体系中两个最主要、最基本的方面。

---

① 王先林:《产业政策法初论》,《中国法学》2003年第3期。
② 王健:《产业政策法若干问题研究》,《法律科学》2002年第1期。

第二节 产业结构政策法

一、产业结构政策法概述

产业结构政策法是产业结构政策法律化的产物。产业结构政策是指政府依据本国的产业结构演化趋势,为推进产业结构优化升级而制定的产业政策。产业结构政策按照政策目标和措施不同可以划分为多种不同的类型,主要有主导产业选择和支持政策、弱小产业扶植政策和衰退产业调整政策。产业结构政策法实际上是从动态的角度调整产业之间结构关系的法律,它有强烈的国家调节意图和鲜明的政策导向,能在较短的时间内扶持、保护、调整某个产业的发展进程。

如何选择并确定产业发展的优先顺序,是产业结构政策的核心问题。各国政府一般依据产业结构理论、产业结构变化规律以及本国产业结构的现状,选择产业发展重点的优先顺序。我国把产业分为三个层次:第一产业为农业(包括种植业、林业、牧业和渔业);第二产业为工业(包括采掘业,制造业,电力、煤气、水的生产和供应业)和建筑业;第三产业是指除上述第一、第二产业以外的其他各业。根据产业结构合理与否,它对经济增长的影响和贡献大小也不同。因此,国民经济的发展首先需要处理好产业之间的关系,如三次产业之间的关系、不同门类产业之间的关系,以及同一门类产业的内部关系。我国产业结构调整的目标如下:推进产业结构优化升级,促进第一、第二、第三产业健康协调发展,逐步形成农业为基础、高新技术产业为先导、基础产业和制造业为支撑、服务业全面发展的产业格局,坚持节约发展、清洁发展、安全发展,实现可持续发展[1]。

二、产业扶持政策法

产业扶持政策法是产业结构政策法的核心内容,主要包括保护、扶植战略产业的法律制度。

战略产业是一国为实现产业结构高级化目标所选定的对于国民经济发展具有重要意义的具体产业部门,它具有以下基本特点:① 在国民经济中占有较高份额;② 有着广阔的市场前景和巨大的社会需求;③ 产业关联度高,可以带动和影响其他一系列产业的发展;④ 是国家竞争力的主要支撑力量。可以看到,各国的战略产业部门都是根据其不同的经济、技术发展水平和对未来经济技术发展的预见来确定的。如美国在20世纪80年代初制定了一系列高科技发展计

---

[1] 杨紫烜、徐杰主编《经济法学》,北京大学出版社,2015,第324页。

划,将电子计算机、信息技术、生物技术、海洋工程等确定为战略产业。美国的产业结构由传统的产品经济向知识经济转变,就是由美国多年来产业结构发展的阶段、技术创新的能力、经济效益和对未来经济发展的预测等多种因素所决定的。

保护、扶持战略产业是各国实现产业结构合理化的一项重要措施,也是各国产业政策所要实现的直接目标。保护、扶持战略产业的法律制度则是关于确定战略产业的标准、程序以及保护和扶持战略产业的法律措施和手段的总和。国家要根据社会经济发展的整体规划和需要来制定相应的法律确定战略产业。一般而言,国家选定的战略产业应是对国民经济的稳定持续发展具有重要意义的产业,主要包括:① 新兴产业,即那些在新技术基础上发展起来的朝阳型产业;② 成长产业,即那些由于技术革新而飞跃发展,并在国民经济中举足轻重的传统产业;③ 支柱产业,即那些在现阶段对国民经济的发展起支撑作用的产业;④ 出口主导产业,即已经或可能发展成为具有较强国际竞争能力的产业。战略产业确定后,必须采取相应的保护和扶植措施,以促进战略产业的发展,实现产业结构合理与升级。这就需要制定一系列法律法规,来规定保护和扶植战略产业的具体措施①。

产业扶持政策法的针对性很强,且往往表现为一个个单项立法,它是产业结构政策法中数量最为庞大的一种。中国至今尚未有一部真正称得上产业扶持政策法的法律,但国家还是制定了一些产业扶持政策,主要有:《关于当前调整农业产业结构的若干意见》(1999年)、《当前国家重点鼓励发展的产业、产品和技术目录(试行)》(1997年)、《当前国家鼓励发展的环保产业设备(产品)目录》(第一批)(2000年)、《鼓励软件产业和集成电路产业发展的若干政策》(2000年)、《国家产业技术政策》(2002年)、《汽车产业发展政策》(2004年)、《钢铁产业发展政策》(2005年)、《国务院关于加快培育和发展战略性新兴产业的决定》(2010年)、《产业结构调整指导目录(2019年本)》等。

三、产业调整政策法

产业调整政策法专指对衰退产业(也称不景气产业)进行调整的法律。衰退产业的缩小不像成长产业的发展那样引人注目,而且人们一般直觉地认为经济活动过程中的主要困难在于发展和成长,而不是衰退和缩减,因此,产业调整政策常为人们所忽视。事实上,衰退产业直接影响整个国民经济的发展速度和经济效益,甚至直接影响社会的安定,因此是各国普遍重视的一个问

---

① 李昌麒主编《经济法学》,中国政法大学出版社,2017,第337—338页。

题。与成长产业相比,衰退产业可能更需要政府的干预,需要用一套援助政策来推动产业的调整过程,以避免可能引起的社会和政治问题①。只有政府采取适当的政策,产业结构才能较顺利地进行调整。例如,日本在战后最早出现的衰退产业是煤炭业,之后是纺织业、造船业、有色金属业、石油化工业等,对此,日本制定了各种调整和援助法律,如针对纺织业的《纤维工业设备临时措施法》《纤维工业临时措施法》《改造特定纤维工业结构临时措施法》《纤维工业结构改善临时措施法》等②。

四、产业技术政策法

产业技术政策法是产业技术政策在法律上的表现。产业技术政策是指政府制定的用以引导和干预产业技术进步的政策。产业技术的进步可以推动产业结构的优化和进化,而且技术结构是供给结构的一个因素,是产业结构的一个侧面,因此,可以把产业技术政策法纳入产业结构政策法的范畴加以讨论。

产业技术政策法主要包括三个方面的内容③：① 产业技术结构的选择和技术发展方面的法律制度。当今产业结构逐步表现出技术密集型趋势,因而产业技术法对产业结构升级具有决定性意义。在这种情况下,国家必须通过制定合理的推动技术进步的政策,促进技术进步。具体包括制定一国的技术进步基本法、技术密集型产业结构转换法、重点技术产业发展促进法,并制定相关的技术标准,对产业主体进行经济性评价,鼓励采用先进技术。② 促进资源向技术开发领域投入的制度。产业结构的优化与升级在很大程度上取决于技术进步,国家为了促进科技进步,就必须通过立法引导资源向技术开发领域流动,以逐步实现以技术进步带动产业升级、实现产业结构优化的目的。促进资源向技术开发领域投入的制度应包括鼓励技术引进的制度、鼓励对引进技术的消化吸收制度、技术产权交易制度、技术风险投资制度、鼓励企业技术创新的制度、鼓励科研机构与企业的联合技术开发制度、政府财政和税收的特别制度等积极鼓励引导制度。③ 基础性研究的资助与组织制度。一般来说,基础性研究的资助和组织制度主要包括对基础性研究组织资格的确定制度,对企业无力承担而又必须进行的科学研究提供经费支持的制度,为企业不愿意承担的属于公益性的基础性研究(如环境保护等)提供经费的制度,为特定的高新技术领域或产业提供资助和优惠政策的制度等。

---

① 张延军、张学军:《日本的产业调整援助政策及其对我国的启示》,《外国经济与管理》1996 年第 3 期。
② ［日］小宫隆太郎等编《日本的产业政策》,黄晓勇译,国际文化出版公司,1988,第 56 页。
③ 杨紫烜、徐杰主编《经济法学》,北京大学出版社,2015,第 345—346 页。

第三节 产业组织政策法

一、产业组织政策法概述

产业组织政策法是对产业组织政策进行法律调整而形成的。产业组织政策是指政府为了获得理想的市场绩效而制定的干预产业的市场结构和市场行为的政策。产业组织政策针对产业内的资源配置结构优化与调控问题,其实质是政府通过协调产业组织中规模经济与竞争活力之间的矛盾,建立正常的市场秩序,提高市场绩效。产业组织政策主要包括竞争(反垄断)政策、直接规制政策和中小企业政策[①]。

二、中小企业政策法

(一)中小企业政策法概述

所谓中小企业,即其规模不如大型企业,主要标准是企业职工人数、固定资产或年产值等。在一个国家的企业总构成中,中小企业一般占绝大多数,其产值、上缴税金、就业人数等都在国民经济中占有较大比重,有着十分重要的地位和作用。

中小企业在各国企业总数中都占绝大比重(一般占95%以上),对促进经济社会的发展具有举足轻重的作用,因而各国政府都十分重视制定中小企业政策。就产业结构而言,中小企业对有效竞争的影响表现在两方面:一是大量中小企业的存在有利于保持较低的市场集中率,使市场充满竞争活力,因而具有抑制垄断的作用;二是中小企业若与大企业形成专业化分工协作关系,则有利于促进生产集中、抑制过度竞争、实现各层次企业的规模经济。这就决定了政府制定的中小企业政策的基本目标具有两重性,即以保持市场竞争活力为基本导向和以实现规模经济为基本导向。

关于中小企业的立法有两类性质的法律:一是关于中小企业的组织与活动的法(简称组织法);二是主要规定国家对中小企业扶持政策的法律(简称政策法)。中小企业促进法是指关于中小企业发展的扶植与保护的一系列措施的法律规范。中小企业与大企业相比,在劳动力、资金、技术、信息等市场条件上均处于不利地位,而且还常常受到大企业的打击和排挤。当市场外部环境发生变化时,对中小企业的损害也尤为明显。因此,中小企业的发展离不开政府的扶持。各国都制定了比较完备的中小企业法,规范中小企业的组织和活动,特别是保障

---

① 王先林:《产业政策法初论》,《中国法学》2003年第3期。

政府各种扶持政策和措施的落实。从表面上看,中小企业法似乎属于市场主体法意义上的企业法范畴,但是,从其实质和内容看,它们则属于宏观调控法意义上的产业政策法范畴,是现代经济法的典型和重要的组成部分之一。

从实践来看,各国中小企业的立法模式主要有三种:① 单行立法模式。典型代表为美国。为了促进中小企业的发展,美国自20世纪50年代后期以来相继制定了一系列的单行法律,内容涉及中小企业的方方面面,但还没有自成体系,只是众多单行法规的集合体。② 系统立法模式。该模式以日本和韩国为代表。日本的中小企业立法在世界各国中是最为完备的,有关中小企业的立法既有基本法,又有单行法规与之相配套;既包括了组织法的内容,也包括了促进法和行为法的内容,基本覆盖了中小企业发展的各个方面。③ 分散立法模式。欧洲各国多属于这种模式,如德国、法国、英国、意大利等,没有专门的中小企业单行法规,也谈不上像日本那样有完善的中小企业法律体系。

(二)《中小企业促进法》

在我国,2003年1月1日起正式实施的《中小企业促进法》是第一部关于中小企业的专门法律,该法明确了国家促进中小企业发展的方针、政府扶持和引导中小企业发展的职责,提出了促进中小企业发展的法律举措。

《中小企业促进法》于2017年9月1日十二届全国人大常委会第二十九次会议修订,并自2018年1月1日起实施。修订后的《中小企业促进法》在框架结构上由7章扩展为10章,由45条增加到61条,在内容上从财税支持、融资促进、创业扶持、创新支持、市场开拓、服务措施、权益保护、监督检查等方面,为改善中小企业经营环境、保障中小企业公平参与市场竞争、维护中小企业合法权益、支持中小企业创业创新、促进中小企业健康发展、扩大城乡就业提供法律制度保障。

复习思考题

1. 如何理解产业政策法的内涵和特征?
2. 我国应当采取哪些措施以保障产业政策的实施?
3. 如何完善我国的产业政策法?
4. 试述产业结构政策法的基本内容。
5. 为什么说中小企业法属于产业政策法范畴?

第十一章 财政法

财政法的功能是指财政法在调整财政关系过程中所表现出的一种外在功效。从学理上看,财政是财政法规范和调整的对象,所以财政法的功能应当区别于财政的职能。但从实践上看,在现代社会中,财政关系总是以财政法律关系的形式而存在,因此,财政职能的实现过程与财政法的实施过程在很多方面会出现重合。在一定程度上,财政法是财政活动的一种外在形式,因此,财政法应当服务于不同历史条件下财政活动的内在需要。由此可以推知,在不同的政治经济体制下,由于财政活动的历史基础不同,财政法的功能也是不一样的。在古代社会,财政主要是以捐税形式参与国民收入的分配与再分配,财政法的主要形式是税法。在现代资本主义国家,由于国家对国民经济实行干预,才逐步形成比较完整的财政制度。在社会主义国家,由于生产资料公有制的建立,国家不仅凭借政治权力,而且以国有资产所有者的身份,参与国民收入的分配与再分配。本章介绍预算法、国债法、转移支付法、政府采购法等我国主要的财政法律制度。

第一节 财政法概述

一、财政法的概念和特点

财政法是调整财政关系的法律规范的总称。财政关系是国家为实现其职能的需要,在直接参与国民收入的分配和再分配活动中形成的以国家为一方主体的分配关系。

社会产品的初次分配是在物质生产领域中进行的,初次分配是通过企业财务分配实现的。企业财务分配将企业的总产品分解为补偿基金、职工工资基金和企业纯收入三大部分。所以,初次分配涉及的范围包括全部总产品,国民收入的再分配则是在初次分配形成的职工工资基金和企业纯收入的基础上,对其中的一部分在全社会范围内重新进行分配。再分配主要通过国家预算、税收、价格、利息等手段进行,其中的预算和税收属于财政领域。由此可见,初次分配的对象是总产品,而再分配的对象则是国民收入,特别是其中的纯收入部分。补偿基金和工资基金相对来说是一个不变的部分。财政集中收入和调节经济的功能,主要是通过对纯收入的分配实现的。从这个意义上讲,财政分配的核心是纯收入的分配和再分配。

财政分配关系受财政法调整之后就形成财政法律关系。财政法律关系与其他法律关系相比,具有以下三个基本特点。

(1) 财政法律关系与国家的职能活动有着本质联系。在财政法律关系中,主体的一方始终是国家或代表国家的有关机关,国家通过组织财政收入和安排财政支出,直接参与社会产品和国民收入的分配和再分配。

(2) 财政分配是凭借国家的政治权力和法律手段进行的,是一种强制性的分配关系,因而在双方当事人之间存在着明显的服从关系,其权利和义务的设置不是自愿协商的,这与商品的交换关系和契约关系明显不同。

(3) 财政法律关系中财政收入和财政支出的组织和安排是按照无偿的原则进行的,这与商品的等价交换关系和信贷的有偿使用关系是不同的。

二、财政法的任务和作用

财政是重要的宏观调控手段,它的主要任务是组织收入、配置资源、调节分配和稳定经济,财政法的作用就在于保障这些任务的实现。

(1) 保证国家管理和经济建设所需要的资金的筹集与合理使用。建设社会主义现代化强国,必须筹集大量的资金,并且有计划地合理分配和使用,这就需要由国家来组织财政收入和财政支出。财政法对国家组织财政收入和支出起重要的保证作用。对资金的来源、取得的方法和比例、分配使用的原则和办法,由法律加以规范,就能对合理地生财、聚财和用财起到保证作用。

(2) 通过财政法律的规范作用,保证财政支出的合理分配。通过合理分配财力,引导人力、物力的流向,形成符合国民经济发展需要的产业结构和经济地区结构,达到资源的合理配置。在财政支出的合理分配中,最重要的是积累与消费的比例,生产性建设与非生产性建设的比例,三大产业的比例,农业、轻工业、重工业的比例等。财政支出在这些方面的分配得到法律的有效保障,是国民经济和社会健康发展的重要保证。

(3) 保障调节分配关系,促进社会公平的实现。市场经济和竞争会造成初次分配的巨大差距,甚至造成两极分化,这是与社会公平的原则相悖的。财政调节的重要目标之一,就是缓解和协调不合理的分配关系,减少社会不公,财政法通过调节各分配主体之间的物质利益关系,通过财政、税收等手段适当缩小差距,调节分配的矛盾,就能促进社会公平的实现。

(4) 保障经济稳定的实现。社会经济的发展应当力求稳定,避免大起大落、过度波动。这种稳定一般应包括充分就业、物价稳定和收支平衡,这些都要靠有效的财政政策来保障。一部科学而有效的财政法是促进这一目标实现的有力保障。

三、财政法的范围

财政法的范围有一个历史发展过程。财政法是伴随着国家的产生而形成的。在剥削阶级占统治地位的社会里,财政主要是以捐税形式参与国民收入的分配与再分配,财政法的主要形式是税法。在现代资本主义国家,由于国家对国民经济实行干预,才逐步形成比较完整的财政制度。在社会主义国家,由于生产资料公有制的建立,国家不仅凭借政治权力,而且以国有资产所有者的身份参与国民收入的分配与再分配。因此,社会主义财政法的范围一般应包括:财政法、预算法、税收法、预算外资金管理法、转移支付法。税收法由于包括内容较多,本书将于后续列专章进行叙述,而财政法作为调整财政关系的基本法目前尚未形成,所以我们在这里的研究对象主要是:预算法、国债法、转移支付法及预算外资金管理法等方面。

第二节 预 算 法

一、预算法的概念和原则

(一) 预算法的概念和立法

预算法是国家调整预算收支关系的法律规范的总称。预算一般指国家预算,是指一个财政年度国家财政的收支预计。预算是国家的基本财政计划,是国民经济和社会发展计划的重要组成部分,是实施宏观经济调控的主要手段之一。

预算法是财政法的重要组成部分。中华人民共和国成立以来,由于国家对预算工作的重视,我国的预算管理工作不断得到改进和加强,从而对社会主义建设事业的发展发挥了积极作用。但也应该看到,长期以来我国在预算管理方面虽曾发布过不少单行法规,然而一直没有制定一部基本法律,在预算的编制、审批、执行、调整、决算及监督管理等方面都存在不少问题。1994年3月22日由八届全国人大第二次会议通过、2014年8月31日十二届全国人大常委会第十次会议第一次修正、2018年12月29日十三届全国人大常委会第七次会议第二次修正的《预算法》是一部预算管理方面的基本法,是国家组织预算收支、进行预算管理的法律依据。它的实施有利于增强各级预算的法律效力,充分发挥预算的各项职能。该法共11章101条,主要内容包括:编制预算决算的基本原则,预算管理职权,预算收支范围,预算的编制、审批、执行、调整程序和决算,以及违反《预算法》的法律责任等。

(二) 预算法的基本原则

预算法为预算的正确编制和实施提供了法律保障,它的主要原则包括以下五个方面。

1. 发展经济与增加财政收入的原则

财政收入的增加必须建立在发展经济的基础上。财政收入的增加必须与国民经济的发展保持适当比例。经济增长,财政收入才能增加,各项事业发展所需要的资金才有可靠的来源。脱离经济增长的财政收入的增加,必然损害财源的基础,成为无源之水、无本之木。

2. 统筹、协调和兼顾各种经济利益的原则

财政收支的安排必须统筹兼顾中央与地方之间、地区与地区之间、经济部门之间、国家、集体和个人之间的经济利益关系,协调各种经济利益主体之间的矛盾,调动一切积极因素,促进国民经济和社会的发展。

3. 合理生财、聚财与用财的原则

积极生财、合理聚财和节约用财是财政预算法的一个重要原则,只有努力发展生产、积极培植财源,才能财源茂盛、本固枝荣,才有充足的财基。只有合理聚财,才能更好地调动而不是伤害各方面的积极性。只有节约用财,才能发挥财政资金的经济效益,少花钱,多办事,以有限的财力取得最大的社会经济效果。

4. 坚持财政收支基本平衡的原则

财政收支应坚持量入为出、收支基本平衡的原则。财政收支状况是整个国民经济运行状况的综合表现。经济发展,收入增加,财源充裕,才可以办更多的经济建设事业和社会事业,所以量入为出、收支基本平衡乃是最基本的原则。财政巨额超支、赤字预算是财政预算所忌,它必然导致财政失衡、通货膨胀、经济波动和社会动荡不安。只有量入为出,收支平衡乃至略有节余,才是最好的状态。但是,过多的财政盈余表明财政资金的利用率不足,也不是好的状态。

5. 坚持真实性、全面性、统一性和公开性的原则

真实性即预算活动必须根据确凿翔实的资料进行,收支项目指标不得假定、臆造;全面性即一切财政收支均应在预算内得到反映,不得规避隐瞒;统一性即国家预算与地方预算的统一,设立统一的预算科目,严格统一口径、计算程序和填列方法;公开性即预算必须以一定形式公之于众,便于全社会监督。

以上各条是我国历年来财政预算工作中基本经验的总结,应当在财政预算法中加以明确规定,作为指导原则。有些原则虽然目前由于条件所限尚难以完全做到,也应作为指导原则和努力目标加以规定,并积极创造条件,逐步促其实现。

二、预算体系

预算体系是指各级政府预算构成的整体。《预算法》第 3 条规定,国家实行一级政府一级预算,设立中央,省、自治区、直辖市,设区的市、自治州,县、自治县、不设区的市、市辖区,乡、民族乡、镇五级预算。

从预算的不同角度进行分类,可以组成不同的预算体系。从预算的实施范围来看,我国预算由中央预算和地方预算两大系列组成。

中央预算由中央各部门(含直属单位)的预算组成。中央预算包括地方向中央上解的收入数额和中央对地方返还或者给予补助的数额,是国家预算的重要组成部分。凡属国家重要的、具有全局性的经济建设、教育、科学、文化、卫生、体育、国防等各项经费的支出,对少数民族地区、贫困地区的支援,以及对重大自然灾害地区的援助和对各地方预算的调节等任务,均列入中央预算,所以中央预算在国家预算中占有举足轻重的地位。

地方预算是各级地方政府财政收支计划的统称。从省、自治区、直辖市级到乡、民族乡、镇级所建立起的预算都属地方预算,地方各级政府预算由本级各部门(含直属单位)的预算组成。地方各级政府预算包括下级政府向上级政府上解的收入数额和上级政府对下级政府返还或者给予补助的数额。地方预算担负着保证地方行政管理支出,发展地方经济、文化建设事业等重要任务,它是国家预算的组成部分,在国家预算体系中占有重要地位,国家预算收入的一部分由地方预算组织实现,国家预算支出的相当部分通过地方预算分配。

从预算的业务范围来看,我国预算可以由总预算、部门预算、单位预算和专项预算组成。

总预算是各级政府汇总本级和下级政府的年度收支所编成的预算。国家总预算由中央级预算和省、自治区、直辖市总预算组成。地方各级总预算由本级政府预算和汇总的下一级总预算组成。下一级只有本级预算的,下一级总预算即指下一级的本级预算。没有下一级预算的,总预算即指本级预算。部门预算由本部门所属各单位预算组成。单位预算是指列入部门预算的国家机关、社会团体和其他单位的收支预算。专项预算是为了保证某种特别需要而编制的经费预算。

三、预算管理体制

预算管理体制简称预算体制,是国家在组织预算收入和支出活动中,划分国家与企业、事业单位之间,中央与地方政府之间,上级与下级政府之间,在预算管理方面的职责、权限、预算收支范围以及组织原则、管理方式和机构设置的制度。预算管理体制是财政管理体制的重要组成部分。广义的财政管理体制包括预算管理体制、税收管理体制、企事业财务管理体制、预算外资金管理体制等,狭义的财政管理体制仅指预算管理体制。

(一) 分税制预算体制

分税制是国际上通行的预算体制,是处理中央与地方预算分配关系的一种较为规范的方式。我国《预算法》规定:"国家实行中央和地方分税制。"根据《国务院关于实行分税制财政管理体制的决定》,从1994年1月1日起实行分税制财政体制改革。分税制的主要内容包括:根据政府在经济和社会活动中的不同职责,划分各级政府的事权,按照政府事权的划分确定各级财政的收支范围,以财权与事权基本对应的原则,按税种划分各级财政收入;分设中央与地方两套税务机构分别征管;在合理确定地方财政支出的基础上,实行中央财政对地方财政的返还和转移支付制度;建立和健全分级预算制度,强化各级预算约束。具体做法包括以下四个方面。

(1) 根据财权与事权基本一致的原则,按税种划分中央和地方收入。一般来讲,维持国家权益和实施宏观调控所必需的税种划为中央税,主要包括:关税、海关代征的消费税和增值税,消费税、中央企业所得税、地方和外资银行及非银行金融企业所得税,铁路、国家银行、保险等部门集中交纳的收入(包括营业税、所得税、城市维护建设税),等等。适合地方征管的税种划为地方税,并充实地方税种,主要包括:营业税(不包括铁路、国家银行、保险等部门集中交纳的部分)、地方企业所得税、个人所得税、城镇土地使用税、城市维护建设税、农牧业税、房产税、车船使用税等。划为中央与地方共享的税种主要是一些与经济发展直接相关的税种和个别既不宜划分为中央税;也不宜划分为地方税的税种。目前主要确定为三种:增值税、证券交易税和资源税。其中,增值税中央与地方按75:25的比例分享。证券交易税主要集中在上海、深圳等城市征收,但税源来自全国各地,中央与地方各占一半。资源税因资源属国有,国家要分享权力,但资源大部分集中在中西部地区,资源大省一般为财政穷省,故此陆上资源税可先全部留给地方,海洋石油资源税等个别税种的税收归中央。

(2) 分设中央和地方税务机构分别征税。按税种划分中央和地方收入后,税务机构也要分设,各征各的税,逐步建立起中央和地方税收征管体系。

(3) 中央财政对地方税收返还数额的确定。为保持地方既得利益格局,逐步达到改革目标,中央财政对地方税收返回数额以1993年为基准年度来核定。按照1993年地方实际收入及税制改革和中央与地方收入划分情况,核定1993年中央从地方净上划收入数额(即消费税＋75%的增值－中央下划收入)。1993年中央净上划收入金额返还地方,并以此作为以后中央对地方返还基数。1994年以后,税收返还额在1993年基数的基础上逐年递增,递增率按全国增值税和消费税平均增长率的1∶0.3的系数来确定。即上述两税平均每增长1%，返还额增长0.3%。

（4）建立和健全各级预算制度，强化各级预算约束。按照这种预算管理体制，预算收入划分为中央预算收入、地方预算收入、中央和地方预算共享收入。预算支出划分为中央预算支出和地方预算支出。上级政府不得在预算外调用下级政府预算的资金，下级政府不得截留属于上级政府预算的资金。

分税制的预算管理体制有利于稳定中央与地方各级预算收入的来源，明确各级预算管理的职责权限，做到权责结合，克服过去那种权责不清的预算管理体制带来的弊病，有利于建立和健全各级预算制度，强化各级预算约束，充分调动各级政府预算管理的积极性；有利于增强中央财政的宏观调控能力，更好地发挥财政在结构调整、经济发展和社会主义市场经济体制形成中的积极作用。

（二）各级国家机关的管理职权

明确国家各级权力机关、政府机关、财政部门以及各预算具体执行机关在预算管理中的职权，是保证预算工作顺利进行的重要条件，《预算法》严格划分了各级人民代表大会及其常务委员会、各级人民政府和各级财政部门的职权。

1. 各级人民代表大会的预算管理职权

全国人民代表大会的预算管理职权：① 审查中央和地方预算草案及中央和地方预算执行情况的报告；② 批准中央预算和中央预算执行情况的报告；③ 改变或者撤销全国人民代表大会常务委员会关于预算、决算的不适当的决议。

地方各级人民代表大会的预算管理职权可以参照全国人民代表大会的职权，在本管辖范围内行使。

2. 各级人民代表大会常务委员会的预算管理职权

全国人民代表大会常务委员会预算管理职权：① 监督中央和地方预算的执行；② 审查和批准中央预算的调整方案；③ 审查和批准中央决算；④ 撤销国务院制定的同宪法、法律相抵触的关于预算、决算的行政法规、决定和命令；⑤ 撤销省、自治区、直辖市人民代表大会及其常务委员会制定的同宪法、法律和行政法规相抵触的关于预算、决算的地方性法规和决议。

地方各级人民代表大会常务委员会的预算管理职权，可以参照全国人民代表大会常务委员会的职权在本管辖范围内行使。

3. 各级政府的预算管理职权

国务院预算管理职权：① 编制中央预算、决算草案；② 向全国人民代表大会作关于中央和地方预算草案的报告；③ 将省、自治区、直辖市政府报送备案的预算汇总后报全国人民代表大会常务委员会备案；④ 组织中央和地方预算的执行；⑤ 决定中央预算预备费的动用；⑥ 编制中央预算调整方案；⑦ 监督中央各部门和地方政府的预算执行；⑧ 改变或者撤销中央各部门和地方政府关于预算、决算的不适当的决定、命令；⑨ 向全国人民代表大会、全国人民代表大会常务委员会报告中央和地方预算的执行情况。

地方各级人民政府的预算管理职权，可以参照国务院的职权在本管辖范围内行使。

4. 各级政府财政部门的预算管理职权

国务院财政部门预算管理职权：① 具体编制中央预算、决算草案；② 具体组织中央和地方预算的执行；③ 提出中央预算预备费动用方案；④ 具体编制中央预算的调整方案；⑤ 定期向国务院报告中央和地方预算的执行情况。

地方各级人民政府财政部门的预算管理职权，可以参照国务院财政部门的职权，在本管辖范围内行使。

四、预算管理程序

为了保证各级预算主体能顺利地履行职责，预算活动必须按程序进行，预算管理程序包括预算编制、预算审查和批准、预算执行、预算调整、决算。以法律形式把预算活动的程序规范化，将其纳入法律管理轨道，才能克服预算活动中职责不清、管理监督不力的现象。

(一) 预算的编制

《预算法》第 31 条规定，各级政府、各部门、各单位应当按照国务院规定的时间编制预算草案。国家预算每一会计年度编制一次。我国的会计年度，根据我国的实际情况，并参照世界上多数国家的做法，采用公历年制，即自公历 1 月 1 日起至 12 月 31 日止。

1. 预算编制的基本依据

《预算法》第 32 条规定，各级预算应当根据年度经济社会发展目标、国家宏观调控总体要求和跨年度预算平衡的需要，参考上一年预算执行情况、有关支出绩效评价结果和本年度收支预测，按照规定程序征求各方面意见后，进行编制。

2. 预算编制的方式

我国中央预算和地方各级政府预算按照复式预算编制。复式预算是相对于单式预算而言的，其确切含义是分账预算，其基本内容是将预算收支按来源和用途的不同性质，分别编入两个或两个以上的预算表中，共同构成国家总预算。我国现行的复式预算分为经常性预算（政府公共预算）和建设性预算（资产经营预算）两部分，将来还要建立社会保障预算和其他预算。

复式预算的经常性预算和建设性预算的收支项目，大体可划分为以下四个方面。

第一,经常性预算收入,包括:① 各项税收;② 国家预算调节基金收入;③ 其他收入;④ 非生产性企业亏损补贴冲减。

第二,经常性预算支出,包括:① 非生产性基本建设支出;② 事业发展和社会保障支出;③ 国家政权建设支出;④ 价格补贴支出;⑤ 其他支出。

第三,建设性预算收入,包括:① 经常性预算结余转入;② 专项建设性收入(包括城市维护建设税和交通能源建设基金收入等);③ 企业收入;④ 调入资金;⑤ 生产性企业亏损补贴冲减。

第四,建设性预算支出,包括:① 生产性基本建设支出;② 企业挖潜改造资金和新产品试制费;③ 增拨企业流动资金;④ 地质勘探费;⑤ 支援农业生产支出;⑥ 城市维护建设支出;⑦ 支援经济不发达地区发展资金;⑧ 国内外债务还本付息支出。

我国的国家预算从 1992 年起已试行按复式预算编制,其主要优点在于:① 财政收支对应关系明确,预算约束性强,即税收等收入主要用于非生产性建设和行政管理等经常性开支,资产经营收益和债务收入主要用于经济建设,它们各有相应的来源约束,不易发生膨胀。② 一般情况下,经常性预算收支不会出现赤字,建设性预算出现赤字原因易于查明。③ 经常性预算年度内自求平衡,建设预算不求年度内平衡,但要在长期内平衡,可利用财政手段筹集资金,用于经济建设,以投产后的收益补偿预算收支差额,并用于进一步发展经济建设事业。

实行复式预算,需要两个必要条件:① 把国家的行政管理职能与经济建设职能分开,确定相应的收支总规模,分别确定行政管理费的收支规模与经济建设费的收支规模;② 明确确定产权,实行"利税分流",国家以社会管理者的身份取得税收收入,用于行政管理和非生产性建设,以资产所有者的身份取得资产收益,用于经济建设。

3. 预算编制的基本准则

(1) 关于预算收入。《预算法》第 36 条规定,各级预算收入的编制,应当与经济社会发展水平相适应,与财政政策相衔接。各级政府、各部门、各单位应当依照该法规定,将所有政府收入全部列入预算,不得隐瞒、少列。

(2) 关于预算支出。《预算法》第 37 条规定,各级预算支出应当依照该法规定,按其功能和经济性质分类编制。各级预算支出的编制,应当贯彻勤俭节约的原则,严格控制各部门、各单位的机关运行经费和楼堂馆所等基本建设支出。各级一般公共预算支出的编制,应当统筹兼顾,在保证基本公共服务合理需要的前提下,优先安排国家确定的重点支出。

(3) 关于预算平衡。《预算法》第 34—35 条规定,中央一般公共预算中必需的部分资金,可以通过举借国内和国外债务等方式筹措,举借债务应当控制适当的规模,保持合理的结构。地方各级预算按照量入为出、收支平衡的原则编制,除该法另有规定外,不列赤字。

《预算法》第 66 条第 3 款规定,省、自治区、直辖市一般公共预算年度执行中出现短收,通过调入预算稳定调节基金、减少支出等方式仍不能实现收支平衡的,省、自治区、直辖市政府报本级人民代表大会或者其常务委员会批准,可以增列赤字,报国务院财政部门备案,并应当在下一年度预算中予以弥补。《预算法》第 35 条第 2 款还规定,经国务院批准的省、自治区、直辖市的预算中必需的建设投资的部分资金,可以在国务院确定的限额内,通过发行地方政府债券举借债务的方式筹措。举借债务的规模,由国务院报全国人民代表大会或者全国人民代表大会常务委员会批准。省、自治区、直辖市依照国务院下达的限额举借的债务,列入本级预算调整方案,报本级人民代表大会常务委员会批准。举借的债务应当有偿还计划和稳定的偿还资金来源,只能用于公益性资本支出,不得用于经常性支出。

(4) 关于转移支付。《预算法》第 38 条规定,一般性转移支付应当按照国务院规定的基本标准和计算方法编制,专项转移支付应当分地区、分项目编制。

(5) 关于扶助资金、预备费、周转金和预算稳定调节基金。《预算法》第 39—41 条规定,中央预算和有关地方预算中应当安排必要的资金,用于扶助革命老区、民族地区、边疆地区、贫困地区发展经济社会建设事业。各级一般公共预算应当按照本级一般公共预算支出额的 1%至 3%设置预备费,用于当年预算执行中的自然灾害等突发事件处理增加的支出及其他难以预见的开支。各级一般公共预算按照国务院的规定可以设置预算周转金,用于本级政府调剂预算年度内季节性收支差额。各级一般公共预算按照国务院的规定可以设置预算稳定调节基金,用于弥补以后年度预算资金的不足。

(6) 关于预算的结转资金。《预算法》第 42 条规定,各级政府上一年预算的结转资金,应当在下一年用于结转项目的支出;连续两年未用完的结转资金,应当作为结余资金管理。各部门、各单位上一年预算的结转、结余资金按照国务院财政部门的规定办理。

(二) 预算的审查和批准

1. 预算草案初步方案的初步审查

国务院财政部门应当在每年全国人民代表大会会议举行的 45 日前,将中央预算草案的初步方案提交全国人民代表大会财政经济委员会进行初步审查,由该委员会经审查提出初步审查意见。

省、自治区、直辖市政府财政部门应当在本级人民代表大会会议举行的 30

日前,将本级预算草案的初步方案提交本级人民代表大会有关专门委员会进行初步审查,有关专门委员会经审查提出初步审查意见。

设区的市、自治州政府财政部门应当在本级人民代表大会会议举行的 30 日前,将本级预算草案的初步方案提交本级人民代表大会有关专门委员会进行初步审查,或者送交本级人民代表大会常务委员会有关工作机构征求意见,有关专门委员会经审查提出初步审查意见,或者有关工作机构经研究提出意见。

县、自治县、不设区的市、市辖区政府应当在本级人民代表大会会议举行的 30 日前,将本级预算草案的初步方案提交本级人民代表大会常务委员会进行初步审查,人民代表大会常务委员会经审查提出初步审查意见。

另外,设区的市、自治州以上各级人民代表大会有关专门委员会进行初步审查、常务委员会有关工作机构研究提出意见时,应当邀请本级人民代表大会代表参加。

2. 预算草案的审查和批准

预算草案的初步方案经过初步审查后,政府可以调整和优化方案,并最终形成预算草案,然后报人大审批。《预算法》第 23—24 条规定,国务院编制中央预算草案,向全国人民代表大会作关于中央和地方预算草案的报告。县级以上地方各级政府编制本级预算草案,向本级人民代表大会作关于本级总预算草案的报告。

全国人民代表大会和地方各级人民代表大会对预算草案及其报告、预算执行情况的报告重点审查下列内容:① 上一年预算执行情况是否符合本级人民代表大会预算决议的要求;② 预算安排是否符合《预算法》的规定;③ 预算安排是否贯彻国民经济和社会发展的方针政策,收支政策是否切实可行;④ 重点支出和重大投资项目的预算安排是否适当;⑤ 预算的编制是否完整,是否符合《预算法》第 46 条的规定;⑥ 对下级政府的转移性支出预算是否规范、适当;⑦ 预算安排举借的债务是否合法、合理,是否有偿还计划和稳定的偿还资金来源;⑧ 与预算有关重要事项的说明是否清晰。

全国人民代表大会财政经济委员会向全国人民代表大会主席团提出关于中央和地方预算草案及中央和地方预算执行情况的审查结果报告。省、自治区、直辖市、设区的市、自治州人民代表大会有关专门委员会,县、自治县、不设区的市、市辖区人民代表大会常务委员会,向本级人民代表大会主席团提出关于总预算草案及上一年总预算执行情况的审查结果报告。

3. 预算的备案

《预算法》第 50 条规定,乡、民族乡、镇政府应当及时将经本级人民代表大会批准的本级预算报上一级政府备案。县级以上地方各级政府应当及时将经本级人民代表大会批准的本级预算及下一级政府报送备案的预算汇总,报上一级政府备案。县级以上地方各级政府将下一级政府依照前款规定报送备案的预算汇总后,报本级人民代表大会常务委员会备案。国务院将省、自治区、直辖市政府依照前款规定报送备案的预算汇总后,报全国人民代表大会常务委员会备案。

预算备案的目的主要有两个:一是向上级政府和人民代表大会报告预算信息;二是为上级政府提请人民代表大会撤销违法或不当的预算提供条件。

4.批复预算和下达转移支付

批复预算是预算批准后财政部门对部门预算的确认,以及各部门对所属单位预算的确认。只有经过批复,部门预算和单位预算才能执行。对此,《预算法》第52条规定,各级预算经本级人民代表大会批准后,本级政府财政部门应当在20日内向本级各部门批复预算。各部门应当在接到本级政府财政部门批复的本部门预算后15日内向所属各单位批复预算。

下达转移支付是上级政府对预算中向下级政府转移支付进行的确认。只有经过这种确认,下级政府才能使用转移支付的金额。对此,《预算法》第52条规定,中央对地方的一般性转移支付应当在全国人民代表大会批准预算后30日内正式下达。中央对地方的专项转移支付应当在全国人民代表大会批准预算后90日内正式下达。省、自治区、直辖市政府接到中央一般性转移支付和专项转移支付后,应当在30日内正式下达到本行政区域县级以上各级政府。县级以上地方各级预算安排对下级政府的一般性转移支付和专项转移支付,应当分别在本级人民代表大会批准预算后的30日和60日内正式下达。对自然灾害等突发事件处理的转移支付,应当及时下达预算;对据实结算等特殊项目的转移支付,可以分期下达预算,或者先预付后结算。

另外,县级以上各级政府财政部门应当将批复本级各部门的预算和批复下级政府的转移支付预算,抄送本级人民代表大会财政经济委员会、有关专门委员会和常务委员会有关工作机构。

(三)预算的执行

《预算法》第53条规定,各级预算由本级政府组织执行,具体工作由本级财政部门负责。各部门、各单位是本部门、本单位的预算执行主体,负责本部门、本单位的预算执行,并对执行结果负责。

1.预算收入的征收

预算收入征收部门和单位,必须依照法律、行政法规的规定,及时、足额征收应征的预算收入。不得违反法律、行政法规规定,多征、提前征收或者减征、免征、缓征应征的预算收入,不得截留、占用或者挪用预算收入。

政府的全部收入应当上缴国家金库,任何部门、单位和个人不得截留、占用、挪用或者拖欠;对于法律有明确规定或者经国务院批准的特定专用资金,可以依照国务院的规定设立财政专户。

2. 预算支出的执行

(1) 按预算支出资金。各级政府财政部门必须依照法律、行政法规和国务院财政部门的规定,及时、足额地拨付预算支出资金,加强对预算支出的管理和监督。各级政府、各部门、各单位的支出必须按照预算执行,不得虚假列支。各级政府、各部门、各单位应当对预算支出情况开展绩效评价。

(2) 预算调整。在预算执行过程中,如果发生了事先未能预料到的情况,影响原有预算的执行,就出现了预算调整问题。预算调整是指经批准的中央预算和地方政府各级预算在执行过程中,因特殊情况需要增加支出或者减少收入,使原批准的收支平衡的预算的总支出超过总收入,或者使原批准的预算中举借债务的数额增加的部分变更。

各级政府对于必须进行的预算调整,应当编制预算调整方案。中央预算的调整方案必须提请全国人大常委会审批;县级以上地方政府预算调整方案必须提请本级人大常委会审批;乡、民族乡、镇的政府预算调整方案,提请本级人民代表大会审批。各级地方政府预算调整方案获批准后,报上一级政府备案。未经审批,预算不得调整。未经批准调整预算,各级政府不得作出任何使原批准的收支平衡的预算中总支出超过总收入或举借的债务增加的决定。对违反此规定作出的决定,本级人民代表大会及其常务委员会或上级政府应责令其改变或者撤销。

在预算执行中,因上级政府返还或给予补助而引起的预算收支变化,不属于预算调整。接受返还或者补助的各级政府应向本级人大常委会报告有关情况,乡、民族乡和镇则应向本级人民代表大会报告情况。

(3) 预算资金的调剂。各部门、各单位的预算支出应当按照预算科目执行。严格控制不同预算科目、预算级次或者项目间的预算资金的调剂,确需调剂使用的,按照国务院财政部门的规定办理。

3. 预算执行的特别规则

(1) 临时支出的安排。为了解决预算年度开始后、预算审批前的财政支出问题,《预算法》第54条规定,预算年度开始后,各级预算草案在本级人民代表大会批准前,可以安排下列支出:第一,上一年度结转的支出;第二,参照上一年同期的预算支出数额安排必须支付的本年度部门基本支出、项目支出,以及对下级政府的转移性支出;第三,法律规定必须履行支付义务的支出,以及用于自然灾害等突发事件处理的支出。根据上述规定安排支出的情况,应当在预算草案的报告中作出说明。预算经本级人民代表大会批准后,按照批准的预算执行。

(2) 预备费的动用。为了解决自然灾害等突发事件处理的增加支出以及难以预见的开支,就需要动用预备费。对此,《预算法》第64条规定,各级预算预备费的动用方案,由本级政府财政部门提出,报本级政府决定。该法第69条第2款还规定,在预算执行中,由于发生自然灾害等突发事件,必须及时增加预算支出的,应当先动支预备费;预备费不足支出的,各级政府可以先安排支出,属于预算调整的,列入预算调整方案。

(3) 预算周转金的使用。设置预算周转金是为了本级政府调剂预算年度内季节性收支差额,因此,它必须按照法律规定的特定用途使用。对此,《预算法》第65条规定,各级预算周转金由本级政府财政部门管理,不得挪作他用。

(4) 超收收入的管理。超收收入是指征收收入中超过预算的部分。对超收收入必须进行管理,否则就会成为政府自主支出的资金来源。对此,《预算法》第66条规定,各级一般公共预算年度执行中有超收收入的,只能用于冲减赤字或者补充预算稳定调节基金。

(四) 决算

决算是核算预算收支年度执行结果的程序,也就是全年预算执行的总结。每一级预算都要编制决算。

1. 决算草案的编制

决算草案由各级政府、部门、单位在每一预算年度终了后按国务院规定的时间编制,具体事项由国务院财政部门部署。编制决算草案,必须符合法律、行政法规,做到收支数额准确、内容完整、报送及时。决算草案应当与预算相对应,按预算数、调整预算数、决算数分别列出。一般公共预算支出应当按其功能分类编列到项,按其经济性质分类编列到款。

各部门对所属各单位的决算草案,应当审核并汇总编制本部门的决算草案,在规定的时间内报本级政府财政部门审核,如发现有不符合法律、法规规定者,有权予以纠正。

国务院财政部门编制中央决算草案,经国务院审计部门审计后,报国务院审定,由国务院提请全国人民代表大会常务委员会审查和批准;县级以上地方各级政府编制的本级决算草案,经本级政府审计部门审计后,报本级政府审定,由本级政府提请本级人民代表大会常务委员会审查和批准;乡、民族乡、镇的政府编制本级决算草案,提请本级人民代表大会审查和批准。

2. 决算草案的初步审查

与预算草案一样,除乡镇政府决算草案外,县级以上政府的决算草案都要提交审批机构进行初步审查。具体来说,国务院和县级以上地方政府财政部门,在本级人民代表大会常务委员会举行会议审查和批准本级决算草案的 30 日前,将上一年度中央决算草案和各级决算草案,分别提交全国人民代表大会常务委员会财政经济委员会、省级人民代表大会常务委员会有关专门委员会、市级人民代表大会常务委员会有关专门委员会或有关工作机构、县级人民代表大会常务委员会有关工作机构,进行初步审查或者征求意见,由上述机构提出审查意见或研究意见。

3. 决算草案的审查和批准

县级以上各级人民代表大会常务委员会和乡、民族乡、镇人民代表大会对本级决算草案,重点审查下列内容:① 预算收入情况;② 支出政策实施情况和重点支出、重大投资项目资金的使用及绩效情况;③ 结转资金的使用情况;④ 资金结余情况;⑤ 本级预算调整及执行情况;⑥ 财政转移支付安排执行情况;⑦ 经批准举借债务的规模、结构、使用、偿还等情况;⑧ 本级预算周转金规模和使用情况;⑨ 本级预备费使用情况;⑩ 超收收入安排情况,预算稳定调节基金的规模和使用情况;⑪ 本级人民代表大会批准的预算决议落实情况;⑫ 其他与决算有关的重要情况。

县级以上各级人民代表大会常务委员会应当结合本级政府提出的上一年度预算执行和其他财政收支的审计工作报告,对本级决算草案进行审查。

4. 决算的批复和备案

各级决算经批准后,财政部门应当在 20 日内向本级各部门批复决算。各部门应当在接到本级政府财政部门批复的本部门决算后 15 日内向所属单位批复决算。

地方各级政府应当将经批准的决算及下一级政府上报备案的决算汇总,报上一级政府备案。县级以上各级政府应当将下一级政府报送备案的决算汇总后,报本级人民代表大会常务委员会备案。

国务院和县级以上地方各级政府对下一级政府依照规定报送备案的决算,认为有同法律、行政法规相抵触或者有其他不适当之处,需要撤销批准该项决算的决议的,应当提请本级人民代表大会常务委员会审议决定;经审议决定撤销的,该下级人民代表大会常务委员会应当责成本级政府依法重新编制决算草案,提请本级人民代表大会常务委员会审查和批准。

五、预算和决算监督

(一) 人大监督

《预算法》第 83 条规定,全国人民代表大会及其常务委员会对中央和地方的预算、决算进行监督;县级以上地方各级人民代表大会及其常务委员会对本级和下级政府的预算、决算进行监督；乡、民族乡和镇人民代表大会对本级预算、决算进行监督。

监督方式主要包括：① 组织调查，即各级人民代表大会和县级以上各级人民代表大会常务委员会有权就预算、决算中的重大事项或者特定问题组织调查，有关的政府、部门、单位和个人应当如实反映情况和提供必要的材料。② 提出询问或者质询，即各级人民代表大会及县级以上人民代表大会常务委员会有权就预算、决算中的重大事项或者特殊问题提出询问或者质询，受询问或受质询的有关政府或者财政部门必须及时给予答复。

(二) 政府内部监督

《预算法》第 87—89 条规定，各级政府监督下级政府预算的执行，下级政府应当定期向上一级政府报告预算执行情况。各级政府财政部门负责监督检查本级各部门及其所属单位预算的执行，并向本级政府和上一级政府财政部门报告预算执行情况。各级政府审计部门对本级各部门、各单位和下级政府的预算、决算进行审计监督。

(三) 社会监督

《预算法》第 9 条规定，公民、法人或者其他组织发现有违反该法的行为，可以依法向有关国家机关进行检举、控告。接受检举、控告的国家机关应当依法进行处理，并为检举人、控告人保密。任何单位或者个人不得压制和打击报复检举人、控告人。

第三节　国　债　法

一、国债法概述

(一) 国债的概念

国债是指国家以其信用为基础，按照债的一般原则，通过向社会筹集资金而形成的债权债务关系。在这种债权债务关系中，国家作为债务人，根据还本付息的信用原则，通过在国内发行债券或向外国政府、金融机构借款等方式筹集财政资金，取得财政收入。国债是现代国家财政收入的一种。

(二) 国债的特点

与一般债权债务关系相比，国债具有以下特点：① 从法律关系的性质来看，国债的债权人既可以是国内外的公民、法人或其他组织，也可以是某一国家或地区的政府以及国际金融组织，而债务人一般只能是国家。② 从法律关系的性质来看，国债法律关系的发生、变更和消灭较多地体现了国家单方面的意志，与一般债权债务关系相比,国债体现出一定的隶属性和国家政策性,这在国家内债法律关系中表现得更加明显。③ 从法律关系的实现来看,国债属于风险性最小的债权债务关系。国债以国家信用和国家财力作为担保,一般不需要其他特别担保,债权债务关系容易实现。对于债权人而言,风险很小甚至可以说没有风险。

在财政范畴,国债具有以下特点:① 国债是一种财政收入;② 国债的认购具有自愿性;③ 国债具有弥补财政赤字、筹集建设资金和调节经济的功能。

(三)国债的功能

在现代市场经济条件下,国债的功能主要表现在以下三个方面。

1. 弥补财政赤字

弥补财政赤字是国债最基本的功能。从起源来看,国债本身就属于同财政赤字紧密相连的经济范畴,是作为弥补公共收支差额的来源而产生的。可以说,弥补财政赤字是国债最原始和最基本的功能。

2. 对财政预算的调剂

利用国债,政府可以灵活调剂财政收入过程中所发生的季节性资金余缺。从一国政府财政收支预算来看,即使某个财政年度财政收支平衡甚至有盈余,政府的财政收支也会发生季节性的不平衡,出现季节性赤字。这是因为,政府财政收入在一年中往往不是以均衡的速率注入国库的,而财政支出则往往以较为均衡的速度进行。不同税种所形成的税收收入会受到不同因素的影响,这就意味着即使从全年来说政府财政预算是平衡的,在个别月份也会发生相当的赤字。为保证政府职能的履行,许多国家都会把发行期限在一年之内(一般几个月,最长不超过 52 周)的短期国债作为一种季节性的资金调剂手段,以求解决暂时的资金不平衡。即在财政收入"淡季"出现季节性赤字时发行短期国债,使政府筹集到或"预收"一部分资金,到财政收入"旺季"时再以盈余资金作为这种政府短期债务的偿还,从而达到"收入淡季不淡"的效果,以使财政收入和财政赤字相匹配,满足政府财政支出的需要。

3. 对国民经济运行进行宏观调控

一国的经济运行不可能永远处在稳定和不断增长的状态之下,相反,由于各种因素的影响,如宏观政策的失误、国际经济的影响等,它常常会偏离人们期望的理想轨道,从而出现经济过度膨胀(通货膨胀)和经济萎缩(通货紧缩)现象。此时,政府必须采取相应的政策措施进行经济干预,以使经济运行重新回到较理想或预期的轨道。自凯恩斯宏观经济理论建立以来,运用经济政策对宏观经济运行进行调控已成为普遍现象,其中,国债扮演着十分重要的角色,这也使得国债的宏观调控功能逐渐成为国债主要的功能。

(四) 国债法概述

国债法是指由国家制定的调整国债在发行、流通、转让、使用、偿还和管理等过程中所发生的社会关系的法律规范的总称。它主要规范国家(政府)、国债中介机构和国债投资者涉及国债的行为,调整国债主体在国债行为过程中所发生的各种国债关系。我国国债法立法还比较薄弱,至今尚没有专门的国债法出台,有关国债的很多规定都是由财政部、中国人民银行等部门制定的行政法规。

二、国债法的具体制度

(一) 国债的分类

1. 短期国债、中期国债和长期国债

短期国债通常是指期限在 1 年以内的国债。由于其发行日期和偿还日期相距较近,故称流动国债。其灵活性较大,国家可根据需要随时发行,因而可作为补充财政资金不足的经常性手段;由于其有较大流动性和灵活性,也成为中央银行公开市场业务的主要对象。中期国债是指期限在 1 年以上、10 年以下的国债。它可以使国家在较长时间内使用国债资金,因而政府能将它所筹得的资金用于弥补赤字和投资;同时,它的偿还期限并不太长,债权人所承担的投资风险不是很大,易为债权人所接受。所以,它在各国公债体系中都占有重要地位。

长期国债是指期限在 10 年以上的国债。其期限过长,持券人面临货币贬值风险较大,因而不易推销。

2. 国家内债和国家外债

国家内债是指在本国境内发行的国债。其债权人一般是本国企业和居民,其发行收入和还本付息以本国货币支付。内债发行会引起本国资源重新配置,一般不会影响国际收支。

国家外债是指在本国境外发行的国债。其债权人一般为外国政府、国际组织或外国企业和居民,其发行收入和还本付息须以外币支付。发行外债是引进外资的一种重要方式,有利于利用外国资源加快本国经济发展。但外债发行过多,易造成经济暂时过热和引发通货膨胀,还会因还本付息压力而导致国际收支失衡。

3. 强制国债和任意国债

强制国债是指符合国家规定应募条件的组织或个人都必须购买的国债。随着市场经济、民主制度和社会信用的发展,国债已成为自愿投资的对象,强制国债在各国一般不再发行。

任意国债又称自由国债,是指发行时不附带任何应募条件而由企业和居民自愿购买的国债。它在当代被各国普遍采取。

4. 上市国债和非上市国债

上市国债也称可出售国债,是指依法可在证券市场上自由买卖的国债,其价格取决于市场供求。

非上市国债也称不可出售国债,是指依法在证券市场上不能自由买卖的国债,它一般期限较长、利率较高,只能由政府以现金偿还或转变为其他国债。在国债总量中,非上市国债所占比重不大。

5. 凭证式国债、无记名国债和记账式国债

凭证式国债是指国家采取不印刷实物券,而用填制国库券收款凭证的方式发行的国债。它是一种国家储蓄债,从购买之日起计息,可记名、挂失,以凭证式国债收款凭证记录债权,不能上市流通,但可以提前兑付。

无记名国债为实物国债,是一种票面上不记载债权人姓名或单位名称,以实物券面形式记录债权而发行的国债,又称实物券。它从发行之日起开始计息,不记名、不挂失,可以上市流通。

记账式国债又称无纸化国债,是由财政部通过无纸化方式发行的、以电脑记账方式记录债权,并可以上市交易的债券。它以记账形式记录债权,通过证券交易所的交易系统发行和交易,可以记名、挂失。投资者进行记账式国债买卖,必须在证券交易所设立账户。

(二) 国债的发行

国债发行是指国债出售与认购的法律行为。我国对国债发行实行严格的计划审批制。每年预算中都包括国债发行计划,由财政部代表中央政府向个人、银行、机构投资人和证券中介机构发行国债。

1. 国债发行方法

国债发行方法主要包括以下四种。

(1) 公募法,即由国家公开向社会公众募集国债的方法,可分为两种:一是直接公募,即由财政部门直接或通过邮政部门及其他通信系统向社会公众募集国债,并由国库承担发行费用和全部损失;二是间接公募,即政府与金融系统事先约定,由金融系统承购全部国债,代理国家向社会公众募集国债,并依约定承担发行费用和风险责任。

(2) 公卖法,即政府通过委托经纪人在证券交易所出售国债的方法。公卖法与公募法的主要区别在于:公卖国债的价格由证券市场供求行情决定,具有波动性;公募国债的价格由国家确定,因而固定不变。

(3) 摊派法,即政府将国债发行额分配给各地区、各部门、各单位,或者用国债来全部或部分顶替现金偿还债务或支付经费的方法。这种发行方法具有一定的强制性。

(4) 包销法,即政府按一定条件与金融机构协商并由其先全部承购,再转向社会推销的方法。这种发行方法是政府将国债发行权和发行风险向金融机构转让的一种方式。上述各类发行方法中,公募法被较多采用,我国一般也采用此方法发行国债。

2. 国债发行价格

国债发行价格有以下三种表现方式。

(1) 平价发行,即国债发行价格与国债票面金额相同,因而发行收入额与未来还本额也相同。这样,未来的债权人和债务人都不会因购买和偿付公债而发生特别损益。在国债可自由流通的情况下,只有国债利率与市场利率相同时,才能平价发行国债。

(2) 折价发行,即国债发行价格低于国债票面价值,偿还时则按票面价值返还本金。在国债利率低于市场利率的情况下,只有折价发行国债,即降低国债发行价格,才能保证国债购买者的利益。但折价发行自始就使政府承担了折价损失,并且在发行后很难弥补。

(3) 溢价发行,即国债发行价格高于国债票面价值,偿还时仍按票面价值返还本金,因而使发行收入额大于未来还本额。只有在国债利率高于市场利率的前提下,国债才能溢价发行。国债溢价发行易使政府承受因高利率而导致的负债,也易使政府同市场主体争夺资金,因而较少被采用。

(三) 国债的转让

国债持有者在必要时可以到国债流通市场转让国债。办理国债转让业务的中介机构主要是各类证券公司,转让方式主要有两种:① 自营买卖,即由中介机构用自己的资金向国债出售人买入国债,然后再将其售出;② 代理买卖,即由中介机构根据国债出售人或购买人的委托,按其指定的价格、数额和交易期限代其买卖国债。

(四) 国债的偿还

国债偿还是指国家依法律规定和约定对到期国债支付本金和利息的法律行为。其中,偿还方法和资金来源特别重要。

1. 国债偿还的方法

国债偿还的方法主要包括以下两种。

(1) 市场收买偿还法,又称市场购销法,即在国债到期前,政府通过中央银行依市场价格在证券市场上陆续购回国债而实现偿还的方法。该方法便于体现政府的经济政策,在宏观调控方面具有重要作用,但可能与原定偿还期限不符,以致出现偿还超前或滞后现象。

(2) 直接偿还法,即在国债到期时,政府按国债面值直接向国债持有者偿还的方法。包括：比例偿还法，即政府按照国债的数据分期按比例偿还；轮次偿还法，即政府按照债券号码的一定顺序分次偿还；抽签偿还法，即政府通过定期抽签确定应清偿的国债，再予偿还。

2. 国债偿还的资金来源

国债偿还的资金来源主要包括以下四种。

(1) 基金偿还，即设立专门的偿债基金，以此作为偿债的资金来源。这种基金通常作为某种预算支出或财政收入的对应项目，逐年累积。

(2) 预算盈余偿还，即以预算盈余资金作为偿债的资金来源，其适用条件是预算有盈余或国债无期限规定。

(3) 国债调换偿还，即政府借新债还旧债，实质上并非偿还方式，只有在财政困难的情况下才可采用。

(4) 预算列支偿还，即政府将当年到期国债直接列入预算支出中，以预算资金抵偿国债。

(五) 国债的管理

国债管理贯穿于国债运行全过程，其主要目的是确保国债运行实现国家的财政政策，促进经济的稳定和增长，并兼顾投资者的利益。国债管理的主要内容体现在以下四个方面。

1. 国债总额的调控

国债总额是指当年新债额与历年积累债额的总和。在国债总额调控理论中，一直有国债限额论和国债无限额论两种观点。基于国债限额论才有必要调控国债总额。其主要方法有：① 国家规定国债总额上限，财政部不得逾越；② 财政部或中央银行在市场上买卖国债，以调节国债余额。

2. 对国债结构的调控

国债结构包括国债的类型结构、所有权结构和期限结构。国家在经济周期的不同阶段，应注意结构的多样性，可通过改变国债结构来达到稳定经济的目标。譬如，个人持有国债一般不会引发通货膨胀，而商业银行持有国债则能使信用膨胀，所以，充分就业时可扩大个人持有国债份额，经济萧条时可增加商业银行持有国债份额。又如，中长期国债比短期国债有利于经济稳定，当经济稳定目标更重要时，就需要加大中长期国债的比重。

3. 对国债利率的调控

国债利率的高低不仅会影响国家付息负担（即财政负担）的轻重，而且会影响人们对购买国债、投资和银行存款的选择，还会影响市场利率的变动。一种观点认为，对国债实行高利率会加重国家付息的财政压力，减少私人投资，升高市场利率，这就不利于生产投资，不利于经济发展和充分就业。另一种观点认为，对国债实行高利率,能够给资本拥有者带来较高利息收入,提高人们的投资积极性,这有利于经济发展。目前一般认为,前一种观点较为可取,即国债利率不宜太高。

4. 对国债使用的监督

国家有关部门对国债资金使用单位进行严格监督,主要是审查和批准国债资金所投资的项目,检查国债资金是否按规定用途使用、有无浪费、是否违反财经纪律等。这有利于提高国债使用的经济效益和社会效益。

第四节 转移支付法

财政支出,按其经济性质区分,或按其是否与商品和劳务直接交换区分,可以划分为购买支出和转移支出两大类。购买支出是指政府支出的资金用于购买商品和劳务,所体现的是市场性的分配活动,而转移支出则是指财政资金的单方面的、无偿性的转移,体现的是政府非市场性的分配关系。由转移支出形成的制度被称为转移支付制度。建立转移支付制度是我国财政体制改革不可缺少的一部分。

转移支出包括补助支出、捐赠支出和利息支出等,其中尤以补助支出所占的份额最多。补助支出包括社会保障支出和财政补贴支出两大类。由于我国目前转移支付制度还很不完备,所以我们只讨论下面这两种转移支付形式。

一、社会保障支出

社会保障是指国家和社会依据一定的法律和规定,通过国民收入的再分配,对社会成员的基本生活权利予以保障的一项重大社会政策。社会保障是社会经济发展的客观需要。其支出包括社会保险、社会救济、社会福利和社会优抚四个方面。

(一) 社会保险

社会保险是政府为丧失劳动能力或暂时失去工作的人提供的收入保障制度。之所以被称为社会保险,是因为这部分社会保障与私人保险有相似之处,两者都是先筹集资金后安排使用资金。社会保险主要包括以下项目:疾病保险、工伤保险、生育保险、老年保险、失业保险等。

(1) 疾病保险。疾病保险是社会保险的主要内容,是指劳动者患病以后,可以从社会团体和国家获得假期、医疗服务和收入补偿的社会保障制度。疾病保险制度的实施,一方面有利于患病劳动者健康的恢复,另一方面可以保证劳动者在患病期间的开销。

(2) 工伤保险。工伤保险是指劳动者在生产过程中发生意外致使受伤、残疾、死亡从而丧失经济收入,生活难以为继时,可从政府和社会获得物质保障的社会保障制度。工伤保险包括劳动事故和职业病两大类。

(3) 生育保险。生育保险是指已婚妇女在生育和护理儿童期间,因无收入而从政府和社会获得物质保障的社会保障制度。一般情况下,与其他社会保险项目相比,生育保险的收入补偿额是最高的,通常相当于生育前的原工资标准。

(4) 老年保险。老年保险是指劳动者年老退休后,按照规定享受国家给予的一定数额的收入帮助的社会保障制度。养老保险的主要对象是工商业部门的劳动者,国家公务员有专门的养老保险制度。

(5) 失业保险。失业保险是对丧失劳动机会的人提供基本生活帮助的一种社会保障制度。它有两方面的内容:一是政策规定的合理给付期限内的失业保险津贴;二是超过给付期限而给予的失业金。对失业者提供生活帮助,既有利于劳动力再生产的正常进行,也有利于社会的安定团结。

(二) 社会救济

社会救济是指政府对收入在贫困线以下的居民和因自然灾害遭受损失或者发生其他不幸事故而生活困难者提供货币与实物援助的一种社会保障制度。社会救济主要是作为社会保险的补充形式,解决一些社会保险不能解决的社会问题。我国的社会救济包括自然灾害救济、贫困救济和孤寡病残救济三种。

(1) 自然灾害救济。自然灾害救济是指向因遭受自然灾害袭击而造成生活和医疗费用无法自行负担的灾民发放的一种救济。

(2) 贫困救济。贫困救济是指向因生存环境恶劣或由于一个人的能力有限,无法适应市场竞争,收入水平低于贫困线的公民发放的一种救济。

(3) 孤寡病残救济。孤寡病残救济是指向因个人生理原因丧失劳动能力和断绝收入来源的社会成员发放的一种救济。对于这部分人的社会救济一般采用"五保"(即保吃、保穿、保住、保医、保葬)方式。

(三) 社会福利

社会福利是国家和社会根据有关法律之规定,保障社会成员不断提高生活水平质量的一种社会保障制度。它包括以下三个方面的内容。

(1) 国家或社会团体兴办的、以全社会成员为对象的公益性事业和社会服务,这是社会福利的主要内容。环保、教育、科学、技术、文化、体育、卫生是这方面的主要内容。

(2) 具有局部性或选择性的社会福利。主要是指政府为照顾一定地区或一定范围的居民对部分必要生活资料采取的补助措施,如对高寒地区居民给予的冬季补贴、夏季的降温补贴及独生子女补贴等。

(3) 特殊社会福利，又称民政福利。例如，由政府和社会慈善机构为残疾人和无劳动与生活能力的人举办的福利工厂、养老院等。

(四) 社会优抚

社会优抚是指政府或社会对现役、退役、复员、残疾军人及伤残军属给予抚恤和优待的一种社会保障制度。主要内容包括以下三个方面。

(1) 抚恤。这是政府对因工伤残人员、因公牺牲及病故人员家属采取的一种物质抚慰方式。包括伤残抚恤和死亡抚恤。

(2) 优抚。优抚是指从政治上和物质上给予优抚对象良好的物质或资金待遇、优先照顾或专项服务的一种社会优抚。

(3) 优抚社会化服务。优抚社会化服务是指国家和社会筹资建造服务设施，把优抚对象中一部分无依无靠、生活困难的孤老伤残人员集中起来，为其提供优抚的社会化服务。

二、财政补贴

(一) 财政补贴的概念和分类

1. 财政补贴的概念

财政补贴是指在一定的时期内，国家按一定的政策目的，在一般性财政分配以外，以补助的形式所进行的国民收入的分配和再分配。财政补贴作为一种财政活动现象，是世界上绝大多数国家都实行的一项重要经济政策。

财政补贴作为一种特殊的财政分配形式，具有以下五个特征：① 政策性。财政补贴的政策性来源于财政补贴的依据，即一定时期国家的政策。国家的政策是多方面的，不仅有经济方面的政策，而且有社会方面的政策。因此，财政补贴不仅是国家调节经济的一个杠杆，也是国家协调社会各方面关系、保持社会秩序稳定的一种重要手段。② 可控性。政策不同于制度，也不同于法律，财政部门可根据国家特定时期的政策需要，灵活地掌握补贴对象、补贴数量、补贴方式、补贴环节等内容。因此，财政补贴是国家可以直接控制的经济手段，具有可控性。③ 特定性。实施财政补贴的依据是国家一定时期的特定政策，因此，财政补贴的对象、范围、数量以及要发挥的作用和要达到的效果也是特定的。④ 灵活性。财政补贴的灵活性、可控性和特定性，使其成为国家手中一个比较灵活的经济杠杆。国家可以根据形势的变化和新的政策要求，适时地调整和修正财政补贴。⑤ 时效性。财政补贴的时效性取决于国家政策的时效性。国家的政策会随着政治经济形势的变化而不断地修正、调整和更新，此时出台的政策措施到了彼时就变得不完全适用。这样，为执行某些国家政策而进行的财政补贴，当社会经济形势变化从而政策力减退时，财政补贴的量可能也会相应减少甚至完全停止。

2. 财政补贴的分类

财政补贴可以依据不同的标准进行分类。根据财政补贴的用途不同,财政补贴可分为生活补贴、生产补贴和其他补贴;根据财政补贴的环节的不同,财政补贴可分为生产阶段补贴、流通阶段补贴和消费阶段补贴;根据财政补贴的形式不同,可分为价格补贴、政策性亏损补贴、财政贴息和税收支出。

(二) 我国财政补贴的现状与改革

我国的财政补贴始于20世纪50年代,当时仅有粮食补贴一项,且补贴数额也较少。改革开放以来,为了推动经济体制改革的进程,针对价格体系未理顺且在短期内还不能完全理顺的情况,我国比较广泛地运用了财政补贴这个经济杠杆,从而使财政补贴的范围大大扩大,补贴的数量也急剧增加。这种财政补贴政策对于解决农副产品和其他日用必需品购销价格倒挂的矛盾、调节供求关系、稳定市场、稳定物价,起了一定的作用。但时至今日,财政补贴的涉及面已经很广,财政补贴的种类也过多,增长过猛,漏洞过多,超过了财政的承受能力,从而带来了一系列的矛盾和问题,必须予以改革。改革应从以下两个方面进行。

(1) 对现行体制型财政补贴进行清理整顿。对于那些已无补贴必要的项目,要坚决予以取消;对于那些确有补贴必要的项目,要客观地分析,对补贴的标准和数量,要严格加以控制;对于要新增的补贴项目,要从严审核,认真把关。

(2) 调整补贴环节,改变补贴方式。从有利于理顺价格关系、防止财政补贴在中间环节的流失和浪费、更好地发挥财政补贴的功能作用出发,应将体制型财政补贴集中于消费环节,并将多种"暗补"变为"明补"。

第五节 政府采购法

一、政府采购的概念及特征

政府采购是指各级国家机关、事业单位和团体组织,使用财政性资金采购依法制定的集中采购目录以内的或者采购限额标准以上的货物、工程和服务的行为。完善政府采购制度对有效利用社会资源,提高财政资金的利用效果有着重要的意义。

政府采购有以下五个特点。

(1) 政府采购资金来源的公共性。政府采购资金的来源为财政拨款和需要由财政偿还的公共借款,这些资金的最终来源为纳税人的税收和政府公共服务收费,即公共资金。正是资金来源的不同,决定了政府采购和私人采购在采购管理、采购人员责任等方面有很大的不同。

(2) 政府采购的非营利性。政府采购是一种非商业性的采购行为，它不以营利为目的，而是为了实现政府职能和公共利益，确保财政资金的合理使用。

(3) 政府采购对象的广泛性和复杂性。政府采购的对象从一般的办公用品到武器、航天飞机等都有，涉及货物、工程和服务等各个领域，范围非常广泛。

(4) 政府采购的政策性。财政支出管理是国家管理经济的一个重要手段，作为财政支出管理重要环节的政府采购，当然也要承担执行政府政策的任务，如为了保护本国产品和企业而购买本国产品。

(5) 政府采购的公开性。政府采购的有关法律和程序都是公开的，采购过程也是在完全公开的情况下进行的，一切采购活动都要作公开记录，所有的采购信息也都是公开的，没有什么秘密可言，因而有些学者将政府采购称为"阳光下的交易"。

二、政府采购制度的产生和发展

政府采购制度最早形成于 18 世纪末的西方自由资本主义时期，其主要特点是对政府采购行为进行法制化的管理。1782 年，英国政府首先设立了国家文具公用局，作为特别负责政府部门所需办公用品采购的机构。这说明政府已经开始对政府采购问题进行制度建设和机构建设，标志着政府采购制度的初步形成。

到了现代市场经济时期，由于政府所掌握的财政收入占国民收入的比重迅速上升，所以政府采购的规模也越来越大。在这一时期，政府采购对社会经济产生了非常大的影响，政府采购制度也日渐完善起来。

值得注意的是，在 1979 年之前，政府采购是封闭的，不对外开放，购买的是本国商品，因而与国际贸易的关系容易协调。但随着国际贸易的迅速发展，政府采购的规模越来越大，一些工业化国家急于为本国产品开拓海外市场，部分国家则希望打破贸易壁垒来解决本国贸易失衡问题，因而政府采购作为一个潜在的大市场，在国际贸易领域日益受到重视。在这种背景下，一些欧美国家提出应将政府采购纳入国际协议，并利用关贸总协定东京多边贸易谈判的机会，于 1979 年通过了《政府采购协议》。自此，政府采购被纳入国际贸易领域。

我国在计划经济时期，没有公共市场和私人市场之分，对财政资金的管理主要侧重于分配方面，对监督资金使用方面重视不够，因而没有真正意义上的政府采购制度。随着经济的发展和市场经济体制的建立，以我国财政部门为主体的国家和地方政府机关开始进行政府采购制度的试点工作，通过公开招标方式采购公务用车、办公设备、车辆维修、保险、城市绿化等商品和服务。为适应政府采购的实际需要，规范政府的采购行为，2002 年 6 月 29 日九届全国人大常委会第二十八次会议通过并颁布了《政府采购法》,自 2003 年 1 月 1 日起施行,并于 2014 年 8 月 31 日十二届全国人大常委会第十次会议修订。

三、政府采购的主体及对象

(一) 政府采购的主体

政府采购的主体即政府采购当事人,是指在政府采购活动中享有权利和承担义务的各类主体,包括采购人、供应商和采购代理机构等。

1. 采购人

采购人是指依法进行政府采购的国家机关、事业单位和团体组织。采购人可以直接采购,也可以委托经国务院有关部门或者省级人民政府有关部门认定资格的采购代理机构,在委托的范围内办理政府采购事宜。采购人有权自行选择代理机构,任何单位和个人不得以任何方式为采购人指定采购代理机构。

2. 供应商

供应商是指向采购人提供货物、工程或者服务的法人、其他组织或者自然人。供应商参加政府采购活动应当具备下列条件:① 具有独立承担民事责任的能力;② 具有良好的商业信誉和健全的财务会计制度;③ 具有履行合同所必需的设备和专业技术能力;④ 有依法缴纳税收和社会保障资金的良好记录;⑤ 参加政府采购活动前 3 年内,在经营活动中没有重大违法记录;⑥ 法律、行政法规规定的其他条件。

两个以上的自然人、法人或者其他组织可以组成一个联合体,以一个供应商的身份共同参加政府采购。以联合体形式进行政府采购的,参加联合体的供应商均应具备《政府采购法》规定之条件,并应当向采购人提交联合协议,载明联合体各方承担的工作和义务。联合体各方应当共同与采购人签订采购合同,就采购合同约定的事项对采购人承担连带责任。

3. 采购代理机构

采购代理机构即集中采购机构,是指设区的市、自治州以上人民政府根据本级政府采购项目组织集中采购的需要而设立的非营利性事业法人。

采购人采购纳入集中采购目录的政府采购项目,必须委托集中采购机构代理采购;采购未纳入集中采购目录的政府采购项目,可以自行采购,也可以委托集中采购机构在委托的范围内代理采购。

(二) 政府采购的对象

政府采购的对象包括货物、工程和服务。货物是指各种形态和种类的物品,包括原材料、燃料、设备、产品等;工程是指建设工程,包括建筑物和构筑物的新建、改建、装修、修缮等;服务是指除货物和工程以外的其他政府采购对象。

四、政府采购方式

政府采购可以采用招标方式进行,也可以采用非招标方式进行。

(一)招标采购

招标采购包括公开招标采购和邀请招标采购两种方式。

1. 公开招标采购

公开招标采购是指通过公开程序,邀请所有有兴趣的供应商参加投标的采购方式。公开招标是政府采购的主要方式。

采购人采购货物或者服务应当采用公开招标方式的,其具体数额标准,属于中央预算的政府采购项目,由国务院确定;属于地方预算的政府采购项目,由省、自治区、直辖市人民政府确定;因特殊情况需要采用公开招标以外的采购方式的,应当在采购活动开始前获得设区的市、自治州以上人民政府采购监督管理部门的批准。采购人不得将应当以公开招标方式采购的货物或者服务化整为零或者以其他任何方式规避公开招标采购。

2. 邀请招标采购

邀请招标是指通过公开程序,邀请供应商提供资格文件,只有通过资格审查的供应商才能参加后续招标的采购方式。

符合下列情况之一的货物或者服务,可以依照《政府采购法》以邀请招标方式采购:① 具有特殊性,只能从有限范围的供应商处采购的;② 采用公开招标方式的费用占政府采购项目总价值的比例过大的。

(二)非招标方式采购

非招标性采购方式是指除招标采购方式以外的采购方式,主要有竞争性谈判、单一来源采购和询价三种方式。

1. 竞争性谈判方式

《政府采购法》第30条规定,符合下列情形之一的货物或者服务,可以依照该法采用竞争性谈判方式采购:① 招标后没有供应商投标或者没有合格标的或者重新招标未能成立的;② 技术复杂或者性质特殊,不能确定详细规格或者具体要求的;③ 采用招标所需时间不能满足用户紧急需要的;④ 不能事先计算出价格总额的。

2. 单一来源采购方式

《政府采购法》第31条规定,符合下列情形之一的货物或者服务,可以采用单一来源方式采购:① 只能从唯一供应商处采购的;② 发生了不可预见的紧急情况不能从其他供应商处采购的;③ 必须保证原有采购项目一致性或者服务配套的要求,需要继续从原供应商处添购,且添购资金额不超过原合同采购金额

10%的。

3. 询价方式

《政府采购法》第 32 条规定,采购的货物规格和标准统一、现货货源充足且价格变化幅度小的政府采购项目,可以采用询价方式采购。

五、政府采购程序

(一) 招标方式的采购程序

采取招标方式采购的,应按以下程序进行:① 编制政府采购计划;② 发出招标书;③ 招标;④ 投标;⑤ 开标、评标和议标;⑥ 签订政府采购合同。

(二) 竞争性谈判方式的采购程序

采取竞争性谈判方式采购的,应当遵循下列程序:① 成立谈判小组;② 制定谈判文件;③ 确定邀请参加谈判的供应商名单;④ 谈判;⑤ 确定成交供应商。

(三) 单一来源方式的采购程序

采取单一来源方式采购的,采购人与供应商应当遵循《政府采购法》规定的原则,在保证采购项目质量和双方商定合理价格的基础上进行采购。

(四) 询价方式的采购程序

采取询价方式采购的,应当遵循下列程序:① 成立询价小组;② 确定被询价的供应商名单;③ 询价;④ 确定成交供应商。

六、政府采购合同

政府采购合同是采购人与供应商约定双方权利义务关系的协议。对政府采购合同,《政府采购法》作了如下规定:

(1) 政府采购应当采用书面形式;

(2) 政府采购合同适用合同法,采购人和供应商之间的权利和义务,应当按照平等、自愿的原则以合同约定;

(3) 采购人可以委托采购代理机构代表其与供应商签订政府采购合同;

(4) 采购人与中标、成交供应商应当在中标、成交通知发出之日起 30 日内,按照采购文件确定的事项签订政府采购合同;

(5) 政府采购项目的采购合同自签订之日起 7 个工作日内,采购人应当将合同副本报同级政府采购监督管理部门和有关部门备案;

(6) 政府采购合同履行中,采购人需追加与合同标的相同的货物、工程或者服务的,在不改变合同其他条款的前提下,可以与供应商协商签订补充合同,但所有补充合同的采购金额不得超过原合同采购金额的 10%;

（7）政府采购合同的双方当事人不得擅自变更、中止或者终止合同。

七、政府采购的监督与检查

财政部门是政府采购的监督管理部门。政府采购监督管理部门应当加强对政府采购活动及集中采购机构的监督检查。

监督检查的主要内容包括：① 有关政府采购的法律、行政法规和规章的执行情况；② 采购范围、采购方式和采购程序的执行情况；③ 政府采购人员的职业素质和专业技能。

政府采购监督管理部门不得设置集中采购机构，不得参与政府采购项目的采购活动。同时，采购代理机构与行政机关也不得存在隶属关系或者其他利益关系。

复 习 思 考 题

1. 财政法的特点有哪些？
2. 论述预算编制和执行的法律制度。
3. 如何理解国债及其管理。
4. 谈谈政府采购方式及其程序的法律规定。
5. 转移支付和社会保障支出有什么意义？

第十二章 税 法

我国改革开放以来,为了确立新的国民收入的分配关系,保证国家的财政收入,促进经济建设和社会发展,国家通过对财政税收体制的改革,制定并颁布一系列税收法律、法规,逐步建立起适应我国国情的税收法律体系,税法正在我国的市场经济活动中发挥着重要作用。税法是各种税收法规的总称,是税收机关征税和纳税人据以纳税的法律依据。税法主要包括两大类:一类是国家税务机关向纳税人无偿征收货币、实物等的税收实体法;另一类是国家税务机关与纳税人之间税收征纳的步骤、方法等实际操作过程的税收程序法,如税务登记法规、滞纳税收追缴规定等。

第一节 税法概述

一、税收的概念、特征和作用

(一) 税收的概念

税收是国家为实现其职能,凭借政治权力参与社会产品和国民收入分配,按照法定的标准和程序,无偿、强制取得财政收入的分配关系。这种分配关系的主体是国家,客体是人们创造的国民收入和积累的社会财富,税收的目的是实现国家的职能。

税收是国家财政收入最基本的,但不是唯一的收入形式。除税收收入外,国家还可以通过其他方式取得财政收入,如事业费收入、国有资源管理收入、公产收入、罚没收入、国际组织捐赠收入、规费收入等。

(二) 税收的特征

同国家取得财政收入的其他方式相比,税收具有以下三个明显的特征。

1. 强制性

税收是国家凭借政治权力开征的,国家运用法律手段公布征税标准,并运用行政手段和司法手段来保证征税任务的完成,每个公民、企业、经济组织等都有依法纳税的义务。对拒不纳税或者逃避纳税者,国家有权强制征收,并有权给予法律制裁。

2. 无偿性

税收是国家凭借政治权力强制征收的,其征收的税款归国家所有。国家对具体纳税人既无须直接偿还,也不必付出任何代价。

3. 固定性

国家在征税之前就以法律法规的形式,将征税对象、征税比例或数额等标准公布于众,然后按事先公布的标准征收,这种标准制定公布后,在一定时间内保持稳定不变。

(三) 税收的作用

税收的作用是税收职能在一定经济条件下的具体体现。在不同的历史阶段,税收职能发挥着不同的作用。在现阶段,税收的作用主要体现在以下四个方面。

1. 组织财政收入

国家为了行使自己的职能,需要有足够的财力基础,财力基础表现在财政收入有稳定的来源和增长,而税收是国家组织财政收入的主要手段,它在保证和实现财政收入方面起着重要作用。

2. 调节经济发展

税收作为一种经济分配杠杆,通过对利益的分配,影响各种纳税人的经济活动能力和行为,引起各地区、各部门以及各阶层、各类纳税人经济利益的变化,进而对社会政治经济状况产生某些影响。国家正是通过这种影响来实施某些政策,达到一定的政治经济目的。

3. 维护国家政权

国家政权是税收产生和存在的必要条件,而国家政权的存在又有赖于税收的存在。没有税收,国家机器就不可能有效运转。同时,税收分配不是按照等价原则和所有权原则分配的,而是凭借政治权力,对物质利益进行调节,体现国家支持什么、限制什么,从而达到维护和巩固国家政权的目的。

4. 监督经济活动

税收对经济活动的监督是在税收征管工作中实现的。国家在征收税款过程中,一方面要查明情况,正确计算并收取税款,另一方面又能发现纳税人在生产经营过程中或是在缴纳税款过程中存在的问题。通过税收的征收管理,可以暴露企业经营管理中的问题,以促进企业加强管理,提高经济核算水平和经济效益。通过税源的变化、收入的多少,可以及时反映企业的生产和经营状况。这些信息反映给经济决策部门,就可以成为制定政策的重要依据。同时,各个税种的征收工作能起到对各项经济活动的监督作用。

二、税法的概念和调整对象

税法是调整在税收活动中发生的社会关系的法律规范的总称。税法在宏观调控中发挥着重要作用，因而在宏观调控法中居于重要地位。

从调整对象看，税法调整税收活动中发生的社会关系，具体包括下列三个方面：① 税收征纳关系，即国家税务机关向纳税人无偿征收货币或实物形成的社会关系；② 税收权限关系，即国家权力机关与其授权的行政机关之间、中央和地方之间因税收管理权限而形成的社会关系；③ 征税纳税程序关系，即国家税务机关与纳税人之间因税收征纳的步骤、方法等程序而形成的社会关系，如税务登记程序关系、纳税申报程序关系等。

三、税法的构成要素

税法的构成要素一般包括：纳税主体、征税对象、税目、税率、计税依据、纳税环节、纳税期限、减免税、违章处理等要素。

（一）纳税主体

纳税主体又称纳税义务人，是指税法规定的直接负有纳税义务的社会组织和个人。纳税义务人是税收制度中区别不同税种的重要标志之一，因此，每个税种都有明确的纳税义务人。

（二）征税对象

征税对象又称征税客体，即对什么征税。每一种税法都规定了明确而具体的征税对象，征税对象关系着各种税法的基本界限，是征税的直接依据和税法的最基本要素。根据征税对象的不同，可分为对流转额征税、对所得额征税、对财产征税、对特定行为征税。

（三）税目

税目是征税对象的具体化，它是一个税种在税法中具体规定应当纳税的项目，反映了具体的征税范围。制定税目的基本方法一般有两种：一是列举法，即按照每种商品或经营项目分别设置税目，必要时还可以在一个税目下设若干子目；二是概括法，即把性质相近的产品或项目归类设置税目，如产品按大类或行业设置税目等。

（四）税率

税率是纳税额与征税对象之间的比例，是计算税额的尺度，是税法结构中的核心部分。

我国现行税率有三种：比例税率、累进税率、定额税率。比例税率是不分征税对象的大小，只限定一个比例的税率。累进税率是按照征税对象数额的大小，规定不同等级的税率，征税对象数额越大，税率越高。累进税率又分为全额累进税率和超额累进税率。其中,全额累进税率的计税方式是以征税对象的全额,适用相应等级的税率计征税款;超额累进税率的计税方式是按征税对象数额超过低一等级的部分,适用高一等级税率计征税款,然后分别相加,得出应纳税款的总额。定额税率的计税方式是按单位征税对象直接规定固定的税额,而不采取百分比的形式,这是税率的一种特殊形式。

(五)纳税环节

纳税环节是指在商品流转过程中应当缴纳税款的环节,亦即在对商品流转额的征税中应征几道税的问题。商品流转一般要经过生产、采购、批发、零售等若干环节,若具体确定了在某个环节应当缴纳税款,则该环节为纳税环节。

(六)纳税期限

纳税期限是指纳税人发生纳税义务后,向国家缴纳税款的期限。纳税期限可分为两种:一是按期纳税,二是按次纳税。纳税人不按纳税期限缴纳税款的,应依法加收滞纳金并补缴税款。纳税期限是税收固定性特点在纳税时间上的体现。

(七)减免税

减税是指从应征税额中减征部分税款;免税是指对应征税款全部予以免征。减免税可分为固定减免税、定期减免税和临时减免税三种。

(八)违章处理

违章处理是指纳税人作出违反税法的行为时,税务机关可以依法作出的处理。税务机关违章处理的主要措施有:加收滞纳金、处以罚款、罚没并处、税收保全措施、强制执行措施、提请司法机关处理等。

第二节 流 转 税 法

一、流转税的概念

流转税是以商品流转额和非商品(劳务)流转额为征税对象的税。

商品流转额是指在商品交换过程中,因销售或购进商品而支出的数额。商品流转额又分为实物流转额和货币流转额。实物流转额是指商品实物的销售或购进数量。货币流转额是指商品的销售收入金额或购进所支付的金额。由于商品流转中有销售和购进之分,商品流转额也有销售和购进之分。当税法规定卖方为纳税人时,商品流转额为商品销售数量和销售收入金额。当税法规定买方为纳税人时,商品流转额为商品购进数量和购进支付金额。在货币流转额中有流转总额和流转增值额之分。流转总额是指商品每次流转中的货币总额,流转增值额是指商品每次流转中发生的增值金额,非商品流转额是指不从事商品生产交换,只从事经营活动的企业、事业单位或个人向社会提供劳务或服务业务所取得的收入金额。

流转税的种类主要有增值税、消费税、关税等。

我国现行流转税类法律、行政法规有:国务院于1993年12月13日发布,2008年11月5日、2016年2月6日和2017年11月19日修订的《增值税暂行条例》;国务院于1993年12月13日发布、2008年11月5日修订的《消费税暂行条例》;财政部于1993年12月25日公布、2008年12月18日修订和2011年10月28日修正的《增值税暂行条例实施细则》;财政部于1993年12月25日发布、2008年12月15日修订的《消费税暂行条例实施细则》;还有国务院于1985年3月7日发布,并于1987年、1992年、2003年、2011年、2013年、2016年、2017年修订的《进出口关税条例》等。

二、增值税法

(一) 增值税的概念和特征

增值税是以商品生产流通和劳务服务各个环节的增值因素为征税对象的一种流转税。增值是纳税人在生产经营活动中所创造的新增价值或商品的附加值,亦即纳税人在一定时期内销售产品或提供应税劳务所得收入超过其购进商品或进行劳务时所支出的差额部分。增值税具有以下四个主要特征。

(1) 排除了对同一产品重复征税的现象。增值税的征收,不论同一产品经过多少环节,国家只对其增值部分征税,这样就排除了原税制中对产品销售金额征税所造成的重复征税的现象。

(2) 减轻了纳税人的税收负担。按照流转税的原理,其税收负担实际上是由最终消费者或购买者承受的。原税制中的产品税、营业税都属价内税,税金包含在商品价格之内,交换环节越多,价格就越高,消费者或购买者的最终负担也就越重;而增值税只对增值额征税,税负与商品交换次数无关,实际上减轻了税收负担。

(3) 增值税按照生产、销售环节的增值额,每经过一环节征收一次,因此增值税适用广泛,具有普遍性、连续性、合理性的特点。

(4) 有利于生产协作化的发展。增值税的税负不受商品流转环节的影响,这样就使企业免去了流转环节越多、税负越高的顾虑。

(二) 增值税的纳税主体

增值税的纳税人是在我国境内销售货物或者加工、修理修配劳务(以下简称"劳务"),销售服务、无形资产、不动产以及进口货物的单位和个人。单位以承包、承租、挂靠方式经营的,承包人、承租人、挂靠人(以下统称"承包人")以发包人、出租人、被挂靠人(以下统称"发包人")名义对外经营并由发包人承担相关法律责任的,以该发包人为纳税人;否则,以承包人为纳税人。

增值税的纳税人从税法地位和税款计算的角度可以分为一般纳税人和小规模纳税人。应税行为的年应征增值税销售额(以下简称"应税销售额")超过财政部和国家税务总局规定标准(目前为 500 万元)的纳税人为一般纳税人,未超过规定标准的纳税人为小规模纳税人。年应税销售额超过规定标准的其他个人不属于一般纳税人。年应税销售额超过规定标准但不经常发生应税行为的单位和个体工商户可选择按照小规模纳税人纳税。

小规模纳税人以外的纳税人应当向主管税务机关办理登记。小规模纳税人会计核算健全,能够提供准确税务资料的,可以向主管税务机关办理登记,不作为小规模纳税人,按照一般纳税人的有关规定计算应纳税额。

我国境外的单位或者个人在境内销售劳务,在境内未设有经营机构的,以其境内代理人为扣缴义务人;在境内没有代理人的,以购买方为扣缴义务人。

两个或者两个以上的纳税人,经财政部和国家税务总局批准可以视为一个纳税人合并纳税。

(三) 增值税的征税范围

增值税的征税范围,包括以下三个方面。

1. 在我国境内销售货物或者提供加工、修理修配劳务以及进口货物

销售货物是指有偿转让货物的所有权;其要件包括所转让的货物为有形动产(包括电力、热力、气体)、必须是有偿转让(即一方通过转让货物从购买方取得货币、实物或其他经济利益)和所销售的货物的起运地或所在地必须在我国境内。

提供应税劳务包括加工(指由委托方提供原材料及主要材料,受托方按照委托方的要求制造货物并收取加工费的业务)和修理修配(指受托对损伤和丧失功能的货物进行修复,使其恢复原状和功能的业务),不包括单位和个体工商户聘用的员工为本单位或雇主提供的加工、修理修配劳务。

进口货物是指货物从境外进入我国关境内。

2. 在我国境内销售服务、无形资产或者不动产(以下称应税行为)

属于下列非经营活动的情形除外:① 行政单位收取的满足法定条件的政府性基金或者行政事业性收费;② 单位或者个体工商户聘用的员工为本单位或者雇主提供取得工资的服务;③ 单位或者个体工商户为聘用的员工提供服务;④ 财政部和国家税务总局规定的其他情形。

在境内从事应税行为是指:服务(租赁不动产除外)或者无形资产(自然资

源使用权除外)的销售方或者购买方在境内;所销售或者租赁的不动产在境内;销售自然资源使用权的,所销售自然资源在境内;财政部和国家税务总局规定的其他情形。

下列情形不属于在境内销售服务或者无形资产:境外单位或者个人向境内单位或者个人销售完全在境外发生的服务;境外单位或者个人向境内单位或者个人销售完全在境外使用的无形资产;境外单位或者个人向境内单位或者个人出租完全在境外使用的有形动产;财政部和国家税务总局规定的其他情形。

3. 增值税征税范围的特别规定

(1) 视同销售货物行为。它是指某些行为虽然不同于有偿转让货物所有权的一般销售,但基于保障财政收入、防止规避税法以及保持经济链条和课税的连续性等考虑,税法仍将其视同为销售货物的行为,征收增值税。

单位或者个体工商户的下列行为,视同销售货物:第一,将货物交付其他单位或者个人代销,或者销售代销货物;第二,设有两个以上机构并实行统一核算的纳税人,将货物从一个机构移送其他机构用于销售,但相关机构设在同一县(市)的除外;第三,将自产或者委托加工的货物用于非增值税应税项目,或者用于集体福利或者个人消费;第四,将自产、委托加工或者购进的货物作为投资,提供给其他单位或者个体工商户,或者分配给股东或者投资者,或者无偿赠与其他单位或者个人。

下列情形视同销售服务、无形资产或者不动产:第一,单位或者个体工商户向其他单位或者个人无偿提供服务,但用于公益事业或者以社会公众为对象的除外;第二,单位或者个人向其他单位或者个人无偿转让无形资产或者不动产,但用于公益事业或者以社会公众为对象的除外;第三,财政部和国家税务总局规定的其他情形。

(2) 兼营行为。纳税人兼营不同税率的项目,应当分别核算不同税率项目的销售额;未分别核算销售额的,从高适用税率。

(3) 混合销售行为。一项销售行为如果既涉及服务又涉及货物,为混合销售。从事货物的生产、批发或者零售的单位和个体工商户(包括以从事货物的生产、批发或者零售为主,兼营销售服务的单位和个体工商户在内)的混合销售行为,按照销售货物缴纳增值税;其他单位和个体工商户的混合销售行为,按照销售服务缴纳增值税。

(四) 增值税的税率和征收率

根据法律规定,一般纳税人按照增值税税率计算增值税。增值税税率结构较为复杂,包括13%、9%、6%、0%四个档次,分别适用于不同的领域和情形。

(1) 纳税人销售货物、劳务、有形动产租赁服务或者进口货物,除另有规定外,适用13%的税率。

(2) 纳税人销售交通运输、邮政、基础电信、建筑等服务,销售不动产,转让土地使用权,税率为9%。此外,销售或者进口下列货物,税率也是9%：第一,粮食等农产品、食用植物油、食用盐;第二,自来水、暖气、冷气、热水、煤气、石油液化气、天然气、二甲醚、沼气、居民用煤炭制品;第三,图书、报纸、杂志、音像制品、电子出版物;第四,饲料、化肥、农药、农机、农膜;第五,国务院规定的其他货物。

(3) 纳税人销售金融服务、增值电信服务、现代服务、生活服务、无形资产,除另有规定外,税率为6%。

(4) 除国务院另有规定外,纳税人出口货物,以及境内单位和个人跨境销售国务院规定范围内的服务、无形资产,适用零税率。

小规模纳税人经营规模小,会计核算不健全,难以按上述税率计税和使用增值税专用发票抵扣进项税款,因此实行按销售额与征收率计算应纳税额的简易办法。法律规定,小规模纳税人增值税征收率为3%,国务院另有规定的除外。

(五) 增值税的计税方法

计算增值税的应纳税额,应先确定纳税人的销售额、销项税额、进项税额等基本数据,然后才能准确计算出应纳税额。同时应区分一般纳税人、小规模纳税人和进口货物三种情况,采取不同的计税方法。增值税以不含增值税税金的价格为计税依据。

1. 销售额、销项税额和进项税额

销售额为纳税人发生应税销售行为收取的全部价款和价外费用,但是不包括收取的销项税额。对小规模纳税人来说,其销售额不包括其应纳税额。

纳税人发生应税销售行为,按照销售额和规定的税率计算收取的增值税额。纳税义务人的销项税额,必须如实填写在增值税专用发票的"销项税额"栏目内。进项税额是纳税人购进货物、劳务、服务、无形资产、不动产支付或者负担的增值税额。

2. 一般纳税人的计税方法

(1) 应纳税额的计算。对一般纳税人实行根据增值税专用发票上注明的税款抵扣制度,即以商品销售额为计税依据,同时允许从税额中扣除上一道环节已经缴纳的税款,以实现按增值因素征税的原则。其计算公式如下：

$$应纳税额 = 当期销项税额 - 当期进项税额$$

$$销项税额 = 销售额 \times 税率$$

因当期销项税额小于当期进项税额不足抵扣时,其不足部分可以结转下期继续抵扣。

(2) 允许抵扣的进项税额。以下增值税扣税凭证上注明的增值税额允许抵扣：从销售方取得的增值税专用发票上注明的增值税额；从海关取得的海关进口增值税专用缴款书上注明的增值税；购进农产品，除取得增值税专用发票或者海关进口增值税专用缴款书外，按照农产品收购发票或者销售发票上注明的农产品买价和9%的扣除率计算的进项税额；自境外单位或者个人购进劳务、服务、无形资产或者境内的不动产，从税务机关或者扣缴义务人取得的代扣代缴税款的完税凭证上注明的增值税额。

(3) 不准抵扣的进项税额。按照《增值税暂行条例》和"营改增"的相关规定，下列项目的进项税额不得从销项税额中抵扣：用于简易计税方法计税项目、免征增值税项目、集体福利或者个人消费的购进货物、劳务、服务、无形资产和不动产；非正常损失的购进货物，以及相关的劳务和交通运输服务；非正常损失的在产品、产成品所耗用的购进货物（不包括固定资产）、劳务和交通运输服务；购进的贷款服务、餐饮服务、居民日常服务和娱乐服务；国务院规定的其他项目。

2009年1月1日开始，购进固定资产不再属于不可抵扣的项目，企业可以将购进固定资产的进项税额从销项税额中抵扣，这是增值税改革的核心，极大地减轻了企业的税负，鼓励企业进行技术改革创新，向技术密集型企业转型。

此外，进口货物，按照组成计税价格和税率计算应纳税额。组成计税价格和应纳税额计算公式如下：

$$组成计税价格 = 关税完税价格 + 关税 + 消费税$$

$$应纳税额 = 组成计税价格 \times 税率$$

3. 小规模纳税人的计税方法

小规模纳税人应纳增值税额采取简易方法计算。其计算公式如下：

$$应纳税额 = 销售额 \times 征收率$$

小规模纳税人取得的销售额包括向购买方收取的全部价款和价外费用，不包括按3%的征收率收取的增值税税额。与一般纳税人应纳税额计算方法不同的是，小规模纳税人不得抵扣进项税额。

(六) 增值税纳税义务的发生时间和纳税期限

增值税纳税义务的发生时间如下：① 发生应税销售行为，为收讫销售款项或者取得索取销售款项凭据的当天；先开具发票的，为开具发票的当天。② 进口货物，为报关进口的当天。

增值税的纳税期限分别为1日、3日、5日、10日、15日、1个月或者1个季度。

(七) 增值税的减免

增值税减免税项目都由国务院规定。下列项目免征增值税：① 农业生产者销售的自产农业产品；② 避孕药品和用具；③ 古旧图书；④ 直接用于科学研究、科学试验和教学的进口仪器、设备；⑤ 外国政府、国际组织无偿援助的进口物资和设备；⑥ 由残疾人的组织直接进口供残疾人专用的物品；⑦ 销售的自己使用过的物品。

三、消费税法

(一) 消费税的概念和特征

消费税是对特定的消费品和消费行为征收的一种流转税。消费税是1994年1月1日实行的税制改革中新开征的税种，它从原税制的产品税、增值税中分离出来，属于新老税制收入的转换。消费税的征收范围是有选择的，这种选择性能够更好地体现国家的产业政策、消费政策，对产业结构的调整、对引导消费能起到积极作用。

消费税的特征是：① 只对一部分消费品和消费行为征税；② 只在消费品生产、流通或消费的某一环节征税；③ 根据不同消费品的种类、档次、结构、功能等情况，制定不同的税率；④ 税负最终要转嫁到消费者身上，由消费者负担。

(二) 消费税的纳税主体

在中国境内生产、委托加工和进口《消费税暂行条例》规定的消费品的单位和个人，以及国务院确定的销售《消费税暂行条例》规定的消费品的其他单位和个人，为消费税的纳税人。

(三) 消费税的税目和税率

税目是征税对象的具体化。对于消费税的税目、税率，《消费税暂行条例》及其实施细则作出规定后，财政部、国家税务总局于2006年、2014年和2015年进行了多次调整。

目前，消费税共有15个税目，分别是：烟、酒、高档化妆品、贵重首饰及珠宝玉石、鞭炮和焰火、成品油、摩托车、小汽车、高尔夫球及球具、高档手表、游艇、木制一次性筷子、实木地板、电池、涂料。

消费税实行的税率有比例税率、定额税率和复合税率三种，根据不同应税消费品的种类、档次、结构、功能以及供求、价格等情况，实行高低不同的税率、税额。部分消费品采用比例税率计税，如气缸容量在250毫升的摩托车的税率为3%；部分消费品采用定额税率计税，如甲类啤酒的税率为250元/吨；还有部分消费品采用复合税率（比例税率加定额税率）计税，如甲类卷烟的税率为56%加0.003元/支。

(四) 消费税的计税依据及方法

消费税的计税依据有销售额、销售数量以及销售额加销售数量三种,相应的计税方法有从价定率的计税方法、从量定额的计税方法和复合计税方法。具体计算公式如下。

1. 从价定率的计税方法

$$应纳税额＝销售额×比例税率$$

2. 从量定额的计税方法

$$应纳税额＝销售数量×定额税率$$

3. 复合计税方法

$$应纳税额＝销售额×比例税率＋销售数量×定额税率$$

上述公式中,销售额为纳税人销售应税消费品向购买方收取的全部价款和价外费用。

此外,《消费税暂行条例》还对自产自用的应税消费品、委托加工的应税消费品和进口的应税消费品的计税方法作出了具体规定。

(五) 消费税的减免

消费税选择一部分消费品为征税对象,其目的之一就是调节消费,因此,在我国只有出口的应税消费品和国务院有特别规定的可以免征消费税。其他应税消费品都在征税之列,出口应税消费品的免税办法由国家税务总局规定。

四、关税法

(一) 关税的概念

关税是指设在边境、沿海口岸或国家指定的其他水、陆、空国际交往通道的海关,按照国家的规定,对进出国境的货物和物品所征收的一种税。关税分为进口税和出口税。关税是一种特殊的税种,是维护国家主权和经济利益、执行国家对外经济政策的重要手段。具体来说,它通过对出口货物大部分免税、小部分征税来鼓励出口,增强产品的国际竞争力,保护国内的某些资源;它利用高低不同的税率以及关税的减免,鼓励国内必需品的进口,限制非必需品进口,有利于引进技术和先进设备;它还能促使企业加强经济核算,增加国家财政收入。

我国关于关税方面的法律,主要是全国人大常委会于 1987 年 1 月通过,经 2000 年 7 月、2013 年 6 月、2013 年 12 月、2016 年 11 月和 2017 年 11 月修正的《海关法》和国务院发布的《进出口关税条例》及《海关进出口税则》。《进出口关税条例》由国务院于 1985 年 3 月发布,并于 1987 年 9 月、1992 年 3 月、2003 年

11月、2011年1月、2013年12月和2017年3月六次修订。

(二) 关税的纳税主体

关税的纳税主体是进口货物的收货人、出口货物的发货人，进出境物品的所有人(持有人)和进口邮件的收件人。

(三) 关税的征税对象

关税的征税对象是准许进出境的货物和物品。货物是指贸易性的进出口商品；物品是指非贸易性的进出口商品，包括入境旅客随身携带的行李物品，个人邮递进境的物品，各种运输工具上的服务人员携带的进口物品、馈赠物品以及以其他方式进境的个人物品。

(四) 关税的税率

关税的税率为比例税率。进出口货物的税率分为进口税率和出口税率。进口税率又分为普通税率和优惠税率。优惠税率适用于与我国签订关税互惠协议的国家或者地区的进口货物，普通税率适用于未签订关税互惠协议的国家或者地区的进口货物。为鼓励出口，我国只对部分商品征收出口税。

第三节 所 得 税 法

一、所得税的概念和特征

所得税又称收益税，是以纳税人的收益额为征税对象的税。收益有总收益额和纯收益额之分。总收益额是指纳税人的全部收入额；纯收益额是指在总收入额中减去成本费用之后的余额。收益税既可以对纳税人的总收益额征税，也可以对纯收益额征税。目前，我国所得税的种类主要有企业所得税、个人所得税。

所得税的特征是按纳税人的负担能力确定税收负担，即纳税人有所得才有纳税义务，并且它是直接税，税负不能转嫁。所得税一般按年所得额征税、分期预缴、年终汇算清缴。

我国现行规范企业所得税的法规主要是《企业所得税法》及其实施条例。2007年3月16日，十届全国人大第五次会议通过了《企业所得税法》，自2008年1月1日起实施，它的实施结束了我国自改革开放以来实行的"内外有别"的两套企业所得税制。该法于2017年2月24日和2018年12月29日进行了两次修改。

现行个人所得税类法律、行政法规有：1980年9月10日五届全国人大三次会议通过，经1993年10月、1999年8月、2005年10月、2007年6月、2007年12

月、2011年6月、2018年8月七次修改,并于2019年1月1日起施行的《个人所得税法》;国务院于1994年1月28日发布,经2005年12月、2008年2月、2011年7月、2018年12月四次修改,并于2019年1月1日起施行的《个人所得税法实施条例》。

二、企业所得税法

(一) 企业所得税的纳税人

企业所得税的纳税人为在中国境内的企业和其他取得收入的组织,统称为"企业"。在这里,"企业"具体包括企业、事业单位、社会团体以及其他取得收入的组织。从2000年1月1日起,个人独资企业和合伙企业不再是企业所得税的纳税人,对其不予征缴企业所得税。

根据登记注册地和实际管理地两个标准,将纳税人区分为居民企业和非居民企业。居民企业是指依照中国法律、行政法规在中国境内成立,或者依照外国(地区)法律成立但实际管理机构在中国境内的企业;非居民企业是指依照外国(地区)法律成立且实际管理机构不在中国境内,但在中国境内设立机构、场所的,或者在中国境内未设立机构、场所,但有来源于中国境内所得的企业。居民企业应承担无限纳税义务,就其来源于中国境内、境外的所得缴纳企业所得税,而非居民企业承担有限纳税义务,仅就其来源于中国境内的所得,以及发生在中国境外但与其在中国境内所设机构、场所有实际联系的所得缴纳企业所得税。

(二) 企业所得税的征税对象和计税依据

企业所得税的征税对象,是指企业的生产、经营所得和其他所得。具体包括销售货物所得、提供劳务所得、转让财产所得、股息红利等权益性投资所得、利息所得、租金所得、特许权使用费所得、接受捐赠所得和其他所得。

企业所得税的计税依据是应纳税所得额,即企业每一纳税年度的收入总额,减除不征税收入、免税收入、各项扣除以及允许弥补的以前年度亏损后的余额。计算应纳税所得额时以权责发生制为原则,一般来说,除非另有规定,属于当期的收入和费用,不论款项是否收付,均作为当期的收入和费用;不属于当期的收入和费用,即使款项已经在当期收付,均不作为当期的收入和费用。企业应纳税所得额的计算公式如下:

应纳税所得额=收入总额－不征税收入－免税收入－各项扣除
－允许弥补的以前年度亏损

1. 收入总额

上述收入总额是指企业以货币形式和非货币形式从各种来源取得的收入。

企业取得收入的货币形式，包括现金、存款、应收账款、应收票据、准备持有至到期的债券投资以及债务的豁免等；非货币形式，包括固定资产、生物资产、无形资产、股权投资、存货、不准备持有至到期的债券投资、劳务以及有关权益等，该类收入应当按照市场价格确定收入额。企业收入包括以下九项。

（1）销售货物收入。它是指企业销售商品、产品、原材料、包装物、低值易耗品以及其他存货取得的收入。

（2）提供劳务收入。它是指企业从事建筑安装、修理修配、交通运输、仓储租赁、金融保险、邮电通信、咨询经纪、文化体育、科学研究、技术服务、教育培训、餐饮住宿、中介代理、卫生保健、社区服务、旅游、娱乐、加工以及其他劳务服务活动取得的收入。

（3）转让财产收入。它是指企业转让固定资产、生物资产、无形资产、股权、债权等财产取得的收入。

（4）股息、红利等权益性投资收益。它是指企业因权益性投资从被投资方取得的收入。

（5）利息收入。它是指企业将资金提供给他人使用但不构成权益性投资，或者因他人占用本企业资金取得的收入，包括存款利息、贷款利息、债券利息、欠款利息等收入。

（6）租金收入。它是指企业提供固定资产、包装物或者其他有形资产的使用权取得的收入。

（7）特许权使用费收入。它是指企业提供专利权、非专利技术、商标权、著作权以及其他特许权的使用权取得的收入。

（8）接受捐赠收入。它是指企业接受的来自其他企业、组织或者个人无偿给予的货币性资产、非货币性资产。

（9）其他收入。它是指上述各项收入之外的一切收入，包括企业资产溢余收入、逾期未退包装物押金收入、确实无法偿付的应付款项、已作坏账损失处理后又收回的应收款项、债务重组收入、补贴收入、违约金收入、汇兑收益等。

2. 不征税收入

不征税收入是指从性质和根源上不属于企业营利性活动带来的经济利益、不负有纳税义务并不作为应纳税所得额组成部分的收入。我国税法规定不征税收入，主要目的是将由非经营活动或非营利活动带来的经济利益从应税总收入中排除，不视为具有纳税义务。下列收入为不征税收入。

（1）财政拨款。它主要指各级人民政府对纳入预算管理的事业单位、社会团体等组织拨付的财政资金。

(2) 依法收取并纳入财政管理的行政事业性收费、政府性基金。行政事业性收费是指依照法律法规等有关规定,按照国务院规定程序批准,在实施社会公共管理,以及在向公民、法人或者其他组织提供特定公共服务过程中,向特定对象收取并纳入财政管理的费用;政府性基金是指企业依照法律、行政法规等有关规定,代政府收取的具有专项用途的财政资金。

(3) 国务院规定的其他不征税收入。它是指企业取得的,由国务院财政、税务主管部门规定专项用途并经国务院批准的财政性资金。

3. 免税收入

免税收入是指属于企业的应税所得但按照税法规定免予征收企业所得税的收入。免税收入具体包括:① 国债利息收入;② 符合条件的居民企业之间的股息、红利等权益性投资收益;③ 在中国境内设立机构、场所的非居民企业从居民企业取得与该机构、场所有实际联系的股息、红利等权益性投资收益;④ 符合条件的非营利组织的收入。

4. 准予扣除的项目

准予扣除的项目是指企业实际发生的与取得收入有关的、合理的支出,包括成本、费用、税金、损失和其他支出,以及按照《企业所得税法》及其实施条例规定的可扣除项目。在确定纳税人的扣除项目时,应注意以下两个问题:第一,企业的不征税收入用于支出所形成的费用或者财产,不得扣除或者计算对应的折旧、摊销扣除;第二,除非另有规定,企业实际发生的成本、费用、税金、损失和其他支出,不得重复扣除。

准予扣除的项目包括以下五项。

(1) 成本。即企业在生产经营活动中发生的销售成本、销货成本、业务支出以及其他耗费。

(2) 费用。即纳税人为生产、经营商品和提供劳务等所发生的销售(经营)费用、管理费用和财务费用,已计入成本的有关费用除外。

(3) 税金。即企业发生的除企业所得税和允许抵扣的增值税以外的各项税金及其附加。须注意,除非是在出口退税准予抵扣的情况下,增值税作为价外税,一般不得扣除。

(4) 损失。即企业在生产经营活动中发生的固定资产和存货的盘亏、毁损、报废损失,转让财产损失,呆账损失,坏账损失,自然灾害等不可抗力因素造成的损失以及其他损失。

(5) 其他支出。即除成本、费用、税金、损失外,企业在生产经营活动中发生的与生产经营活动有关的、合理的支出。它主要包括16项。

① 企业发生的合理的工资薪金支出。

② 企业依照国务院有关主管部门规定的范围和标准为职工缴纳的基本养老保险费、基本医疗保险费、失业保险费、工伤保险费、生育保险费等基本社会保险费和住房公积金；企业按规定范围和标准为投资者或者职工支付的补充养老保险费、补充医疗保险费。

③ 企业依照国家有关规定为特殊工种职工支付的人身安全保险费和国务院财政、税务主管部门规定可以扣除的其他商业保险费。

④ 企业在生产经营活动中发生的合理的不需要资本化的借款费用；企业为购置、建造固定资产、无形资产和经过12个月以上的建造才能达到预定可销售状态的存货发生借款的，在有关资产购置、建造期间发生的合理的借款费用，作为资本性支出计入有关资产的成本。

⑤ 企业在生产经营活动中发生的某些利息支出，包括非金融企业向金融企业借款的利息支出、金融企业的各项存款利息支出和同业拆借利息支出、企业经批准发行债券的利息支出，以及非金融企业向非金融企业借款的利息支出，不超过按照金融企业同期同类贷款利率计算的数额的部分。

⑥ 企业在货币交易中，以及纳税年度终了时将人民币以外的货币性资产、负债按照期末即期人民币汇率中间价折算为人民币时产生的汇兑损失，除已经计入有关资产成本以及与向所有者进行利润分配相关的部分外的部分。

⑦ 企业发生的职工福利费支出，不超过工资薪金总额14%的部分。

⑧ 企业拨缴的工会经费，不超过工资薪金总额2%的部分。

⑨ 企业发生的职工教育经费支出，不超过工资薪金总额8%的部分。

⑩ 企业发生的与生产经营活动有关的业务招待费支出，按照发生额的60%扣除，但最高不得超过当年销售（营业）收入的5‰。

⑪ 企业发生的符合条件的广告费和业务宣传费支出，不超过当年销售（营业）收入15%的部分，准予扣除；超过部分，准予在以后纳税年度结转扣除。

⑫ 企业依照法律、行政法规有关规定提取的用于环境保护、生态恢复等方面的专项资金。

⑬ 企业参加财产保险和雇主责任险、公众责任险等责任保险，按照规定缴纳的保险费。

⑭ 企业根据生产经营活动的需要租入固定资产支付的租赁费，按照以下方法扣除：其一，以经营租赁方式租入固定资产发生的租赁费支出，按照租赁期限均匀扣除；其二，以融资租赁方式租入固定资产发生的租赁费支出，按照规定构成融资租入固定资产价值的部分应当提取折旧费用，分期扣除。

⑮ 企业发生的合理的劳动保护支出。

⑯ 企业发生的公益性捐赠支出，在年度利润总额12%以内的部分。

5. 以前年度亏损

企业纳税年度发生的亏损,准予向以后年度结转,用以后年度的所得弥补,但结转年限最长不得超过5年。

(三) 企业所得税的税率和应纳税额

1. 企业所得税的税率

企业所得税的税率为比例税率,分为普通税率和优惠税率。对于普通税率而言,企业所得税的税率为25%。在中国境内未设立机构、场所的非居民企业和虽设立机构、场所但取得的所得与其所设机构、场所没有实际联系的非居民企业,取得来源于中国境内的所得,税率为20%。

现行《企业所得税法》规定的税收优惠相较于以往,力度有所提高,这体现在优惠税率上。该法规定:符合条件的小型微利企业,减按20%的税率征收企业所得税;国家需要重点扶持的高新技术企业,减按15%的税率征收企业所得税。

2. 企业所得税应纳税额的计算

企业所得税的应纳税额为企业的应纳税所得额乘以适用税率,减除依照企业所得税法关于税收优惠的规定减免和抵免的税额后的余额,其计算公式如下:

$$应纳税额 = 应纳税所得额 \times 适用税率 - 减免税额 - 抵免税额$$

其中,减免税额和抵免税额是指依照企业所得税法和国务院的税收优惠规定减征、免征和抵免的应纳税额。

根据《企业所得税法》第26条的规定,企业的下列收入为免税收入:① 国债利息收入;② 符合条件的居民企业之间的股息、红利等权益性投资收益;③ 在中国境内设立机构、场所的非居民企业从居民企业取得与该机构、场所有实际联系的股息、红利等权益性投资收益;④ 符合条件的非营利组织的收入。

三、个人所得税法

(一) 个人所得税的概念

个人所得税是对个人所得额征收的一种税。该税依据2018年8月修正通过、2019年1月1日起施行的《个人所得税法》和2018年12月修订通过、2019年1月1日起施行的《个人所得税法实施条例》征收。

(二) 个人所得税的纳税主体

1. 居民纳税人

居民纳税人是指在中国境内有住所,或者无住所而在一个纳税年度内在中国境内居住累计满183天的个人。居民纳税人从中国境内和境外取得的所得,均应依法缴纳个人所得税。

2. 非居民纳税人

非居民纳税人是指在中国境内无住所又不居住,或者无住所而一个纳税年度内在中国境内居住累计不满 183 天的个人。非居民个人仅对从中国境内取得的所得,依法缴纳个人所得税。

(三) 个人所得税的征税对象

个人所得税的征税对象分为综合所得和分类所得两类。其中,综合所得包括四个税目:① 工资、薪金所得;② 劳务报酬所得;③ 稿酬所得;④ 特许权使用费所得。分类所得包括五个税目:① 经营所得;② 利息、股息、红利所得(合称股利所得);③ 财产租赁所得;④ 财产转让所得;⑤ 偶然所得。

(四) 个人所得税的税率

个人所得税实行超额累进税率与比例税率相结合的税率体系。具体分为综合所得和分类所得两种情况处理。

1. 综合所得

综合所得适用 3%~45% 的七级超额累进税率,具体如表 12-1 所示。

表 12-1 个人所得税税率表(综合所得适用)

级 数	全年应纳税所得额	税率/%	速算扣除数/元
1	不超过 36 000 元的部分	3	0
2	超过 36 000 元至 144 000 元的部分	10	2 520
3	超过 144 000 元至 300 000 元的部分	20	16 920
4	超过 300 000 元至 420 000 元的部分	25	31 920
5	超过 420 000 元至 660 000 元的部分	30	52 920
6	超过 660 000 元至 960 000 元的部分	35	85 920
7	超过 960 000 元的部分	45	181 920

2. 分类所得

分类所得中,经营所得适用 5%~35% 的五级超额累进税率(具体如表 12-2 所示),其余四个税目适用 20% 的税率。

表 12-2 个人所得税税率表(经营所得适用)

级 数	全年应纳税所得额	税率/%	速算扣除数/元
1	不超过 30 000 元的部分	5	0
2	超过 30 000 元至 90 000 元的部分	10	1 500
3	超过 90 000 元至 300 000 元的部分	20	10 500
4	超过 300 000 元至 500 000 元的部分	30	40 500
5	超过 500 000 元的部分	35	65 500

(五) 个人所得税应纳税额的计算

1. 综合所得应纳税额的计算

《个人所得税法》第11条第1款规定:"居民个人取得综合所得,按年计算个人所得税;有扣缴义务人的,由扣缴义务人按月或者按次预扣预缴税款;需要办理汇算清缴的,应当在取得所得的次年三月一日至六月三十日内办理汇算清缴。"可见,居民个人综合所得按年计算个人所得税,实行按月预扣预缴、年度汇算清缴的办法。但是,非居民个人取得综合所得,按月或者按次分项计算个人所得税。

(1) 应纳税所得额。《个人所得税法》第6条第1款第1项规定:"居民个人的综合所得,以每一纳税年度的收入额减除费用六万元以及专项扣除、专项附加扣除和依法确定的其他扣除后的余额,为应纳税所得额。"由此,居民个人的综合所得的应纳税所得额的公式如下:

应纳税所得额＝各项收入－基本减除费用－专项扣除－专项附加扣除
　　　　　　－依法确定的其他扣除

其中:各项收入中,工资薪金所得按实计算收入额,劳务报酬所得、稿酬所得、特许权使用费所得以收入减除20%的费用后的余额为收入额;稿酬所得的收入额减按70%计算。

扣除部分包括基本减除费用以及专项扣除、专项附加扣除和依法确定的其他扣除项目。具体来说包括以下四个方面。

① 基本减除费用。它为6万元/年。

② 专项扣除。它包括居民个人缴纳的基本养老保险、基本医疗保险、失业保险等社会保险费和住房公积金等四项支出。

③ 专项附加扣除。它包括子女教育、继续教育、大病医疗、住房贷款利息或者住房租金、赡养老人等六项支出。

第一,关于子女教育项目,纳税人的子女接受全日制学历教育的相关支出,按照每个子女每月1 000元的标准定额扣除。

第二,关于继续教育项目,纳税人在中国境内接受学历(学位)继续教育的支出,在学历(学位)教育期间按照每月400元定额扣除。同一学历(学位)继续教育的扣除期限不能超过48个月。纳税人接受技能人员职业资格继续教育、专业技术人员职业资格继续教育的支出,在取得相关证书的当年,按照3 600元定额扣除。

第三,关于大病医疗项目,在一个纳税年度内,纳税人发生的与基本医保相关的医药费用支出,扣除医保报销后个人负担(指医保目录范围内的自付部分)

累计超过15 000元的部分,由纳税人在办理年度汇算清缴时,在80 000元限额内据实扣除。

第四,关于住房贷款利息项目,纳税人本人或者配偶单独或者共同使用商业银行或者住房公积金个人住房贷款为本人或者其配偶购买中国境内住房,发生的首套住房贷款利息支出,在实际发生贷款利息的年度,按照每月1 000元的标准定额扣除,扣除期限最长不超过240个月。纳税人只能享受一次首套住房贷款的利息扣除。

第五,关于住房租金项目,纳税人在主要工作城市没有自有住房而发生的住房租金支出,可以按照以下标准定额扣除:一是直辖市、省会(首府)城市、计划单列市以及国务院确定的其他城市,扣除标准为每月1 500元。二是除第一项所列城市以外,市辖区户籍人口超过100万的城市,扣除标准为每月1 100元;市辖区户籍人口不超过100万的城市,扣除标准为每月800元。纳税人的配偶在纳税人的主要工作城市有自有住房的,视同纳税人在主要工作城市有自有住房。

第六,关于赡养老人项目,纳税人赡养一位及以上被赡养人的赡养支出,统一按照以下标准定额扣除:一是纳税人为独生子女的,按照每月2 000元的标准定额扣除。二是纳税人为非独生子女的,由其与兄弟姐妹分摊每月2 000元的扣除额度,每人分摊的额度不能超过每月1 000元。可以由赡养人均摊或者约定分摊,也可以由被赡养人指定分摊。约定或者指定分摊的须签订书面分摊协议,指定分摊优先于约定分摊。具体分摊方式和额度在一个纳税年度内不能变更。被赡养人是指年满60岁的父母,以及子女均已去世的年满60岁的祖父母、外祖父母。

④ 依法确定的其他扣除。它包括个人缴付符合国家规定的企业年金、职业年金,个人购买符合国家规定的商业健康保险、税收递延型商业养老保险的支出,以及国务院规定可以扣除的其他项目。

此外,个人将其所得对教育、扶贫、济困等公益慈善事业进行捐赠,捐赠额未超过纳税人申报的应纳税所得额30%的部分,可以从其应纳税所得额中扣除。

(2)应纳税额。对于需要汇算清缴的居民纳税人,其综合所得实行按年计算个人所得税。应纳税额以应纳税所得额适用七级超额累进税率进行计算。其计算公式如下:

$$应纳税额=应纳税所得额×适用税率-速算扣除数$$

另外,非居民个人的工资、薪金所得,以每月收入额减除费用5 000元后的余额为应纳税所得额;劳务报酬所得、稿酬所得、特许权使用费所得,以每次收入额为应纳税所得额。

2. 分类所得应纳税额的计算

在分类所得中,纳税人取得经营所得,按年计算个人所得税,适用五级超额累进税率;纳税人取得利息、股息、红利所得,财产租赁所得,财产转让所得和偶然所得,按月或者按次计算个人所得税,适用20%的税率。

(1) 经营所得应纳税额的计算。经营所得,以每一纳税年度的收入总额减除成本、费用以及损失后的余额,为应纳税所得额。取得经营所得的个人,没有综合所得的,计算其每一纳税年度的应纳税所得额时,应当减除费用6万元、专项扣除、专项附加扣除以及依法确定的其他扣除。专项附加扣除在办理汇算清缴时减除。其计算公式如下:

应纳税所得额＝收入总额－(成本＋费用＋损失＋准予扣除的税金)

应纳税额＝应纳税所得额×适用税率－速算扣除数

(2) 财产租赁所得应纳税额的计算。财产租赁所得,每次收入不超过4 000元的,减除费用800元;4 000元以上的,减除20%的费用之后的余额为应纳税所得额。其计算公式如下:

应纳税所得额＝租赁收入－费用(800元或者租赁收入20%)

应纳税额＝应纳税所得额×适用税率

(3) 财产转让所得应纳税额的计算。财产转让所得,以转让财产的收入额减除财产原值和合理费用后的余额,为应纳税所得额。其计算公式如下:

应纳税所得额＝租赁收入－财产原值－合理费用

应纳税额＝应纳税所得额×适用税率

这里所说的财产原值,按照下列方法确定:第一,有价证券,为买入价以及买入时按照规定交纳的有关费用;第二,建筑物,为建造费或者购进价格以及其他有关费用;第三,土地使用权,为取得土地使用权所支付的金额、开发土地的费用以及其他有关费用;第四,机器设备、车船,为购进价格、运输费、安装费以及其他有关费用。其他财产,参照前款规定的方法确定财产原值。这里所说的合理费用,是指卖出财产时按照规定支付的有关税费。

(4) 利息、股息、红利所得和偶然所得应纳税额的计算。利息、股息、红利所得和偶然所得,以每次收入额为应纳税所得额。其计算公式如下:

应纳税额＝应纳税所得额×适用税率

(六) 个人所得税的减免

有下列情形之一的,可以减征个人所得税,具体幅度和期限由省、自治区、直辖市人民政府规定,并报同级人大常委会备案:① 残疾、孤老人员和烈属的所得;② 因自然灾害遭受重大损失的。国务院可以规定其他减税情形,报全国人大常委会备案。

下列各项个人所得,免征个人所得税:① 省级人民政府、国务院部委和中国人民解放军军以上单位,以及外国组织、国际组织颁发的科学、教育、技术、文化、卫生、体育、环境保护等方面的奖金;② 国债和国家发行的金融债券利息;③ 按照国家统一规定发给的补贴、津贴;④ 福利费、抚恤金、救济金;⑤ 保险赔款;⑥ 军人的转业费、复员费、退役金;⑦ 按照国家统一规定发给干部、职工的安家费、退职费、基本养老金或者退休费、离休费、离休生活补助费;⑧ 依照有关法律规定应予免税的各国驻华使馆、领事馆的外交代表、领事官员和其他人员的所得;⑨ 中国政府参加的国际公约、签订的协议中规定免税的所得;⑩ 国务院规定的其他免税所得。上述第⑩项免税规定,由国务院报全国人大常委会备案。

第四节 财产税法、行为税法和资源税法

一、财产税法

财产税是以纳税人拥有或支配的某些特定财产为征税对象的一类税。它具有以下主要特点:一是税源充足,收入稳定;二是它属于直接税,是对使用、消费过程中的财产征税,税负较难转嫁;三是它在功能上与所得税相辅相成,以此促进社会财富的公平分配;四是它大多属于地方税,在我国税制体系中处于辅助地位。目前,财产税主要包括房产税、城镇土地使用税、契税、车船税等。

(一) 房产税

1. 房产税的概念和立法

房产税是对房产所有人或国有房产经管单位、承典人、房产代管人或使用人,就其房产的计税余值或租金收入征收的一种税。现行房产税法为国务院于1986年9月15日颁布、2011年1月8日修订的《房产税暂行条例》。自2009年1月1日起,外商投资企业、外国企业和组织以及外籍个人,也按照《房产税暂行条例》缴纳房产税。

2. 房产税的纳税人和征税对象

房产税的纳税人是房屋产权所有人。具体来说:① 产权属于全民所有的,经营管理的单位为纳税人。② 产权出典的,承典人为纳税人。③ 产权所有人、

承典人不在房产所在地的,或者产权未确定及租典纠纷未解决的,房产代管人或者使用人为纳税人。

房产税的征税对象是房产,其征税范围是城市、县城、建制镇和工矿区的房产。

3. 房产税的计税依据和税率

房产税的计税依据是依照房产原值一次减除 10%~30% 后的余值。房产出租的,以房产租金收入为房产税的计税依据,但是计征房产税的租金收入不含增值税。

房产税采用比例税率。凡是按房产余值计算缴纳的,税率为 1.2%;凡是按房产租金收入计算缴纳的,税率为 12%。

4. 房产税应纳税额的计算

房产税应纳税的计算方法如下。

(1) 按房产余值为计税依据的,计算公式如下:

$$应纳税额 = 房产原值 \times (1 - 扣除率) \times 1.2\%$$

(2) 按房产租金收入为计税依据的,计算公式如下:

$$应纳税额 = 房产全年租金收入 \times 12\%$$

5. 房产税的免征

下列房产免纳房产税:① 国家机关、人民团体、军队自用的房产;② 由国家财政部门拨付事业经费的单位自用的房产;③ 宗教寺庙、公园、名胜古迹自用的房产;④ 个人所有非营业用的房产;⑤ 经财政部批准免税的其他房产。

(二) 契税

1. 契税的概念和特征

契税是指不动产(土地、房屋)产权发生转移变动时,就当事人所订契约按产价的一定比例向新业主(产权承受人)征收的一种财产税。

契税除与其他税收有相同的性质和作用外,还具有其自身的特征:① 征收契税的目的是保障不动产所有人的合法权益。通过征税,契税征收机关便以政府名义发给契证,作为合法的产权凭证,政府即承担保证产权的责任。因此,契税又带有规费性质,这是契税不同于其他税的主要特点。② 纳税人是产权承受人。当发生房屋买卖、典当、赠与或交换行为时,按转移变动的价值,对产权承受人课征一次性契税。③ 契税采用比例税率,即在房屋产权发生转移变动行为时,对纳税人依一定比例的税率课征。

2020 年 8 月 11 日,十三届全国人大常委会第二十一次会议通过了《契税法》,该法自 2021 年 9 月 1 日起施行。

2. 契税的纳税人和征税对象

《契税法》规定,在中国境内转移土地、房屋权属,承受的单位和个人为契税的纳税人。该法所称转移土地、房屋权属,是指下列行为:① 土地使用权出让;② 土地使用权转让,包括出售、赠与、互换;③ 房屋买卖、赠与、互换。上述第②项土地使用权转让,不包括土地承包经营权和土地经营权的转移。以作价投资(入股)、偿还债务、划转、奖励等方式转移土地、房屋权属的,应当依照《契税法》规定征收契税。

3. 契税的计税依据和税率

契税的计税依据如下:① 土地使用权出让、出售,房屋买卖,为土地、房屋权属转移合同确定的成交价格,包括应交付的货币以及实物、其他经济利益对应的价款;② 土地使用权互换、房屋互换,为所互换的土地使用权、房屋价格的差额;③ 土地使用权赠与、房屋赠与以及其他没有价格的转移土地、房屋权属行为,为税务机关参照土地使用权出售、房屋买卖的市场价格依法核定的价格。纳税人申报的成交价格、互换价格差额明显偏低且无正当理由的,由税务机关依照《税收征收管理法》的规定核定。

契税税率为 3%~5%。契税的具体适用税率,由省、自治区、直辖市人民政府在规定的税率幅度内提出,报同级人大常委会决定,并报全国人大常委会和国务院备案。

4. 契税应纳税额的计算

契税应纳税额,依照规定的税率和计税依据计算征收。其计算公式如下:

$$应纳税额 = 计税依据 \times 税率$$

二、行为税法

行为税是国家为了对某些特定行为进行限制或开辟财源而征收的一类税。一般来说,印花税、城市维护建设税属于行为税。

(一)印花税

印花税是对经济活动和经济交往中书立或领受的应税凭证而征收的一种税,因以购买并粘贴印花的形式缴纳税款而得名。

印花税的纳税人是在我国境内书立、领受应税凭证的单位和个人。

印花税的征税对象是各种应税凭证。其范围包括应税合同、产权转移书据、营业账簿、权利许可证(或照)、其他凭证。

印花税的税率采用比例税率和定额税率两种。印花税依据应税凭证的种类不同,分别以所载金额和应税凭证件数为计税依据。应纳税额计算公式如下:

1. 从价定率征收

$$应纳税额＝凭证所载应税金额×适用税率$$

2. 从量定额征收

$$应纳税额＝应税凭证件数×适用单位税额$$

应纳税额在1角以上，其税额尾数不满5分的不计，满5分的按1角计算；对财产租赁合同规定了最低的应纳税额起点，即税额超过1角但不足1元的，按1元纳税。

(二) 城市维护建设税

城市维护建设税是国家为了加强城市的维护和建设，向缴纳增值税、消费税、营业税的单位和个人征收的专用于城市维护建设的一种税。2020年8月11日，十三届全国人大常委会第二十一次会议通过了《城市维护建设税法》，该法自2021年9月1日起施行。

在中国境内缴纳增值税、消费税的单位和个人，为城市维护建设税的纳税人，应当依法缴纳城市维护建设税。

城市维护建设税以纳税人依法实际缴纳的增值税、消费税税额为计税依据。对进口货物或者境外单位和个人向境内销售劳务、服务、无形资产缴纳的增值税、消费税税额，不征收城市维护建设税。

城市维护建设税的税率实行分地域的差别比例税率，具体如下：① 纳税人所在地在市区的，税率为7％；② 纳税人所在地在县城、镇的，税率为5％；③ 纳税人所在地不在市区、县城或者镇的，税率为1％。上述所称纳税人所在地，是指纳税人住所地或者与纳税人生产经营活动相关的其他地点，具体地点由省、自治区、直辖市确定。城市维护建设税应纳税额的计算公式如下：

$$应纳税额＝计税依据×适用税率$$

三、资源税法

(一) 资源税的概念和立法

资源税是指以各种自然资源及其级差收入为征税对象的一种税。我国自然资源丰富，不同种类资源和位于不同地区的同类资源，自然条件的优或差、开发条件的难或易的差别很大。对由于客观原因造成的级差收入，国家通过发布《资源税条例（草案）》，决定从1984年10月1日起开征资源税。通过征收资源税将一部分级差收入上缴国家，同时使企业的利润真正反映主观努力的经营成果，解决企业因自然条件不同而导致的苦乐不均矛盾，有利于企业合理有效地开采利用国家资源。

我国现行有关资源税的法律，为2019年8月26日十三届全国人大常委会第十二次会议通过的《资源税法》，该法自2020年9月1日起施行。

（二）资源税的纳税人、税目和税率

《资源税法》第1条第1款规定，在我国领域和我国管辖的其他海域开发应税资源的单位和个人，是资源税的纳税人，应当依法缴纳资源税。

《资源税法》第1条第2款规定，应税资源的具体范围，由该法所附《资源税税目税率表》（以下称《税目税率表》）确定。该法第2条第1款还规定，资源税的税目、税率，依照《税目税率表》执行。

根据《税目税率表》，资源税的税目包括5项，即能源矿产、金属矿产、非金属矿产、水气矿产和盐，在它们之下再设子目。例如，在能源矿产税目下，设立原油、天然气、页岩气、天然气水合物、煤成（层）气、铀、钍、油页岩、油砂、天然沥青、石煤、地热等子目。

《税目税率表》按照税目中的子目，规定开发应税资源的税率，包括比例税率和定额税率。根据该表，有的应税资源的税率为确定的比例税率，如开发钨的税率为6.5%；有的应税资源的税率实行幅度税率，如开发煤的税率为2%～10%；还有的应税资源的税率则规定可以选择适用比例税率或者定额税率，如开发地热的税率为1%～20%或者每立方米1～30元。《资源税法》第2条第2款规定，《税目税率表》中规定实行幅度税率的，其具体适用税率由省、自治区、直辖市人民政府统筹考虑该应税资源的品位、开采条件以及对生态环境的影响等情况，在《税目税率表》规定的税率幅度内提出，报同级人大常委会决定，并报全国人大常委会和国务院备案。《税目税率表》中规定征税对象为原矿或者选矿的，应当分别确定具体适用税率。

（三）资源税应纳税额的计算

《资源税法》第3条规定，资源税按照《税目税率表》实行从价计征或者从量计征。《税目税率表》中规定可以选择实行从价计征或者从量计征的，具体计征方式由省、自治区、直辖市人民政府提出，报同级人大常委会决定，并报全国人大常委会和国务院备案。

1. 从价计征

实行从价计征的，应纳税额按照应税资源产品（以下称应税产品）的销售额乘以具体适用税率计算。具体计算公式如下：

$$应纳税额＝销售额×比例税率$$

2. 从量计征

实行从量计征的，应纳税额按照应税产品的销售数量乘以具体适用税率计算。具体计算公式如下：

$$应纳税额=销售数量×定额税额$$

须注意，纳税人开采或者生产不同税目应税产品的，应当分别核算不同税目应税产品的销售额或者销售数量；未分别核算或者不能准确提供不同税目应税产品的销售额或者销售数量的，从高适用税率。

（四）资源税的减免

《资源税法》第6条规定，有下列情形之一的，免征资源税：① 开采原油以及在油田范围内运输原油过程中用于加热的原油、天然气；② 煤炭开采企业因安全生产需要抽采的煤成（层）气。

有下列情形之一的，减征资源税：① 从低丰度油气田开采的原油、天然气，减征20％资源税；② 高含硫天然气、三次采油和从深水油气田开采的原油、天然气，减征30％资源税；③ 稠油、高凝油减征40％资源税；④ 从衰竭期矿山开采的矿产品，减征30％资源税。根据国民经济和社会发展需要，国务院对有利于促进资源节约集约利用、保护环境等情形可以规定免征或者减征资源税，报全国人大常委会备案。

有下列情形之一的，省、自治区、直辖市可以决定免征或者减征资源税：① 纳税人开采或者生产应税产品过程中，因意外事故或者自然灾害等原因遭受重大损失；② 纳税人开采共伴生矿、低品位矿、尾矿。上述规定的免征或者减征资源税的具体办法，由省、自治区、直辖市人民政府提出，报同级人大常委会决定，并报全国人大常委会和国务院备案。

第五节 税收征收管理法

税收征收管理是税收征收机关对纳税人依法征纳税和进行税务监督管理的活动。税收征管法是对调整、规范税收征收管理的法律规范的总称。为了规范税收征收管理行为，全国人大常委会于1992年9月4日制定了《税收征收管理法》，并于1995年、2001年、2013年和2015年对该法作了四次修改。

一、税务管理

税务管理包括税务登记管理，账簿、凭证管理和纳税申报管理三个部分。

（一）税务登记

税务登记又称纳税登记，是指纳税人在领取营业执照后向税务机关申请办理书面登记的法律手续。从事生产、经营的纳税人（包括企业，企业在外地设立的分支机构和从事生产、经营的场所,个体户和从事生产经营的事业单位),自领取营业执照之日起30日内,持有关证件,向税务机关申报办理开业纳税登记。税务机关应当于收到申报的当日办理登记并发给税务登记证件。工商行政管理机关应当将办理登记注册、核发营业执照的情况,定期向税务机关通报。

税务登记证件是纳税人依法履行税务登记义务的书面证明。纳税人应按照国务院税务主管部门的规定使用税务登记证件;纳税人在办理申请减税、免税、退税、领购发票,外出经营活动税收管理证明以及其他有关税务事项时,必须持有税务登记证件,税务登记证件只限纳税人本人使用,不得转借、涂改、损毁、买卖或者伪造。

从事生产经营活动的纳税人,税务登记内容发生变化的,自工商行政管理机关申请变更登记之日起30日内或者在向工商行政管理机关申请办理注销登记之前,持有关证件向税务机关申报办理变更或者注销税务登记。

(二) 账簿、凭证管理

1. 设置账簿并根据合法凭证记账、核算

从事生产、经营的纳税人、扣缴义务人应当自领取营业执照或者发生纳税义务之日起15日内,按照国家有关规定设置账簿,根据合法、有效凭证记账,进行核算。生产、经营规模小又确无建账能力的纳税人,可以聘请经批准从事会计代理记账业务的专业机构或者经税务机关认可的财会人员代为建账和办理账务;聘请上述机构或者人员有实际困难的,经县以上税务机关批准,可以按照税务机关的规定,建立收支凭证粘贴簿、进货销货登记簿或者使用税控装置。

2. 报送财会制度和会计电算化系统的资料

从事生产、经营的纳税人应当自领取税务登记证件之日起15日内,将其财务、会计制度或者财务、会计处理办法报送主管税务机关备案。纳税人使用计算机记账的,应当在使用前将会计电算化系统的会计核算软件、使用说明书及有关资料报送主管税务机关备案。

3. 发票管理

税务机关是发票的主管机关,负责发票印制、领购、开具、取得、保管、缴销的管理和监督。单位、个人在购销商品、提供或者接受经营服务以及从事其他经营活动中,应当按照规定开具、使用、取得发票。

增值税专用发票由国务院税务主管部门指定的企业印制;其他发票按照国务院税务主管部门的规定,分别由省、自治区、直辖市国家税务局、地方税务局指定企业印制。未经上述规定的税务机关指定,不得印制发票。

4. 安装、使用税控装置

国家根据税收征收管理的需要,积极推广使用税控装置。纳税人应当按照规定安装、使用税控装置,不得损毁或者擅自改动税控装置。

5. 保管账簿、凭证

从事生产、经营的纳税人、扣缴义务人必须按照国务院财政、税务主管部门规定的保管期限保管账簿、记账凭证、完税凭证及其他有关资料。账簿、记账凭证、完税凭证及其他有关资料不得伪造、变造或者擅自损毁。

(三) 纳税申报

纳税申报是指纳税人或者扣缴义务人必须在法定期限向税务机关报送纳税申报表,财务会计报表,代扣代缴、代收代缴税款报告表,以及税务机关根据实际需要要求纳税人和扣缴义务人报送的其他有关资料的法律行为。纳税人、扣缴义务人不能按期办理纳税申报或者报送代扣代缴、代收代缴税款报告表的,经税务机关核准,可以延期申报。

纳税人、扣缴义务人可以直接到税务机关办理纳税申报或者报送代扣代缴、代收代缴税款报告表,也可以按照规定采取邮寄、数据电文或者其他方式办理上述申报、报送事项。

二、税款征收

(一) 税款征收方式

根据我国《税收征收管理法》及其实施细则的规定,税款征收方式有以下五种。

1. 查账征收

查账征收是指由纳税人依据账簿记载,先自行计算缴纳,事后经税务机关查账核实,如有不符,可多退少补。这种征收方式主要对已建立会计账册、会计记录完整的单位适用。

2. 查定征收

查定征收是由税务机关根据纳税人的生产设备等情况,以及在正常生产条件下的生产销售情况,对其生产的应税产品查定产量和销售额,然后依率征收的一种方式。这种方式主要对生产不固定、账册不健全的单位适用。

3. 查验征收

查验征收是由税务机关派员对纳税申报人的应税产品进行查验,并贴上完税证、查验证或盖查验戳,凭证运销的方式。这种方式主要对零星、分散的高税率工业产品适用。

4. 定期定额征收

定期定额征收是先由纳税人自报生产经营情况和应纳税款,再由税务机关对纳税人核定一定时期的税款征收率或征收额,实行增值税或营业税和所得税一并征收的一种征收方式。这种方式主要对一些营业额、所得额难以准确计算的小型纳税人适用。

5. 其他征收方式

税款征收方式除了上述四种以外,还有代扣代缴、代收代缴、委托代征、邮寄申报纳税等。

(二)税款缴纳的要求

(1)纳税人未按照规定期限缴纳税款的,扣缴义务人未按照规定期限解缴税款的,税务机关除责令限期缴纳外,从滞纳税款之日起,按日加收滞纳税款万分之五的滞纳金。

(2)纳税人因有特殊困难,不能按期缴纳税款的,应当在规定的缴纳期限内,向主管税务机关提出书面申请,经县以上税务局(分局)批准后,可按批准的期限延期缴纳税款,不加收滞纳金。但延期缴纳税款的时间最长不得超过3个月。

(3)纳税人邮寄申报纳税的,应当在邮寄纳税申报表的同时,汇寄应纳税款。税款寄出后,要及时取得税务机关开具的完税凭证。纳税人采取邮寄纳税的方法也应注意邮寄纳税日期。

(4)纳税人可以依法申请减税、免税。税务机关应依法定权限和条件审批减免税申请,并具体落实减免税事项。

(三)税款征收中的特殊措施

1. 税收保全措施

税务机关采取税收保全措施的条件是:① 税务机关有根据认为从事生产、经营的纳税人有逃避纳税义务的,可在规定的纳税期之前,责令限期缴纳应纳税款;② 税务机关在限期内发现纳税人有明显的转移、隐匿其应纳税的商品、货物以及其他财产或应纳税收入的迹象的,可以责成纳税人提供纳税担保;③ 纳税人不能提供纳税担保。

税收保全措施有以下两种:① 书面通知纳税人开户银行或者其他金融机构冻结纳税人的金额相当于应纳税款的存款;② 扣押、查封纳税人的价值相当于应纳税款的商品、货物或者其他财产。个人及其所扶养家属维持生活必需的住房和用品,不在税收保全措施的范围之内。

纳税人在限期内已缴纳税款,税务机关未立即解除税收保全措施,使纳税人的合法利益遭受损失的,税务机关应当承担赔偿责任。

2. 强制执行措施

强制执行是在纳税义务人或扣缴义务人未按规定的期限缴纳或者解缴税

款,纳税担保人未按照规定的期限缴纳所担保的税款,由税务机关责令限期缴纳,逾期仍未缴纳的情况下采取的行为。

强制执行措施分两种:① 书面通知其开户银行或其他金融机构从其存款中扣缴税款;② 扣押、查封、拍卖其价值相当于应纳税款的商品、货物或者其他财产,以拍卖所得抵缴税款。

税务机关采取强制执行措施时,对纳税人、扣缴义务人、纳税担保人未缴纳的滞纳金同时强制执行。个人及其所扶养家属维持生活必需的住房和用品,不在强制执行措施的范围之内。

(四) 税务机关的征税优先权

税务机关征税优先权的内容包括:① 税务机关征收税款,税收优先于无担保债权,法律另有规定的除外;② 纳税人欠缴的税款发生在纳税人以其财产设定抵押、质押或者纳税人的财产被留置之前的,税收应当先于抵押权、质权、留置权执行;③ 纳税人欠缴税款,同时又被行政机关决定处以罚款、没收违法所得的,税收优先于罚款、没收违法所得。

(五) 税务机关的代位权和撤销权

1. 税务机关的代位权

《税收征收管理法》规定,欠缴税款的纳税人(以下简称欠税人)因怠于行使到期债权,对国家税收造成损害的,税务机关可以依照合同法第 73 条的规定[①]向人民法院请求以自己的名义代位行使欠税人的债权的权利。

2. 税务机关的撤销权

《税收征收管理法》规定,欠税人放弃到期债权,或者无偿转让财产,或者以明显不合理的低价转让财产而受让人知道该情形,对国家税收造成损害的,税务机关可以依照合同法第 74 条的规定[②]请求人民法院撤销欠税人的行为。

税务机关依照前款规定行使代位权、撤销权的,不免除欠缴税款的纳税人尚未履行的纳税义务和应承担的法律责任。

(六) 税款的退还和追征

1. 税款的退还

纳税人超过应纳税额缴纳的税款,税务机关发现后应当立即退还;纳税人自结算缴纳税款之日起 3 年内发现的,可以向税务机关要求退还多缴的税款并加算银行同期存款利息,税务机关及时查实后应当立即退还;涉及从国库中退库的,依照法律、行政法规有关国库管理的规定退还。

[①] 《合同法》第 73 条对债权人代位权作出具体规定,该规定已写入《民法典》第 535—537 条。
[②] 《合同法》第 74 条对债权人撤销权作出具体规定,该规定已写入《民法典》第 538—542 条。

2. 税款的追征

因税务机关的责任,致使纳税人、扣缴义务人未缴或者少缴税款的,税务机关在3年内可以要求纳税人、扣缴义务人补缴税款,但是不得加收滞纳金;因纳税人、扣缴义务人计算错误等失误,未缴或者少缴税款的,税务机关在3年内可以追征税款、滞纳金;有特殊情况的,追征期可以延长到5年;对偷税、抗税、骗税的,税务机关追征其未缴或者少缴的税款、滞纳金或者所骗取的税款,可以无限期地追征。

三、税务检查

税务检查是税收征收管理的一个重要环节。它是指税务机关依法对纳税人履行缴纳税款义务和扣缴义务人履行代扣、代收税款义务的状况所进行的监督检查。纳税人、扣缴义务人必须接受税务机关依法进行的税务检查,如实反映情况,提供有关资料,不得拒绝、隐瞒。税务机关依法进行税务检查时,有关部门和单位应当支持、协助。

税务检查的对象涉及被检查者的商业秘密,必须慎重进行,税务机关派人执行税务检查时,必须出示税务检查证件,并有责任为被检查人保守秘密。

四、税务代理制度

(一) 税务代理制度的含义

推行税务代理制度是完善税收征管工作的一项重大改革。所谓税务代理制度,就是实行税务师事务所、会计师事务所、律师事务所、审计师事务所、税务咨询机构等社会中介机构代理纳税人办税的一项制度,是现代商品经济社会中税收征管体系的重要环节。

从我国实际情况看,随着社会主义市场经济的确立,企业有着自己独立的利益,企业之间的竞争日益激烈,税收法规也逐渐规范、健全,作为纳税人的企业希望有一种公正独立的中介机构来为他们提供税务服务,由此推动了税务代理制度的建立。为了发挥税务代理人在税收活动中的作用,保证国家税收法律、行政法规的正确贯彻执行,维护纳税人、扣缴义务人的合法权益,根据《税收征收管理法》的规定,国家税务总局制定了《税务代理试行办法》。

(二) 税务代理人

税务代理人是指具有丰富的税收实务工作经验和较高的税收、会计专业理论知识以及法律基础知识,经国家税务总局及其省、自治区、直辖市国家税务局批准,从事税务代理的专门人员及其工作机构。从事税务代理的专门人员称为税务师,其工作机构是按《税务代理试行办法》规定设立的承办税务代理业务的机构。税务师必须加入税务代理机构,才能从事税务代理业务。

1. 税务代理机构

根据《税务代理试行办法》第17条的规定,税务代理机构为税务师事务所和经国家税务总局及其省、自治区、直辖市国家税务局批准的其他机构。

税务师事务所设立的形式及人员要求:税务师事务所一般由注册税务师以合伙方式设立,或者以有限责任形式的法人设立。但无论作为哪一种形式,《税务代理试行办法》均规定,税务师事务所中应有一定数量的专职从业人员,其中至少有5名以上经税务机关审定注册的税务师。经批准设立的税务师事务所,应当严格遵守国家财经纪律,独立核算,自负盈亏,依法纳税。

经国家批准设立的会计师事务所、律师事务所、审计师事务所、税务咨询机构需要开展税务代理业务的,必须在本机构内设置专门的税务代理部并配备5名以上经税务机关审定注册的税务师,并报经国家税务总局或省、自治区、直辖市国家税务局批准,方能从事税务代理业务。

2. 税务师

税务师就是从事税务代理的专门人员。税务师资格的取得实行考试和认定制度。根据《税务代理试行办法》第10—11条的规定,取得执业会计师、审计师、律师资格者以及连续从事税收业务工作15年以上者,可不参加全国统一的税务师资格考试,其代理资格由省、自治区、直辖市国家税务局考核认定。参加税务师资格统一考试成绩合格者和经考核认定合格者,由省、自治区、直辖市国家税务局核发税务师资格证书。

(三) 税务代理的业务范围

税务代理人接受纳税人、扣缴义务人的委托后,就可以在代理范围内从事代理工作。税务代理人可就下述事项接受委托,进行代理:① 办理税务登记、变更税务登记和注销税务登记;② 办理发票领购手续;③ 办理纳税申报或扣缴税款报告;④ 办理缴纳税款和申请退税;⑤ 制作涉税文书;⑥ 审查纳税情况;⑦ 建账建制,办理账务;⑧ 开展税务咨询,受聘税务顾问;⑨ 申请税务行政复议或税务行政诉讼;⑩ 国家税务总局规定的其他业务。

五、税务争议的处理

税务争议是指纳税人、扣缴义务人或者其他当事人在适用税法、核定税价、确定税率、计算税额以及对违反税法行为的处罚等问题上同税务机关发生异议。在现实的税收活动中,由于人们所处地位不同,在对税法规定的理解以及税款的计算和处罚的轻重等问题上往往会出现不同意见,因而税务争议的发生是不可避免的。解决好税务争议,不仅关系到能否维护国家利益和保障纳税人、扣缴义务人以及其他当事人的合法权益,而且关系到税收工作的顺利开展。

税务争议因其性质不同而有不同的处理方式。

(一)纳税争议

《税收征收管理法》第 88 条规定,纳税人、扣缴义务人、纳税担保人同税务机关在纳税上发生争议时,必须先依照法律、行政法规的规定缴纳或者解缴税款及滞纳金,然后可以在收到税务机关填发的缴款凭证之日起 60 日内向上一级税务机关申请复议。上一级税务机关应当自收到复议申请之日起 60 日内作出复议决定。对复议决定不服的,可以在接到复议决定书之日起 15 日内向人民法院起诉。

可见,纳税争议遵循"先缴税,后申诉"的原则,这是因为税收法律关系中征纳双方的权利义务具有不对等性,一方代表国家强制征税,另一方必须尽无偿缴纳义务。这不像民事法律关系那样强调主体的平等性。

(二)处罚争议

《税收征收管理法》第 88 条规定,当事人对税务机关的处罚决定、税收强制执行措施或者税收保全措施不服的,可以在接到处罚通知之日起或者税务机关采取强制执行措施、税收保全措施之日起 15 日内向作出处罚决定或者采取税收强制执行措施、税收保全措施的机关的上一级机关申请复议;对复议决定不服的,可以在接到复议决定之日起 15 日内向人民法院起诉。当事人也可以在接到处罚通知之日起或者税务机关采取税收强制执行措施、税收保全措施之日起 15 日内直接向人民法院起诉。这说明,对处罚争议有救济的选择权,既可以请求行政救济,也可以直接请求司法救济。但是,在复议和诉讼期间,强制执行和税收保全措施不停止执行。

当事人对税务机关的处罚决定逾期不申请复议也不向人民法院起诉,又不履行的,作出处罚决定的税务机关可以申请人民法院强制执行。

第六节 法 律 责 任

一、违反税收征收管理程序的法律责任

纳税人有下列行为之一的,由税务机关责令限期改正,可以处 2 000 元以下的罚款;情节严重的,处 2 000 元以上 1 万元以下的罚款:① 未按照规定的期限申报办理税务登记、变更或者注销登记的;② 未按照规定设置、保管账簿或者保管记账凭证和有关资料的;③ 未按照规定将财务、会计制度或者财务、会计处理办法和会计核算软件报送税务机关备查的;④ 未按照规定将其全部银行账号向

税务机关报告的；⑤未按照规定安装、使用税控装置，或者损毁或者擅自改动税控装置的。

纳税人不办理税务登记的，由税务机关责令限期改正；逾期不改正的，经税务机关提请，由工商行政管理机关吊销其营业执照。

纳税人未按照规定使用税务登记证件，或者转借、涂改、损毁、买卖、伪造税务登记证件的，处2 000元以上1万元以下的罚款；情节严重的，处1万元以上5万元以下的罚款。

法律规定，罚款额在2 000元以下的行政处罚，可以由税务所决定。

违反税收法律、行政法规应当给予行政处罚的行为，在5年内未被发现的，不再给予行政处罚。

二、偷税的法律责任

偷税，又称逃税，是指纳税人采用欺骗、隐瞒等手段逃避纳税的行为。具体包括：①纳税人采取伪造、变造、隐匿、擅自销毁账簿、记账凭证，在账簿上多列支出或者不列、少列收入，或者进行虚假的纳税申报的手段，不缴或少缴应纳税款；②扣缴义务人采取上述偷税手段，不缴或少缴已扣、已收税款；③纳税人欠缴应纳税款，采用转移或者隐匿手段，致使税务机关无法追缴所欠税款。

偷税未构成犯罪的，由税务机关追缴其不缴或者少缴的税款、滞纳金，并处不缴或者少缴的税款50%以上5倍以下的罚款。

纳税人偷税金额占应缴税额的10%以上不满30%，并且金额在1万元以上不满10万元的，或者因偷税被税务机关给予二次行政处罚又偷税的构成犯罪，处以3年以下有期徒刑或者拘役，并处偷税数额1倍以上5倍以下的罚金；偷税数额占应纳税额30%以上，并且偷税数额在10万元以上的，处3年以上7年以下有期徒刑，并处偷税数额1倍以上5倍以下的罚金。扣缴义务人采取前列手段，不缴或者少缴已扣、已收税款，数额占应缴税额的10%以上并且数额在1万元以上的，依照前列规定处罚。

三、欠税的法律责任

欠税是指纳税义务人无正当理由不缴或者少缴并长期拖欠应纳税款的行为。

欠税数额不满1万元，尚未构成犯罪的，由税务机关追缴欠缴的税款、滞纳金，并处欠缴税款50%以上5倍以下的罚款。

纳税义务人欠缴应纳税款，采取转移、隐匿财产的手段，致使税务机关无法追缴欠缴的税款，数额在1万元以上不满10万元的即已构成逃避追缴欠税罪，处3年以下有期徒刑或者拘役,单处或并处欠缴税款1倍以上5倍以下的罚金;数额在10万元以上的,处3年以上7年以下有期徒刑,并处欠缴税款1倍以上5倍以下的罚金。

四、骗取国家出口退税的法律责任

骗取国家出口退税是指纳税人假报商品出口,而实未出口,或根本没有商品出口而谎报商品出口,以骗取出口退税(如增值税款、消费税款等)的行为。

企业事业单位骗取国家出口退税款,数额不满1万元的,属尚未构成犯罪的行为,可由税务机关追缴其骗取的退税款,并处骗取税款1倍以上5倍以下的罚款;对骗取国家出口退税款的,税务机关可以在规定期间内停止为其办理出口退税。

纳税人以假报出口等欺骗手段,骗取国家出口退税款,数额较大的即构成犯罪,处5年以下有期徒刑或者拘役,并处骗取税款1倍以上5倍以下罚金;数额巨大或者情节严重的,处5年以上10年以下有期徒刑,并处骗取税款1倍以上5倍以下罚金;数额特别巨大或者有其他特别严重情节的,处10年以上有期徒刑或者无期徒刑,并处骗取税款1倍以上5倍以下罚金或者没收财产。

五、抗税的法律责任

抗税是指纳税义务人以暴力、威胁的手段拒不缴纳税款的行为,是一种最严重的违反税法和税收征收管理的违法犯罪行为。

对有抗税行为的纳税义务人,除由税务机关追缴其拒缴的税款外,还应由司法机关追究其刑事责任,即处以3年以下的有期徒刑或者拘役,并处拒缴税款1倍以上5倍以下的罚金;情节严重的,处3年以上7年以下有期徒刑,并处拒缴税款1倍以上5倍以下的罚金;情节轻微,未构成犯罪的,由税务机关追缴其拒缴的税款、滞纳金,并处拒缴税款1倍以上5倍以下的罚款。

六、税务人员的法律责任

税务人员违反法律规定,擅自决定税收的开征、停征或者减税、免税、退税、补税的,除依法撤销其擅自作出的决定外,还应补征应征税款,退回不应征税款,并由上级机关追究直接责任人员的行政责任。税务人员有下列行为之一,未构成犯罪的,给予行政处分;构成犯罪的,依法追究刑事责任:① 与纳税人、扣缴义务人勾结,唆使或者协助纳税人、扣缴义务人违反税法规定的;② 利用职务上的便利,收受或者索取纳税人、扣缴义务人财物的;③ 玩忽职守,不征或少征应征税款,致使国家税收遭受重大损失的。

复习思考题

1. 简述税法的构成要素。
2. 论述增值税的征收范围和税额计算。
3. 理解企业所得税的征税对象和税额计算的规定。
4. 谈谈对个人所得税法律制度的理解。
5. 试比较税收保全措施和税收强制执行措施。

第十三章　会计法和审计法

会计、审计法律制度属于经济监督法的范畴,是现代国家经济管理的一个重要内容,是实现经济管理重要职能的法律。它对于加强宏观调控和改善微观经营、提高国民经济管理水平和企事业单位的经营素质、提高经济效益和社会效益、保证贯彻实施有关经济法律法规都是很重要的。会计监督是指会计机构和会计人员通过会计手续对经济活动的合法性、合理性和有效性进行的一种监督。审计监督是指审计机构和审计人员检查会计账目等,对财政、财务收支的真实、合法、效益进行的经济监督。经济监督的内容很多、范围很广,本章着重介绍会计、审计监督的法律制度。

第一节　会　计　法

一、会计法概述

会计是以货币为主要计量单位,通过记账、算账、报账、用账等手段,对各单位、各企业的经济活动真实、准确、全面地进行记录、分析、检查和监督的一种管理活动。会计的基本工作任务是会计核算和会计监督。前者为基础,要求核算准确;后者是保障,要求监督有力。它们相辅相成,组成会计工作的整体。

会计制度本是各国财政、财务管理的准则,由于国情不同,有关规定也不完全相同。但当今世界经济日趋一体化,会计方面的规则有许多也比较接近或者基本相同。20世纪下半叶以来,国际间开始出现协调制定国际会计准则的态势,主要包括两个方面:一是政府性的。如联合国有关机构制定跨国公司行为规范,欧洲经济共同体(现为欧洲联盟)统一成员国会计规则,经济合作与发展组织发布跨国公司会计准则。二是民间性的。由9个国家的16个主要会计职业团体于1973年协议成立的国际会计准则委员会,20多年来开展了大量的工作,至今已颁布了二三十项国际会计准则。虽然这些准则对各国没有约束力,但有很大的参考价值。

会计法是调整会计关系的法律规范的总称。所谓会计关系,是指会计机构和会计人员在办理会计事务过程中以及国家在管理会计工作过程中发生的经济关系。会计关系的特征有：① 以货币为计量单位作为统一的衡量或计量的尺度；② 根据会计凭证，按照规定的程序，全面地、系统地、真实地、准确地、连续地记录和反映经济活动和财务收支的情况；③ 有一套专门的核算、分析、监督的检查方法。

会计法有广义和狭义之分。从狭义上讲，我国的会计法是指 1985 年通过，并于 1993 年、1999 年、2017 年三次修改的《会计法》。从广义上讲，会计法除《会计法》外，还包括所有调整会计关系的法律规范，如《总会计师条例》《企业会计准则》《企业财务通则》《注册会计师法》等。

《会计法》的立法宗旨是规范会计行为，保证会计资料真实、完整，加强经济管理和财务管理，提高经济效益，维护社会主义市场经济秩序。

二、会计法确定的会计原则

会计法确定的会计原则是指导会计活动的准则，是对会计核算、会计监督等活动的基本要求，它为我国会计制度的规范提供了法律依据。

（一）合法性原则

《会计法》第 2 条规定："国家机关、社会团体、公司、企业、事业单位和其他组织（以下统称单位）必须依照本法办理会计事务。"《会计法》第 5 条规定："会计机构、会计人员依照本法规定进行会计核算，实行会计监督。任何单位或者个人不得以任何方式授意、指使、强令会计机构、会计人员伪造、变造会计凭证、会计账簿和其他会计资料，提供虚假财务会计报告。任何单位或者个人不得对依法履行职责、抵制违反本法规定行为的会计人员实行打击报复。"这两条规定体现了会计工作的合法性原则。我国的会计工作既然由国家颁布的法律、法规调整，就必须强调依法办理会计事务，从事会计工作。显然，这也是社会主义法治的要求。

（二）统一领导、分级管理的原则

《会计法》第 7 条规定："国务院财政部门主管全国的会计工作。县级以上地方各级人民政府财政部门管理本行政区域内的会计工作。"由于会计工作同国家财政收支关系非常密切，会计工作是财经工作的一项基础工作，所以它的管理体制必须同财政管理体制相适应，即实行统一领导、分级管理的原则。《会计法》颁布后，各级财政部门成立了专门的会计事务管理部门，加强了统一领导、分级管理的体制，同时还规定由各地方、各部门、各单位领导人直接领导会计机构、会计人员和其他人员执行《会计法》，以保证对会计工作的领导。

（三）统一性原则

《会计法》第 8 条规定了会计制度的统一性。该条规定："国家统一的会计制度由国务院财政部门根据本法制定并公布。国务院有关部门可以依照本法和国家统一的会计制度制定对会计核算和会计监督有特殊要求的行业实施国家统一的会计制度的具体办法或者补充规定,报国务院财政部门审核批准。中国人民解放军原总后勤部可以依照本法和国家统一的会计制度制定军队实施国家统一的会计制度的具体办法,报国务院财政部门备案。"

三、会计核算

会计核算是指以货币为主要计量单位,通过专门的程序和方法,对任何单位已经发生的经济业务进行连续、系统和全面的记录、计算、分析的全部活动,它是会计的一个基本职能。

(一) 会计核算的内容

会计核算的内容有:① 款项和有价证券的收付;② 财物的收发、增减和使用;③ 债权债务的发生和结算;④ 资本、基金的增减;⑤ 收入、支出、费用、成本的计算;⑥ 财务成果的计算和处理;⑦ 需要办理会计手续、进行会计核算的其他事项。简言之,会计核算的内容即会计主体在生产经营或执行业务过程中发生的一切可以用货币计价反映的经济活动。

(二) 会计期间与记账本位币

会计核算应当划分会计期间。会计期间(或称会计年度)是指在会计核算中,为总结生产经营活动或预算执行情况所统一规定的会计时期。会计年度自公历1月1日起至12月31日止。

会计核算以人民币为记账本位币。业务收支以人民币以外的货币为主的单位,可以选定其中一种货币作为记账本位币,但是编报会计报表应当折算为人民币。

(三) 会计核算的一般原则

根据《会计法》的有关规定,会计核算应遵循的原则有:① 合法性原则,即要求会计核算必须以有关法律、法规和政策为依据;② 真实性原则,即要求凭证内容与实际一致,账务与实务一致,账务与款务一致;③ 准确性原则,即要求会计核算数据准确,它包括会计科目运用准确、计量准确和编报的会计报表准确等;④ 完整性原则,即要求会计核算对每项应该计算的经济业务均毫无例外地加以记录入账,做到完整无缺。

(四) 会计核算的程序

办理法定会计事项,必须由经办人员填制或取得原始凭证,并及时送交会计机构。这是会计核算最基本的规范。会计机构必须按照国家统一的会计制度的规定对原始凭证进行审核,并根据经过审核的原始凭证及有关资料编制记账凭证。

会计机构根据经过审核的会计凭证,按照有关法律、行政法规和国家统一的会计制度的规定登记会计账簿。会计账簿包括总账、明细账、日记账和其他辅助性账簿。

各单位按照国家统一的会计制度的规定,根据会计账簿记录和有关资料编制财务会计报告。财务会计报告要由单位负责人和主管会计工作的负责人、会计机构负责人(会计主管人员)签名并盖章。设置总会计师的单位还须由总会计师签名并盖章。

四、会计监督

会计监督是指在会计工作中,对生产经营活动或预算执行情况以及会计核算的真实性、准确性和合法性,通过日常的会计记录、计算、分析凭证和资料所进行的检查活动。会计监督属于动态监督,寓于全部会计工作之中。会计监督包括内部监督和外部监督。

(一) 内部监督

内部监督就是由各单位的会计机构和会计人员对本单位实行的会计监督。这些单位的会计机构和会计人员就是内部监督的机构和人员。

《会计法》第 27 条规定,内部监督应当符合以下要求:① 记账人员与经济业务事项和会计事项的审批人员、经办人员、财务保管人员的职责权限应当明确,并相互分离、相互制约;② 重大对外投资、资产处置、资金调度和其他重要经济业务事项的决策和执行的相互监督、相互制约应当明确;③ 财产清查的范围、期限和组织程序应当明确;④ 对会计资料定期进行内部审计的办法和程序应当明确。

会计监督的内容主要有:① 监督是否依法设置会计账簿;② 监督会计凭证、会计账簿、财务会计报告和其他会计资料是否真实、完整;③ 监督会计核算是否符合《会计法》和国家统一的会计制度的规定;④ 监督从事会计工作的人员是否具备专业能力、遵守职业道德。

《会计法》第 28 条还规定,会计机构、会计人员对违反该法和国家统一的会计制度规定的会计事项,有权拒绝办理或者按照职权予以纠正。会计机构、会计人员发现会计账簿记录与实物、款项及有关资料不相符的,按照国家统一的会计制度的规定有权自行处理的,应当及时处理;无权处理的,应当立即向单位负责人报告,请求查明原因,作出处理。

(二) 外部监督

外部监督就是财政、审计、税务、人民银行、证券监管、保险监管等部门对各单位的会计监督。这些机关及其有关人员就是实施外部监督的监督检查部门和人员。外部监督同内部监督相比,更具有强制性。

《会计法》第32条规定,财政部门对各单位的下列情况实施监督:① 是否依法设置会计账簿;② 会计凭证、会计账簿、财务会计报告和其他会计资料是否真实、完整;③ 会计核算是否符合该法和国家统一的会计制度的规定;④ 从事会计工作的人员是否具备专业能力、遵守职业道德。在对上述第②项所列事项实施监督,发现重大违法嫌疑时,国务院财政部门及其派出机构可以向与被监督单位有经济业务往来的单位和被监督单位开立账户的金融机构查询有关情况,有关单位和金融机构应当给予支持。

财政、审计、税务、人民银行、证券监管、保险监管等部门应当依照有关法律、行政法规规定的职责,对有关单位的会计资料实施监督检查。上述监督检查部门对有关单位的会计资料依法实施监督检查后,应当出具检查结论。有关监督检查部门已经作出的检查结论能够满足其他监督检查部门履行本部门职责需要的,其他监督检查部门应当加以利用,避免重复查账。监督检查部门对有关单位的会计资料依法实施监督检查后,应当出具检查结论。

依法对有关单位的会计资料实施监督检查的部门及其工作人员对在监督检查中知悉的国家秘密和商业秘密负有保密义务。各单位必须依照有关法律、行政法规的规定,接受有关监督检查部门依法实施的监督检查,如实提供会计凭证、会计账簿、财务会计报告和其他会计资料以及有关情况,不得拒绝、隐匿、谎报。

五、会计机构和会计人员

(一) 会计机构

根据《会计法》的规定,各单位应当根据会计业务的需要设立会计机构,或者在有关机构中设置会计人员并指定会计主管人员。不具备设置条件的单位,应当委托经批准设立的从事会计代理记账业务的中介机构代理记账。

国有的和国有资产占控股地位或者主导地位的大、中型企业必须设置总会计师。国务院于1990年12月31日发布、2011年1月8日修改的《总会计师条例》,对总会计师的任职资格、任免程序、职责权限、奖励惩罚作出了具体规定。

会计机构内部应当建立稽核制度,出纳人员不得兼任稽核、会计档案保管和收支、支出、费用、债权债务的登记工作。

(二) 会计人员

从事会计工作的人员,应当具备从事会计工作所需要的专业能力。担任单位会计机构负责人(会计主管人员)的,应当具备会计师以上专业技术职务资格或者从事会计工作3年以上。

会计人员应当遵守职业道德,提高业务素质。因有提供虚假财务会计报告、做假账、隐匿或者故意销毁会计凭证、会计账簿、财务会计报告、贪污、挪用公款、职务侵占等与会计职务有关的违法行为被依法追究刑事责任的人员,不得再从事会计工作。

会计人员调动工作或者离职,必须与接管人员办清交接手续。一般会计人员办理交接手续,由会计机构负责人(会计主管人员)监交;会计机构负责人(会计主管人员)办理交接手续,由单位负责人监交,必要时主管单位可以派人会同监交。

六、法律责任

根据《会计法》规定,单位领导人、会计人员和其他人员违反会计法的,视情节轻重,对国家利益、社会公众利益的危害程度,追究责任。

(一)违反账簿设置、会计核算、资料保管、内部监督、人员任用规定的责任

《会计法》第42条规定,违反该法规定,有下列行为之一的,由县级以上人民政府财政部门责令限期改正,可以对单位并处3 000元以上5万元以下的罚款;对其直接负责的主管人员和其他直接责任人员,可以处2 000元以上5万元以下的罚款;属于国家工作人员的,还应当由其所在单位或者有关单位依法给予行政处分:① 不依法设置会计账簿的;② 私设会计账簿的;③ 未按照规定填制、取得原始凭证或者填制、取得的原始凭证不符合规定的;④ 以未经审核的会计凭证为依据登记会计账簿或者登记会计账簿不符合规定的;⑤ 随意变更会计处理方法的;⑥ 向不同的会计资料使用者提供的财务会计报告编制依据不一致的;⑦ 未按照规定使用会计记录文字或者记账本位币的;⑧ 未按照规定保管会计资料,致使会计资料毁损、灭失的;⑨ 未按照规定建立并实施单位内部会计监督制度或者拒绝依法实施的监督或者不如实提供有关会计资料及有关情况的;⑩ 任用会计人员不符合该法规定的。

此外,有上述行为之一,构成犯罪的,依法追究刑事责任。会计人员有上述行为之一,情节严重的,5年内不得从事会计工作。

(二)伪造、变造会计资料或者编制虚假会计资料的责任

《会计法》第43条规定,伪造、变造会计凭证、会计账簿,编制虚假财务会计报告,构成犯罪的,依法追究刑事责任。尚不构成犯罪的,由县级以上人民政府财政部门予以通报,可以对单位并处5 000元以上10万元以下的罚款;对其直接负责的主管人员和其他直接责任人员,可以处3 000元以上5万元以下的罚款;属于国家工作人员的,还应当由其所在单位或者有关单位依法给予撤职直至开除的行政处分;其中的会计人员,5年内不得从事会计工作。

（三）隐匿、销毁应当保存的会计资料的责任

《会计法》第44条规定，隐匿或者故意销毁依法应当保存的会计凭证、会计账簿、财务会计报告，构成犯罪的，依法追究刑事责任。尚不构成犯罪的，由县级以上人民政府财政部门予以通报，可以对单位并处5 000元以上10万元以下的罚款；对其直接负责的主管人员和其他直接责任人员，可以处3 000元以上5万元以下的罚款；属于国家工作人员的，还应当由其所在单位或者有关单位依法给予撤职直至开除的行政处分；其中的会计人员，5年内不得从事会计工作。

（四）授意、指使、强令会计机构和人员伪造、变造会计资料或者编制虚假会计资料的责任

《会计法》第45条规定，授意、指使、强令会计机构、会计人员及其他人员伪造、变造会计凭证、会计账簿，编制虚假财务会计报告或者隐匿、故意销毁依法应当保存的会计凭证、会计账簿、财务会计报告，构成犯罪的，依法追究刑事责任；尚不构成犯罪的，可以处5 000元以上5万元以下的罚款；属于国家工作人员的，还应当由其所在单位或者有关单位依法给予降级、撤职、开除的行政处分。

（五）单位负责人对会计人员打击报复的责任

《会计法》第46条规定，单位负责人对依法履行职责、抵制违反该法规定行为的会计人员以降级、撤职、调离工作岗位、解聘或者开除等方式实行打击报复，构成犯罪的，依法追究刑事责任；尚不构成犯罪的，由其所在单位或者有关单位依法给予行政处分。对受打击报复的会计人员，应当恢复其名誉和原有职务、级别。

（六）国家工作人员违法行使权力的责任

《会计法》第47条规定，财政部门及有关行政部门的工作人员在实施监督管理中滥用职权、玩忽职守、徇私舞弊或者泄露国家秘密、商业秘密，构成犯罪的，依法追究刑事责任；尚不构成犯罪的，依法给予行政处分。

（七）违反举报规定的责任

《会计法》第48条规定，违反法律规定，将检举人姓名和检举材料转给被检举单位和被检举人个人的，由所在单位或者有关单位依法给予行政处分。

第二节 审 计 法

一、审计法概述

（一）审计的概念和特征

审计的原义是详细审查会计账目。目前，审计已成为各国管理监督国民经济活动的重要手段。在我国,审计法所称审计,是指审计机关依法独立检查被审计单位的会计凭证、会计账簿、财务会计报告以及其他与财政收支、财务收支有关的资料和资产,监督财政收支、财务收支真实、合法和效益的行为。审计法所称财政收支,是指依照《预算法》和国家其他有关规定,纳入预算管理的收入和支出,以及下列财政资金中未纳入预算管理的收入和支出:① 行政事业性收费;② 国有资源、国有资产收入;③ 应当上缴的国有资本经营收益;④ 政府举借债务筹措的资金;⑤ 其他未纳入预算管理的财政资金。审计法所称财务收支,是指国有的金融机构、企业事业组织以及依法应当接受审计机关审计监督的其他单位,按照国家财务会计制度的规定,实行会计核算的各项收入和支出。

审计有以下特征:① 审计既是经济监督的一种形式,又是经济监督的一种方法;② 审计必须是由会计人员以外的第三者依法站在公正的立场上进行的审查、评议;③ 审计对各单位的经济活动的监督是间接的,必须通过对会计活动所提供的一切会计资料的审查来进行;④ 审计的目的是严肃财经法纪,提高经济效益,加强宏观控制和管理。

(二) 审计法的概念

审计法是调整审计关系的法律规范的总称。审计关系是从事审计工作的专职机构和专业人员在审计过程中以及国家在管理审计工作过程中发生的经济关系。在我国,狭义的审计法即指1994年8月31日八届全国人大常委会第九次会议通过、1995年1月1日起施行,2006年2月28日十届全国人大常委会第二十次会议修改的《审计法》,它是当前审计机构开展审计监督工作的主要依据。广义的审计法除《审计法》外,还包括国务院于1997年10月21日公布、2010年2月2日修订的《审计法实施条例》等所有调整审计关系的法律规范。

二、审计机关和审计人员

(一) 审计机关的设立和领导体制

《审计法》第2条规定:"国家实行审计监督制度。国务院和县级以上地方人民政府设立审计机关。"

国务院设立审计署,在国务院总理领导下主管全国的审计工作,履行审计法和国务院规定的职责。审计长是审计署的行政首长。地方各级审计机关在本级人民政府行政首长和上一级审计机关的领导下,负责本行政区域的审计工作,履行法律、法规和本级人民政府规定的职责。地方各级审计机关对本级人民政府和上一级审计机关负责并报告工作,审计业务以上级审计机关领导为主。

审计机关根据工作需要,经本级人民政府批准,可以在其审计管辖范围内设立派出机构。派出机构根据审计机关的授权,依法进行审计工作。省、自治区人民政府设有派出机构的,派出机构的审计机关对派出机构和省、自治区人民政府审计机关负责并报告工作,审计业务以省、自治区人民政府审计机关领导为主。审计机关派出机构依照法律、法规和审计机关的规定,在审计机关的授权范围内开展审计工作,不受其他行政机关、社会团体和个人的干涉。

(二) 审计人员

1. 审计人员的条件和执行职务

根据《审计法》及其实施条例的规定,审计人员应当具备与从事的审计工作相适应的专业知识和业务能力。审计人员实行审计专业技术资格制度,具体按照国家有关规定执行。

为了保障审计监督的依法开展,《审计法》第15条第1款和第2款规定,审计人员依法执行职务,受法律保护。任何组织和个人不得拒绝、阻碍审计人员依法执行职务,不得打击报复审计人员。

根据《审计法》的规定,审计人员在执行职务中必须恪尽职守、依法审计、坚持原则,客观公正、实事求是、廉洁奉公,不得滥用职权、徇私舞弊、玩忽职守;对其在执行职务中知悉的国家秘密和被审计单位的商业秘密,负有保密的义务。

2. 审计人员的回避

为了保证审计监督的公正性,《审计法》第13条规定,审计人员办理审计事项,与被审计单位或者审计事项有利害关系的,应当回避。对此,《审计法实施条例》第12条规定,审计人员办理审计事项,有下列情形之一的,应当申请回避,被审计单位也有权申请审计人员回避:① 与被审计单位负责人或者有关主管人员有夫妻关系、直系血亲关系、三代以内旁系血亲或者近姻亲关系的;② 与被审计单位或者审计事项有经济利益关系的;③ 与被审计单位、审计事项、被审计单位负责人或者有关主管人员有其他利害关系,可能影响公正执行公务的。

审计人员的回避,由审计机关负责人决定;审计机关负责人办理审计事项时的回避,由本级人民政府或者上一级审计机关负责人决定。

3. 审计机关负责人的任免和撤换

《审计法》第15条第3款规定,审计机关负责人依照法定程序任免。审计署的审计长由总理提名,全国人大决定,国家主席任命。罢免权属全国人大。全国人大闭会期间,任免权属全国人大常委会。省、自治区、直辖市的审计长,由全国人大常委会批准任免。

《审计法》第15条第3款、第4款还规定,审计机关负责人没有违法失职或者其他不符合任职条件的情况的,不得随意撤换。地方各级审计机关负责人的任免,应当事先征求上一级审计机关的意见。对此,《审计法实施条例》第13条、第14条进一步明确规定,地方各级审计机关正职和副职负责人的任免,应当事先征求上一级审计机关的意见。审计机关负责人在任职期间没有下列情形之一的，不得随意撤换：① 因犯罪被追究刑事责任的；② 因严重违法、失职受到处分，不适宜继续担任审计机关负责人的；③ 因健康原因不能履行职责1年以上的；④ 不符合国家规定的其他任职条件的。

《审计法》及其实施条例的规定，从组织上保证了审计机关可以独立行使审计监督权，可以防止行政机关及其负责人用选拔或更换审计机关负责人的办法干预审计工作，也可以防止对敢于坚持原则、依法从事审计工作的审计机关负责人进行报复。

三、审计机关的管辖范围和职责

（一）审计机关的管辖范围

审计机关根据被审计单位的财政、财务隶属关系或者国有资产监督管理关系，确定审计管辖范围。审计机关之间对审计管辖范围有争议的，由其共同的上级审计机关确定。上级审计机关可以将其审计管辖范围内的审计事项，授权下级审计机关进行审计；上级审计机关对下级审计机关审计管辖范围内的重大审计事项，可以直接进行审计，但是应当防止不必要的重复审计。

审计署在国务院总理领导下，对中央预算执行情况和其他财政收支情况进行审计监督，向国务院总理提出审计结果报告。审计署对中央银行的财务收支进行审计监督。对国有资本占控股地位或者主导地位的企业、金融机构的审计监督，由国务院规定。

地方各级审计机关分别在省长、自治区主席、市长、州长、县长、区长和上一级审计机关的领导下，对本级预算执行情况和其他财政收支情况进行审计监督，向本级人民政府和上一级审计机关提出审计结果报告。

（二）审计机关的职责

审计机关应履行以下职责：① 对本级各部门（含直属单位）和下级政府预算的执行情况和决算以及其他财政收支情况，进行审计监督。② 对国有金融机构的资产、负债、损益，进行审计监督。③ 对国家的事业组织和使用财政资金的其他事业组织的财务收支，进行审计监督。④ 对国有企业的资产、负债、损益，进行审计监督。⑤ 对政府投资和以政府投资为主的建设项目的预算执行情况和决算，进行审计监督。⑥ 对政府部门管理的和其他单位受政府委托管理的社会保障基金、社会捐赠资金以及其他有关基金、资金的财务收支，进行审计监督。⑦ 对国际组织和外国政府援助、贷款项目的财务收支，进行审计监督。⑧ 按照国家有关规定，对国家机关和依法属于审计机关审计监督对象的其他单位的主要负责人，在任职期间对本地区、本部门或者本单位的财政收支、财务收支以及有关经济活动应负经济责任的履行情况,进行审计监督。⑨ 对其他法律、行政法规规定应当由审计机关进行审计的事项,依法进行审计监督。

四、审计机关的权限

按照《审计法》的规定,审计机关有审计检查权、调查权、处理权和处罚权,具体来说,审计机关有下列六项权限。

(1) 审计机关有权要求被审计单位按照规定报送预算或者财务收支计划、预算执行情况、决算、财务报告,社会审计机构出具的审计报告,以及其他与财政收支或者财务收支有关的资料,被审计单位不得拒绝、拖延、谎报。

(2) 审计机关进行审计时,有权检查被审计单位的会计凭证、会计账簿、会计报表以及其他与财政收支或财务收支有关的资料和资产,被审计单位不得拒绝。

(3) 审计机关进行审计时,有权就审计事项的有关问题向有关单位和个人进行调查,并取得有关证明材料,有关单位和个人应当支持、协助审计机关工作,如实向审计机关反映情况,提供有关证明材料。

(4) 审计机关进行审计时,被审计单位不得转移、隐匿、篡改、毁弃会计凭证、会计账簿、会计报表以及其他与财政收支或者财务收支有关的资料,不得转移、隐匿所持有的违反国家规定取得的资产。审计机关对被审计单位正在进行的违反国家规定的财政收支、财务收支行为,有权予以制止;制止无效的,经县级以上审计机关负责人批准,通知财政部门和有关主管部门暂停拨付与违反国家规定的财政收支、财务收支行为直接有关的款项,已经拨付的暂停使用。采取该项措施不得影响被审计单位合法的业务活动和生产经营活动。

(5) 审计机关认为被审计单位所执行的上级主管部门有关财政收支、财务收支的规定与法律、行政法规相抵触的,应当建议有关主管部门纠正;有关主管部门不予纠正的,审计机关应当提请有关机关依法处理。

(6) 审计机关有权对与国家财政收支有关的特定事项,向有关地方、部门、单位进行专项审计调查,并向本级人民政府和上一级审计机关报告审计调查结果。

关于审计结果,审计机关可以向政府有关部门通报或者向社会公布,但应依法保守国家秘密和被审计单位的商业秘密,并遵守国务院有关规定。

五、审计机关的工作程序

(一) 组成审计组,送达审计通知书

审计机关根据审计项目计划确定的审计事项组成审计组,并应当在实施审计 3 日前,向被审计单位送达审计通知书。遇有下列特殊情况,经本级人民政府批准,审计机关可以直接持审计通知书实施审计:① 办理紧急事项的;② 被审计单位涉嫌严重违法违规的;③ 其他特殊情况。被审计单位应当配合审计机关的工作,并提供必要的工作条件。审计机关应当提高审计工作效率。

(二) 进行审计,并取得证明材料

审计人员通过审查会计凭证、会计账簿、财务会计报表,查阅与审计事项有关的文件、资料,检查现金、实物、有价证券,向有关单位和个人调查等方式进行审计,并取得证明材料。审计人员向有关单位和个人进行调查时,应当出示审计人员的工作证件和审计通知书副本。

(三) 提出审计报告

审计组对审计事项实施审计后,应当向审计机关提出审计报告。审计报告报送审计机关前,应当征求被审计对象的意见。被审计对象应当自接到审计报告之日起 10 日内,将其书面意见送交审计组。审计组应当将被审计对象的书面意见一并报送审计机关。

(四) 审定审计报告,作出审计决定

审计机关按照审计署规定的程序对审计组的审计报告进行审议,并对被审计对象对审计组的审计报告提出的意见一并研究后,提出审计机关的审计报告;对违反国家规定的财政收支、财务收支行为,依法应当给予处理、处罚的,在法定职权范围内作出审计决定或者向有关主管机关提出处理、处罚的意见。

(五) 送达审计报告和审计决定

审计机关应当将审计机关的审计报告和审计决定送达被审计单位和有关主管机关、单位。审计决定自送达之日起生效。

(六) 变更或者撤销审计决定

上级审计机关认为下级审计机关作出的审计决定违反国家有关规定的,可以责成下级审计机关予以变更或者撤销,必要时也可以直接作出变更或者撤销的决定。

六、法律责任

(一) 被审计单位的法律责任

被审计单位违反法律规定,拒绝、拖延提供与审计事项有关的资料,或者提供的资料不真实、不完整,或者拒绝、阻碍检查的,由审计机关责令改正,可以通报批评,给予警告;拒不改正的,对被审计单位可以处 5 万元以下的罚款,对直接负责的主管人员和其他直接责任人员,可以处2万元以下的罚款,审计机关认为应当给予处分的,向有关主管机关、单位提出给予处分的建议;构成犯罪的,依法追究刑事责任。

被审计单位违反法律规定,转移、隐匿、篡改、毁弃会计凭证、会计账簿、财务会计报告以及其他与财政收支、财务收支有关的资料,或者转移、隐匿所持有的违反国家规定取得的资产,审计机关认为对直接负责的主管人员和其他直接责任人员依法应当给予处分的,应当提出给予处分的建议,被审计单位或者其上级机关、监察机关应当依法及时作出决定,并将结果书面通知审计机关;构成犯罪的,依法追究刑事责任。

对本级各部门(含直属单位)和下级政府违反预算的行为或者其他违反国家规定的财政收支行为,审计机关、人民政府或者有关主管部门在法定职权范围内,依照法律、行政法规的规定,区别情况采取下列处理措施:① 责令限期缴纳应当上缴的款项;② 责令限期退还被侵占的国有资产;③ 责令限期退还违法所得;④ 责令按照国家统一的会计制度的有关规定进行处理;⑤ 其他处理措施。

对被审计单位违反国家规定的财务收支行为,审计机关在法定职权范围内,区别情况采取下列处理措施:① 责令限期缴纳应当上缴的款项;② 责令限期退还被侵占的国有资产;③ 责令限期退还违法所得;④ 责令按照国家统一的会计制度的有关规定进行处理;⑤ 其他处理措施。并可以依法通报批评,给予警告;有违法所得的,没收违法所得,并处违法所得1倍以上5倍以下的罚款;没有违法所得的,可以处5万元以下的罚款;对直接负责的主管人员和其他直接责任人员,可以处2万元以下的罚款,审计机关认为应当给予处分的,向有关主管机关、单位提出给予处分的建议;构成犯罪的,依法追究刑事责任。法律、行政法规对被审计单位违反国家规定的财务收支行为的处理、处罚另有规定的,从其规定。

被审计单位的财政收支、财务收支违反国家规定,审计机关认为对直接负责的主管人员和其他直接责任人员依法应当给予处分的,应当提出给予处分的建议,被审计单位或者其上级机关、监察机关应当依法及时作出决定,并将结果书面通知审计机关;构成犯罪的,依法追究刑事责任。

报复陷害审计人员的,依法给予处分;构成犯罪的,依法追究刑事责任。

(二)审计人员的法律责任

审计人员滥用职权、徇私舞弊、玩忽职守,或者泄露所知悉的国家秘密、商业秘密的,依法给予处分;构成犯罪的,依法追究刑事责任。

审计人员违法违纪取得的财物,依法予以追缴、没收或者责令退赔。

复习思考题

1. 如何理解会计法确定的会计原则?
2. 试述会计核算法律制度的内容。
3. 比较分析会计内部监督和会计外部监督的异同。
4. 审计机关有哪些职责和权限?
5. 审计机关应当遵循哪些工作程序?

第十四章 银 行 法

银行是指依法设立的通过经营存款、贷款、汇兑、储蓄等业务,承担信用中介的金融机构。这种信用中介是以货币为媒介的,因此,银行又是经营货币信用的特殊企业。它是商品经济和货币交换、社会分工充分发展的产物。国家为了调控金融市场,保护存款人的利益,规范金融业,保障金融秩序稳定,必须重视和加强银行法的立法和实施工作。

第一节 银行法概述

一、银行的发展及其在国家经济活动中的重要作用

银行从事经营存款、贷款与结算等中间业务,是经济活动中的信用中介与支付中介机构,是现代金融体系的核心。

近现代意义上的银行起源于11世纪意大利的威尼斯,是为了满足当时国际贸易活动中各国商人铸币兑换的需要应运而生。在满足了早期的贸易支付工具的需求后,随着经济活动的发展,中世纪的货币兑换商将大量货币用于存款、贷款等具有现代银行信用中介本质的经营业务,拉开了近现代银行的帷幕。在此情形下,历史上第一家以"银行"命名的金融机构——威尼斯银行于1580年正式成立。此后,银行由意大利传至欧洲其他国家,并逐渐形成现代银行的存款、贷款与结算等传统业务。

中央银行则由近现代的商业银行演变而来。最早的中央银行是1688年的瑞典国家银行,源自对商业银行里克斯银行的国有化。1844年,英国颁布《英格兰银行条例》,确立了英格兰银行作为英国中央银行的法律地位。英国的中央银行也同样来自对1694年成立的商业银行英格兰银行的国有化。

20世纪30年代以来,随着现代金融活动的创新及金融服务走向多元化,以政策性银行为代表的专业银行在各国的经济活动中亦占据重要的地位。政策性银行由政府创办或参股,不以营利为目的,主要开展以实施国家特定的产业政策和经济政策为目的的政策性贷款业务。

从经济学的角度分析,银行存在的必然性之一在于解决融资中的信息不对

称问题。经济领域中的不同经济单位尤其资金盈余方需要展开合理的投资活动,同时资金短缺单位需要筹集资金。现代金融体系的主要作用在于为资金短缺单位与盈余单位提供有效的资金融通渠道,银行的基本作用在于为资金的周转提供间接融资的中介服务。

直接融资是指资金盈余方与资金短缺方通过一定的金融工具直接形成债权债务关系的金融行为。在直接融资中,金融媒介的作用是帮助资金盈余方与资金短缺方形成债权债务关系。间接融资是指资金盈余方与资金短缺方通过金融中介机构间接实现资金融通的行为。在间接融资中,资金的供求双方不直接形成债权债务关系,而是由金融中介机构分别与资金供求双方形成两个各自独立的债权债务关系。直接融资通常在资本市场完成,被称为市场机制;间接融资通常在信贷市场完成,被称为银行机制。

一般情形下,直接交易成本较低。间接融资虽然成本稍高,但也有其不可替代的优势,即银行可以有效地解决直接融资中的逆向选择与道德风险问题。两者都与信息不对称有关,银行能比金融市场更有效地应对信息不对称的问题。银行可借助其掌握的大量信息通过贷前审查避免借款人的逆向选择问题,通过有效的贷后风险监控解决道德风险问题。

改革开放以来,我国建立了以中央银行为领导,专业银行和商业银行为主体,多种金融机构并存,分工协作的金融机构体系。目前,我国已有中国人民银行、国家开发银行、中国进出口银行、农业发展银行3家政策性银行,工商银行、农业银行、建设银行、中国银行、中国邮政储蓄银行、交通银行6家大型商业银行,招商银行、浦发银行、中信银行、中国光大银行、华夏银行、中国民生银行、广发银行、兴业银行、平安银行、恒丰银行、浙商银行、渤海银行等12家全国性股份制商业银行,以及130多家城市商业银行、17家民营银行、1 400多家农村商业银行、1 600多家村镇银行、800多家农村信用合作社、41家外资法人银行等各类金融机构。这标志着我国的金融机构体系已发生了重大变化,并具有了一定规模。

二、银行法的概念和调整对象

作为当代中国法律体系的组成部门,银行法是指调整货币流通和货币信用活动中的各种社会关系的法律规范的总称,包括《中国人民银行法》《银行业监督管理法》《商业银行法》《外资银行管理条例》《贷款通则》及其他相关的法律文件。

银行的活动包括货币流通和银行信用活动。前者指货币的发行、流通与调节;后者指以信用工具为载体的借贷行为。因此,银行法的适用范围包括货币的发行、流通和回笼,存款的吸收与支付,贷款的发放与回收,票据的承兑与贴现,银行间的同业拆借,金银和外汇的买卖,国内、国际货币收支与结算等银行业务活动。

银行法的调整对象是指银行法所调整的社会关系的范围,即在货币流通和信用活动中各主体之间的社会关系,包括主体(机构)地位、业务活动关系以及监督管理关系。鉴于教材体系的设置,本章主要介绍银行主体地位和银行业务关系。银行的主体地位涉及银行的内部组织结构,指银行的性质、地位、设立、变更、接管、终止等;银行业务关系指银行之间以及银行与其客户之间,在货币流通和银行信用活动中形成的社会关系。

第二节 中央银行法

一、中央银行的法律地位及职责

中央银行是一个国家金融体系的中心机构,我国的中央银行是中国人民银行。

中国人民银行自1948年12月1日成立以来,长期是我国的信贷、结算、现金出纳和货币发行中心。它既管理全国金融事业,又直接办理工商信贷和储蓄业务。20世纪80年代初,我国银行体制进行了重大改革。1983年9月17日,国务院作出决定,中国人民银行专门行使中央银行职能,代表国务院领导和管理全国金融事业,不再办理一般银行业务,成为货币发行的银行,银行的银行。

我国的金融体制改革相对滞后,金融立法很不健全。宏观金融调控的任务主要由中国人民银行来承担,我国很长一段时间缺少一部中央银行法,对中国人民银行的法律地位及其职权没有明确的法律规定,从而影响了中国人民银行应有的法律作用。随着金融体制改革的进行,出现了大量的新型金融关系,需要有新的金融法律来调整。为适应这种形势,《中国人民银行法》于1995年3月18日由八届全国人大第三次会议通过并立即公布施行,2003年12月27日经十届全国人大会常委会第六次会议修正,并于2004年2月1日起施行。《中国人民银行法》是我国的中央银行法,它是中国人民银行更好地制定和实施货币政策、加强金融监督管理、保证金融体系安全有效运行的一部极其重要的法律。

《中国人民银行法》对中央银行的法律地位、政策目标和职责作了明确的规定。关于中国人民银行的法律地位,该法明确规定:"中国人民银行是中华人民共和国的中央银行。中国人民银行在国务院领导下,制定和执行货币政策,防范和化解金融风险,维护金融稳定。"这就从法律上保证了中国人民银行中央银行的地位和作用。中央银行只有能够独立执行货币政策,不受任何部门和个人的干预,才能有效地发挥对经济的宏观调控作用。为此,一些发达的资本主义国家都通过立法赋予中央银行独立执行货币政策的职权。例如,德国的德意志联邦银行是德国的中央银行,它独立于联邦政府,在行使职权时不受联邦政府指令的影响,但它要支持政府的经济政策。当政府与中央银行在政策上发生分歧的时候,通过协调的方式解决。我国关于中央银行法律地位的规定有自己的特点。关于中国人民银行的独立性,《中国人民银行法》第 7 条规定:"中国人民银行在国务院领导下依法独立执行货币政策,履行职责,开展业务,不受地方政府、各级政府部门、社会团体和个人的干涉。"这表明,我国的中央银行的独立性是相对的。中国人民银行的货币政策是国家宏观经济政策的重要组成部分,是在符合国家宏观经济政策的总体要求下制定的。为保证货币政策的有效实施,制定和执行货币政策应独立于政府的其他部门,独立于地方政府,不受任何团体和个人的干预。中国人民银行可以在国家宏观经济政策的总体要求下,依据对经济、金融形势的及时分析,灵活而有选择地运用货币政策工具,调控货币使用总量,为经济发展创造良好的金融环境。

  关于中国人民银行的货币政策目标,《中国人民银行法》第 3 条规定:"货币政策目标是保持货币币值的稳定,并以此促进经济增长。"一般讲来,币值稳定和经济发展之间的关系极为密切,两者互相依存、互相促进。币值稳定了,经济就能健康、快速发展;同时,经济发展了,币值就能更加稳定。但是,有时两者之间也会产生矛盾。例如,为了达到超越客观条件许可的超经济发展,若中央银行持续不断地放松银根,刺激经济增长,则必然导致通货膨胀,物价上涨,经济秩序混乱,最终使国民经济难以维持健康发展。我国经济发展的实践证明,只有在稳定币值的基础上,经济才能持续、快速、健康地发展,因此,我国的中央银行法将稳定币值作为货币政策目标,以此来促进经济的发展。根据这一规定,中国人民银行要通过调节货币供应量和使用总量,为国民经济创造一个良好的金融环境,从而促进国民经济持续、快速、健康发展。

  对于中国人民银行的职责,《中国人民银行法》第 4 条作了如下规定:① 发布与履行与其职责有关的命令和规章;② 依法制定和执行货币政策;③ 发行人民币,管理人民币流通;④ 监督管理银行间同业拆借市场和银行间债券市场;⑤ 实施外汇管理,监督管理银行间外汇市场;⑥ 监督管理黄金市场;⑦ 持有、管理、经营国家外汇储备、黄金储备;⑧ 经理国库;⑨ 维护支付、清算系统的正常运行;⑩ 指导、部署金融业反洗钱工作,负责反洗钱的资金监测;⑪ 负责金融业的统计、调查、分析和预测;⑫ 作为国家的中央银行,从事有关的国际金融活动;⑬ 国务院规定的其他职责。

二、中央银行的组织机构及管理

《中国人民银行法》第10条规定,中国人民银行设行长一人,副行长若干人。中国人民银行行长的人选,根据国务院总理的提名,由全国人大决定;全国人大闭会期间,由全国人大常委会决定,由中华人民共和国主席任免。中国人民银行副行长由国务院总理任免。

中国人民银行设立货币政策委员会。货币政策委员会的设立,是为了更好地执行中央银行的货币政策,同时也充分吸收了国外的有益经验。《中国人民银行法》第12条规定,我国的货币政策委员会的职责、组成和工作程序,由国务院规定,报全国人大常委会备案。国务院于1997年4月15日发布的《中国人民银行货币政策委员会条例》,对货币政策委员会的职责、组织机构、工作程序等作了明确规定。

中国人民银行根据履行职责的需要,还要在全国各地设立分支机构,在国外设立代表处。中国人民银行的分支机构是中央银行的派出机构。中国人民银行对其分支机构实行集中统一领导和管理。各地分支机构根据中国人民银行的授权,负责本辖区内的金融监督管理,承办有关业务。

为了适应社会主义市场经济体制,加强金融监管的迫切需要,1998年11月,党中央、国务院作出决定,撤销中国人民银行省级分行,建立9个跨省(自治区、直辖市)分行。这是我国金融体制的一项重大改革,对于建立现代金融体制具有深远的历史意义。中国人民银行设立的9个跨省区市分行分别是:天津分行(管辖天津、河北、山西、内蒙古);沈阳分行(管辖辽宁、吉林、黑龙江);上海分行(管辖上海、浙江、福建);南京分行(管辖江苏、安徽);济南分行(管辖山东、河南);武汉分行(管辖江西、湖北、湖南);广州分行(管辖广东、广西、海南);成都分行(管辖四川、贵州、云南、西藏);西安分行(管辖陕西、甘肃、青海、宁夏、新疆)。撤销原北京分行和重庆分行,由总行营业管理部履行所在地中央银行的职责。

三、中国人民银行的货币政策工具及有关业务的规定

《中国人民银行法》第23条规定,中国人民银行为执行货币政策,可以运用下列货币政策工具:① 要求银行业金融机构按照规定的比例交存存款准备金;② 确定中央银行基准利率;③ 为在中国人民银行开立账户的银行业金融机构办理再贴现;④ 向商业银行提供贷款;⑤ 在公开市场上买卖国债、其他政府债券和金融债券及外汇;⑥ 国务院确定的其他货币政策工具。中国人民银行为执行货币政策,运用以上所列货币政策工具,可以规定具体的条件和程序。

除运用以上货币政策工具外,中国人民银行还从事以下各项业务:① 依照法律、行政法规的规定经理国库;② 代理国务院财政部门向各金融机构组织发

行、兑付国债和其他政府债券；③ 根据需要为银行业金融机构开立账户,但不得对银行业金融机构的账户透支；④ 组织和协助组织银行业金融机构相互之间的清算系统,协调银行业金融机构相互之间的清算事项,提供清算服务；⑤ 根据执行货币政策的需要,可以决定对商业银行的贷款数额、期限、利率和方式,但贷款期限不得超过1年。

《中国人民银行法》还对中国人民银行本身的行为进行了规范,主要有：一是中国人民银行不得对政府财政透支,不得直接认购、包销国债或其他政府债券；二是中国人民银行不得向地方政府、各级政府部门提供贷款,不得向非银行金融机构以及其他单位和个人提供贷款,但国务院决定的中国人民银行可以向特定的非银行金融机构提供贷款的除外；三是中国人民银行不得向任何单位和个人提供担保。

《中国人民银行法》对上述货币政策工具、银行业务的规定及限制,强化了我国中央银行的宏观经济调控能力。这表现在：第一,《中国人民银行法》明确规定了中国人民银行在国务院领导下制定和实施货币政策,对金融业实施监督和管理,依法制定执行货币政策,开展业务,履行职责,不受地方政府、各级政府部门、社会团体和个人的干涉。这从法律上明确了中国人民银行在宏观调控中的职责,有利于中央银行宏观调控作用的发挥。第二,《中国人民银行法》明确规定了货币政策的目标、货币政策委员会机构的设置,以及实施货币政策的工具,这些规定对中国人民银行根据宏观经济形势,灵活运用各种货币政策手段,逐步建立起间接调控为主的宏观调控体系,适时调节货币供应量,将起到积极作用。第三,《中国人民银行法》还对中央银行本身的行为进行了规范,如不得对财政、金融机构的账户透支,不得向地方政府和各级政府部门提供贷款,不得向非银行机构贷款等,这些都为从宏观上管理货币和信贷,防止通货膨胀提供了有利条件。

四、人民币发行与管理

(一) 人民币的法律地位

《中国人民银行法》规定："中华人民共和国的法定货币是人民币。""人民币由中国人民银行统一印制发行。"人民币是我国境内流通和使用的唯一合法货币。在我国境内,凡以货币计算的债权、债务以及经济业务、劳动报酬,都必须以人民币为单位进行支付结算。人民币具有法定通行力。在以人民币进行支付时,任何单位和个人都不得拒收。至于人民币进出国境问题,以前规定禁止携带、私运、夹带、邮寄人民币进出国境,一经查出,一律没收。从1993年3月1日起,对国家货币出入境进行限额管理,具体限额由中国人民银行规定。

(二) 人民币发行的原则

根据《中国人民银行法》和《银行业监督管理法》的规定,人民币发行必须坚持以下三项原则。

1. 集中统一原则

集中统一原则是指人民币的发行权属于国家,由国务院依法授权中国人民银行统一发行人民币。中国人民银行总行是发行人民币的唯一金融机关,其他任何单位和个人,包括中国人民银行的各分支机构和各商业银行,均无权发行或变相发行人民币。集中发行还表现在人民币的票券、铸币的种类和样式都由中国人民银行统一规定,受国家保护,禁止模仿。

2. 计划发行原则

计划发行原则是指人民币的发行必须按国家货币发行计划进行。货币发行计划是国民经济和社会发展计划的组成部分。根据国民经济发展的需要进行综合平衡,制定货币发行计划,经法定的审批手续后,严格按计划执行。坚持计划发行原则,有利于控制货币发行量,压缩货币投放,保持币值的稳定,促进国民经济健康发展。

3. 经济发行原则

经济发行原则又称信用发行原则,是指货币的发行是为满足国民经济发展的需要。随着生产的增长和商品流通的扩大,货币流通量也要相应增加。投入多少货币,回笼多少货币,流通中有多少货币,并不取决于货币本身,也不取决于中央银行的意志,而是取决于流通货币量必须与商品流通量相适应的客观规律。货币发行与商品流通的实际需要相适应,币值才会稳定,流通才能正常,应当坚决反对货币的财政发行,即仅为弥补财政赤字的目的而增发货币。此类发行只能导致通货膨胀。

(三) 人民币发行的程序

人民币发行的程序就是人民币发行的步骤和方法,属于人民币发行制度的组成部分。按照《中国人民银行法》和《银行业监督管理法》的规定,我国人民币发行包括以下四个步骤。

1. 提出和审批人民币发行计划

每年由中国人民银行总行根据国民经济和社会发展计划,编制货币发行和供应计划(包括发行额度),报请国务院批准后,具体组织实施。

2. 通过中国人民银行发行库,办理发行业务和保管调拨发行基金

发行库是中国人民银行为国家保管发行基金的金库,是中国人民银行的一个重要组成机构。在总行设总库,在省、自治区、直辖市分行设分库,在地(市)分行设中心支库,在县(市)支行设支库。发行基金是发行库保管的人民币,是调节

市场货币流通的准备基金,是待流通的货币,而不是流通中的货币。发行基金的动用权属于总库,各分支库保管的发行基金只是总库发行基金的一部分。下级发行库发行基金的出库或调拨,必须按上级发行库核定的限额或出库命令办理,没有上级库的出库命令,任何人不得擅自动用。

3. 通过行内设置的业务库办理日常现金收付业务

业务库是指各专业银行和商业银行对外营业的基层行处为办理日常的现金收付而设置的现金库,它保存的是日常周转金,属于流通中货币的一部分。各级行处业务库所保存的现金,必须核定库存限额。如果业务库现金不足,发行库应根据上级发行库的出库命令,将出库现额之内的发行基金拨入业务库,这就是货币投放。业务库超过库存现额时,必须将超过部分即时交回发行库,这就是货币回笼。

4. 组织新版人民币的印刷、发行和损伤人民币的回收、销毁

按照货币流通情况和人民币币制改革的需要,还要注意适时组织新版人民币的印刷、发行以及损伤人民币票券、铸币的回收和销毁工作。

五、中国人民银行对金融的监督管理

加强金融监督管理,保证金融体系安全、有效运行,是中国人民银行的主要职责之一。金融机构作为经营货币的特殊企业,其运行稳健与否对社会稳定和经济发展影响巨大,因此,中国人民银行必然对金融进行监督管理。为此,《中国人民银行法》规定如下。

(1) 中国人民银行依法监测金融市场的运行情况,对金融市场实施宏观调控,促进其协调发展。

(2) 中国人民银行有权对金融机构以及其他单位和个人的下列行为进行检查监督:第一,执行有关存款准备金管理规定的行为;第二,与中国人民银行特种贷款有关的行为;第三,执行有关人民币管理规定的行为;第四,执行有关银行间同业拆借市场、银行间债券市场管理规定的行为;第五,执行有关外汇管理规定的行为;第六,执行有关黄金管理规定的行为;第七,代理中国人民银行经理国库的行为;第八,执行有关清算管理规定的行为;第九,执行有关反洗钱规定的行为。

以上所称中国人民银行特种贷款,是指国务院决定的由中国人民银行向金融机构发放的用于特定目的的贷款。

(3) 中国人民银行根据执行货币政策和维护金融稳定的需要,可以建议国务院银行业监督管理机构对银行业金融机构进行检查监督。国务院银行业监督管理机构应当自收到建议之日起 30 日内予以回复。

(4) 当银行业金融机构出现支付困难,可能引发金融风险时,为了维护金融稳定,中国人民银行经国务院批准,有权对银行业金融机构进行检查监督。

(5) 中国人民银行根据履行职责的需要,有权要求银行业金融机构报送必要的资产负债表、利润表以及其他财务会计、统计报表和资料。中国人民银行应当和国务院银行业监督管理机构、国务院其他金融监督管理机构建立监督管理信息共享机制。

(6) 中国人民银行负责统一编制全国金融统计数据、报表,并按照国家有关规定予以公布。

(7) 中国人民银行应当建立、健全本系统的稽核、检查制度,加强内部的监督管理。

以上规定提高了中国人民银行金融监督管理的权威,为今后强化金融监管、规范金融机构的经营行为创造了有利条件。

第三节 商业银行法

一、商业银行的概念及其业务范围

商业银行是指依照我国的《商业银行法》和《公司法》设立,吸收公众存款、发放贷款、办理结算等业务的企业法人。为适应金融体制改革的需要,规范商业银行组织行为和经营活动,1995年5月10日八届全国人大常委会第十三次会议通过了《商业银行法》,该法自1995年7月1日起施行,并经2003年12月27日十届全国人大常委会第六次会议第一次修正、2015年8月29日十二届全国人大常委会第十六次会议第二次修正。

《商业银行法》第一次以法律形式明确了我国商业银行的独立法人地位和财产权利,并明确规定了其经营原则。商业银行以安全性、流动性、效益性为经营原则,实行自主经营、自担风险、自负盈亏、自我约束,商业银行依法开展业务,不受任何单位和个人的干涉。商业银行以其全部财产独立承担民事责任。这些规定为商业银行作为独立法人依法开展业务,摆脱各种行政干预,独立自主地按照资金的安全和效益原则进行运作提供了法律保证,同时也将促进银行与企业的关系由计划体制下的资金供给关系转变为市场经济条件下的资金借贷关系。

《商业银行法》还明确规定了我国商业银行的业务范围,具体包括:① 吸收公众存款;② 发放短期、中期和长期贷款;③ 办理国内外结算;④ 办理票据承兑与贴现;⑤ 发行金融债券;⑥ 代理发行、代理兑付、承销政府债券;⑦ 买卖政府债券、金融债券;⑧从事同业拆借;⑨买卖、代理买卖外汇;⑩从事银行卡业务;⑪提供信用证服务及担保;⑫代理收付款项及代理保险业务;⑬提供保管箱服务;⑭经国务院银行业监督管理机构批准的其他业务。经营范围由商业银行章程规定,报国务院银行业监督管理机构批准。另外,商业银行经中国人民银行批准,可以经营结汇、售汇业务。

二、商业银行的设立、变更接管和终止

(一)商业银行的设立

设立商业银行,应当经过国务院银行业监督管理机构审查批准。未经国务院银行业监督管理机构批准,任何单位和个人不得从事吸收公众存款等银行业务,任何单位不得在名称中使用"银行"字样。

设立商业银行,应具备以下条件:①有符合《商业银行法》和《公司法》规定的章程。②有符合法律规定的注册资本最低限额。其中,设立全国性商业银行的注册资本最低限额为10亿元人民币;设立城市商业银行的注册资本最低限额为1亿元人民币;设立农村商业银行的注册资本最低限额为5 000万元人民币。注册资本应当是实缴资本。③有具备任职专业知识和业务工作经验的董事、高级管理人员。④有健全的组织机构和管理制度。⑤有符合要求的营业场所、安全防范措施和与业务有关的其他设施。设立商业银行,还应当符合其他审慎性条件。另外,国务院银行业监督管理机构根据审慎监管的要求可以调整注册资本最低限额,但不得少于上述规定的限额。

设立商业银行,应由申请人向国务院银行业监督管理机构提供《商业银行法》规定的文件、资料,填写正式申请表。经批准设立的商业银行,由国务院银行业监督管理机构颁发营业许可证,凭该许可证到工商行政管理部门办理登记,领取营业执照,始得开始营业。

(二)商业银行的变更

商业银行有下列变更事项之一的,应当经国务院银行业监督管理机构批准:①变更名称;②变更注册资本;③变更总行或者分支行所在地;④调整业务范围;⑤变更持有资本总额或者股份总额5%以上的股东;⑥修改章程;⑦国务院银行业监督管理机构规定的其他变更事项。

商业银行的分立、合并,适用《公司法》的规定,并应当经国务院银行业监督管理机构审查批准。

(三)商业银行的接管

商业银行已经或可能发生信用危机,严重影响存款人利益时,国务院银行业监督管理机构可对该行实行接管。接管的目的是对被接管的商业银行采取必要措施,以保护存款人的利益,恢复商业银行的正常经营能力。被接管的商业银行的债权债务关系不因接管而变化。接管按有关规定进行,接管期最长不超过2年,接管期间由接管组织行使商业银行的经营管理权力。

有下列情况之一者,接管终止:① 接管决定所规定的接管期届满或由国务院银行业监督管理机构决定的接管延期届满;② 接管期届满前,该商业银行恢复了正常经营能力;③ 接管期届满前,该商业银行被合并或者被依法宣告破产。

(四)商业银行的终止

根据《商业银行法》的规定,商业银行因解散、被撤销和被宣告破产而终止。

1. 解散

商业银行因分立、合并或者出现公司章程规定的解散事由需要解散的,应当向国务院银行业监督管理机构提出申请,并附解散理由及债务清偿计划,经国务院银行业监督管理机构批准后解散。商业银行解散的,应当依法成立清算组,进行清算,按照清偿计划及时偿还存款本金和利息等债务。国务院银行业监督管理机构监督清算过程。

2. 撤销

商业银行因吊销经营许可证而被撤销的,国务院银行业监督管理机构应当依法组织成立清算组,进行清算,按照清偿计划及时偿还存款本金和利息等债务。

3. 宣告破产

商业银行不能支付到期债务,经国务院银行业监督管理机构同意,由人民法院宣告其破产。商业银行被宣告破产的,由人民法院组织国务院银行业监督管理机构等有关部门和有关人员成立清算组,进行清算。商业银行破产清算时,在支付清算费用、所欠职工工资和劳动保险费用后,应当优先支付个人储蓄存款的本金和利息。

三、商业银行的组织机构

商业银行的组织形式、组织机构适用《公司法》的规定,按其规定设立,即设股东会、董事会、经理和监事会,行使《公司法》规定的职责。国有独资商业银行设立监事会。监事会对国有独资商业银行的信贷资产质量、资产负债比例、国有资产保值增值情况以及高级管理人员违反法律、行政法规或者章程的行为和损害银行利益的行为进行监督。

商业银行根据业务需要可以在我国境内外设立分支机构。设立分支机构必须经国务院银行业监督管理机构审查批准。在各地设立的商业银行的分支机构不具有法人资格,在总行授权范围内依法开展业务,其民事责任由总行承担。总行对其设立的分支机构实行统一核算、统一调度资金、分级管理的财务制度。

四、《商业银行法》对存款人的保护

商业银行的资金绝大部分来自存款人的存款,因此必须对存款人的利益实行保护。《商业银行法》总则中规定,商业银行应当保障存款人的合法权益不受任何单位和个人的侵犯,把保护存款人的权益作为基本原则确定下来。此外,《商业银行法》还规定了下列五种保护存款人的措施。

(1) 商业银行办理个人储蓄存款业务,应当遵循存款自愿、取款自由、存款有息、为存款人保密的原则。对个人的储蓄存款,商业银行有权拒绝任何单位和个人查询、冻结、扣划,但法律另有规定的除外。

(2) 对单位存款,商业银行有权拒绝任何单位或者个人查询,但法律、行政法规另有规定的除外;有权拒绝任何单位或者个人冻结、扣划,但法律另有规定的除外。

(3) 商业银行应当按照中国人民银行规定的存款利率的上下限,确定存款利率,并予以公告。

(4) 商业银行应当按照中国人民银行的规定,向中国人民银行交存存款准备金,留足备付金。

(5) 商业银行应当保证存款本金和利息的支付,不得拖延、拒绝支付存款的本金和利息。

此外,为了建立和规范存款保险制度,依法保护存款人的合法权益,及时防范和化解金融风险,维护金融稳定,2014年10月29日,国务院第67次常务会议通过《存款保险条例》,该条例自2015年5月1日起施行。

五、商业银行的稳健经营原则和资产负债比例管理

(一) 商业银行的稳健经营原则

商业银行的资金主要来自社会公众。因此,商业银行必须实行稳健经营,确保资金运营的安全性。《商业银行法》总则中规定,资金运营的安全性,以及贷款必须进行资信审查和担保,是商业银行资金运营的基本原则。商业银行决不能用社会公众的投资去从事高风险事业,更不能进行金融投机和冒险。

《商业银行法》对商业银行的贷款和其他业务的基本规则作了严格的规定。主要内容如下:① 商业银行贷款,应当对借款人的借款用途、偿还能力、还款方式等情况进行严格审查,并实行审贷分离、分级审批的制度。② 商业银行贷款,借款人应当提供担保。商业银行应当对保证人的偿还能力、抵押物、质物的权属和价值以及实现抵押权、质权的可能性进行严格审查。经商业银行审查,评估,

确认借款人资信良好,确能偿还贷款的,可以不提供担保。③ 商业银行贷款,应与借款人订立书面合同。合同应当约定贷款种类、借款用途、金额、利率、还款期限、还款方式、违约责任和双方认为需要约定的其他事项。④ 商业银行不得向关系人发放信用贷款;向关系人发放担保贷款的条件不得优于其他借款人同类贷款的条件。⑤ 商业银行在我国境内不得从事信托投资和证券经营业务,不得投资于非自用不动产,不得向非银行金融机构和企业投资,但国家另有规定的除外。

(二) 商业银行的资产负债比例管理

资产负债比例管理和风险管理是《商业银行法》的核心内容之一。在信贷资金的总量管理上,通用的方法有两种:一是规模管理;二是比例管理。规模管理是为实现一定的货币政策目标而对各项贷款总量的限定。这种管理方式有利于稳定通货,但缺少灵活性。比例管理则是市场经济国家通常采用的管理体制和方法。它主要是通过规定银行资产和各种贷款的比例来进行控制的。

《商业银行法》第 39 条规定,商业银行贷款应遵守下列资产负债比例管理的规定:① 资本充足率不得低于 8%;② 流动性资产余额与流动性负债余额的比例不得低于 25%;③ 对同一借款人的贷款余额与商业银行资本余额的比例不得超过 10%;④ 国务院银行业监督管理机构对资产负债比例的其他规定,如中长期贷款比例指标、备付金比例指标、拆借奖金比例指标、贷款质量指标等。

当然,目前我国商业银行的资产负债比例一般达不到上述比例。因此,《商业银行法》规定,在该法实行前设立的商业银行,其资产负债的比例不符合以上规定的,应当在一定期限内符合以上规定。

资产负债比例管理方法集资产管理、负债管理和风险管理于一体,比规模管理更具有科学性与优越性。主要体现在:① 提高银行资金的运营质量,提高资金运营的效益性、安全性、流动性;② 形成银行信贷资金的自我约束机制,有利于信贷资金的平衡;③ 有利于控制信贷规模,防止信贷膨胀,稳定货币。

第四节 政策性银行法

一、政策性银行概述

政策性银行主要是指由政府创立或担保,以贯彻国家产业政策和区域发展政策为目的,具有特殊的融资原则,不以营利为目标的金融机构。20 世纪 30 年代,美国、德国、日本等国家开始建立政策性银行。为了从第二次世界大战的破坏中迅速恢复经济,各国为解决商业银行在资金配置上的缺陷,提高财政资金对产业经济的扶植力度,设立了一批政策性银行,建立了各自的政策性银行体系。我国的政策性银行体系始于1993年12月25日发布的《国务院关于金融体制改革的决定》。1994年,我国组建了三家政策性银行,即国家开发银行、中国进出口银行、中国农业发展银行,它们均直属国务院领导。

政策性银行不同于中央银行,在性质、业务等方面也区别于商业银行。与商业银行相比,它具有以下三个方面的特征。

1. 资金来自政府

政策性银行由政府创办或参股,属于政府的金融机构。如《德国复兴信贷银行法》规定,复兴信贷银行为政府所有,其中联邦政府占80%的股份,各州政府占20%的股份。我国三家政策性银行的注册资本都由财政部核拨。

2. 不以营利为目的

政策性银行不以营利为目的,而以贯彻国家产业政策和区域发展政策为目的。在经济发展过程中,为了扶持对国民经济发展、社会稳定具有重要意义,投资规模大、周期长、经济效益见效慢、资金回收时间长的项目,政府往往实行各种鼓励措施,各国通常采用的办法是设立政策性银行,专门对这些项目融资。但政策性银行的资金并不是财政资金,政策性银行也必须考虑盈亏,坚持银行管理的基本原则,力争保本微利。

3. 主要从事资产业务

政策性银行主要从事资产业务,不吸收存款。政策性银行的资金来源主要是政府提供的资金以及发行政策性金融债券筹集的资金,从事的资产业务主要集中在商业银行不愿参与的长期项目。因此,在银行资产业务方面,政策性银行不以商业银行为直接竞争对手。

政策性银行法是关于政策性银行地位、性质、设立宗旨、经营目标、业务范围,以及变更、终止等各项社会关系的法律规范总称。

二、政策性银行的相关法律规定

(一) 国家开发银行

经国务院批准,国家开发银行于1994年3月正式成立,总行设在北京。国家开发银行的设立宗旨是:一方面为国家重点建设融通资金,保证关系国民经济全局和社会发展的重点建设顺利进行;另一方面把当时分散管理的国家投资基金集中起来,建立投资贷款审查制度,赋予开发银行一定的投资贷款决策权,并要求其承担相应的责任与风险,以防止盲目投资,重复建设。

国家开发银行注册资本金为500亿元人民币,由国家财政全额拨付。中国人民银行对国家开发银行不提供资金。国家开发银行的主要任务是:按照国家有关法律、法规和宏观经济政策、产业政策、区域发展政策,筹集和引导境内外资金,重点向国家基础设施、基础产业和支柱产业项目以及重大技术改造和高新技术产业化项目发放贷款;从资金来源上对固定资产投资总量和结构进行控制和调节。

国家开发银行实行行长负责制,行长、副行长由国务院任免。行长负责全面工作,副行长协助行长工作。行长主持行长会议,研究决定本行业务方针、计划、筹资、贷款以及财务决算等重大事项。国家开发银行目前设立总行营业部、27家国内分行和香港代表处。按照《国家开发银行授权管理暂行规定》,国家开发银行遵循"统一管理、区别授权、权责明确、严格监管"的原则,实行法人体制下的总分行授权管理。

按照《国有重点金融机构监事会暂行条例》的规定,国家开发银行应接受监事会的监督管理。国家开发银行监事会章程规定,监事会由财政部、中国人民银行、审计署等部门各派出一名负责人以及国务院指定的其他人员组成。监事会主席由各监事会成员单位定期轮换担任,每届任期3年。监事会的主要职责是:监督国家开发银行执行国家方针政策的情况、资金使用方向和资产经营情况,提出国家开发银行行长的任免建议。监事会不得干预国家开发银行的具体业务。

国家开发银行的业务范围主要是:① 管理和运用国家核拨的预算内经营性建设基金和贴息资金;② 向国内金融机构发行金融债券和向社会发行财政担保建设债券;③ 办理有关外国政府和国际金融组织贷款的转贷,经国务院批准在国内发行债券,根据国家利用外资计划筹借国际商业贷款等;④ 向国家基础设施、基础产业和支柱产业的大中型基本建设和技术改造等政策性项目及配套工程发放政策性贷款;⑤ 办理建设项目贷款评审、咨询和担保等业务,为重点建设项目物色国内外合资伙伴,投资机会和投资信息;⑥ 经批准的其他业务。

国家开发银行按照国家宏观经济政策和开发银行信贷原则独立评审贷款项目、发放贷款。其资金主要通过市场方式向国内外发行金融债券筹集,资金运用领域主要包括:① 制约经济发展的"瓶颈"项目;② 直接关系增强综合国力的支柱产业中的重大项目;③ 重大高新技术在经济领域应用的项目;④ 跨地区的重大政策性项目等。

国家开发银行的贷款分为两部分:一是软贷款,即国家开发银行注册资本金的运用。其主要按项目配股需要贷给国家控股公司和中央企业集团,由其对企业参股、控股。二是硬贷款,即国家开发银行借入资金的运用。国家开发银行在项目总体资金配置的基础上,将借入资金直接贷给项目,到期收回本息。目前国家开发银行的贷款主要是硬贷款。

(二) 中国农业发展银行

中国农业发展银行于 1994 年 11 月挂牌成立。中国农业发展银行成立的宗旨是为了完善农村金融服务体系,贯彻国家的农业政策,集中财力解决农业和农村经济发展的合理的政策性资金需要,促进主要农产品收购资金的封闭运行。

按照《国务院关于金融体制改革的决定》和《中国农业发展银行章程》的规定,中国农业发展银行注册资本金为 200 亿元人民币,由国家财政全额拨付。

中国农业发展银行实行行长负责制,行长、副行长由国务院任免;在机构设置上实行法人体制下的总分行授权管理,总行设在北京,国内设有 2 000 多家分支机构。中国农业发展银行设立监事会。监事会由财政部、中国人民银行、农业部以及审计署等有关部门选派人员组成,并报国务院批准,由国务院任命监事会主席一人。

中国农业发展银行实行独立核算,自主、保本经营,企业化管理的经营方针。主要任务是:按照国家有关法律、法规和方针、政策,以国家信用为基础,筹集农业政策性信贷资金,承担国家规定的农业政策性金融业务,代理财政性支农资金的拨付。

目前,中国农业发展银行依据国家有关法律、法规、产业政策,实行"库贷挂钩、钱随粮走、购贷销还、封闭运行"的信贷原则。即发放的收购贷款额要与收购的粮棉油库存值相一致,销售粮棉油收入中所含贷款要全部收回,防止收购资金被挤占挪用,保证收购资金及时、足额供应,保护农民的生产积极性,促进粮棉油生产和粮食购、销、调、存等方面工作的顺利开展。

中国农业发展银行的资金主要来源于中央银行的再贷款。其业务范围主要是向承担粮棉油收储任务的国有粮食收储企业和供销社棉花收储企业提供粮棉油收购、储备和调销贷款,此外,还办理中央和省级政府财政支农资金的代理拨付,为各级政府设立的粮食风险基金开立专户并代理拨付。

(三) 中国进出口银行

中国进出口银行于 1994 年 4 月经国务院批准正式成立,具有法人资格,实行自主、保本经营和企业化管理的经营方针。中国进出口银行的主要职责是按照国际惯例运用出口信贷、担保等通行做法,扩大机电产品,特别是大型成套设备和高新技术、高附加值产品的出口,合理促进对外贸易的发展,创造公平、透明、稳定的对外贸易环境。

中国进出口银行注册资本金为 33.8 亿元,由国家财政全额拨付。中国进出口银行只设总行,在国内设立 15 家营业性分支机构,境内设 1 家代表处,境外设 3 家代表处,负责调查统计和监督代理等事宜。

中国进出口银行设董事会。董事会设董事长一人，并可视情况设置副董事长。董事长可兼任行长。董事长、行长由国务院任免。中国进出口银行设监事会。监事会由财政部、中国人民银行、审计署等有关部门的成员组成。

中国进出口银行的主要任务是：执行国家产业政策和外贸政策，为扩大我国机电产品和成套设备等资本性货物出口提供政策性金融支持。

中国进出口银行依据国家有关法律、法规、外贸政策、产业政策和自行制定的有关制度，独立评审贷款项目。其资金主要通过市场方式向国内外发行金融债券筹集，业务范围主要是为成套设备、技术服务、船舶、工程承包、其他机电产品和非机电高新技术的出口提供卖方信贷和买方信贷支持。同时，该行还办理中国政府的援外贷款及外国政府贷款的转贷款业务。

2017年11月，中国银行业监督管理委员会发布《国家开发银行监督管理办法》《中国进出口银行监督管理办法》和《中国农业发展银行监督管理办法》，加强对三家政策性银行的资本监管，主要目的是推进三家银行提升自身的风险抵御能力，更好地支持和服务我国国民经济的重点领域和薄弱环节。三个管理办法的主要内容包括市场定位、公司治理、风险管理、内部控制、资本管理、激励约束、监督管理等方面，同时根据三家银行职能定位、经营管理的不同特点，在相关的章节、内容上面制定了一些个性化的监管要求。

第五节　银行业监督管理法

中华人民共和国成立后，我国的银行业监管经历了大一统的中国人民银行体制、中国人民银行和专业银行分工体制和分业监管体制等几个阶段。中央银行既进行货币政策的制定，又进行商业银行的监督和管理，在一定程度上降低了中央银行的独立性，也使得银行监管与货币政策的执行之间容易发生冲突。因此，为了更好地对商业银行实施有效监管，2003年3月，十届全国人大决定成立中国银行业监督管理委员会；2003年4月28日，中国银监会正式挂牌成立，标志着中国人民银行集宏观调控与银行监管于一身的管理模式正式结束，我国商业银行监管从此进入了由专门银行监管机构监管的专业化监管阶段。2003年12月27日，十届全国人大常委会第六次会议通过了《银行业监督管理法》。同届全国人大常委会又于2006年10月31日作出了《关于修改〈中华人民共和国银行业监督管理法〉的决定》。修正后的该法共分六章，52条，分别对银行业监管对象、监管机构、监管职责、监管措施等作了明确的规定。此外，《中国人民银行法》和《商业银行法》也是重要的关于银行业监管的法律。

一、监管对象

银行业监管的对象包括银行业金融机构、境内设立的非银行金融机构和境外设立的金融机构三类。

银行业金融机构是指在我国境内设立的商业银行、城市信用合作社、农村信用合作社等吸收公众存款的金融机构以及政策性银行。境内设立的非银行金融机构是指在我国境内设立的金融资产管理公司、信托投资公司、财务公司、金融租赁公司以及经国务院银行业监督管理机构批准设立的其他金融机构,即狭义上理解的非银行金融机构。除上述两类机构外,国务院银行业监督管理机构对经其批准在境外设立的金融机构以及上述金融机构在境外的业务活动实施监督管理。

二、监管机构

目前,国务院银行业监督管理机构为中国银行保险监督管理委员会(简称银保监会),负责对全国银行业金融机构及其业务活动监督管理的工作。国务院银行业监督管理机构对派出机构实行统一领导和管理。国务院银行业监督管理机构的监督管理程序应当公开,并建立监督管理责任制度和内部监督制度。同时,2003年修订的《中国人民银行法》规定,中国人民银行可以就有关货币政策执行情况,对银行业进行监管。由此,我国的银行业监管主体由银保监会和中国人民银行共同担任,其中银保监会发挥主要的监管作用。

以银保监会为主的监管模式有以下特点:① 银保监会受国务院的直接领导,向国务院负责并报告工作。② 银保监会在国务院的领导下独立履行监督管理职责,不受地方政府、各级政府部门、社会团体和个人的干涉。③ 银保监会统一监管全国银行业金融机构及其业务活动,既包括境内的中资、外资银行业金融机构及其业务活动,也包括境外的中资银行业金融机构和境内中资银行业金融机构的境外业务活动。

三、监管职责

银保监会根据国务院授权,统一监督管理银行、金融资产管理公司、信托投资公司及其他存款类金融机构,维护银行业的合法、稳健运行。其主要职责是:① 依法制定并发布对银行业金融机构及其业务活动监督管理的规章、规则。② 依法审批银行业金融机构及分支机构的设立、变更、终止及其业务范围。③ 对银行业金融机构的董事和高级管理人员实行任职资格管理。④ 依据审慎监管和金融消费者保护基本制度,制定银行业审慎监管与行为监管规则;制定小额贷款公司、融资性担保公司、典当行、融资租赁公司、商业保理公司、地方资产管理公司等其他类型机构的经营规则和监管规则；制定网络借贷信息中介机构业务活动的监管制度。⑤ 对银行业和保险业机构的公司治理、风险管理、内部控制、资本充足状况、偿付能力、经营行为和信息披露等实施监管。⑥ 对银行业和保险业机构实行现场检查与非现场监管，开展风险与合规评估，保护金融消费者合法权益，依法查处违法违规行为。⑦ 负责统一编制全国银行业监管数据报表，按照国家有关规定予以发布，履行金融业综合统计相关工作职责。⑧ 建立银行业风险监控、评价和预警体系，跟踪分析、监测、预测银行业和保险业运行状况。⑨ 会同有关部门提出存款类金融机构紧急风险处置的意见和建议并组织实施。⑩ 负责国有重点银行业金融机构监事会的日常管理工作。⑪ 完成党中央、国务院交办的其他任务。

《中国人民银行法》在"金融监督管理"一章规定了中国人民银行行使必要金融监督管理职能的目标、手段与措施，同时也要求银行业监督管理机构的监管与中国人民银行的监管相协调。中国人民银行监管职能主要包括：① 监管银行间同业拆借市场、银行间债券市场、银行间外汇市场和黄金市场；② 根据实施货币政策和维护金融稳定的需要，可以建议银保监会对银行业金融机构进行检查；③ 当银行业金融机构出现支付困难，可能引发金融风险时，为维护金融稳定，经国务院批准，有权对银行业金融机构进行检查；④ 根据履行职责的需要，有权要求银行业金融机构报送有关资料等。

四、监管内容

（一）市场准入监管

银行市场准入监管被称为银行监管的第一道防线。市场准入是指监管当局依照法律规定的标准进行选择，使合格的机构依法获得从业资格后，才允许其进行相应的金融活动。市场准入监管是监管当局的一种"防患于未然"的预防性监管措施，以保证银行具备从业的基本条件。世界各国大都出于维护金融业信用体系的考虑，规定了严格的银行业市场准入限制条件。银保监会负责银行业金融机构的市场准入审查，不同的银行业金融机构有不同的准入条件、程序和管理要求，银保监会及其分支机构依据权限和程序进行审批。

（二）银行风险监管

银行风险监管又称审慎性监管，其核心内容是防范和控制金融风险，使银行机构稳健运行。《银行业监督管理法》第 21 条第 1—2 款规定，银行业金融机构的审慎经营规则，由法律、行政法规规定，也可以由国务院银行业监督管理机构依照法律、行政法规制定。审慎经营规则包括风险管理、内部控制、资本充足率、资产质量、损失准备金、风险集中、关联交易、资产流动性等内容。本节介绍三类最重要的规则。

1. 资本充足率监管

资本充足率是巴塞尔协议的三大支柱之一,是衡量银行资本安全和承担风险能力的重要指标,它能有效地衡量银行机构经营的稳健程度。资本充足率越小,风险就越大,安全度就越差。资本充足率过高,会使银行财务杠杆比率下降,增加筹集资本金的成本,影响银行的利润。按照巴塞尔协议的要求,我国规定:资本充足率不低于8%,核心资本充足率不低于4%时为"充足";资本充足率不足8%,核心资本充足率不足4%时为"不足";资本充足率不足4%,核心资本充足率不足2%时为"严重不足"。针对这三种情况,银保监会可以分别采取不同的监管手段。

2. 资产流动性监管

资产流动性是指银行可以随时满足所有提款或还款的客户信用需求的能力。只有资产具有较高的流动性,才会使银行的资金灵活周转,并能随时满足客户提取存款或要求贷款的需求。如果资产流动性差,可能出现挤提,致使银行倒闭。因此,对资产的流动性需要加强监管。

我国关于银行资产流动性监管方面的法律、规章主要有《商业银行法》以及中国人民银行于1994年2月发布的《商业银行资产负债比例管理暂行监控指标》等。关于资产流动性的监管的规定,主要涉及对商业银行资本质量的监管、对存贷款比例的监管、对商业银行举债和同业拆借的监管,以及对备付金比例的监管等。

3. 内部控制监管

按照1997年5月中国人民银行发布的《加强金融机构内部控制的指导原则》的规定,金融机构内部控制是金融机构为了完成既定的工作目标、防范风险,对内部的各职能部门及其工作人员从事的业务活动进行风险控制、制度管理和相应制约的方法、措施、程序的总称。内部控制是现代金融监管的基础,只有金融机构形成良好、严格的内控机制,外部的金融监管才能有效发挥作用。因此,内部控制的监管尤为重要,内部控制监管不到位,容易造成商业银行缺乏竞争力,利润率低下。

(三) 银行业务监管

《商业银行法》规定,银行主要业务必须遵守法律法规的规定,接受监管机构的监管(其中包括负债及放款业务监管、同业拆借监管等)。近年来,针对银行业的改革发展,监管机构在业务经营监管方面有了一些新的内容,如对股票质押贷款的监管和对商业银行设立基金公司的监管等。

(四) 市场退出监管

市场准入等预防性监管是监管当局的首要任务,是积极的监管方法,而银行发生危机时,则需要采取保护性的事后监管作为补充手段。市场退出机制旨在建立一个政府的保护网,采取及时有效的措施,防止银行倒闭及其产生的连锁效应,主要包括存款保险制度、最后贷款人制度和银行市场退出制度等。

1. 存款保险制度

银行的主要业务即存款,存款的规模即构成其负债的规模,而负债规模和银行风险程度直接相关,此种风险又可能影响存款人的利益。为保护存款人的利益,世界上许多国家设立了存款保险制度。存款保险制度是规定银行将其吸收到的存款到存款保险机构投保,在参加投保的银行破产时,由存款保险机构对银行支付法定数额保险金的一种制度。

2. 最后贷款人制度

中国人民银行作为中央银行,可为银行办理资金融通业务,是银行的最后贷款者。当商业银行发生资金短缺、周转不灵时,商业银行可以向中央银行融通资金、请求贷款,其主要方式是票据再贴现和抵押贷款。《中国人民银行法》第23条第1款第4项规定,中国人民银行可以向商业银行提供贷款。该法第28条规定,中国人民银行根据执行货币政策的需要,可以决定对商业银行贷款的数额、期限、利率和方式,但贷款的期限不得超过1年。

3. 银行市场退出制度

银行的市场退出是指银行停止办理有关银行业务,银行主管部门吊销其营业许可证,银行从而失去作为金融机构的资格。银行的退出分为法人的退出和分支机构的退出。虽然我国目前四大国有商业银行未曾有过市场退出的事件,但一些中小金融机构发生的退出事件也给监管者敲响了警钟。我国关于银行业市场退出的法律依据为《银行业监督管理法》《商业银行法》《外资银行管理条例》和《金融机构撤销条例》等。上述法律依据主要规定了银行市场退出的方式,主要有接管、解散、撤销、破产等。

复习思考题

1. 试述中国人民银行的地位及职能。
2. 怎样认识货币政策工具?
3. 谈谈商业银行的业务规则和风险管理规定。
4. 试析政策性银行与商业银行的区别。
5. 如何理解银行业监督管理的内容?

第十五章 价 格 法

经过多年的努力,在广泛吸收改革开放后价格改革的成果,并借鉴国外先进的价格立法经验的基础上,1997年12月八届全国人大常委会第二十九次会议通过了《价格法》。该法对价格运行的各个环节和国家价格管理的有关内容等作出了比较全面的规定,标志着我国价格法制建设进入了一个新的阶段。为贯彻实施《价格法》,国家价格主管部门颁布了《价格违法行为行政处罚规定》《关于制止低价倾销行为的规定》《国家计委和国务院有关部门定价目录》《制止价格垄断行为暂行规定》《政府制定价格行为规则》等一系列行政规章,各省、自治区、直辖市也先后制定了一批地方性价格法规和规章,并先后公布了省级地方定价目录,从而建立了较为完备的价格法律体系。为了保证市场价格的正常形成和运行,我国的价格法律制度规定了经营者定价的权利和义务,也规定了政府在某些领域定价时应当举行价格听证会,同时还规定对各种价格行为进行监督检查,强化对价格行为的监督。总之,价格法律制度对于我国社会主义市场经济体制的形成起着重要的作用。

第一节 价格法概述

改革开放前,我国对价格的管理实行国家计划管理体制,由国务院价格主管部门直接制定绝大多数商品和服务价格。改革开放以来,对价格实行了调放结合、逐步改革的办法,一方面逐步调整了许多商品的价格,另一方面又放开许多商品的价格,使之由市场调节。

一、价格与价格法的含义

价格是价值的货币表现,价值是价格的本质。价格有广义和狭义之分。广义的价格包括商品价格、服务价格和生产要素价格;狭义的价格是指生产要素价格之外的商品价格和服务价格。本章所指的是狭义上的价格。

价格法是调整因价格的制定、执行、监督、检查而发生的各种经济关系的法律规范的总称。我国《价格法》于1997年12月29日经八届全国人大常委会第二十九次会议审议通过,自 1998 年 5 月 1 日起生效。《价格法》是调整我国价格关系的基本法律,包括七章共 48 条。

二、《价格法》的适用范围和原则

(一)《价格法》的适用范围

对于《价格法》的空间效力,《价格法》第 2 条规定:"在中华人民共和国境内发生的价格行为,适用本法。"

《价格法》的适用对象为经营者和政府的价格行为,价格行为的客体为价格。《价格法》第 2 条规定,该法所称价格包括商品价格和服务价格。商品价格是指各类有形产品和无形资产的价格;服务价格是指各类有偿服务的收费。

(二) 我国价格形成机制和定价形式

《价格法》第 3 条规定,国家实行并逐步完善宏观经济调控下主要由市场形成价格的机制。价格的制定应当符合价值规律,大多数商品和服务价格实行市场调节价,极少数商品和服务价格实行政府指导价或者政府定价。

我国经济体制改革的目标是建立社会主义市场经济体制,使市场在政府宏观调控下对资源配置起决定性作用,价格改革则是市场经济体制改革的关键,其核心就是从政府统一定价转变为政府宏观经济调控下主要由市场形成价格的机制。因此,《价格法》的这条规定明确了国家实行并逐步完善宏观经济调控下主要由市场形成价格的机制,这成为价格法的基本法律制度。

与我国基本价格制度相适应,按照定价主体和价格形成途径不同,《价格法》规定我国实行市场调节价、政府指导价和政府定价三种定价形式。市场调节价是指由经营者自主制定,通过市场竞争形成的价格;政府指导价是指依照法律规定,由政府价格主管部门或者其他有关部门,按照定价权限和范围规定基准价及其浮动幅度,指导经营者制定的价格;政府定价是指依照法律规定,由政府价格主管部门或者其他有关部门,按照定价权限和范围制定的价格。其中,市场调节价在价格机制中占主导地位。

(三) 政府管理价格的原则

根据《价格法》第 4 条的规定,政府管理价格的原则主要包括:① 支持和促进公平、公开、合法的市场竞争,维护正常的价格秩序;② 对价格活动实行管理、监督和必要的调控。

三、《价格法》的作用

《价格法》的作用在于运用法律手段保证国家价格方针和政策的贯彻,促进价格的合理形成,促进市场经济秩序的健全和完善。具体来说,《价格法》的作用主要体现在以下三个方面。

(一)规范价格行为,优化资源配置

市场机制的作用主要通过价格来体现。为了使价格能灵活地反映市场供求关系和资源的稀缺程度,从而更好地使资源达到优化配置,就需要建立一个能使价格合理、平稳运行的市场环境。《价格法》确立了以市场调节价为主的价格机制,并明确规定经营者的价格行为和政府的定价行为,禁止不正当的市场价格竞争行为。这充分反映了市场竞争情况,能确保价格的合理形成,充分发挥价格合理配置资源的功能。

(二)稳定市场价格总水平

市场价格总水平是国民经济运行总体情况的反映。《价格法》通过将市场价格总水平的调控目标列入国民经济和社会发展计划,并采取一系列经济、法律、行政等措施,实现市场价格总水平的基本稳定,以加强和改善宏观经济调控,维护社会经济秩序。

(三)保护消费者和经营者的合法权益

《价格法》严禁损害消费者利益的各种不正当价格行为,明确规定经营者因价格违法行为给消费者造成损失的,应负责赔偿;同时,它还赋予消费者参与政府定价的权利,明确消费者有权对各种价格行为进行监督,对价格违法行为进行举报,并受有关部门的保护。此外,《价格法》对非法价格行为的限制和禁止同样保护了经营者正当竞争的权益。因此,《价格法》对保护消费者和经营者的合法权益起着积极的作用。

第二节　价　格　行　为

一、经营者的价格行为

《价格法》所称经营者,是指从事生产、经营商品或者提供有偿服务的法人、其他经济组织和个人。法人是指具有民事权利能力和民事行为能力,并依法独立享有民事权利和承担民事义务的组织;其他经济组织是指具有一定生产经营能力,但不具备法人资格,由工商行政管理部门发给营业执照的经济组织;个人即指自然人,包括在法律允许的范围内,依法核准登记,从事工商业者或提供有偿服务的公民,以及按照规定从事商品经营的农村承包经营户。

(一)市场调节价的范围

《价格法》第3条第2款规定,市场调节价是指经营者自主制定,通过市场竞争形成的价格。《价格法》第6条规定了市场调节价的范围:"商品价格和服务价格,除依照本法第 18 条规定适用政府指导价或者政府定价外,实行市场调节价,由经营者依照本法自主制定。"

(二) 经营者定价的原则和基本依据

1. 经营者定价应遵循的原则

《价格法》第 7 条规定,经营者定价,应当遵循公平、合法和诚实信用的原则。

公平是指经营者从事市场交易时,应兼顾消费者和其他经营者以及社会的利益,按等价交换原则约束自身的价格行为,合理地行使自主定价的权利。合法是指经营者在市场交易中,交易双方法律地位平等,经营者不得以自身的优势强制消费者和其他经营者接受不合理、不合法的价格条件,作出任何法律禁止的价格违法行为。诚实信用是指经营者在市场交易中制定价格,应当诚实守信,不得弄虚作假,损害消费者、其他经营者利益和社会经济秩序。

2. 经营者定价的基本依据

经营者定价的基本依据是生产经营成本和市场供求状况。生产经营成本是经营者定价的一个重要依据,它包括与生产经营者有关的各项费用。市场供求状况是影响价格形成的又一个重要因素。

另外,商品的寿命周期、商品的质量、商品的不同用途等,也是经营者定价时需要考虑的因素。

(三) 经营者进行价格活动的权利和义务

经营者的权利包括三个方面:经营者有权自主制定属于市场调节的价格,这是经营者最基本的权利;经营者有权在政府指导价规定的幅度内制定价格;经营者有权制定属于政府指导价、政府定价产品范围内的新产品的试销价格(特定产品除外)。

经营者的义务包括五个方面:经营者必须遵守法律、法规;经营者提供商品或服务时必须明码标价;经营者必须不实施不正当价格行为;经营者必须执行依法制定的政府指导价、政府定价;经营者必须严格执行法定的价格干预措施和紧急措施。

(四) 实行明码标价的有关规定

明码标价是指经营者和行政事业单位在收购、销售商品或者收取费用时公开标明其商品价格或者收费标准。

《价格法》第 13 条规定,经营者销售、收购商品和提供服务,应当按照价格主管部门的规定明码标价,注明商品的品名、产地、规格、等级、计价单位、价格或者服务的项目、收费标准等有关情况。经营者不得在标价之外加价出售商品,不得收取任何未予标明的费用。

对于经营者销售商品和提供服务实行明码标价,2000 年 10 月 31 日国家发展计划委员会修订的《关于商品和服务实行明码标价的规定》作出了以下具体规定。

(1) 明码标价应当做到价签价目齐全、标价内容真实明确、字迹清晰、货签对位、标示醒目。价格变动时应当及时调整。

(2) 商品价格、服务价格一律使用阿拉伯数码标明人民币金额。除国家另有规定外,从事涉外商品经营和服务的单位实行以人民币标价和计价结算,应当同时用中、外文标示商品和服务内容。民族自治地方自主决定使用当地通用的一种或几种文字明码标价。

(3) 降价销售商品和提供服务必须使用降价标价签、价目表,如实标明降价原因以及原价和现价,以区别于以正常价格销售商品和提供服务。经营者应当保留降价前记录或核定价格的有关资料,以便查证。

(4) 从事零售业务的,商品标价签应当标明品名、产地、计价单位、零售价格等主要内容,对于有规格、等级、质地等要求的,还应标明规格、等级、质地等项目。标价签由指定专人签章。

(5) 开架柜台、自动售货机、自选市场等采取自选方式售货的,经营者应当使用打码机在商品或其包装上胶贴价格标签,并应分品种在商品陈列柜(架)处按上述(4)项的规定明码标价。

(6) 经营者收购农副产品或废旧物资的,应当在收购场所醒目位置公布收购价目表,标明品名、规格、等级、计价单位和收购价格等内容。国务院或省级人民政府对收购农副产品规定了保护价的,收购部门应当在收购点的醒目位置予以公布。

(7) 提供服务的经营者应当在经营场所或缴费地点的醒目位置公布服务项目、服务内容、等级或规格、服务价格等。

(8) 房地产经营者应当在交易场所标明房地产价格及相关收费情况。

(9) 经营者不得在标价之外加价出售商品,不得收取任何未予标明的费用。先消费后结算的,须出具结算单据,并应当列出具体收款项目和价格。一项服务可分解为多个项目和标准的,经营者应当明确标示每一个项目和标准,禁止混合标价或捆绑销售。

(10) 经营者不得利用虚假的或者使人误解的标价内容及标价方式进行价格欺诈。

此外,该规章对于经营者违反明码标价规定的行为作出了具体的行政处罚规定。

(五) 明令禁止经营者的不正当价格行为

1. 操纵市场价格行为

根据《价格法》第 14 条第 1 项的规定,禁止经营者实施操纵市场价格行为,即相互串通,操纵市场价格,损害其他经营者或者消费者的合法权益的行为。

2. 低价倾销行为

根据《价格法》第 14 条第 2 项的规定,禁止经营者低价倾销的行为。低价倾销是指在依法降价处理鲜活商品、季节性商品、积压商品等商品外,以排挤竞争对手或者独占市场为目的,以低于商品或服务成本的价格出售商品或提供服务,扰乱正常的生产经营秩序,损害国家利益或其他经营者合法权益的行为。

3. 哄抬价格行为

根据《价格法》第14条第3项的规定,禁止经营者哄抬价格的行为,即捏造、散布涨价信息,哄抬价格,推动商品价格过高上涨的行为。这类行为具体表现为:① 捏造、散布涨价信息,扰乱市场价格秩序的;② 除生产自用外,超出正常的存储数量或者存储周期,大量囤积市场供应紧张、价格发生异常波动的商品,经价格主管部门告诫仍继续囤积的;③ 利用其他手段哄抬价格,推动商品价格过快、过高上涨的。

4. 价格欺诈行为

根据《价格法》第14条第4项的规定,禁止经营者实施价格欺诈行为,即利用虚假的或者使人误解的价格手段,诱骗消费者或者其他经营者与其进行交易。

5. 价格歧视行为

根据《价格法》第14条第5项的规定,禁止经营者实施价格歧视行为,即经营者提供相同商品或者服务,对具有同等条件的其他经营者实行价格歧视的行为。

6. 变相提高或压低价格行为

根据《价格法》第14条第6项的规定,禁止经营者实施变相提高或压低价格行为,即采取抬高等级或者压低等级等手段收购、销售商品或者提供服务,变相提高或压低价格的行为。

7. 牟取暴利行为

《价格法》第14条第7项规定,经营者不得违反法律、法规的规定牟取暴利。1995年1月25日经国务院批准、国家计委发布实施,2011年1月8日修订的《制止牟取暴利的暂行规定》,界定了暴利与合理利润的标准。它规定,经营者经营某一商品或服务,其价格水平、差价率或利润率不得超过同一地区、同一期间、同一档次、同种商品或服务的市场平均价格、平均差价率或市场平均利润的合理幅度,即"四个同一""三个平均"和"一个幅度"的标准。

8. 法律、行政法规禁止的其他不正当价格行为

各类中介机构提供有偿服务收取费用,应当遵守《价格法》的规定。经营者销售进口商品、收购出口商品,应当遵守价格法的有关规定,维护国内市场秩序。

二、政府的定价行为

政府制定的商品和服务的价格有两种。一是政府指导价,即依照《价格法》的规定,由政府价格主管部门或者其他有关部门按照定价权限和范围规定基准

价格及其浮动幅度,指导经营者制定的价格。政府指导价既具有强制性,也具有灵活性。二是政府定价,即依照《价格法》规定,由政府价格主管部门或者其他有关部门按照定价权限和范围制定的价格。政府定价具有强制性,属于行政定价性质。

(一)政府制定价格的范围

《价格法》第18条规定,下列五类商品和服务价格,政府在必要时,可以实行政府指导价或政府定价:① 与国民经济发展和人民生活关系重大的极少数商品价格;② 资源稀缺的少数商品价格;③ 自然垄断经营的商品价格;④ 重要的公用事业价格;⑤ 重要的公益性服务价格。该法第19条还规定,政府指导价、政府定价的定价权限和具体适用范围,以中央的和地方的定价目录为依据。上述五类商品和服务一般都是供给弹性小或需求弹性小、垄断性强而对生产和生活影响大的,它们的价格由政府直接管理,有利于物价稳定和经济持续发展。

值得注意的是,国家发展和改革委员会2017年9月18日发布、2018年1月1日起实施的《政府制定价格行为规则》进一步明确了政府制定价格的权限范围,在强调"国家实行并完善主要由市场决定价格的机制"的基础上,明确政府制定价格的范围主要为重要公用事业、公益性服务和自然垄断经营的商品和服务等,具体以中央定价目录和地方定价目录为准。

(二)政府制定价格的权限和依据

1. 定价权限

《价格法》第20条规定,国务院价格主管部门和其他有关部门,应当按照中央的定价目录规定的权限和具体适用范围制定政府指导价、政府定价;其中重要的商品和服务的政府指导价、政府定价,应当按照规定报国务院批准。

省、自治区、直辖市人民政府价格主管部门和其他有关部门,应当按照地方的定价目录规定的定价权限和具体适用范围制定在本地区执行的政府指导价、政府定价;市、县人民政府可以根据省级人民政府的授权,按照地方定价目录规定的定价权限和具体适用范围制定在本地区执行的政府指导价、政府定价。

2. 定价依据

根据《价格法》第21条的规定,政府定价应当依据有关商品和服务的社会平均成本和市场供求状况、国民经济与社会发展要求以及社会承受能力。《政府制定价格行为规则》在此基础上补充了两点:一是政府制定价格还可以参考联系紧密的国际市场价格、替代商品和服务价格;二是为强化对垄断行业的约束,明确规定网络型自然垄断环节价格应按照"准许成本加合理收益"的原则制定。

(三)政府制定价格的程序

根据《价格法》和《政府制定价格行为规则》,政府制定价格的程序包括以下六个主要步骤。

1. 开展调查、论证、听证和评估工作

定价机关制定价格，应当对市场供求、社会承受能力进行调查，分析对相关行业、消费者的影响。定价机关制定价格，应当开展成本监审或者成本调查，并逐步建立成本信息公开制度；依法应当开展成本监审的，按照成本监审的有关规定执行，未经成本监审的，不得制定价格。在此过程中，定价机关可以要求相关经营者、行业组织、政府有关部门提供制定价格所需的资料。

制定专业性、技术性较强的商品和服务价格时，定价机关应当邀请有关方面的专家进行论证。

定价机关制定价格，应当听取经营者、消费者或其代表，以及有关方面的意见。制定关系群众切身利益的公用事业价格、公益性服务价格、自然垄断经营的商品价格等政府指导价、政府定价，应当通过听证方式征求意见的，由政府价格主管部门主持，按照价格听证的有关规定开展听证，征求消费者、经营者和有关方面的意见，论证其必要性、可行性。未经听证不得制定价格。

制定价格对经济社会可能造成重大影响的，应当开展风险评估。风险评估可以单独进行，也可以结合听取社会意见、专家论证等一并进行。

2. 形成制定价格的方案

定价机关履行上述程序后，应当形成制定价格的方案。方案应当载明以下内容：① 现行价格和拟制定的价格、单位调价幅度；② 制定价格的依据和理由；③ 制定价格对相关行业和消费者的影响；④ 成本监审报告或者成本调查报告；⑤ 经营者、消费者或其代表，以及有关方面的主要意见及采纳情况；⑥ 经过听证的，附听证报告；⑦ 经过专家论证的，附专家论证意见及采纳情况；⑧ 经过风险评估的，附风险评估意见；⑨ 价格的执行时间、期限和范围。

3. 开展合法性审查和集体审议

定价机关制定价格，应当开展合法性审查。实行合法性审查的方式、机构和工作规则，由定价机关规定。合法性审查内容包括：① 制定价格事项是否符合定价目录规定的权限和范围；② 制定价格的程序是否符合法定程序；③ 需要审查的其他事项。

定价机关应当对制定价格的方案实行集体审议。实行集体审议的方式、人员组成和工作规则，由省级以上定价机关规定。

4. 报批和征求意见

国务院价格主管部门及有关部门制定重要的商品和服务价格，应当按照有关规定报国务院批准。省、自治区、直辖市价格主管部门及有关部门制定重要的商品和服务价格，应当按照有关规定报同级人民政府批准。

定价机关是政府其他部门的,作出制定价格决定前应当书面征求同级价格主管部门的意见。

5. 作出决定

按照规定履行相关程序后,认为需要制定价格的,定价机关应当适时作出制定价格的决定。制定价格的决定应当载明以下内容:① 制定价格的项目、制定的价格;② 制定价格的依据;③ 价格的执行时间和范围;④ 作出决定的定价机关名称和作出决定的日期。制定价格的决定原则上应当由定价机关制发。授权市、县人民政府制定价格的,经市、县人民政府批准,可以由价格主管部门或者有关部门制发并抄报市、县人民政府。

6. 制定价格后的监测、评估和调整

制定价格的决定实施后,定价机关应当对决定的执行情况进行跟踪调查和监测,并适时进行后评估。后评估的内容包括:① 价格的执行情况,执行中存在的问题及原因;② 经营者经营状况、成本、劳动生产率和市场供求变化对价格的影响;③ 相关商品和服务市场供求状况和价格的变化情况;④ 社会各方面对所制定价格的意见;⑤ 制定的价格对经济社会发展和消费者、经营者的影响;⑥ 其他有关情况。

制定价格的决定实施后,如果制定价格的依据发生重大变化,定价机关应当适时调整价格。

第三节 价格总水平调控与监督检查

要保持物价总水平的基本稳定,避免不切实际的经济发展目标造成严重通货膨胀和物价过分的上涨,通过各种手段保持国内总供给和总需求的平衡以及重要的结构平衡,就必须对价格进行宏观调控。

一、价格总水平调控的目标和手段

(一)价格调控的目标

《价格法》第 26 条规定,稳定市场价格总水平是国家重要的宏观经济政策目标。国家根据国民经济发展的需要和社会承受能力,确定市场价格总水平调控目标,列入国民经济和社会发展计划,并综合运用货币、财政、投资、进出口等方面的政策和措施,予以实现。

(二)价格调控的手段

(1)综合运用货币政策手段,合理调节投资需求;通过财政政策和措施,控制收支;通过运用进出口手段和政策,调剂国内商品的余缺。

(2) 考虑到某些商品与人民生活紧密相关,万一出现闪失,就有可能导致物价的不稳定,所以《价格法》第 27 条又指出,政府可以建立重要商品的储备制度,设立价格调节基金,调控价格,稳定市场。

(3)《价格法》第 28 条规定,为适应价格调控和管理的需要,政府价格主管部门应当建立价格监测制度,对重要商品、服务价格的变动进行监测。

政府在粮食等重要农产品的市场购买价格过低时,可以在收购中实行保护价格,并采取相应的经济措施保证其实现。

二、政府对价格的干预、紧急措施

(一) 价格干预措施

当自然灾害等特殊原因造成某些重要商品和服务价格显著上涨或者有可能显著上涨,危及国家、经营者和消费者利益,影响社会稳定的情况下,政府需要采取行政手段对部分商品和服务价格进行干预。

价格干预,只有国务院和省、自治区、直辖市人民政府才能采取。省级以下人民政府和各级人民政府有关部门都没有这一权限。省、自治区、直辖市人民政府采取价格干预措施,应当同时报国务院备案。

价格干预措施主要有:① 限定差价率或者利润率;② 规定限价;③ 提供申报制度;④ 调价备案制度。

(二) 价格紧急措施

为了确保群众生活安定和国民经济顺利发展,政府需要采取紧急措施,对价格予以干预。只有当价格总水平出现持续全面上涨,而不是个别或者部分商品价格的上涨时,政府才可以采取价格紧急措施。

国务院可以在全国范围内或者部分区域内采取紧急措施。省级以下人民政府和各级人民政府有关部门都没有这一权限。

价格紧急措施主要有:① 集中定价权限;② 部分或者全面冻结价格。

当《价格法》规定的实行干预措施、紧急措施的情形消除后,应当及时解除干预措施、紧急措施,否则也会出现或者造成新的不稳定因素。

三、价格监督检查

价格监督检查是指价格主管部门依法对价格管理相对人遵守价格法律、法规、规章、政策情况所进行的监督检查活动。它属于行政监督检查的一种。

(一) 价格监督检查的种类、方法

价格监督检查根据不同的标准进行分类,主要有四种:① 一般价格监督检查和特定价格监督检查;② 全面价格监督检查和专项价格监督检查;③ 经常价格监督检查和临时价格监督检查;④ 联合价格监督检查和单独价格监督检查。

价格监督检查的方法主要有调查、检查和调阅审查。价格监督检查的程序包括表明身份、说明理由和告知权利等。

(二) 价格监督检查的机构及其职责

价格监督检查的主体是县以上的各级人民政府的价格主管部门。根据《价格法》的规定,政府价格主管部门进行价格监督检查时,可以行使以下四项职权。

(1) 询问当事人或者有关人员,并要求其提供证明材料和与价格违法行为有关的其他资料。

(2) 查询、复制与价格违法行为有关的账簿、单据、凭证、文件及其他资料,核对与价格违法行为有关的银行资料。

(3) 检查与价格违法行为有关的财物,必要时可以责令当事人暂停相关营业。

(4) 在证据可能灭失或者以后难以取得的情况下,可以依法先行登记保存,当事人或者有关人员不得转移、隐匿或者销毁。

此外,在价格监督检查中,经营者和政府部门价格工作人员有以下两项义务。

(1) 经营者接受政府价格主管部门的监督检查时,应当如实提供价格监督检查所必需的账簿、单据、凭证、文件以及其他资料。

(2) 政府部门价格工作人员不得将依法取得的资料或者了解的情况用于依法进行价格管理以外的任何其他目的,不得泄露当事人的商业秘密。

(三) 社会监督与舆论监督

1. 社会监督

《价格法》第37条第1款规定,消费者组织、职工价格监督组织、居民委员会、村民委员会等组织以及消费者,有权对价格行为进行社会监督。政府价格主管部门应当充分发挥群众的价格监督作用。

职工价格监督是职工群众参与国家和社会事务管理,支持和协助政府搞好价格管理工作,维护国家和消费者利益的一种群众性的社会监督活动。

消费者协会在对价格行为进行社会监督时,行使如下职责:参与价格主管部门对商品和服务的监督检查;就有关消费者合法权益的问题,向价格主管部门反映、查询,提出建议;对损害消费者合法权益的价格行为,支持受损害的消费者提起诉讼;受理消费者的价格投诉,并对投诉事项进行调查、调解等。

居民(村民)委员会对价格行为进行监督,其重点是同人民群众生活密切相关的主副食品、日用工业消费品、农资、农副产品收购的价格和饮食、服务、修理行业、集贸市场商品价格、服务价格。

2. 舆论监督

《价格法》第37条第2款规定,新闻单位有权进行价格舆论监督。所谓价格舆论监督,是指新闻单位运用舆论工具,宣传价格法律、法规、规章和政策,正确引导生产、经营和消费,揭露价格违法行为,对经营者和政府有关部门的价格行为实施监督。

(四) 价格违法行为的举报制度

《价格法》对建立价格违法行为举报制度的规定如下：政府价格主管部门应当建立对价格违法行为的举报制度；任何单位和个人均有权对价格违法行为进行举报,政府价格主管部门应当对举报者给予鼓励,并负责为举报者保密。

第四节 法 律 责 任

价格违法行为是指公民、法人以及其他组织违反价格法律、法规、规章的规定,给社会造成某种危害的行为。根据《价格法》第六章和国务院批准、国家发展计划委员会1999年8月1日发布,2006年、2008年和2010年修改的《价格违法行为行政处罚规定》,经营者和其他主体实施违反价格法规定的行为,应承担民事责任、行政责任和刑事责任。

一、经营者的法律责任

(一) 实施不正当价格行为的责任

经营者违反规定实施低价倾销和价格歧视行为的,责令改正,没收违法所得,并处违法所得5倍以下的罚款；没有违法所得的,处10万元以上100万元以下的罚款；情节严重的,责令停业整顿,或者由工商行政管理机关吊销营业执照。经营者为个人的,对其没有违法所得的价格违法行为,可以处10万元以下的罚款。

经营者违反规定操纵市场价格,造成商品价格较大幅度上涨的,责令改正,没收违法所得,并处违法所得5倍以下的罚款；没有违法所得的,处10万元以上100万元以下的罚款,情节较重的,处100万元以上500万元以下的罚款；情节严重的,责令停业整顿,或者由工商行政管理机关吊销营业执照。

经营者违反规定实施哄抬价格行为的,责令改正,没收违法所得,并处违法所得5倍以下的罚款；没有违法所得的,处5万元以上50万元以下的罚款,情节较重的处50万元以上300万元以下的罚款；情节严重的,责令停业整顿,或者由工商行政管理机关吊销营业执照。

经营者违反规定实施价格欺诈行为的,责令改正,没收违法所得,并处违法所得5倍以下的罚款;没有违法所得的,处5万元以上50万元以下的罚款;情节严重的,责令停业整顿,或者由工商行政管理机关吊销营业执照。经营者为个人的,对其没有违法所得的价格违法行为,可以处10万元以下的罚款。

经营者违反规定实施变相提高或压低价格行为的,责令改正,没收违法所得,并处违法所得5倍以下的罚款;没有违法所得的,处2万元以上20万元以下的罚款;情节严重的,责令停业整顿,或者由工商行政管理机关吊销营业执照。经营者为个人的,对其没有违法所得的价格违法行为,可以处10万元以下的罚款。

经营者违反规定牟取暴利的,责令改正,没收违法所得,可以并处违法所得5倍以下的罚款;情节严重的,责令停业整顿,或者由工商行政管理机关吊销营业执照。

(二)不执行政府价格的责任

经营者不执行政府指导价、政府定价,有下列行为之一的,责令改正,没收违法所得,并处违法所得5倍以下的罚款;没有违法所得的,处5万元以上50万元以下的罚款,情节较重的处50万元以上200万元以下的罚款;情节严重的,责令停业整顿:① 超出政府指导价浮动幅度制定价格的;② 高于或者低于政府定价制定价格的;③ 擅自制定属于政府指导价、政府定价范围内的商品或者服务价格的;④ 提前或者推迟执行政府指导价、政府定价的;⑤ 自立收费项目或者自定标准收费的;⑥ 采取分解收费项目、重复收费、扩大收费范围等方式变相提高收费标准的;⑦ 对政府明令取消的收费项目继续收费的;⑧ 违反规定以保证金、抵押金等形式变相收费的;⑨ 强制或者变相强制服务并收费的;⑩ 不按照规定提供服务而收取费用的;⑪ 不执行政府指导价、政府定价的其他行为。经营者为个人的,对其没有违法所得的价格违法行为,可以处10万元以下的罚款。

(三)不执行法定的价格干预措施、紧急措施的责任

经营者不执行法定的价格干预措施、紧急措施,有下列行为之一的,责令改正,没收违法所得,并处违法所得5倍以下的罚款;没有违法所得的,处10万元以上100万元以下的罚款,情节较重的处100万元以上500万元以下的罚款;情节严重的,责令停业整顿:① 不执行提价申报或者调价备案制度的;② 超过规定的差价率、利润率幅度的;③ 不执行规定的限价、最低保护价的;④ 不执行集中定价权限措施的;⑤ 不执行冻结价格措施的;⑥ 不执行法定的价格干预措施、紧急措施的其他行为。

(四)违反明码标价规定的责任

经营者违反明码标价规定,有下列行为之一的,责令改正,没收违法所得,可

以并处5 000元以下的罚款：① 不标明价格的；② 不按照规定的内容和方式明码标价的；③ 在标价之外加价出售商品或者收取未标明的费用的；④ 违反明码标价规定的其他行为。

(五) 拒绝提供资料或者提供虚假资料的责任

拒绝提供价格监督检查所需资料或者提供虚假资料的,责令改正,给予警告;逾期不改正的,可以处10万元以下的罚款,对直接负责的主管人员和其他直接责任人员给予纪律处分。

另外,经营者实施上述价格违法行为,严重扰乱市场秩序,构成犯罪的,依法追究其刑事责任。

二、政府及其工作人员的法律责任

(一) 越权制定价格和实施价格干预的责任

地方各级人民政府或者各级人民政府有关部门违反《价格法》规定,超越定价权限和范围擅自制定、调整价格或者不执行法定的价格干预措施、紧急措施的,责令改正,并可以通报批评;对直接负责的主管人员和其他直接责任人员,依法给予行政处分。

(二) 违反渎职和廉洁要求的责任

价格工作人员泄露国家秘密、商业秘密以及滥用职权、徇私舞弊、玩忽职守、索贿受贿,构成犯罪的,依法追究刑事责任;尚不构成犯罪的,依法给予处分。

复习思考题

1. 如何理解价格总水平调控?
2. 简述经营者的价格权利和价格义务。
3. 谈谈政府制定价格的权限、依据和程序。
4. 比较价格干预措施和价格紧急措施。
5. 经营者不正当价格行为有哪些?

第十六章 对外贸易法

对外贸易对于促进生产发展,繁荣国内市场,满足人民物质文化生活需要,引进先进技术,增强综合国力,具有十分重要的意义。对外贸易管理是国家宏观经济调控体系的重要组成部分,对外贸易法是国家进行对外贸易管理的主要法律手段。1994 年 5 月 12 日颁布并于同年 7 月 1 日施行、于 2004 年 4 月 6 日第一次修订、2016 年 11 月 7 日第二次修正的《对外贸易法》,在促进对外贸易发展,维护对外贸易秩序,保护对外贸易经营者权益等方面发挥了重要的作用。学习和研究对外贸易法律制度,应该以现行的《对外贸易法》为基础,结合有关对外贸易的其他法律规范,掌握我国对外贸易法的概念与适用范围,掌握对外贸易法的基本原则,熟悉对外贸易法律关系主体的范围及基本权利义务;掌握国家限制或禁止进出口的货物、技术和服务的确定标准,掌握配额和许可证制度的内容;掌握对外贸易秩序的概念、意义,掌握对外贸易经营者的经营活动准则,掌握反倾销、反补贴和保障措施的基本内容;了解国家促进对外贸易的措施。此外,还必须考虑中国加入世界贸易组织后的形势,对中国加入世界贸易组织后对外贸易法律制度的创新与进一步完善进行研究。

第一节 对外贸易法概述

一、对外贸易和对外贸易法的概念

对外贸易是指一个国家或者地区与其他国家或者地区之间所进行的货物、技术和服务等交易活动,包括进口和出口两部分,又称进出口贸易。对外贸易是各国的生产经营在国际领域的延伸,是现代国家国民经济的重要组成部分,体现着各国经济日益加深的相互依赖性。超越一个国家或地区来看待国家(地区)间的贸易则是国际贸易,一国的对外贸易是国际贸易的组成部分。

对外贸易法是国家对进出口不断加强管理和调控的产物。起初,国家对进出口管理仅有海关和检疫等管理,征收关税的主要目的是增加财政收入,相关管理的经济调控目的和作用不强,相关管理如古代的税收一般未脱离国家法的范畴,对外贸易中的交易关系和企业关系由民商法调整即可。但随着对外贸易的发展,对外贸易法逐步演变为对外贸易管理法,是关于国家对进出口采取鼓励、限制或禁止等措施的法律,是一国对外贸易政策的体现。

二、我国的对外贸易法和对外贸易主管机关

我国的对外贸易立法主要有《对外贸易法》《反倾销条例》《反补贴条例》《保障措施条例》《海关法》等。此外,我国缔结、参加的国际条约和通行的国际惯例也是我国对外贸易法的渊源,如《中华人民共和国加入世界贸易组织议定书》(以下简称《入世议定书》)、我国与诸多国家达成的有关投资保护和避免重复征税的双边协定等。

我国对外贸易的主管机关为商务部,该部门主管国内外贸易和国际经济合作。商务部对外贸易管理的主要职责包括:① 拟订国内外贸易和国际经济合作的发展战略、政策,起草国内外贸易、外商投资、对外援助、对外投资和对外经济合作的法律法规草案及制定部门规章,提出我国经济贸易法规之间及其与国际经贸条约、协定之间的衔接意见,研究经济全球化、区域经济合作、现代流通方式的发展趋势和流通体制改革并提出建议;② 负责制定进出口商品、加工贸易管理办法和进出口管理商品、技术目录,拟订促进外贸增长方式转变的政策措施,组织实施重要工业品、原材料和重要农产品进出口总量计划,会同有关部门协调大宗进出口商品,指导贸易促进活动和外贸促进体系建设;③ 拟订并执行对外技术贸易、出口管制以及鼓励技术和成套设备进出口的贸易政策,推进进出口贸易标准化工作,依法监督技术引进、设备进口、国家限制出口技术的工作,依法颁发防扩散等与国家安全相关的进出口许可证件;④ 牵头拟订服务贸易发展规划并开展相关工作,会同有关部门制定促进服务出口和服务外包发展的规划、政策并组织实施,推动服务外包平台建设;⑤ 拟订我国多双边(含区域、自由贸易区)经贸合作战略和政策,牵头负责多双边经贸对外谈判,协调谈判意见并签署和监督执行有关文件,建立多双边政府间经济和贸易联系机制并组织相关工作,处理国别(地区)经贸关系中的重要事务,管理同未建交国家的经贸活动,根据授权代表我国政府处理与世界贸易组织的关系,牵头承担我国在世界贸易组织框架下的谈判和贸易政策审议、争端解决、通报咨询等工作,负责对外经济贸易协调工作;⑥ 承担组织协调反倾销、反补贴、保障措施及其他与进出口公平贸易相关工作的责任,建立进出口公平贸易预警机制,依法实施对外贸易调查和产业损害调查,指导协调产业安全应对工作及国外对我国出口商品的反倾销、反补贴、保障措施的应诉工作;⑦ 负责对外经济合作工作,拟订并执行对外经济合作政策,依法管理和监督对外承包工程、对外劳务合作等,制定中国公民出境就业管理政策,负责牵头外派劳务和境外就业人员的权益保护工作;⑧ 拟订境外投资的管

理办法和具体政策,依法核准境内企业对外投资开办企业(金融企业除外);⑨ 牵头拟订并执行对香港、澳门特别行政区和台湾地区的经贸规划、政策,与香港、澳门特别行政区有关部门和台湾地区受权机构进行经贸磋商并签署有关文件,负责内地与香港、澳门特别行政区商贸联络机制工作,组织实施对台直接通商工作,处理多双边经贸领域的涉台问题;⑩ 指导我国驻世界贸易组织代表团、常驻联合国和有关国际组织经贸代表机构以及驻外经济商务机构的有关工作,负责经贸业务指导、队伍建设、人员选派;⑪ 联系国际多边经贸组织驻中国机构和外国驻中国官方商务机构;等等。此外,国家市场监督管理总局、海关等部门也在各自的职责范围内承担对外贸易管理职能。

三、我国对外贸易法的原则

(一) 实行统一对外贸易制度的原则

《对外贸易法》规定,国家实行统一的对外贸易制度。它要求如下内容:① 对外贸易法律规范的内容必须统一,即有关对外贸易的法律、行政法规、部门规章以及地方性法规、地方规章必须相互衔接、相互统一。② 对外贸易管理制度必须统一,即对外贸易经营者资格的管理、货物进出口与技术进出口的管理等一系列制度都必须在全国统一实施。③ 对外贸易促进措施的统一,即设立对外贸易发展基金和风险基金,采取进出口信贷和出口退税等一系列促进措施都必须在全国统一实施。

(二) 维护公平、自由的对外贸易秩序的原则

《对外贸易法》规定,国家依法维护公平、自由的对外贸易秩序。它意味着:① 国家机关的管理行为必须依法进行,以杜绝行政行为的任意性;② 对外贸易经营者能够公平地取得经营资格和经营条件;③ 国家必须保障对外贸易经营者自由地行使法律赋予的权利。

(三) 国家鼓励发展对外贸易的原则

《对外贸易法》规定,国家鼓励发展对外贸易。实践证明,对外贸易的发展能促进本国的经济发展和社会进步,建立对外贸易法律制度的重要目的,就是促进我国对外贸易的发展。因此,该原则要求国家设立对外贸易发展基金和风险基金,通过进出口信贷、出口信用保险、出口退税及其他促进对外贸易的方式,来发展我国的对外贸易。

(四) 平等互利原则

《对外贸易法》规定,我国根据平等互利的原则,促进和发展同其他国家和地区的贸易关系,缔结或者参加关税同盟协定、自由贸易区协定等区域经济贸易协定,参加区域经济组织。所谓平等,是指法律上地位平等,不允许以强凌弱;所谓互利,是指经济上互相得益,不允许攫取利益。

(五)互惠对等原则

《对外贸易法》规定,我国在对外贸易方面根据所缔结、参加的国际条约、协定,给予其他缔约方、参加方最惠国待遇、国民待遇等待遇,或者根据互惠、对等原则给予对方最惠国待遇、国民待遇等待遇。任何国家或者地区在贸易方面对我国采取歧视性的禁止、限制或者其他类似措施的,我国可以根据实际情况对该国家或者该地区采取相应的措施。

四、对外贸易经营者

对外贸易经营者是指依法办理工商登记或者其他执业手续,依照《对外贸易法》和其他有关法律、行政法规的规定从事对外贸易经营活动的法人、其他组织和个人。

在《对外贸易法》于2004年修订之前,我国不允许自然人从事对外贸易经营活动。根据我国加入世界贸易组织的承诺,应给予外国的企业和个人以贸易权,外国的自然人能在中国做外贸,中国的自然人也应该能够从事对外贸易经营活动。此后,《对外贸易法》允许个人从事对外贸易经营活动。同时,该法第9条规定,除法律、行政法规和国务院对外贸易主管部门有特别规定外,从事货物进出口或者技术进出口的对外贸易经营者,应当向国务院对外贸易主管部门或者其委托的机构办理备案登记。未按规定办理备案登记的,海关不予办理进出口货物的报关验放手续。

五、对外贸易秩序和救济的一般规定

在对外贸易依存度不断加深的情况下,维护对外贸易秩序就愈显重要。2004年修订《对外贸易法》时,在原先有关对外贸易秩序和救济的一般规定的基础上,充实了公平竞争方面的内容。

(一)有关公平竞争的规定

《对外贸易法》规定,在对外贸易经营活动中,不得违法实施串通投标等垄断行为;不得进行不当低价销售、发布虚假广告、商业贿赂等不正当竞争行为。对外贸易经营者有垄断和不正当竞争行为的,除应承担竞争法上的责任外,国务院对外贸易主管部门可以采取禁止该经营者有关货物、技术进出口等措施。

(二)其他进出口违法活动的禁止性规定

在对外贸易活动中,经营者为了一己私利,往往不惜违反或规避有关管理法规,直接危害对外贸易秩序。《对外贸易法》对其中主要的违法行为作了禁止性规定,即经营者在对外贸易活动中,不得有下列行为:① 伪造、变造进出口货物

原产地标记，伪造、变造或者买卖进出口货物原产地证书、进出口许可证、进出口配额证明或者其他进出口证明文件；② 骗取出口退税；③ 走私；④ 逃避法律、行政法规规定的认证、检验、检疫；⑤ 违反国家有关外汇管理的规定等。

经营者有不公平竞争和违反进出口管理法规的行为，危害对外贸易秩序的，国务院对外贸易主管部门可以向社会公告。

(三) 关于对外贸易救济措施和程序的一般规定

改革开放以来，西方国家和一些发展中国家无视中国生产经营成本低的客观事实，基于贸易保护主义，为削弱中国产品的竞争力，竞相针对我国实施反倾销等措施，而其自身对中国的倾销等却有增无减，给我国的进出口秩序和经济发展造成了不小的损害。与国际接轨要求我国实行同样的游戏规则，针对外国扰乱中国对外贸易秩序、损害我国经济发展的行为采取相应的措施。《对外贸易法》就此作了原则性规定，这成为我国实行反倾销、反补贴和采取保障措施的基本法律依据。对于规避我国采取的对外贸易救济措施的行为，该法亦规定可以对其采取必要的反规避措施。

根据《对外贸易法》的规定，其他国家或者地区的产品以低于正常价值的倾销方式进入我国市场，或者进口的产品直接或间接地接受出口国家或者地区给予的任何形式的专向性补贴，对已建立的国内产业造成实质损害或者产生实质损害威胁，或者对建立国内产业造成实质阻碍的，国家可以采取反倾销或反补贴措施，消除或者减轻这种损害或者损害的威胁或者阻碍。其他国家或者地区的产品以低于正常价值出口至第三国市场，对我国已建立的国内产业造成实质损害或者产生实质损害威胁，或者对我国建立国内产业造成实质阻碍的，应国内产业的申请，国务院对外贸易主管部门可以与该第三国政府进行磋商，要求其采取适当的措施。

因进口产品数量大量增加，对生产同类产品或者与其直接竞争的产品的国内产业造成严重损害或者严重损害威胁的，国家可以采取必要的保障措施，消除或者减轻这种损害或者损害的威胁，并可以对该产业提供必要的支持。

因其他国家或者地区的服务提供者向我国提供的服务增加，对提供同类服务或者与其直接竞争的服务的国内产业造成损害或者产生损害威胁的，国家可以采取必要的救济措施，消除或者减轻这种损害或者损害的威胁。

因第三国限制进口而导致某种产品进入我国市场的数量大量增加，对已建立的国内产业造成损害或者产生损害威胁，或者对建立国内产业造成阻碍的，国家可以采取必要的救济措施，限制该产品进口。

与我国缔结或者共同参加经济贸易条约、协定的国家或者地区违反条约、协定的规定，使我国根据该条约、协定享有的利益丧失或者受损，或者阻碍条约、协定目标实现的,我国政府有权要求有关国家或者地区政府采取适当的补救措施,并可以根据有关条约、协定中止或者终止履行相关义务。国务院对外贸易主管部门依法进行对外贸易的双边或者多边磋商、谈判和争端的解决。

国务院对外贸易主管部门和国务院其他有关部门应当建立货物进出口、技术进出口和国际服务贸易的预警应急机制,应对对外贸易中的突发和异常情况,维护国家经济安全。

为了维护对外贸易秩序,国务院对外贸易主管部门可以自行或者会同其他有关部门,对下列事项进行调查:货物进出口、技术进出口、国际服务贸易对国内产业及其竞争力的影响,有关国家或者地区的贸易壁垒,为实施反倾销、反补贴或者保障措施等对外贸易救济措施需要调查的事项,规避对外贸易救济措施的行为,对外贸易中有关国家安全利益的事项等。调查可以采取书面问卷、召开听证会、实地调查、委托调查等方式。启动对外贸易调查,由国务院对外贸易主管部门发布公告。国家根据对外贸易调查结果,可以采取适当的对外贸易救济措施。

六、对外贸易促进的法律规定

为了促进对外贸易,国家制定对外贸易发展战略,建立、完善对外贸易促进机制,《对外贸易法》对此作了规定。该法规定的促进对外贸易的主要措施和方针如下:① 国家根据对外贸易发展的需要,建立和完善为对外贸易服务的金融机构,设立对外贸易发展基金、风险基金;② 通过进出口信贷、出口信用保险、出口退税等方式促进对外贸易发展;③ 国家建立对外贸易公共信息服务体系,向对外贸易经营者和其他社会公众提供信息服务;④ 国家鼓励对外贸易经营者采取对外投资、工程承包和劳务合作等多种形式开拓国际市场;⑤ 对外贸易经营者可以依法成立和参加有关协会、商会;⑥ 中国国际贸易促进组织按照章程开展对外联系,举办展览,提供信息、咨询服务和其他对外贸易促进活动;⑦ 国家扶持和促进中小企业开展对外贸易;⑧ 扶持和促进民族自治地方和经济不发达地区发展对外贸易。

第二节 货物和技术进出口管理法律制度

《对外贸易法》依国际惯例实行货物和技术的自由进出口,同时根据国民经济发展、国家经济安全和维护对外贸易秩序等需要,对货物和技术的进出口保留了必要的"禁限"。这种限制与世界贸易组织的数量限制例外相适应,并遵守非歧视和透明度原则。相关进出口管理也适用2001年12月10日国务院发布的《货物进出口管理条例》。

一、对货物与技术进出口的限制和禁止

《对外贸易法》第 16 条、第 17 条规定,国家可以限制或者禁止有关货物、技术的进口或者出口的情况如下:① 为维护国家安全、社会公共利益或者公共道德,需要限制或者禁止进口或者出口的;② 为保护人的健康或者安全,保护动物、植物的生命或者健康,保护环境,需要限制或者禁止进口或者出口的;③ 为实施与黄金或者白银进出口有关的措施,需要限制或者禁止进口或者出口的;④ 国内供应短缺或者为有效保护可能用竭的自然资源,需要限制或者禁止出口的;⑤ 输往国家或者地区的市场容量有限,需要限制出口的;⑥ 出口经营秩序出现严重混乱,需要限制出口的;⑦ 为建立或者加快建立国内特定产业,需要限制进口的;⑧ 对任何形式的农业、牧业、渔业产品有必要限制进口的;⑨ 为保障国家国际金融地位和国际收支平衡,需要限制进口的;⑩ 依照法律、行政法规的规定,其他需要限制或者禁止进口或者出口的;⑪ 根据我国缔结或者参加的国际条约、协定的规定,其他需要限制或者禁止进口或者出口的;⑫ 在战时或者为维护国际和平与安全,国家在货物、技术进出口方面可以采取任何必要的措施;⑬ 国家对与裂变、聚变物质或者衍生此类物质的物质有关的货物、技术进出口,以及与武器、弹药或者其他军用物资有关的进出口,可以采取任何必要的措施,以维护国家安全。

国务院对外贸易主管部门会同其他有关部门,制定、调整并公布限制或者禁止进出口的货物、技术目录;经国务院批准,可在上述规定的范围内,临时决定限制或者禁止目录以外的特定货物、技术的进口或者出口。

进出口属于禁止进出口的货物或技术的,或者未经许可擅自进出口属于限制进出口的货物或技术的,依照有关法律、行政法规的规定处理、处罚;法律、行政法规没有规定的,由国务院对外贸易主管部门责令改正,没收违法所得并处以罚款;构成犯罪的,依法追究刑事责任。

二、对限制进出口的货物与技术的配额和许可证管理

《对外贸易法》规定,国家对限制进口或者出口的货物,实行配额、许可证等方式管理;对限制进口或者出口的技术,实行许可证管理;对部分进口货物可以实行关税配额管理。《关税与贸易总协定》原则上禁止配额、许可证和其他限制进出口贸易的措施,但在实践中,配额和许可证仍是各缔约国为维护本国利益而通用的外贸管制手段。《关税与贸易总协定》在规定消灭数量限额原则的同时规定了例外情况,如:对农牧渔产品贸易可给予必要的限制;缔约国为保障对外金融地位和国际收支平衡,可进行必要的进出口数量与价格限制;发展中国家的某些例外;等等。

配额是一国政府在一定时期内,对其进出口商品实行数量限制的一种方式,作为贸易保护的手段,属于非关税壁垒。根据不同的划分角度,配额可以分为进口配额与出口配额、全球配额与国别配额、协商配额和协定配额等。

许可证管理是国家规定某些货物、技术等的进出口必须从对外贸易主管机关取得进出口许可证,没有许可证的一律不准进口或出口的一种制度。

在我国,进出口货物配额、关税配额,由国务院对外贸易主管部门或者国务院其他有关部门在各自的职责范围内,按照公开、公平、公正和效益的原则进行分配。配额可以通过直接分配的方式分配,也可以通过招标等方式分配。配额招标方式可以减少配额管理中的主观随意性,提高管理的科学性和透明度,给企业创造一个公平竞争的环境。

许可证分为自动许可证与特别许可证。自动许可证是指一经申请一般都能获得的进出口许可证,通常对那些需求广泛、无须严格限制的商品实行自动许可制。特别许可证又称非自动许可证或个别许可证,是指必须经主管当局个别审批才能获得的许可证。特别许可证制度以个别审核为手段,具有较大的隐蔽性和任意性,很容易成为一种非关税壁垒措施。为了完善许可证制度,在《关税与贸易总协定》东京回合期间,达成了一项妥协性的《进口许可证程序协议》(Agreement on Import Licensing Procedures);乌拉圭回合期间,对该协议作了修改,达成了新的《进口许可证程序协议》,约束WTO各成员方。

《对外贸易法》第15条规定:国务院对外贸易主管部门基于监测进出口情况的需要,可以对部分自由进出口的货物实行进出口自动许可并公布其目录;实行自动许可的进出口货物,收货人、发货人在办理海关报关手续前提出自动许可申请的,国务院对外贸易主管部门或者其委托的机构应当予以许可,未办理自动许可手续的,海关不予放行。

进出口属于禁止进出口的货物或技术,或者擅自进出口属于限制进出口的货物或技术,受到行政处罚或被追究刑事责任的,自行政处罚决定生效之日或者刑事处罚判决生效之日起,国务院对外贸易主管部门或者其他有关部门可以在3年内不受理违法行为人提出的进出口配额或者许可证的申请,或者禁止违法行为人在1年以上、3年以下的期限内从事有关货物或者技术的进出口经营活动。在禁止期限内,海关根据国务院对外贸易主管部门依法作出的禁止决定,对该对外贸易经营者的有关进出口货物不予办理报关验放手续,外汇管理部门或者外汇指定银行不予办理有关结汇、售汇手续。

三、国营贸易管理

国营贸易管理是指国家授权某些企业,主要是国有或国有控股企业,垄断经营某些进出口业务,作为国家控制和限制货物或技术等进出口的一种手段。《对外贸易法》第 11 条规定,国家可以对部分货物的进出口实行国营贸易管理。除另有许可外,实行国营贸易管理货物的进出口业务只能由经授权的企业经营。实行国营贸易管理的货物和经授权经营企业的目录,由国务院对外贸易主管部门会同其他有关部门确定、调整并公布。擅自进出口实行国营贸易管理的货物,海关不予放行。未经授权擅自进出口实行国营贸易管理的货物的,国务院对外贸易主管部门或者其他有关部门可处以 5 万元以下罚款;情节严重的,可以自行政处罚决定生效之日起 3 年内,不受理违法行为人从事国营贸易管理货物进出口业务的申请,或者撤销已给予其从事其他国营贸易管理货物进出口的授权。

第三节 国际服务贸易管理法律制度

一、国际服务贸易概述

国际服务贸易是指服务提供者从一国境内,通过商业现场或自然人现场向消费者提供服务,并获取外汇收入的过程。其形式有跨境交付、境外消费、商业存在、自然人流动等,内容十分广泛,一般认为包括:① 国际运输;② 国际旅游;③ 跨国银行、国际融资公司及其他金融服务;④ 国际保险和再保险;⑤ 国际信息处理;⑥ 建筑和工程承包等劳务输出;⑦ 国际咨询服务;⑧ 广告、设计、会计管理等服务项目;⑨ 国际租赁;⑩ 国际电讯服务;⑪ 维修、保修、技术指导等售后服务;⑫ 国际视听服务;⑬ 教育、卫生、文化艺术等国际交流服务;⑭ 商业批发和零售服务;⑮ 其他官方国际服务等。

在资本国际化和跨国公司的推动下,生产要素在国家间加速流动,国际服务贸易得到了迅速发展,成为当代对外贸易和国际贸易的重要组成部分。顺应这种潮流,《对外贸易法》对国际服务贸易作了规定,拓展了对外贸易的范围。但是鉴于我国的服务业尚不发达,又因为服务业处于经济的高端,对一国经济、社会的影响和控制力很大,为了保护民族服务业和国家、社会的利益,我国对国际服务贸易原则上不实行自由贸易,而是根据所缔结或者参加的国际条约、协定中所作的承诺,给予其他缔约方、参加方市场准入和国民待遇。

二、《对外贸易法》中关于国际服务贸易的规定

《对外贸易法》规定,国务院对外贸易主管部门和其他有关部门依法对国际服务贸易进行管理。国家可以对有关国际服务贸易加以限制或禁止,具体包括:① 为维护国家安全、社会公共利益或者公共道德,需要限制或者禁止的;② 为

保护人的健康或者安全,保护动物、植物的生命或者健康,保护环境,需要限制或者禁止的;③ 为建立或者加快建立国内特定服务产业,需要限制的;④ 为保障国家外汇收支平衡,需要限制的;⑤ 依照法律、行政法规的规定,其他需要限制或者禁止的;⑥ 根据我国缔结或者参加的国际条约、协定的规定,其他需要限制或者禁止的;⑦ 在战时或者为维护国际和平与安全,国家在国际服务贸易方面可以采取任何必要的措施;⑧ 国家对与军事有关的国际服务贸易,以及与裂变、聚变物质或者衍生此类物质的物质有关的国际服务贸易,可以采取任何必要的措施,以维护国家安全。

国务院对外贸易主管部门会同其他有关部门,依法制定、调整并公布国际服务贸易市场准入目录。

从事属于禁止的国际服务贸易的,或者未经许可擅自从事属于限制的国际服务贸易的,依照有关法律、行政法规的规定处罚;法律、行政法规没有规定的,由国务院对外贸易主管部门责令改正,没收违法所得,并处违法所得1倍以上、5倍以下罚款,没有违法所得或者违法所得不足1万元的,处1万元以上、5万元以下罚款;构成犯罪的,依法追究刑事责任。国务院对外贸易主管部门可以禁止违法行为人自行政处罚决定生效之日或者刑事处罚判决生效之日起1年以上、3年以下的期限内从事有关国际服务贸易经营活动。在禁止期限内,海关根据国务院对外贸易主管部门依法作出的禁止决定,对该对外贸易经营者的有关进出口货物不予办理报关验放手续,外汇管理部门或者外汇指定银行不予办理有关结汇、售汇手续。

第四节 反 倾 销 法

反倾销是世界贸易组织确立的唯一合法的、可单边采取的贸易保护措施,其主要目的是保障进口国国内某一特定产业免受倾销行为损害。

一、反倾销法概述

(一) 倾销和反倾销法的概念

倾销的英文为 dumping,原义是"倒在垃圾场",引申为向国外廉价销售国内市场过剩的货物。作为法律概念,《关税与贸易总协定》第6条对倾销的定义是:一国产品以低于正常价格的方式进入另一国商业。但是要针对某倾销行为诉诸法律,对其采取征收反倾销税的法律措施,还需要具备两个条件:一是倾销产品对进口国国内产业造成实质性损害或实质性损害的威胁,或者对其建立相关产业造成实质性阻碍;二是这种实质性的损害、威胁或阻碍与倾销之间有直接因果关系。我国《反倾销条例》规定,倾销是指在正常贸易过程中进口产品以低于其正常价值的出口价格进入我国市场。

反倾销法是指一国认定他国的某种产品以低于正常价值的价格输入到本国,对本国的相关产业造成实质性损害或产生实质性损害的威胁,或者对其建立相关产业造成实质性障碍而对该进口产品采取反倾销措施的法律制度。它是一国对进口商品实施惩罚性措施,限制进口的一种法律手段。

(二) 我国的反倾销法

根据《对外贸易法》的规定,国务院于1997年制定了《反倾销和反补贴条例》,这标志着中国反倾销制度和反倾销法的正式建立。同年,以吉林纸业为首的9家新闻纸厂就代表中国新闻纸产业向外经贸部和国家经贸委提出对来自美国、加拿大、韩国的新闻纸进行反倾销调查的申请,成为中国反倾销第一案。

为适应"入世"的要求,国务院于2001年制定了《反倾销条例》,自2002年起施行,《反倾销和反补贴条例》随之废止。该条例于2004年进行了修订。根据该条例,对外贸易主管机关先后发布了《反倾销调查听证会暂行规则》《关于反倾销产品范围调整程序的暂行规则》《反倾销调查立案暂行规则》《反倾销问卷调查规则》《反倾销调查抽样暂行规则》《反倾销调查实地核查暂行规则》《反倾销调查信息披露暂行规则》《反倾销调查公开信息查阅暂行规则》《反倾销退税暂行规则》《倾销及倾销幅度期中复审暂行规则》《反倾销价格承诺暂行规则》《反倾销新出口商复审暂行规则》《反倾销产业损害调查规定》《出口产品反倾销案件应诉规定》等一系列配套的规章。

在国际上,各国在倾销和反倾销的博弈中,形成了《关税与贸易总协定》第6条"反倾销与反补贴税",并于1994年乌拉圭回合谈判结束时达成了《关于执行1994年关贸总协定第六条的协议》(通常简称《反倾销协议》)。协议的目的主要是给《关税与贸易总协定》各缔约方提供一个反倾销立法和执法的标准,抑制或避免各国基于贸易保护主义而滥用反倾销措施,对国际贸易产生消极影响,公平地抵制国际贸易中的倾销行为。它适用于《关税与贸易总协定》各缔约方,即现在的WTO各成员。针对某些国家可能不遵守公认的游戏规则、损害中国利益的情况,根据对等原则,《反倾销条例》第56条规定,任何国家(地区)对我国的出口产品采取歧视性反倾销措施的,我国可以根据实际情况对该国家(地区)采取相应的措施。

二、反倾销法的主要内容

(一) 倾销的构成

认定倾销的关键是确定进口产品的正常价值,该产品的出口价格低于其正常价值的,就构成倾销。进口产品的出口价格低于其正常价值的幅度,为倾销幅度。

《反倾销条例》第 4 条规定,对进口产品的正常价值,应当区别不同情况加以确定:① 进口产品的同类产品,在出口国(地区)国内市场的正常贸易过程中有可比价格的,以该可比价格为正常价值;② 进口产品的同类产品,在出口国(地区)国内市场的正常贸易过程中没有销售的,或者该同类产品的价格、数量不能据以进行公平比较的,以该同类产品出口到一个适当第三国(地区)的可比价格或者以该同类产品在原产国(地区)的生产成本加合理费用、利润,为正常价值;③ 进口产品不直接来自原产国(地区)的,按照第一种情况确定正常价值,但在产品仅通过出口国(地区)转运、产品在出口国(地区)无生产或者在出口国(地区)中不存在可比价格等情形下,可以该同类产品在原产国(地区)的价格为正常价值。

同时,该条例也对确定进口产品的出口价格的方法作了具体规定。

(二) 反倾销调查

1. 申请和立案

国内产业或者代表国内产业的自然人、法人或者有关组织,可以依《反倾销条例》向商务部提出反倾销调查的书面申请。

商务部应当自收到申请书及有关证据之日起 60 天内,对于申请是否由国内产业或者代表国内产业提出、申请书内容及所附具的证据等进行审查,决定立案调查或者不立案调查。在决定立案调查前,应当通知有关出口国(地区)政府。

在表示支持申请或者反对申请的国内产业中,支持者的产量占支持者和反对者的总产量的 50% 以上的,应当认定申请是由国内产业或者代表国内产业提出,可以启动反倾销调查;但是,表示支持申请的国内生产者的产量不足国内同类产品总产量的 25% 的,不得启动反倾销调查。在特殊情形下,商务部有充分证据认为存在倾销和损害以及二者之间有因果关系的,可以自行决定立案调查。

2. 立案调查

商务部决定立案调查的,应予公告,并通知申请人、已知的出口经营者和进口经营者、出口国(地区)政府以及其他有利害关系的组织、个人,并将申请书文本提供给已知的出口经营者和出口国(地区)政府。

商务部可以采用问卷、抽样、听证会、现场核查等方式向利害关系方了解情况,进行调查,并应当为有关利害关系方提供陈述意见和论据的机会。商务部认为必要时,可以派出工作人员赴有关国家(地区)进行调查;但是,有关国家(地区)提出异议的除外。涉及农产品的反倾销国内产业损害调查,由商务部会同农业农村部进行。

在调查确定倾销对国内产业造成的损害时,应当审查下列事项:① 倾销进口产品的数量,包括倾销进口产品的绝对数量或者相对于国内同类产品生产或者消费的数量是否大量增加,或者倾销进口产品大量增加的可能性;② 倾销进口产品的价格,包括倾销进口产品的价格削减或者对国内同类产品的价格产生大幅度抑制、压低等影响;③ 倾销进口产品对国内产业的相关经济因素和指标的影响;④ 倾销进口产品的出口国(地区)、原产国(地区)的生产能力、出口能力,被调查产品的库存情况;⑤ 造成国内产业损害的其他因素。

在确定倾销对国内产业造成的损害时,应当依据肯定性证据,不得将造成损害的非倾销因素归因于倾销。倾销进口产品来自两个以上国家(地区),达到一定数量和影响的,可以就倾销进口产品对国内产业造成的影响进行累积评估。

反倾销调查应当自立案调查决定公告之日起 12 个月内结束;特殊情况下可以延长,但延长期不得超过 6 个月。

3. 初步裁定和公告

商务部根据调查结果,就倾销、损害和二者之间的因果关系是否成立作出初裁决定,并予以公告。

4. 最终裁定和公告

初裁决定确定倾销、损害以及二者之间的因果关系成立的,商务部应当对倾销及倾销幅度、损害及损害程度继续进行调查,根据调查结果分别作出终裁决定,并予以公告。在作出终裁决定前,商务部应当将终裁决定所依据的基本事实通知所有已知的利害关系方。

5. 反倾销调查的终止

《反倾销条例》第 27 条规定,有下列情形之一的,反倾销调查应当终止,并予以公告:① 申请人撤销申请的;② 没有足够证据证明存在倾销、损害或者二者之间有因果关系的;③ 倾销幅度低于 2% 的;④ 倾销进口产品实际或者潜在的进口量或者损害属于可忽略不计的;⑤ 商务部认为不适宜继续进行反倾销调查的。

来自一个或者部分国家(地区)的被调查产品有上述第②③④项所列情形之一的,针对所涉产品的反倾销调查应当终止。

(三) 反倾销措施

1. 临时反倾销措施

初裁决定确定倾销成立,并由此对国内产业造成损害的,可以采取下列临时反倾销措施:① 征收临时反倾销税(provisional anti-dumping duty)。征收临时反倾销税,由商务部提出建议,国务院关税税则委员会根据商务部的建议作出决定,由商务部予以公告。② 要求提供现金保证金、保函或者其他形式的担保。

对此,由商务部决定并予公告,海关自公告规定实施之日起执行。

临时反倾销税税额或者提供的现金保证金、保函或者其他形式担保的金额,应当不超过初裁决定确定的倾销幅度。

自反倾销立案调查决定公告之日起 60 天内,不得采取临时反倾销措施。临时反倾销措施实施的期限,自临时反倾销措施决定公告规定实施之日起,不超过 4 个月;在特殊情形下,可以延长至 9 个月。

2. 价格承诺

价格承诺(price undertaking)又称价格承担,是指进口国政府与出口商之间达成的关于出口商提高产品出口价格以消除倾销导致的国内产业损害的协议。价格承诺可以由出口商主动提出,也可由进口国政府向出口商建议,但《反倾销条例》强调,反倾销调查机关不得强迫出口经营者作出价格承诺。

商务部认为出口经营者作出的价格承诺能够接受的,可以决定中止或者终止反倾销调查,不采取临时反倾销措施或者征收反倾销税。中止或者终止反倾销调查的决定由商务部予以公告;但因此中止或者终止反倾销调查的,应出口经营者请求,商务部应当对倾销和损害继续进行调查,商务部认为有必要的,可以对倾销和损害继续进行调查。经调查作出倾销或者损害的否定裁定的,价格承诺自动失效;作出倾销或者损害的肯定裁定的,价格承诺继续有效。商务部不接受价格承诺的,应当向有关出口经营者说明理由。但在对倾销以及由倾销造成的损害作出肯定的初裁决定前,不得寻求或者接受价格承诺。

出口经营者违反其价格承诺的,商务部可以立即决定恢复反倾销调查;根据可获得的最佳信息,可以决定采取临时反倾销措施,并可以对实施临时反倾销措施前 90 天内进口的产品追溯征收反倾销税,但违反价格承诺前进口的产品除外。

3. 反倾销税

现代反倾销法对倾销行为的唯一制裁或救济措施就是征收反倾销税(antidumping duty),这是对倾销商品征收的一种进口附加税。进口国因外国倾销某种产品,国内产业受到损害时,可以征收相当于出口国国内市场价格与倾销价格之间差额的进口税。

《反倾销条例》规定,反倾销调查终裁决定确定倾销成立,并由此对国内产业造成损害的,可以征收反倾销税。征收反倾销税,由商务部提出建议,国务院关税税则委员会根据商务部的建议作出决定,由商务部公告,海关自公告规定实施之日起执行。

反倾销税根据不同出口经营者的倾销幅度分别确定,其纳税人为倾销进口产品的进口经营者。对未包括在审查范围内的出口经营者的倾销进口产品,需要征收反倾销税的,应当按照合理的方式确定对其适用的反倾销税。反倾销税税额不超过终裁决定确定的倾销幅度。

终裁决定确定的反倾销税,高于已付或者应付的临时反倾销税或者为担保目的而估计的金额的,差额部分不予收取;低于已付或者应付的临时反倾销税或者为担保目的而估计的金额的,差额部分应当根据具体情况予以退还或者重新计算税额。倾销进口产品有对国内产业造成损害的倾销历史,或者该产品的进口经营者知道或者应当知道出口经营者实施倾销并且倾销对国内产业将造成损害,以及倾销进口产品在短期内大量进口,可能会严重破坏即将实施的反倾销税的补救效果,并且这两种情形同时存在的,可以对实施临时反倾销措施之日前90天内进口的产品追溯征收反倾销税,但立案调查前进口的产品除外。终裁决定确定不征收反倾销税或者终裁决定未确定追溯征收反倾销税的,已征收的临时反倾销税、已收取的现金保证金应当予以退还,保函或者其他形式的担保应当予以解除。

倾销进口产品的进口经营者能够证明已经缴纳的反倾销税税额超过倾销幅度的,可以向商务部提出退税申请;国务院关税税则委员会根据商务部的建议可以作出退税决定,由海关执行。

进口产品被征收反倾销税后,在调查期间未向我国出口该产品的新出口经营者,能证明其与被征收反倾销税的出口经营者无关联的,可以向商务部申请单独确定其倾销幅度,商务部应当迅速进行审查并作出终裁决定。在审查期间,不得对该产品征收反倾销税,但可以要求该新出口经营者提供现金保证金、保函或者其他形式的担保。

4. 反规避措施

商务部可以采取适当措施,防止规避反倾销措施的行为。反倾销规避是指一国商品被另一国征收反倾销税,出口商通过各种表面上合法的形式、手段来减少或避免被课征反倾销税的方法或行为。

(四) 反倾销税和价格承诺的期限与复审

《反倾销条例》第48条规定:反倾销税的征收期限和价格承诺的履行期限不超过5年;但是,经复审确定终止征收反倾销税有可能导致倾销和损害的继续或者再度发生的,反倾销税的征收期限可以适当延长。

反倾销税生效后,商务部可以在有正当理由的情况下,决定对继续征收反倾销税的必要性进行复审;也可以在经过一段合理时间,应利害关系方的请求并对利害关系方提供的相应证据进行审查后,决定对继续征收反倾销税的必要性进行复审。

价格承诺生效后,商务部可以在有正当理由的情况下,决定对继续履行价格承诺的必要性进行复审;也可以在经过一段合理时间,应利害关系方的请求并对利害关系方提供的相应证据进行审查后,决定对继续履行价格承诺的必要性进行复审。

根据复审结果,由商务部提出保留、修改或者取消反倾销税的建议,国务院关税税则委员会根据商务部的建议作出决定,由商务部予以公告;或者由商务部依照规定,作出保留、修改或者取消价格承诺的决定并予以公告。

复审期限自决定复审开始之日起,不超过12个月。在复审期间,复审程序不妨碍反倾销措施的实施。

(五) 反倾销措施的行政复议和司法审查

当事人对反倾销调查的终裁决定不服,对是否征收反倾销税的决定以及追溯征收、退税、对新出口经营者征税的决定不服,或者对有关反倾销税和价格承诺的复审决定不服的,可以依法申请行政复议,也可以依法向人民法院提起诉讼。

第五节 反 补 贴 法

一、反补贴法概述

(一) 补贴的概念

1994年,《关税与贸易总协定》乌拉圭回合谈判达成了《补贴与反补贴措施协定》,其中对补贴的定义是:一成员政府或任何公共机构向某一企业或某一产业提供财政援助(financial contribution)或对价格或收入的支持。我国《反补贴条例》借鉴了这个定义,规定:补贴是指出口国(地区)政府或者其任何公共机构提供的,并为接受者带来利益的财政资助以及任何形式的收入或者价格支持。

补贴是一国推行经济、社会等政策的手段,就对外贸易而言具有促进出口或限制进口的作用。补贴是一把双刃剑:一方面,它有助于一国实现其经济、社会发展方面的目标,如扶持困难企业或中小企业、援助贫困山区、调整产业结构、增加就业机会等;另一方面,不当的补贴会扭曲市场机制,造成资源分配的无效和不公,而且对出口产品的补贴会构成其对进口国同类产品的不公平竞争。当补贴对进口国已经建立的国内产业造成实质损害或者产生实质损害的威胁,或者对进口国建立国内产业造成实质阻碍,就有必要像反倾销一样,对其采取反补贴措施。

(二) 补贴的种类

根据补贴的形式,可以将补贴分为直接补贴和间接补贴。直接补贴是指由政府或公共机构给本国出口商的现金补贴;间接补贴是指政府或公共机构给本国出口商或进口商以财政上的优惠或技术上的资助或支持。

根据补贴的作用范围,可以将补贴分为专向性补贴和非专向性补贴。专向性补贴是指只给予特定的产业、企业或地区的补贴,这是受《补贴与反补贴措施协定》规制的补贴;非专向性补贴是指普遍给予的,不针对特定的产业、企业或地区的补贴,这类补贴一般不适用《补贴与反补贴措施协定》,是法律上允许的补贴。

《补贴与反补贴措施协定》根据不同的情况将补贴区分为禁止的补贴、可诉补贴和不可诉补贴。人们根据交通信号灯的含义,将这些补贴称为红色补贴、黄色补贴和绿色补贴。

1. 禁止的补贴

禁止的补贴(prohibited subsidies)是指成员国政府不得给予或维持的补贴。《补贴与反补贴措施协定》第 3 条将它分为两类:一类是出口实绩补贴,即法律上或事实上视出口实绩为唯一条件或多种条件之一而给予的补贴;另一类是国内含量补贴,即视使用国产货而非进口货为唯一条件或多种条件之一而给予的补贴。

2. 可诉补贴

可诉补贴(actionable subsidies)是指在一定范围内不予禁止,但如果因补贴而给其他成员的经济利益造成"不利影响"(adverse effects),受影响的成员可以向适用补贴的成员提出质疑乃至诉讼的补贴。根据《补贴与反补贴措施协定》第 5 条的规定,"不利影响"指以下三种情况:一是损害了另一成员方的国内产业;二是抵消或损害了其他成员在 1994 年《关税与贸易总协定》中直接或间接享有的利益,特别是《关税与贸易总协定》第 2 条中的约束性减让利益;三是严重歧视其他成员的利益。

3. 不可诉补贴

不可诉补贴(non-actionable subsidies)是指各成员所实施的一般不受其他成员指责或因此而采取反补贴措施的补贴。这是一种临时性安排。《补贴与反补贴措施协定》规定,不可诉补贴安排期限届满时,世界贸易组织成员可依无异议一致原则予以延长。因各方未能达成共识,不可诉补贴已于 2000 年 1 月 1 日起不复存在。

(三) 我国的反补贴法

反补贴法是指一国认定从他国进口的某种产品存在补贴,对本国的相关产业造成实质性损害或产生实质性损害的威胁,或者对其建立相关产业造成实质性障碍,而对该进口产品采取反补贴措施的法律制度。

我国于2001年颁布了《反补贴条例》，自2002年起施行，于2004年进行了修订。根据该条例，对外贸易主管机关先后发布了《反补贴调查听证会暂行规则》《反补贴调查立案暂行规则》《反补贴问卷调查暂行规则》《反补贴调查实地核查暂行规则》《反补贴产业损害调查规定》等一系列配套的规章。

作为世界贸易组织成员，我国也受《关税与贸易总协定》有关反补贴规则的约束。但是，《反补贴条例》也规定，任何国家（地区）对我国的出口产品采取歧视性反补贴措施的，我国可以根据实际情况对该国家（地区）采取相应的措施。

二、反补贴法的主要内容

（一）补贴的构成

与《补贴与反补贴措施协定》的规定相一致，我国《反补贴条例》第4条规定，适用该条例的补贴必须具有专向性。具有下列情形之一的补贴具有专向性：① 由出口国（地区）政府明确确定的某些企业、产业获得的补贴；② 由出口国（地区）法律、法规明确规定的某些企业、产业获得的补贴；③ 指定特定区域内的企业、产业获得的补贴；④ 以出口实绩为条件获得的补贴，包括该条例所附出口补贴清单列举的12种补贴；⑤ 以使用本国（地区）产品替代进口产品为条件获得的补贴。在确定补贴专向性时，还应当考虑受补贴企业的数量和企业受补贴的数额、比例、时间以及给予补贴的方式等因素。

（二）反补贴调查

反补贴调查的程序与反倾销调查的程序基本相同，由商务部分别对是否存在补贴和补贴是否对国内同类产业造成损害分别进行调查，作出初裁决定和终裁决定，并予公告。出现应当终止调查的情形的，反补贴调查也应当终止，并由商务部予以公告。

在确定补贴对国内产业造成的损害时，应当审查下列事项：① 补贴可能对贸易造成的影响；② 补贴进口产品的数量，包括补贴进口产品的绝对数量或者相对于国内同类产品生产或者消费的数量是否大量增加，或者补贴进口产品大量增加的可能性；③ 补贴进口产品的价格，包括补贴进口产品的价格削减或者对国内同类产品的价格产生大幅度抑制、压低等影响；④ 补贴进口产品对国内产业的相关经济因素和指标的影响；⑤ 补贴进口产品出口国（地区）、原产国（地区）的生产能力、出口能力，被调查产品的库存情况；⑥ 造成国内产业损害的其他因素。

补贴进口产品来自两个以上国家（地区），并且同时满足以下两项条件的，可以就补贴进口产品对国内产业造成的影响进行累积评估：一是来自每一国家（地区）的补贴进口产品的补贴金额不属于微量补贴，并且其进口量不属于可忽略不计的;二是根据补贴进口产品之间的竞争条件以及补贴进口产品与国内同类产品之间的竞争条件,进行累积评估是适当的。

(三) 反补贴措施

1. 临时反补贴措施

临时措施是为顺利进行继续调查而采取的预防性措施,也是进口国调查机关决定是否最终征收反补贴税的前序性非正式措施。调查机关采取临时性措施,表明其对补贴的存在和补贴进口产品给国内产业造成的损害已经有了初步肯定性的结论,但采取临时措施并不意味着一定要采取最终的反补贴措施。

我国法律规定,初裁决定确定补贴成立,并由此对国内产业造成损害的,可以采取临时反补贴措施;但自反补贴立案调查决定公告之日起60日内,不得采取临时反补贴措施。临时反补贴措施为征收临时反补贴税,并以现金保证金或者保函作为担保。

采取临时反补贴措施,由国务院关税税则委员会根据商务部的建议作出决定,商务部予以公告,海关自公告规定实施之日起执行。

临时反补贴措施实施的期限,自临时反补贴措施决定公告规定实施之日起,不超过4个月。

2. 承诺

承诺主体包括产品的原产国政府或出口国政府。自愿承诺的情形一旦出现,就可以中止或终止调查,而不采取临时措施或征收反补贴税。反补贴调查中承诺的形式不仅限于价格上的承诺,还包括补贴的取消或限制等情况。

我国法律规定,在反补贴调查期间,出口国(地区)政府提出取消、限制补贴或者其他有关措施的承诺,或者出口经营者提出修改价格的承诺的,商务部应当予以充分考虑。商务部可以向出口经营者或者出口国(地区)政府提出有关价格承诺的建议,但不得强迫出口经营者作出承诺。调查机关对补贴以及由补贴造成的损害作出肯定的初裁决定前,不得寻求或者接受承诺。在出口经营者作出承诺的情况下,未经其本国(地区)政府同意的,调查机关不得寻求或者接受承诺。

商务部认为承诺能够接受的,可以决定中止或者终止反补贴调查,不采取临时反补贴措施或者征收反补贴税。中止或者终止反补贴调查的决定由商务部予以公告。商务部不接受承诺的,应当向有关出口经营者说明理由。

经承诺中止或者终止调查后,应出口国(地区)政府请求,商务部应当对补贴和损害继续进行调查;商务部认为有必要的,可以对补贴和损害继续进行调查。根据调查结果,作出补贴或者损害的否定裁定的,承诺自动失效;作出补贴或者损害的肯定裁定的,承诺继续有效。

当事方违反承诺的,商务部可以依法决定恢复反补贴调查;根据可获得的最佳信息,可以决定采取临时反补贴措施,并可以对实施临时反补贴措施前90天内进口的产品追溯征收反补贴税,但违反承诺前进口的产品除外。

3. 反补贴税

反补贴税(countervailing duty),又称反津贴税、抵消税或补贴税,是进口国家对于直接或间接接受任何补贴的外国商品在进口时所征收的一种进口附加税。

我国法律规定,在为完成磋商的努力没有取得效果的情况下,终裁决定确定补贴成立,并由此对国内产业造成损害的,可以征收反补贴税。征收反补贴税,由国务院关税税则委员会根据商务部的建议作出决定,商务部予以公告,海关自公告规定实施之日起执行。

反补贴税的纳税人为补贴进口产品的进口经营者。反补贴税应当根据不同出口经营者的补贴金额分别确定。对实际上未被调查的出口经营者的补贴进口产品,需要征收反补贴税的,应当迅速审查,按照合理的方式确定对其适用的反补贴税。反补贴税税额不得超过终裁决定确定的补贴金额。

终裁决定确定存在实质损害,并在此前已经采取临时反补贴措施的,反补贴税可以对已经实施临时反补贴措施的期间追溯征收。终裁决定确定的反补贴税,高于现金保证金或者保函所担保的金额的,差额部分不予收取;低于现金保证金或者保函所担保的金额的,差额部分应予退还。终裁决定确定不征收反补贴税的,或者终裁决定未确定追溯征收反补贴税的,对实施临时反补贴措施期间已收取的现金保证金应当予以退还,保函应当予以解除。

《反补贴条例》第45条规定,下列三种情形并存的,必要时可以对实施临时反补贴措施之日前90天内进口的产品追溯征收反补贴税:① 补贴进口产品在较短的时间内大量增加;② 此种增加对国内产业造成难以补救的损害;③ 此种产品得益于补贴。

根据《关税与贸易总协定》第6条的规定,对同一进口产品不能既征收反倾销税,又征收反补贴税。

4. 反规避措施

《反补贴条例》第54条规定,商务部可以采取适当措施,防止规避反补贴措施的行为。规避反补贴的行为主要有利用海关规定对其出口产品的上游产品进行补贴而取消该出口产品的补贴(上游补贴),或者事实上而非法律上优先使用国内产品而非进口产品(事实上的出口补贴)等行为。

(四)反补贴税和承诺的期限与复审

反补贴税的征收期限和承诺的履行期限不超过5年,但是,经复审确定终止征收反补贴税有可能导致补贴和损害的继续或者再度发生的,反补贴税的征收期限可以适当延长。反补贴税生效后,商务部在有正当理由的情况下,可以决定对于继续征收反补贴税的必要性进行复审;也可以在经过一段合理时间,应利害关系方的请求并对于利害关系方提供的相应证据进行审查后,决定对于继续征收反补贴税的必要性进行复审。

承诺生效后,商务部可以在有正当理由的情况下,决定对于继续履行承诺的必要性进行复审;也可以在经过一段合理时间,应利害关系方的请求并对利害关系方提供的相应证据进行审查后,决定对继续履行承诺的必要性进行复审。

根据复审结果,由商务部提出保留、修改或者取消反补贴税的建议,国务院关税税则委员会根据商务部的建议作出决定,由商务部予以公告;或者由商务部作出保留、修改或者取消承诺的决定并予以公告。复审期限自决定复审开始之日起,不超过 12 个月。在复审期间,复审程序不妨碍反补贴措施的实施。

(五) 反补贴措施的行政复议和司法审查

当事人对于反补贴调查的终裁决定不服的,对于是否征收反补贴税的决定以及追溯征收的决定不服的,或者对于反补贴税和承诺的复审决定不服的,可以依法申请行政复议,也可以依法向人民法院提起诉讼。

第六节 保障措施法

一、保障措施法概述

(一) 保障措施的概念

广义的保障措施是指在 WTO 体制中,成员方在某些特殊情况下,可以为保障本国利益、维护国家主权背离多边贸易体制下应承担的义务,而不必承担责任。这种做法代表了两个相互冲突的目标的协调:一个目标是各国对放宽贸易限制承诺的尊重;另一个目标是给予各国一定的机动余地,使它们能够在经济形势紧迫时,通过实行限制性措施来保护国内市场。在这个意义上,保障措施作为国际规则也称逃避条款或免责条款。

狭义的保障措施,全称为免受进口损害的保障措施(safeguard measures),是指某一成员方因意外情况或承担《关税与贸易总协定》义务(包括约束性减让),导致某一产品进口到该成员方的数量不断大量增加,并对生产相似或直接竞争产品的国内产业造成严重损害或严重威胁时,该成员可在适当的时间和程度内,对此产品全部或部分暂停履行其所承担的义务,或者撤销、修改减让,以消除或减轻这种损害或损害的威胁。这种保障措施应是不歧视地、不分国别地适用于所有同类进口产品。

保障措施制度源自美国贸易法中的"逃避条款"(escape clause),并由美国推动,被《关税与贸易总协定》第19条认可。《关税与贸易总协定》第19条规定,保障条款是指由于某种商品输入的急剧增加,对输入国的相同产品或与其竞争产品的国内生产商造成重大损害或者威胁,作为紧急避难而采取的一般性贸易限制措施。为了防止保障措施的滥用,加强约束,形成了1994年的《保障措施协议》(Agreement on Safeguards),从而WTO中的保障措施制度得以基本确立。

保障措施机制的目的,在于允许在特定条件下为保护本国直接利益而背离最惠国、国民待遇、减让关税、取消数量限制及其他贸易壁垒的义务,是各国主权的反映。它增加了世界贸易组织成员方在国际贸易中的回旋余地,使其在经济形势需要时能够采取柔和而非粗暴的方式来解除国内的经济压力,从而避免破坏世界贸易组织的自由贸易体制。所以,保障措施被称为自由贸易的"安全阀"。

(二)我国的保障措施法

2001年,国务院颁布了《保障措施条例》,自2002年起施行,于2004年进行了修订。这是我国第一部保障措施立法,也是适应"入世"的要求,建立中国自己的贸易救济体系的一个重要举措。根据该条例,相关主管机关先后发布了《保障措施调查听证会暂行规则》《关于保障措施产品范围调整程序的暂行规则》《保障措施调查立案暂行规则》《保障措施产业损害调查规定》等一系列配套规章。

我国加入世界贸易组织时,接受了所谓选择性保障条款,即中国《入世议定书》第16条"特定产品过渡性保障机制"。该条规定,如原产于中国的产品在进口至任何WTO成员领土时,其增长的数量或依据的条件对生产同类产品或直接竞争产品的国内生产商造成或威胁造成市场扰乱,则受此影响的WTO成员可请求与中国进行磋商,以期寻求双方满意的解决方法。如磋商一致,中国应采取行动以防止或补救此种市场扰乱;如磋商未果,则该受影响的WTO成员有权在防止或补救此种市场扰乱所必需的限度内,对中国产品采取撤销减让或限制进口的措施。换言之,在中国"入世"后的12年内,WTO其他成员可以在比较宽松的条件下对从中国进口产品实施限制措施,有学者称之为特殊保障措施。该条款在2013年年底已到期。但任何国家(地区)对我国的出口产品采取歧视性保障措施的,我国可以根据实际情况对该国家(地区)采取相应的措施。

二、保障措施法的主要内容

(一)实施保障措施的实质条件

根据《保障措施条例》第2条的规定,进口产品数量增加,并对生产同类产品或者直接竞争产品的国内产业造成严重损害或者严重损害威胁(统称损害)的,可以依法进行调查,采取保障措施。因此,实施保障措施的实质条件是:① 某产品的进口数量增加;② 进口的增加对国内产业造成了严重损害或严重损害的威胁;③ 该进口增长与损害之间存在因果关系。

进口产品数量增加,是指进口产品数量与国内生产相比绝对增加或者相对增加。一般认为,进口的增长必须足够近期(recent enough)、足够突然(sudden enough)、足够急剧(sharp enough),以及足够显著(significant enough),以致造成严重损害或严重损害的威胁。

在考察国内产业损害时,应当审查相关因素:① 进口产品的绝对和相对增长率与增长量;② 增加的进口产品在国内市场中所占的份额;③ 国内产业产量、销售水平、市场份额、生产率、设备利用率、利润与亏损、就业等指标;④ 造成国内产业损害的其他因素。对严重损害威胁的确定,应当依据事实,不能仅依据指控、推测或者极小的可能性。

调查机关应当根据客观的事实和证据,确定进口产品数量增加与国内产业的损害之间是否存在因果关系。在考察因果关系时,最为核心的问题是如何将进口增加之外的因素对国内产业造成的损害与进口增加造成的损害区分开来。在确定进口产品数量增加对国内产业造成的损害时,不得将进口增加以外的因素对国内产业造成的损害归因于进口增加。

(二) 保障措施调查

1. 调查的提起

与国内产业有关的自然人、法人或者其他组织,可以向商务部提出采取保障措施的书面申请,商务部审查后决定立案或不立案调查。此外,商务部有充分证据认为国内产业因进口产品数量增加而受到损害的,也可以主动决定立案调查。立案调查的决定,由商务部予以公告并将立案调查的决定及时通知世界贸易组织保障措施委员会。

2. 调查机构

对进口产品数量增加及损害进行调查、确定,由商务部负责。涉及农产品保障措施的国内产业损害调查,由商务部会同农业农村部进行。

3. 调查结果

有关进口产品数量增加、损害的调查结果及理由的说明,由商务部予以公布并将调查结果及有关情况及时通知 WTO 保障措施委员会。

商务部根据调查结果可以作出初裁决定,也可以直接作出终裁决定,并予以公告。

(三) 保障措施的形式

1. 初裁决定和临时保障措施

有明确证据表明进口产品数量增加,在不采取临时保障措施将对国内产业造成难以补救的损害的紧急情况下,可以作出初裁决定,采取临时保障措施。临时保障措施采取提高关税的形式。

采取临时保障措施,由国务院关税税则委员会根据商务部的建议作出决定,商务部予以公告,海关自公告规定实施之日起执行。在采取临时保障措施前,商务部应当将有关情况通知WTO保障措施委员会。

临时保障措施的实施期限,自临时保障措施决定公告规定实施之日起,不超过200天。终裁决定确定不采取保障措施的,已征收的临时关税应当予以退还。

2. 终裁决定和保障措施

终裁决定确定进口产品数量增加,并由此对国内产业造成损害的,可以采取保障措施。在采取保障措施前,商务部应当为与有关产品的出口经营者有实质利益的国家(地区)政府提供磋商的充分机会。保障措施可以采取提高关税、数量限制等形式。

保障措施采取提高关税形式的,由商务部提出建议,国务院关税税则委员会作出决定,由商务部予以公告;采取数量限制形式的,由商务部作出决定并予以公告。二者均由海关自公告规定实施之日起执行。商务部应当将采取保障措施的决定及有关情况及时通知WTO保障措施委员会。保障措施应当针对正在进口的产品实施,不区分产品来源国(地区)。

采取数量限制措施的,限制后的进口量不得低于最近3个有代表性年度的平均进口量;但是,有正当理由表明为防止或者补救严重损害而有必要采取不同水平的数量限制措施的除外。采取数量限制措施,需要在有关出口国(地区)或者原产国(地区)之间进行数量分配的,商务部可以与有关出口国(地区)或者原产国(地区)就数量的分配进行磋商。

(四) 保障措施的期限和复审

1. 保障措施的期限

保障措施的实施期限不超过4年,符合《保障措施条例》规定条件的可以适当延长,但一项保障措施的实施期限及其延长期限最长不超过10年。保障措施实施期限超过1年的,应当在实施期间内按固定时间间隔逐步放宽。

对同一进口产品再次采取保障措施的,与前次采取保障措施的时间间隔应当不短于前次采取保障措施的实施期限,并且至少为2年。但符合下列条件的,对一产品实施的期限为180天或者少于180天的保障措施,不受此限:① 自对该进口产品实施保障措施之日起已经超过1年;② 自实施该保障措施之日起5年内,未对同一产品实施2次以上保障措施。

2. 保障措施的复审

保障措施实施期限超过3年的,商务部应当在实施期间内对该项措施进行中期复审,复审的内容包括保障措施对国内产业的影响、国内产业的调整情况等。

保障措施属于提高关税的,商务部应当根据复审结果,依照《保障措施条例》的规定,提出保留、取消或者加快放宽提高关税措施的建议,国务院关税税则委员会根据商务部的建议作出决定,由商务部予以公告;保障措施属于数量限制或者其他形式的,商务部应当根据复审结果,作出保留、取消或者加快放宽数量限制措施的决定,并予以公告。

第七节 进出口商品检验和动植物检疫法

一、进出口商品检验法

(一) 进出口商品检验法概述

进出口商品检验是指在对外贸易活动中,由商品检验机构依法对买卖双方成交的商品的质量、数量、重量、包装、安全、卫生以及装运条件等进行检验的工作,通常简称为商检。对进出口商品实施检验的目的,一方面是防止不合格的食品、药物、机电、化工等产品的进口,以保障人民的生命、健康和生产的正常进行,维护当事人和消费者的合法权益,另一方面是保证出口商品的品质、规格、数量等符合国家的出口标准或外贸合同的要求,以维护我国出口商品的信誉。

进出口商品检验法是规范进出口商品检验活动的法。我国现行商检制度是改革开放之后逐渐确立和完善起来的。1989年2月21日,七届全国人大常委会第六次会议通过了《进出口商品检验法》,该法于2002年4月、2013年6月、2018年4月和2018年12月作了四次修改。国务院于2005年制定了配套的《进出口商品检验法实施条例》,该条例于2013年、2016年、2017年和2019年作了四次修改。

国务院设立进出口商品检验部门(以下简称国家商检部门),主管全国进出口商品检验工作;国家商检部门设在各地的进出口商品检验机构(以下简称商检机构)管理所辖地区的进出口商品检验工作。

(二) 进出口商品检验的原则和范围

进出口商品检验应当根据保护人类健康和安全、保护动物或者植物的生命和健康、保护环境、防止欺诈行为、维护国家安全的原则,由国家商检部门制定、调整必须实施检验的进出口商品目录,并公布实施。也就是说,对列入目录的商品实行强制检验。

商检机构实施进出口商品检验的内容,包括商品的质量、规格、数量、重量、包装以及是否符合安全、卫生要求等。进出口商品检验分为法定检验和非法定检验。商检机构对列入目录的进出口商品以及法律、行政法规规定须经商检机构检验的其他进出口商品实施法定检验。对法定检验以外的进出口商品,根据国家规定实行抽查检验。国家商检部门许可的检验机构,可以接受对外贸易关系人或者外国检验机构的委托,办理进出口商品检验鉴定业务。

(三) 进口商品的检验

必须经商检机构强制检验的进口商品的收货人或者其代理人,应当向报关地的商检机构报检,并在商检机构规定的地点和期限内,接受商检机构对进口商品的检验。商检机构应当在国家商检部门统一规定的期限内检验完毕,并出具检验证单。海关凭商检机构签发的货物通关证明验放。

不属于强制检验的进口商品的收货人,发现进口商品质量不合格或者残损短缺,需要由商检机构出证索赔的,应当向商检机构申请检验出证。

对重要的进口商品和大型的成套设备,收货人应当依据对外贸易合同约定在出口国装运前进行预检验、监造或者监装,主管部门应当加强监督;商检机构根据需要可以派出检验人员参加。

(四) 出口商品的检验

必须经商检机构强制检验的出口商品的发货人或者其代理人,应当在商检机构规定的地点和期限内,向商检机构报检。商检机构应当在国家商检部门统一规定的期限内检验完毕,并出具检验证单。海关凭商检机构签发的货物通关证明验放。经商检机构检验合格发给检验证单的出口商品,应当在商检机构规定的期限内报关出口;超过期限的,应当重新报检。

为出口危险货物生产包装容器的企业,必须申请商检机构进行包装容器的性能鉴定。生产出口危险货物的企业,必须申请商检机构进行包装容器的使用鉴定。使用未经鉴定合格的包装容器的危险货物,不准出口。

对装运出口易腐烂变质食品的船舱和集装箱,承运人或者装箱单位必须在装货前申请检验。未经检验合格的,不准装运。

(五) 监督管理和救济

1. 抽检制度

商检机构对法律规定必须经商检机构检验的进出口商品以外的进出口商品,根据国家规定实施抽查检验,国家商检部门可以公布抽查检验结果或者向有关部门通报抽查检验情况。商检机构根据便利对外贸易的需要,可以按照国家规定对列入目录的出口商品进行出厂前的质量监督管理和检验。

国家商检部门和商检机构依法对经国家商检部门许可的检验机构的进出口商品检验鉴定业务活动进行监督,可以对其检验的商品抽查检验。

2. 认证和验证管理

国务院认证认可监督管理部门根据国家统一的认证制度,对有关的进出口商品实施认证管理。认证机构可以根据国务院认证认可监督管理部门同外国有关机构签订的协议或者接受外国有关机构的委托进行进出口商品质量认证工作,准许在认证合格的进出口商品上使用质量认证标志。

商检机构依法对实施许可制度的进出口商品实行验证管理,查验单证,核对证货是否相符。

3. 对违法行为进行处罚

商检机构依法对行为人作出的违法行为进行行政处罚。这些行为有:必须经商检机构检验的进口商品未报经检验而擅自销售或者使用的,或者将必须经商检机构检验的出口商品未报经检验合格而擅自出口的;未经国家商检部门许可,擅自从事进出口商品检验鉴定业务的;进口或者出口属于掺杂掺假、以假充真、以次充好的商品或者以不合格进出口商品冒充合格进出口商品的;伪造、变造、买卖或者盗窃商检单证、印章、标志、封识、质量认证标志的。处罚的形式包括责令停止非法经营、没收违法所得和一定数额的罚款。

4. 检验异议和处罚的救济

进出口商品的报检人对商检机构作出的检验结果有异议的,可以向原商检机构或者其上级商检机构以至国家商检部门申请复验,由受理复验的商检机构或者国家商检部门及时作出复验结论。

当事人对商检机构、国家商检部门作出的复验结论不服或者对商检机构作出的处罚决定不服,可以依法申请行政复议,也可以依法向人民法院提起诉讼。

二、进出境动植物检疫法

(一) 进出境动植物检疫法概述

在对外贸易中对进出国境或边境的动植物实行卫生检疫,是国际上通行的做法并形成了制度,旨在防止次劣动植物以及危害人体和环境的病虫害或传染病源的输入或输出,以保障一国或地区国民(居民)的生命安全、健康和生产安全。它也是一国主权的重要体现。

但是,许多国家为了自身利益,借口保护国民健康和生态环境等,设置不合理的检疫措施和标准,形成一种非关税壁垒,妨碍了国际贸易和人员交往的正常发展。《关税与贸易总协定》允许缔约方采取卫生检疫措施,前提是有关措施不得对情形相同的成员构成歧视,也不得构成对国际贸易的变相限制。但由于相关原则性条款缺乏操作性,《关税与贸易总协定》乌拉圭回合谈判期间,一些成员担心,关税削减和具体非关税措施的取消会为那些以动植物卫生检疫管理形式出现的隐蔽性保护主义措施所取代。这种关注形成的推动力推动达成了《实施卫生与植物卫生措施协定》(The WTO Agreement on the Application of Sanitary and Phytosanitary Measures,简称 SPS 协议)。该协议通过澄清实施卫生检疫措施时应考虑的因素减少成员政府在动植物检疫方面可能作出的武断决定;它规定卫生检疫措施的适用只是为了确保食品安全与动植物卫生;此类措施作为潜在的贸易限制措施不应对贸易构成不合理的壁垒。

在我国,国务院于 1982 年发布了《进出口动植物检疫条例》,1991 年被全国人大常委会通过的《进出境动植物检疫法》(该法于 2009 年作了修正)所取代。该法颁布后,1996 年国务院发布了与之配套的《进出境动植物检疫法实施条例》,有关部门又先后发布了《进出境动植物检疫行政处罚实施办法》《进境动植物检疫审批管理办法》《出入境检验检疫报检规定》《进出口肉类产品检验检疫监督管理办法》《进出境集装箱检验检疫管理办法》《进出口水产品检验检疫监督管理办法》《进境水生动物检验检疫管理办法》《进出境转基因产品检验检疫管理办法》《出境水果检验检疫监督管理办法》《出境水生动物检验检疫监督管理办法》《进出口饲料和饲料添加剂检验检疫监督管理办法》《进出境邮寄物检疫管理办法》等一系列配套规章。

(二)进出境动植物检疫的部门及范围

国务院设立动植物检疫机关,统一管理全国进出境动植物检疫工作。目前,该机关为国家市场监督管理总局。

进出境动植物检疫的范围是进出境的动植物、动植物产品和其他检疫物,装载动植物、动植物产品和其他检疫物的装载容器、包装物,以及来自动植物疫区的运输工具。口岸动植物检疫机关在实施检疫时可以行使下列职权:① 依法登船、登车、登机实施检疫;② 进入港口、机场、车站、邮局以及检疫物的存放、加工、养殖、种植场所实施检疫,并依照规定采样;③ 根据检疫需要,进入有关生产、仓库等场所,进行疫情监测、调查和检疫监督管理;④ 查阅、复制、摘录与检疫物有关的运行日志、货运单、合同、发票及其他单证。

(三)进境检疫

1.不许进境的物品

国家禁止下列各物进境:① 动植物病原体(包括菌种、毒种等)、害虫及其他有害生物;② 动植物疫情流行的国家和地区的有关动植物、动植物产品和其他检疫物;③ 动物尸体;④ 土壤。口岸动植物检疫机关发现有这些禁止进境物的,作退回或者销毁处理;因科学研究等特殊需要引进这些禁止进境物的,必须事先提出申请,经国家动植物检疫机关批准。

当国外发生重大动植物疫情并可能传入中国时,国务院应当采取紧急预防措施,必要时可以下令禁止来自动植物疫区的运输工具进境或者封锁有关口岸;

受动植物疫情威胁地区的地方人民政府和有关口岸动植物检疫机关,应当立即采取紧急措施,同时向上级人民政府和国家动植物检疫机关报告。

2. 必须进行进境检疫的物品

输入动物、动物产品、植物种子、种苗及其他繁殖材料的,必须事先提出申请,办理检疫审批手续。

通过贸易、科技合作、交换、赠送、援助等方式输入动植物、动植物产品和其他检疫物的,应当在合同或者协议中订明中国的法定检疫要求,并订明必须附有输出国家或者地区政府动植物检疫机关出具的检疫证书。

3. 检疫程序

货主或者其代理人应当在动植物、动植物产品和其他检疫物进境前或者进境时持输出国家或者地区的检疫证书、贸易合同等单证,向进境口岸动植物检疫机关报检。

装载动物的运输工具抵达口岸时,口岸动植物检疫机关应当采取现场预防措施,对上下运输工具或者接近动物的人员、装载动物的运输工具和被污染的场地作防疫消毒处理。

输入动植物、动植物产品和其他检疫物,应当在进境口岸实施检疫。未经口岸动植物检疫机关同意,不得卸离运输工具。输入动植物,需隔离检疫的,在口岸动植物检疫机关指定的隔离场所检疫。因口岸条件限制等原因,可以由国家动植物检疫机关决定将动植物、动植物产品和其他检疫物运往指定地点检疫。在运输、装卸过程中,货主或者其他代理人应当采取防疫措施。指定的存放、加工和隔离饲养或者隔离种植的场所,应当符合动植物检疫和防疫的规定。

输入动植物、动植物产品和其他检疫物,经检疫合格的,准予进境;海关凭口岸动植物检疫机关签发的检疫单证或者在报关单上加盖的印章验放。输入动植物、动植物产品和其他检疫物,需调离海关监管区检疫的,海关凭口岸动植物检疫机关签发的"检疫调离通知单"验放。

输入动物,经检疫不合格的,由口岸动植物检疫机关签发《检疫处理通知单》,通知货主或者其代理人作如下处理:① 检出一类传染病、寄生虫病的动物,连同其同群动物全群退回或者全群扑杀并销毁尸体;② 检出二类传染病、寄生虫病的动物,退回或者扑杀,同群其他动物在隔离场或者其他指定地点隔离观察。输入动物产品和其他检疫物经检疫不合格的,由口岸动植物检疫机关签发《检疫处理通知单》,通知货主或者其代理人作除害、退回或者销毁处理;经除害处理合格的,准予进境。

输入植物、植物产品和其他检疫物,经检疫发现有植物危险性病、虫、杂草的,由口岸动植物检疫机关签发《检疫处理通知单》,通知货主或者其代理人作除害、退回或者销毁处理。经除害处理合格的,准予进境。

(四) 出境检疫

货主或者其代理人在动植物、动植物产品和其他检疫物出境前,向口岸动植物检疫机关报检。出境前需经隔离检疫的动物,在口岸动植物检疫机关指定的隔离场所检疫。

输出动植物、动植物产品和其他检疫物,由口岸动植物检疫机关实施检疫,经检疫合格或者经除害处理合格的,准予出境;海关凭口岸动植物检疫机关签发的检疫证书或者在报关单上加盖的印章验放。检疫不合格,又无有效方法作除害处理的,不准出境。

(五) 过境检疫

要求运输动物过境的,必须事先商得中国国家动植物检疫机关同意,并按照指定的口岸和路线过境。

运输动植物、动植物产品和其他检疫物过境的,由承运人或者押运人持货运单和输出国家或者地区政府动植物检疫机关出具的检疫证书,在进境时向口岸动植物检疫机关报检,出境口岸不再检疫。

过境的动物经检疫合格的,准予过境;发现有一类、二类动物传染病、寄生虫病的,全群动物不准过境;过境动物的饲料受病虫害污染的,作除害、不准过境或者销毁处理。

对过境植物、动植物产品和其他检疫物,口岸动植物检疫机关检查运输工具或者包装,经检疫合格的,准予过境;发现有植物危险性病虫害的,作除害处理或者不准过境。

动植物、动植物产品和其他检疫物过境期间,未经动植物检疫机关批准,不得开拆包装或者卸离运输工具。

(六) 携带、邮寄物检疫

携带、邮寄植物种子、种苗及其他繁殖材料进境的,必须事先提出申请,办理检疫审批手续。携带、邮寄禁止携带、邮寄进境的动植物、动植物产品和其他检疫物进境的,作退回或者销毁处理。

携带非禁止携带、邮寄进境的动植物、动植物产品和其他检疫物进境的,在进境时向海关申报并接受口岸动植物检疫机关检疫。携带动物进境的,必须持有输出国家或者地区的检疫证书等证件。

邮寄进境的动植物、动植物产品和其他检疫物,经检疫或者除害处理合格后放行;经检疫不合格又无有效方法作除害处理的,作退回或者销毁处理,并签发《检疫处理通知单》。

携带、邮寄出境的动植物、动植物产品和其他检疫物,物主有检疫要求的,由口岸动植物检疫机关实施检疫。

(七) 运输工具检疫

来自动植物疫区的船舶、飞机、火车抵达口岸时,由口岸动植物检疫机关实施检疫。发现有规定的病虫害的,作不准带离运输工具、除害、封存或者销毁处理。进境的车辆由口岸动植物检疫机关作防疫消毒处理。

进出境运输工具上的泔水、动植物性废弃物,依照口岸动植物检疫机关的规定处理,不得擅自抛弃。装载出境的动植物、动植物产品和其他检疫物的运输工具,应当符合动植物检疫和防疫的规定。

进境供拆船用的废旧船舶,由口岸动植物检疫机关实施检疫,发现有规定的病虫害的,作除害处理。

(八) 法律责任和救济

口岸动植物检疫机关对于不报检或者未依法办理检疫审批手续,擅自将进境动植物、动植物产品或者其他检疫物卸离运输工具或者运递,擅自调离或者处理在口岸动植物检疫机关指定的隔离场所隔离检疫的动植物,报检的动植物、动植物产品或者其他检疫物与实际不符合,擅自开拆过境动植物、动植物产品或者其他检疫物的包装等行为,依法给予行政处罚。

当事人对动植物检疫机关的处罚决定不服的,可以向其上一级机关申请复议,也可以直接向人民法院起诉。当事人对行政复议决定不服的,可以向人民法院起诉。

按照《对外贸易法》的规定,对于逃避法律规定的认证、检验、检疫的,国务院对外贸易主管部门可以禁止行为人自有关机关对其作出的行政处罚决定生效之日或者刑事处罚判决生效之日起 1 年以上、3 年以下的期限内从事有关的对外贸易经营活动。在禁止期限内,海关根据国务院对外贸易主管部门依法作出的禁止决定,对该对外贸易经营者的有关进出口货物不予办理报关验放手续,外汇管理部门或者外汇指定银行不予办理有关结汇、售汇手续。

复习思考题

1. 如何理解对外贸易法的基本原则?
2. 我国对货物与技术进出口有哪些限制和禁止性规定?
3. 《对外贸易法》对国际服务贸易作了哪些规定?
4. 举例说明补贴的含义、构成要件和反补贴措施。
5. 谈谈进出口商品检验法的基本内容。

第十七章　自然资源法

自然资源是人类生产和生活的基本条件,也是社会运行和发展的自然基础。因此,合理开发和利用自然资源,不仅关乎人类的生存和繁衍,而且关乎经济和社会的可持续发展。目前,我国在土地、水、森林、草原、矿产、渔业、野生动物等自然资源的管理方面制定和实施了一系列法律、法规,这对于有效保护、合理开发和综合利用自然资源,推动经济和社会的可持续发展已经并将继续起到积极的作用。

第一节　自然资源法概述

一、自然资源法的概念

自然资源是自然界中能够为人类所获取和利用的自然要素,包括土地、水、空气、阳光、森林、草原、矿产、植物和动物等。随着人们开发能力的提高和技术手段的进步,自然资源的范围会不断扩大。地球上的自然资源非常丰富,通常分为地下资源和地表资源。地下资源又称地壳资源,包括铝、铁、锡、铜、镁等金属原料资源和煤、石油、天然气等矿产资源;地表资源又称生物圈资源,包括土地、水、气候、生物等资源。从资源的可再生性来看,自然资源分为可再生性资源、不可再生性资源和恒定性资源。可再生性资源包括动物、植物等生物资源和土地、水等非生物资源;不可再生性资源主要是指各种金属和非金属矿产资源;恒定性资源则是指包括太阳能、风力在内的取之不尽的资源。

自然资源法是指调整人们在开发、利用、保护和管理自然资源过程中形成的各种经济关系的法律规范的总称。自然资源法所调整的社会关系十分广泛,主要包括以下两大关系:一是自然资源的权属关系,即人们在开发、利用和保护自然资源中形成的对自然资源的所有权、使用权等权属关系;二是自然资源的管理关系,即人们在开发、利用和保护自然资源中形成的自然资源的管理关系。目前,我国已经制定了《土地管理法》《森林法》《草原法》《矿产资源法》《水法》《渔业法》《野生动物保护法》等法律以及配套的行政法规、规章。

二、自然资源法的基本原则

自然资源法的基本原则是指自然资源法所确认的,体现国家保护和管理自然资源的基本方针、政策的根本准则。它贯彻于所有自然资源法律之中,成为自然资源立法、执法和守法的基本依据。

(一) 重要自然资源属于国家所有的原则

国家的重要自然资源是主要的生产和生活资料,它是保证国民经济稳定发展和人民生活不断改善的物质基础,也是巩固和发展社会主义公有制的重要保障。因此,我国《宪法》第 9 条规定:"矿藏、水流、森林、山岭、草原、荒地、滩涂等自然资源,都属于国家所有,即全民所有;由法律规定属于集体所有的森林和山岭、草原、荒地、滩涂除外。国家保障自然资源的合理利用,保护珍贵的动物和植物。禁止任何组织或者个人用任何手段侵占或者破坏自然资源。"《宪法》第 10 条还规定:"城市的土地属于国家所有。农村和城市郊区的土地,除由法律规定属于国家所有的以外,属于集体所有。"据此,我国的自然资源法对这些重要自然资源的国家所有权及其保护作出了具体规定。

(二) 正确处理国家、集体和个人三者关系的原则

保护、开发和利用自然资源,涉及国家、集体和个人三者之间的物质利益关系。为了维护和发展社会主义公有制,必须确保国家对重要自然资源的所有权,确保国家开发和利用这些自然资源。同时,为了保障人民的正常生产和基本生活,应当保证集体组织和个人依法对一些自然资源进行占有、开发和利用。

(三) 统一规划、合理开发和综合利用的原则

在我国,自然资源分布的地域比较广,有些还跨越多个省、市、县等行政区域,许多地区又共存着多种自然资源,许多矿床则共生、伴生着多种矿产资源,一种自然资源的开发会影响到其他自然资源的状况。自然资源的整体性和综合性要求我们在制定和实施自然资源法时,必须坚持统一规划、合理开发和综合利用的原则。

(四) 经济效益、生态效益和社会效益相统一的原则

自然资源是人们开展生产活动的物质基础,开发和利用自然资源才能取得一定的经济效益。但是,对某种自然资源的过度开发和利用会影响其他自然资源的状况,破坏自然环境和生态平衡,从而危及人类的生存以及经济、社会的可持续发展。因此,开发和利用自然资源,不能以破坏自然环境、生态环境和影响可持续发展为代价来获取经济效益,而应当实现经济效益、生态效益和社会效益的统一。

(五) 开源和节流相结合的原则

对于人类的需要来说,自然资源是有限的:不可再生性资源总是会枯竭的,

而可再生性资源再生的时间会很长。因此,在开发和利用自然资源上,一方面应当鼓励人们积极寻找新的资源和扩大资源的来源,另一方面应当注意节约和保护自然资源。也就是说,我们必须将开源和节流相结合。

第二节 土地管理法

一、土地管理法概述

(一) 土地管理法的概念

从狭义上说,土地是指地球陆地表面人类生活和生产的主要场所。地球陆地表面通常由一些生物、化学、物理性质各异的土层所组成。从广义上说,土地不仅包括陆地表面,还包括辽阔的海域。土地是发展工业、农业、交通等产业的重要资源,同时它具有位置固定、面积有限和不可替代的特性,因此需要加强保护、合理利用和开发。

土地管理法是调整土地的管理、保护、开发、利用过程中所发生的经济关系的法律规范的总称。土地管理法有广义和狭义之分。狭义的土地管理法仅指《土地管理法》,该法于 1986 年 6 月 25 日六届全国人大常委会第十六次会议通过,经 1988 年 12 月 29 日七届全国人大常委会第五次会议、1998 年 8 月 29 日九届全国人大常委会第四次会议、2004 年 8 月 28 日十届全国人大常委会第十一次会议和 2019 年 8 月 26 日十三届全国人大常委会第十二次会议多次修订和修正。广义的土地管理法除《土地管理法》之外,还包括所有土地管理方面的法律、法规,如全国人大常委会制定的《土地承包法》,国务院颁布的《土地管理法实施条例》《基本农田保护条例》《土地复垦条例》,以及国土资源部单独或联合其他部门发布的《闲置土地处置办法》《土地储备管理办法》《土地征收成片开发标准(试行)》等。

(二) 土地管理法的基本制度

1. 土地公有制和有偿使用制度

我国是社会主义国家,其经济基础是社会主义公有制,这就决定了我国的土地所有制必然实行社会主义公有制。因此,根据我国《宪法》的精神,《土地管理法》第 2 条第 1 款明确规定:"中华人民共和国实行土地的社会主义公有制,即全民所有制和劳动群众集体所有制。"全民所有即国家所有土地的所有权由国务院代表国家行使。集体所有土地的所有权应当由对该土地享有所有权的农村集体经济组织行使。

在计划经济时期,国家采取无偿划拨方式将国有土地划拨给用地单位使用,这就造成一些用地单位盲目多占土地、滥用土地、闲置土地,国家又没有取得相应的收益。为了合理地利用土地,减少土地的滥用和浪费,保证国家作为土地所有权人的收益权的实现,《土地管理法》第2条第5款规定:"国家依法实行国有土地有偿使用制度。但是,国家在法律规定的范围内划拨国有土地使用权的除外。"

2. 土地征收和征用制度

《土地管理法》第2条第4款规定:"国家为了公共利益的需要,可以依法对土地实行征收或者征用并给予补偿。"土地征收是指国家通过强制力将集体所有的土地改变为国家所有,同时给予适当补偿的行为。土地征用是指国家因公共事业的需要,以给予补偿为条件,对他人土地所有权以外的土地他项权利进行利用,待特定公共事业目标完成时将土地归还其所有者的行为。

3. 合理利用土地和切实保护耕地的基本国策

在我国,土地资源不是很丰富,尤其是耕地数量少、质量差、后备资源少①。我国要用占全球7%的耕地养活占世界近20%的人口,人地矛盾非常突出。因此,《土地管理法》明确提出:"十分珍惜、合理利用土地和切实保护耕地是我国的基本国策。各级人民政府应当采取措施,全面规划,严格管理,保护、开发土地资源,制止非法占用土地的行为。"据此,该法在耕地保护和土地开发利用方面作出许多具体规定,包括编制和实施土地利用总体规划,实行土地用途管制制度、占用耕地补偿制度、永久基本农田保护制度等。

4. 土地用途管制制度

为了合理利用土地、切实保护耕地,《土地管理法》第4条第1款规定:"国家实行土地用途管制制度。"土地用途管制是指国家通过编制土地利用总体规划划分土地用途分区,确定土地使用的限制条件,土地使用者必须严格按照规划的用途使用土地的制度。实行土地用途管制制度的目的在于严格限制农用地转为建设用地,控制建设用地总量,对耕地实行特殊保护。

《土地管理法》按用途将土地分为三种,即农用地、建设用地和未利用地。具体来说,农用地是指直接用于农业生产的土地,包括耕地、林地、草地、农田水利用地、养殖水面等;建设用地是指建造建筑物、构筑物的土地,包括城乡住宅和公

---

① 根据自然资源部2018年5月发布的《2017中国土地矿产海洋资源统计公报》,2016年年末,全国共有农用地 64 512.66 万公顷,其中耕地 13 492.10 万公顷(20.24 亿亩),全国因建设占用、灾毁、生态退耕、农业结构调整等减少耕地面积 34.50 万公顷,通过土地整治、农业结构调整等增加耕地面积 26.81 万公顷,年内净减少耕地面积 7.69 万公顷。全国耕地平均质量等别为 9.96 等。其中,优等地面积为 389.91 万公顷(5 848.58 万亩),占全国耕地评定总面积的 2.90%;高等地面积为 3 579.57 万公顷(53 693.58 万亩),占 26.59%;中等地面积为 7 097.49 万公顷(106 462.40 万亩),占 52.72%;低等地面积为 2 395.41 万公顷(35 931.40 万亩),占 17.79%。

共设施用地、工矿用地、交通水利设施用地、旅游用地、军事设施用地等；未利用地是指农用地和建设用地以外的土地。

(三) 土地管理体制和土地督察制度

《土地管理法》第5—6条规定，国务院自然资源主管部门统一负责全国土地的管理和监督工作。县级以上地方人民政府自然资源主管部门的设置及其职责，由省、自治区、直辖市人民政府根据国务院有关规定确定。国务院授权的机构对省、自治区、直辖市人民政府以及国务院确定的城市人民政府土地利用和土地管理情况进行督察。

根据自然资源部"三定"方案，自然资源部行使的土地管理职责主要有：① 履行全民所有土地所有者职责和用途管制职责，拟订相关法律法规草案，制定相关部门规章；② 负责土地资源调查监测评价；③ 负责土地资源统一确权登记工作；④ 负责土地资源有偿使用工作；⑤ 负责土地资源的合理开发利用；⑥ 负责建立空间规划体系并监督实施；⑦ 负责组织实施最严格的耕地保护制度；⑧ 开展土地督察，查处有关重大违法案件。按照该方案，自然资源部设立国家自然资源总督察办公室，其主要职责是拟订自然资源督察相关政策和工作规则等，指导和监督检查派驻督察局工作，协调重大及跨督察区域的督察工作，根据授权承担对自然资源和国土空间规划等法律法规执行情况的监督检查工作。同时，在全国派驻9个国家土地督察局。

二、土地所有权和使用权

(一) 土地所有权的概念

根据《宪法》和《土地管理法》的规定，我国实行土地的社会主义公有制，即全民所有和集体所有。相应地，土地所有权可以分为国有土地所有权和集体土地所有权。

国有土地所有权是指国家对自己所有的土地依法享有的占有、使用、收益和处分的权利。国有土地所有权具有以下特点：① 中华人民共和国是国有土地所有权的唯一主体，国务院代表国家对国有土地行使所有权；② 国有土地所有权的客体具有广泛性，它包括耕地、林地、草地、山岭、河滩地以及其他土地等；③ 国有土地所有权的内容是国家对国有土地行使占有、使用、收益和处分的权利。

根据《土地管理法》及其实施条例的规定，属于国家所有的土地包括：① 城市市区的土地；② 农村和城市郊区中已经依法没收、征收、征购为国有的土地；③ 国家依法征收的土地；④ 依法不属于集体所有的林地、草地、荒地、滩涂及其他土地；⑤ 农村集体经济组织全部成员转为城镇居民的，原属于其成员集体所有的土地；⑥因国家组织移民、自然灾害等原因，农民成建制地集体迁移后不再使用的原属于迁移农民集体所有的土地。

集体土地所有权是指农村一定地域范围的农民集体对自己所有的土地依法享有的占有、使用、收益和处分的权利。集体土地所有权具有以下特点：①集体所有的土地属于农村农民集体所有；②集体土地所有权的客体包括法律规定的耕地、林地、草地、山岭、河滩地以及其他土地等；③集体土地所有权的内容是农民集体依法对集体所有土地行使占有、使用、收益和处分的权利。

《土地管理法》第9条规定，属于农民集体所有的土地包括：①除由法律规定属于国家所有以外的农村和城市郊区的土地；②宅基地和自留地、自留山。农民集体所有的土地应当由代表农民集体的组织经营、管理。具体来说，农民集体所有的土地依法属于村农民集体所有的，由村集体经济组织或者村民委员会经营、管理；已经分别属于村内两个以上农村集体经济组织的农民集体所有的，由村内各该农村集体经济组织或者村民小组经营、管理；已经属于乡（镇）农民集体所有的，由乡（镇）农村集体经济组织经营、管理。

（二）土地使用权的概念

为了更好地发挥土地的效用，土地所有权人可以将其所有土地的使用权依法给予有关单位或者个人行使。土地使用权是指土地使用人根据法律规定或者合同约定，对国家或者集体所有的土地所享有的占有、使用以及一定的收益、处分的权利，包括占有权、使用权、出租权、转让权、抵押权、收益权等。土地使用权分为国有土地使用权和集体土地使用权。

《土地管理法》规定，国有土地和农民集体所有的土地，可以依法确定给单位或者个人使用。使用土地的单位和个人，有保护、管理和合理利用土地的义务。农民集体所有的土地可以由本集体经济组织的成员承包经营，从事种植业、林业、畜牧业、渔业生产。土地承包经营期限为30年。发包方和承包方应当订立承包合同，约定双方的权利和义务。承包经营土地的农民有保护和按照承包合同约定的用途合理利用土地的义务。在承包期内对个别承包者之间承包的土地进行适当调整的，或者农民集体所有的土地由本集体经济组织以外的单位或者个人承包经营的，必须经村民会议2/3以上成员或者2/3以上村民代表的同意，并报乡（镇）人民政府批准，后者还须报县级人民政府农业行政主管部门批准。

（三）土地所有权和使用权的登记

根据民法的基本原理，土地所有权和使用权必须以登记作为公示方法。目前，我国不动产统一登记制度已经建立，因此《土地管理法》第12条第1款明确规定："土地的所有权和使用权的登记，依照有关不动产登记的法律、行政法规执行。"该条第2款还规定："依法登记的土地的所有权和使用权受法律保护，任何单位和个人不得侵犯。"这意味着,已登记的土地所有权和使用权如果受到他人侵犯,权利人可以请求行政机关、司法机关予以保护。

(四) 土地所有权和使用权的争议解决

土地所有权和使用权的争议,主要是指土地权属的纠纷。根据《土地管理法》第14条的规定,它可以通过以下三种途径解决:① 自行和解。对于争议,先由当事人协商解决,即争议各方通过协商,自愿达成协议以解决纠纷。② 政府处理。对于争议,当事人协商不成的,由人民政府处理。单位之间的争议,由县级以上人民政府处理;个人之间、个人与单位之间的争议,由乡级人民政府处理或者县级以上人民政府处理。③ 司法诉讼。对于争议,当事人对有关人民政府的处理不服的,可以自接到处理决定通知之日起30日内,向人民法院起诉。另外,该条还规定,在土地所有权和使用权争议解决前,任何一方不得改变土地利用现状。

三、土地利用总体规划

土地利用总体规划是指在一定行政区域内,对土地的开发、利用、治理、保护从空间上和时间上所作的总体安排,分为土地利用总体规划和土地利用专项规划。土地利用总体规划是整个土地管理的基础,也是实行土地用途管制制度的前提。

(一) 土地利用总体规划的编制

根据《土地管理法》及其实施条例的规定,国务院和省、市、县、乡各级地方人民政府都必须组织编制土地利用总体规划,规划期限一般为15年。

1. 土地利用总体规划编制的依据和原则

土地利用总体规划是对国家和地方土地利用的总体安排,对国民经济和社会发展影响很大,它能否发挥其应有的作用,取决于其是否具有可操作性。因此,《土地管理法》第15条规定,各级人民政府在编制土地利用总体规划时,应当依据国民经济和社会发展规划、国土整治和环境资源保护的要求、土地供给能力以及各项建设对土地的需求。为了科学编制土地利用总体规划,《土地管理法》第26—28条规定,国家建立土地调查和土地统计制度。土地行政主管部门和统计部门共同发布的土地面积统计资料是各级人民政府编制土地利用总体规划的依据。

土地利用总体规划按照下列原则编制:① 落实国土空间开发保护要求,严格土地用途管制;② 严格保护永久基本农田,严格控制非农业建设占用农用地;③ 提高土地节约集约利用水平;④ 统筹安排城乡生产、生活、生态用地,满足乡村产业和基础设施用地合理需求,促进城乡融合发展;⑤ 保护和改善生态环境,保障土地的可持续利用;⑥占用耕地与开发复垦耕地数量平衡、质量相当。

2. 土地利用总体规划编制的具体要求

为确保各级规划的统一性,《土地管理法》第 16 条规定,下级土地利用总体规划应当依据上一级土地利用总体规划编制。地方各级人民政府编制的土地利用总体规划中的建设用地总量不得超过上一级土地利用总体规划确定的控制指标,耕地保有量不得低于上一级土地利用总体规划确定的控制指标。省、自治区、直辖市人民政府编制的土地利用总体规划,应当确保本行政区域内耕地总量不减少。

县级土地利用总体规划应当划分土地利用区,明确土地用途。乡(镇)土地利用总体规划应当划分土地利用区,根据土地使用条件,确定每一块土地的用途,并予以公告。

(二) 土地利用总体规划的审批和修改

《土地管理法》第 20 条规定,国家对土地利用总体规划实行分级审批制度。省、自治区、直辖市的土地利用总体规划,报国务院批准。省、自治区人民政府所在地的市、人口在 100 万以上的城市以及国务院指定的城市的土地利用总体规划,经省、自治区人民政府审查同意后,报国务院批准。上述两种情况以外的土地利用总体规划,逐级上报省、自治区、直辖市人民政府批准;其中,乡(镇)土地利用总体规划可以由省级人民政府授权的设区的市、自治州人民政府批准。

土地利用总体规划一经批准,必须严格执行。如需修改,必须经原批准机关批准;未经批准,不得改变土地利用总体规划确定的土地用途。

(三) 土地利用总体规划的落实

1. 其他规划与土地利用总体规划的衔接

土地利用总体规划是一定区域内对土地的开发、利用、治理、保护的总体安排,是对土地实行用途管制的重要措施,因此各级人民政府及其部门在制定涉及土地开发、利用的其他规划时,应当遵循土地利用总体规划的要求。对此,《土地管理法》第 21—22 条规定,城市总体规划、村庄和集镇规划,应当与土地利用总体规划相衔接,城市总体规划、村庄和集镇规划中建设用地规模不得超过土地利用总体规划确定的城市和村庄、集镇建设用地规模;江河、湖泊综合治理和开发利用规划,应当与土地利用总体规划相衔接。

2. 实施土地利用年度计划管理

落实土地利用总体规划,还需要各级政府编制和实施土地利用年度计划,以对建设用地实行严格的总量控制。因此,《土地管理法》第 23—24 条规定,各级人民政府应当加强土地利用计划管理,实行建设用地总量控制。土地利用年度计划,根据国民经济和社会发展计划、国家产业政策、土地利用总体规划以及建设用地和土地利用的实际情况编制,其编制审批程序与土地利用总体规划的编制审批程序相同。土地利用年度计划一经审批下达,必须严格执行。省级人民政府应当将土地利用年度计划的执行情况列为国民经济和社会发展计划执行情况的内容,向同级人大报告。

3. 建立全国土地管理信息系统

发达国家土地管理工作的一个成功经验,就是建立一套现代化的土地管理信息系统,运用遥感技术等手段,对土地利用状况进行动态监测。我国借鉴国外的经验,在《土地管理法》第29条中规定:"国家建立全国土地管理信息系统,对土地利用状况进行动态监测。"该系统的建立,能够提供土地利用的变化情况,帮助有关部门及时发现和处理违反土地利用总体规划和年度计划的行为。

四、国土空间规划

2019年5月,党中央、国务院正式印发的《中共中央 国务院关于建立国土空间规划体系并监督实施的若干意见》(以下简称《国土空间规划意见》)明确提出,建立国土空间规划体系并监督实施,将主体功能区规划、土地利用规划、城乡规划等空间规划融合为统一的国土空间规划,实现"多规合一"。据此,2019年8月修改的《土地管理法》增加了关于国土空间规划的内容,明确规定国家建立国土空间规划体系。

(一)国土空间规划的概念

国土空间规划是对一定区域国土空间开发保护在空间和时间上作出的安排,包括总体规划、详细规划和相关专项规划。

《国土空间规划意见》指出,要分级分类建立国土空间规划。国家、省、市县编制国土空间总体规划,各地结合实际编制乡镇国土空间规划。相关专项规划是指在特定区域(流域)、特定领域,为体现特定功能,对空间开发保护利用作出的专门安排,是涉及空间利用的专项规划。国土空间总体规划是详细规划的依据、相关专项规划的基础;相关专项规划要相互协同,并与详细规划做好衔接。

(二)国土空间规划的编制和实施

关于国土空间规划的编制,《国土空间规划意见》提出了四个方面的要求,即体现战略性、提高科学性、加强协调性和注重操作性。据此,《土地管理法》第18条第1款规定:"编制国土空间规划应当坚持生态优先,绿色、可持续发展,科学有序统筹安排生态、农业、城镇等功能空间,优化国土空间结构和布局,提升国土空间开发、保护的质量和效率。"

关于国土空间规划的实施,《土地管理法》第18条第2款明确规定了两项内容:一是经依法批准的国土空间规划是各类开发、保护、建设活动的基本依据;

二是已经编制国土空间规划的,不再编制土地利用总体规划和城乡规划。需要注意的是,《土地管理法》第 86 条规定:"在根据本法第十八条的规定编制国土空间规划前,经依法批准的土地利用总体规划和城乡规划继续执行。"

五、耕地保护

(一)耕地保护制度

耕地是农业生产不可缺少的重要资源,也是人民赖以生存的重要基础。在我国,人均耕地很少,耕地质量不高,后备资源不富裕,但乱占耕地、违法批地、闲置土地、弃耕抛荒现象时有发生,因而保护耕地尤为重要。对此,《土地管理法》将十分珍惜、合理利用土地和切实保护耕地作为基本国策,提出严格控制耕地转为非耕地,并具体规定了一系列耕地保护的制度。

1. 占用耕地补偿制度

在经济和社会发展过程中,需要占用耕地进行非农业建设。但是,如果因建设占用耕地后不进行补偿,那么耕地面积会随着经济和社会发展而日趋减少,同时也不利于抑制用地单位多占耕地的行为。因此,《土地管理法》第 30 条规定:"国家实行占用耕地补偿制度。"

(1)关于补偿的原则和方式。非农业建设经批准占用耕地的,按照"占多少,垦多少"的原则,由占用耕地的单位负责开垦与所占用耕地的数量和质量相当的耕地;没有条件开垦或者开垦的耕地不符合要求的,应当按照省、自治区、直辖市的规定缴纳耕地开垦费,专款用于开垦新的耕地。

(2)关于补偿的监督实施。省、自治区、直辖市人民政府应当制定开垦耕地计划,监督占用耕地的单位按照计划开垦耕地或者按照计划组织开垦耕地,并进行验收。

2. 保持耕地总量不减少、质量不降低制度

占用耕地补偿制度主要是由占用耕地的单位通过开垦耕地或者支付开垦费进行耕地补偿,使耕地总量不减少。但是,该制度主要约束占用耕地的单位,而对地方政府的约束力不够,如果地方政府对占用耕地的单位开垦耕地监管不力,那么耕地总量仍要减少。因此,《土地管理法》规定了保持耕地总量不减少、质量不降低的制度,对省级政府实施耕地保护提出强制要求。

《土地管理法》第 32 条规定,省、自治区、直辖市人民政府应当严格执行土地利用总体规划和土地利用年度计划,采取措施,确保本行政区域内耕地总量不减少、质量不降低。耕地总量减少的,由国务院责令在规定期限内组织开垦与所减少耕地的数量与质量相当的耕地;耕地质量降低的,由国务院责令在规定期限内组织整治。新开垦和整治的耕地由国务院自然资源主管部门会同农业农村主管

部门验收。个别省、直辖市确因土地后备资源匮乏,新增建设用地后,新开垦耕地的数量不足以补偿所占用耕地的数量的,必须报经国务院批准减免本行政区域内开垦耕地的数量,易地开垦数量和质量相当的耕地。

3. 合理、有效利用耕地和提高地力制度

对耕地的保护,除了控制耕地总量、保持耕地质量以外,还必须合理、有效地利用耕地,提高耕地的地力,充分发挥耕地的作用,增强农业的后劲。

(1) 合理利用耕地。非农业建设必须节约使用土地,可以利用荒地的,不得占用耕地;可以利用劣地的,不得占用好地。禁止占用耕地建窑、建坟或者擅自在耕地上建房、挖砂、采石、采矿、取土等。禁止占用永久基本农田发展林果业和挖塘养鱼。

(2) 有效利用耕地。禁止任何单位和个人闲置、荒芜耕地。已经办理审批手续的非农业建设占用耕地,1 年内不用而又可以耕种并收获的,应当由原耕种该幅耕地的集体或者个人恢复耕种,也可以由用地单位组织耕种;1 年以上未动工建设的,应当按照省、自治区、直辖市的规定缴纳闲置费;连续 2 年未使用的,经原批准机关批准,由县级以上人民政府无偿收回用地单位的土地使用权;该幅土地原为农民集体所有的,应当交由原农村集体经济组织恢复耕种。

(3) 提高地力。各级人民政府应当采取措施,引导因地制宜轮作休耕,改良土壤,提高地力,维护排灌工程设施,防止土地荒漠化、盐渍化、水土流失和土壤污染。县级以上地方人民政府可以要求占用耕地的单位将所占用耕地耕作层的土壤用于新开垦耕地、劣质地或者其他耕地的土壤改良。

(二) 永久基本农田保护制度

2004 年修改的《土地管理法》规定:"国家实行基本农田保护制度。"基本农田是指按照一定时期人口和社会经济发展对农产品的需求,依据土地利用总体规划确定的不得占用的耕地。它是提供确保经济发展和人民生存所需农产品的耕地的最小量,国家通过实行基本农田制度对其实施特殊的保护。2008 年召开的中共十七届三中全会通过了《中共中央关于推进农村改革发展若干重大问题的决定》,明确提出要划定永久基本农田,建立保护补偿机制,确保基本农田总量不减少、用途不改变、质量有提高。根据这一精神,2019 年修改的《土地管理法》第 33 条明确规定:"国家实行永久基本农田保护制度。"在"基本农田"前加上"永久"两字,强调对基本农田实行永久性保护,明确未经严格审批不得擅自占用或者改变其用途。

1. 永久基本农田的范围

《土地管理法》第 33 条规定,下列耕地应当根据土地利用总体规划划为永久基本农田,实行严格保护:① 经国务院农业农村主管部门或者县级以上地方人民政府批准确定的粮、棉、油、糖等重要农产品生产基地内的耕地;② 有良好的水利与水土保持设施的耕地,正在实施改造计划以及可以改造的中、低产田和已建成的高标准农田;③ 蔬菜生产基地;④ 农业科研、教学试验田;⑤ 国务院规定应当划为永久基本农田的其他耕地。各省、自治区、直辖市划定的永久基本农田一般应当占本行政区域内耕地的 80% 以上,具体比例由国务院根据各省、自治区、直辖市耕地实际情况规定。

2. 永久基本农田的划定和保护

《土地管理法》第 34 条规定,永久基本农田划定以乡(镇)为单位进行,由县级人民政府自然资源主管部门会同同级农业农村主管部门组织实施。永久基本农田应当落实到地块,纳入国家永久基本农田数据库严格管理。乡(镇)人民政府应当将永久基本农田的位置、范围向社会公告,并设立保护标志。

永久基本农田经依法划定后,任何单位和个人不得擅自占用或者改变其用途。国家能源、交通、水利、军事设施等重点建设项目选址确实难以避让永久基本农田,涉及农用地转用或者土地征收的,必须经国务院批准。禁止通过擅自调整县级土地利用总体规划、乡(镇)土地利用总体规划等方式规避永久基本农田农用地转用或者土地征收的审批。

(三) 土地开发、土地复垦和土地整理制度

在耕地保护中,控制耕地总量、提高耕地地力和控制占用耕地固然重要,扩大耕地面积、提高耕地质量、改善农业生产条件和生态环境也是不可忽视的重要方面。因此,《土地管理法》对土地开发、土地复垦和土地整理制度作了规定。

1. 土地开发制度

土地开发是指在保护和改善生态环境、防止水土流失和土地荒漠化的前提下,采用工程、生物等措施,使未利用土地达到可利用状态的活动。通过土地开发,耕地面积可以增加。对此,《土地管理法》第 39 条规定:国家鼓励单位和个人按照土地利用总体规划,在保护和改善生态环境、防止水土流失和土地荒漠化的前提下,开发未利用的土地;适宜开发为农用地的,应当优先开发成农用地。国家依法保护开发者的合法权益。该法第 41 条规定,开发未确定使用权的国有荒山、荒地、荒滩从事种植业、林业、畜牧业、渔业生产的,经县级以上人民政府依法批准,可以确定给开发单位或者个人长期使用。

《土地管理法》第 40 条规定,开垦未利用的土地,必须经过科学论证和评估,在土地利用总体规划划定的可开垦的区域内,经依法批准后进行。禁止毁坏森林、草原开垦耕地,禁止围湖造田和侵占江河滩地。

2. 土地复垦制度

土地复垦是指对生产建设活动和自然灾害损毁的土地采取整治措施,使其达

到可供利用状态的活动。通过土地复垦,损毁的土地得到恢复利用,耕地面积可以增加。对此,《土地管理法》第 43 条规定:因挖损、塌陷、压占等造成土地破坏,用地单位和个人应当按照国家有关规定负责复垦;没有条件复垦或者复垦不符合要求的,应当缴纳土地复垦费,专项用于土地复垦。复垦的土地应当优先用于农业。

根据《土地管理法》的精神,2011 年 3 月 5 日国务院发布了《土地复垦条例》。该条例将损毁的土地分为生产建设活动损毁的土地、历史遗留损毁的土地和自然灾害损毁的土地,并作出不同的复垦规定。该条例规定,生产建设活动损毁的土地,按照"谁损毁,谁复垦"的原则,由生产建设单位或者个人(即土地复垦义务人)负责复垦。土地复垦义务人不复垦,或者复垦验收中经整改仍不合格的,应当缴纳土地复垦费,由有关国土资源主管部门代为组织复垦。但是,历史遗留损毁的土地(即由于历史原因无法确定土地复垦义务人的生产建设活动损毁的土地)和自然灾害损毁的土地,由县级以上人民政府负责组织复垦。

3. 土地整理制度

土地整理是指采取各种措施,对田、水、路、林、村进行综合整治,增加有效耕地面积,提高土地质量和利用效率,改善生产、生活条件和生态环境的活动。《土地管理法》第 42 条规定,县、乡(镇)人民政府应当组织农村集体经济组织,按照土地利用总体规划,对田、水、路、林、村综合整治,提高耕地质量,增加有效耕地面积,改善农业生产条件和生态环境。

《土地管理法实施条例》进一步规定,地方各级人民政府应当采取措施,按照土地利用总体规划推进土地整理。土地整理新增耕地面积的 60% 可以用作折抵建设占用耕地的补偿指标。土地整理所需费用,按照"谁受益,谁负担"的原则,由农村集体经济组织和土地使用者共同承担。

六、建设用地

(一) 农用地转用审批制度

农用地是直接用于农业生产的土地,包括耕地、林地、草地、农田水利用地、养殖水面等。农用地特别是耕地的减少,将大大影响农业生产,不利于经济发展和社会稳定,因此必须严格控制农用地转为建设用地。由此,《土地管理法》规定了严格的农用地转用审批制度,即原则上由国务院和省级政府两级审批的制度,这样规定能够有效控制农用地转为建设用地的范围。

《土地管理法》第 44 条第 1 款规定,建设占用土地,涉及农用地转为建设用地的,应当办理农用地转用审批手续。该条第 2 款至第 4 款规定了以下审批权限:① 永久基本农田转为建设用地的,由国务院批准。② 在土地利用总体规划确定的城市和村庄、集镇建设用地规模范围内,为实施该规划而将永久基本农田以外的农用地转为建设用地的,按土地利用年度计划分批次按照国务院规定由原批准土地利用总体规划的机关或者其授权的机关批准。③ 在土地利用总体规划确定的城市和村庄、集镇建设用地规模范围外,将永久基本农田以外的农用地转为建设用地的,由国务院或者国务院授权的省、自治区、直辖市人民政府批准。

需要注意的是,国务院 2020 年 3 月 1 日发布的《国务院关于授权和委托用地审批权的决定》规定,将国务院可以授权的永久基本农田以外的农用地转为建设用地审批事项授权各省、自治区、直辖市人民政府批准。自该决定发布之日起,按照《土地管理法》第 44 条第 3 款规定,对国务院批准土地利用总体规划的城市在建设用地规模范围内,按土地利用年度计划分批次将永久基本农田以外的农用地转为建设用地的,国务院授权各省、自治区、直辖市人民政府批准;按照《土地管理法》第 44 条第 4 款规定,对在土地利用总体规划确定的城市和村庄、集镇建设用地规模范围外,将永久基本农田以外的农用地转为建设用地的,国务院授权各省、自治区、直辖市人民政府批准。此外,该决定还规定,试点将永久基本农田转为建设用地审批事项委托部分省、自治区、直辖市人民政府批准。自该决定发布之日起,对《土地管理法》第 44 条第 2 款规定的永久基本农田转为建设用地审批事项,国务院委托部分试点省、自治区、直辖市人民政府批准。首批试点省份为北京、天津、上海、江苏、浙江、安徽、广东、重庆,试点期限 1 年,具体实施方案由试点省份人民政府制订并报自然资源部备案。

(二) 土地征收制度

1. 土地征收的范围

《土地管理法》第 45 条第 1 款规定,为了公共利益的需要,有下列情形之一,确需征收农民集体所有的土地的,可以依法实施征收:① 军事和外交需要用地的;② 由政府组织实施的能源、交通、水利、通信、邮政等基础设施建设需要用地的;③ 由政府组织实施的科技、教育、文化、卫生、体育、生态环境和资源保护、防灾减灾、文物保护、社区综合服务、社会福利、市政公用、优抚安置、英烈保护等公共事业需要用地的;④ 由政府组织实施的扶贫搬迁、保障性安居工程建设需要用地的;⑤ 在土地利用总体规划确定的城镇建设用地范围内,经省级以上人民政府批准由县级以上地方人民政府组织实施的成片开发建设需要用地的;⑥ 法律规定为公共利益需要可以征收农民集体所有的土地的其他情形。

该条第 2 款进一步规定:前款规定的建设活动,应当符合国民经济和社会发展规划、土地利用总体规划、城乡规划和专项规划;第④项、第⑤项规定的建设活动,还应当纳入国民经济和社会发展年度计划;第⑤项规定的成片开发并应当符合国务院自然资源主管部门规定的标准。

2. 土地征收的审批

根据《土地管理法》的规定,国家对土地征收采取两级审批制度,即由国务院和省级政府两级审批,这就适当集中了土地征收的审批权,更好地体现了国家对土地征收的控制。

《土地管理法》第46条第1款和第2款规定,征收下列土地的,由国务院批准:① 永久基本农田;② 永久基本农田以外的耕地超过35公顷的;③ 其他土地超过70公顷的。征收前款规定以外的土地的,由省、自治区、直辖市人民政府批准。值得注意的是,《国务院关于授权和委托用地审批权的决定》规定,试点将国务院批准土地征收审批事项委托部分省、自治区、直辖市人民政府批准。

为了使土地征收审批制度与农用地专用审批制度衔接,《土地管理法》第46条第3款规定,征收农用地的,应当依照该法第44条的规定先行办理农用地转用审批。其中,经国务院批准农用地转用的,同时办理征地审批手续,不再另行办理征地审批;经省、自治区、直辖市人民政府在征地批准权限内批准农用地转用的,同时办理征地审批手续,不再另行办理征地审批,超过征地批准权限的,应当依照第46条第1款的规定另行办理征地审批。

3. 土地征收补偿

为了保护被征地农民的合法权益,保障其长远稳定的生活,《土地管理法》对土地征收补偿的原则、内容和标准等作出了规定。

(1) 确立了土地征收补偿的两个原则:一是给予公平、合理补偿的原则;二是保障被征地农民原有生活水平不降低、长远生计有保障的原则。

(2) 明确了土地征收补偿的内容,包括依法及时足额支付土地补偿费、安置补助费以及农村村民住宅、其他地上附着物和青苗等的补偿费用,并安排被征地农民的社会保障费用。

(3) 规定了土地征收补偿的标准和生活保障机制。具体包括三个方面。

第一,征收农用地的土地补偿费、安置补助费标准由省、自治区、直辖市通过制定公布区片综合地价确定。制定区片综合地价应当综合考虑土地原用途、土地资源条件、土地产值、土地区位、土地供求关系、人口以及经济社会发展水平等因素,并至少每3年调整或者重新公布一次。

第二,征收农用地以外的其他土地、地上附着物和青苗等的补偿标准,由省、自治区、直辖市制定。对其中的农村村民住宅,应当按照先补偿后搬迁、居住条件有改善的原则,尊重农村村民意愿,采取重新安排宅基地建房、提供安置房或者货币补偿等方式给予公平、合理的补偿,并对因征收造成的搬迁、临时安置等费用予以补偿,保障农村村民居住的权利和合法的住房财产权益。

第三,县级以上地方人民政府应当将被征地农民纳入相应的养老等社会保障体系。被征地农民的社会保障费用主要用于符合条件的被征地农民的养老保险等社会保险缴费补贴。被征地农民社会保障费用的筹集、管理和使用办法，由省、自治区、直辖市制定。

4. 土地征收的实施

关于土地征收的实施，《土地管理法》及其实施条例作出了以下四项具体规定。

（1）征地公告。征收土地方案被批准后，由被征收土地所在地的市、县人民政府组织实施，并将批准征地机关，批准文号，征收土地的用途、范围、面积，以及征地补偿标准、农业人员安置办法和办理征地补偿的期限等，在被征收土地所在地的乡（镇）、村予以公告。

（2）办理征地补偿登记。被征收土地的所有权人、使用权人应当在公告规定的期限内，持土地权属证书到当地政府土地行政主管部门办理征地补偿登记。

（3）拟订、公告和实施征地补偿安置方案。市、县人民政府土地行政主管部门根据经批准的征收土地方案，会同有关部门拟订征地补偿、安置方案，在被征收土地所在地的乡（镇）、村予以公告，听取被征收土地的农村集体经济组织和农民的意见。征地补偿、安置方案报市、县人民政府批准后，由市、县人民政府土地行政主管部门组织实施。

（4）公布征地补偿费用的收支情况。被征地的农村集体经济组织应当将征收土地的补偿费用的收支状况向本集体经济组织的成员公布，接受监督。

（三）建设用地使用制度

1. 国有建设用地的使用

《土地管理法》第53条规定，经批准的建设项目需要使用国有建设用地的，建设单位应当持法律、行政法规规定的有关文件，向有批准权的县级以上人民政府自然资源主管部门提出建设用地申请，经自然资源主管部门审查，报本级人民政府批准。

建设单位使用国有土地，应当以出让等有偿使用方式取得；但是，经县级以上人民政府依法批准，国家机关用地和军事用地，城市基础设施用地和公益事业用地，国家重点扶持的能源、交通、水利等基础设施用地以及法律、行政法规规定的其他用地，可以以划拨方式取得。以出让等有偿使用方式取得土地使用权的建设单位，按规定缴纳土地使用权出让金等土地有偿使用费和其他费用后，方可使用土地。

建设单位使用国有土地后，确需改变该幅土地建设用途的，应当经有关人民政府自然资源管理主管部门同意，报原批准用地的人民政府批准。其中，在城市规划区内改变土地用途的，在报批前，应当先经有关城市规划行政主管部门同意。

有下列情形之一的,由有关人民政府自然资源主管部门报经原批准用地的人民政府或者有批准权的人民政府批准,可以收回国有土地使用权:① 为实施城市规划进行旧城区改建以及其他公共利益需要,确需使用土地的;② 土地出让等有偿使用合同约定的使用期限届满,土地使用者未申请续期或者申请续期未获批准的;③ 因单位撤销、迁移等原因,停止使用原划拨的国有土地的;④ 公路、铁路、机场、矿场等经核准报废的。依照上述第①项的规定收回土地使用权的,对土地使用权人应当给予适当补偿。

2. 集体建设用地的使用

《土地管理法》第60条规定,农村集体经济组织使用乡(镇)土地利用总体规划确定的建设用地兴办企业或者与其他单位、个人以土地使用权入股、联营等形式共同举办企业的,或者乡(镇)村公共设施、公益事业建设,需要使用土地的,应当持有关批准文件或者经乡(镇)人民政府审核,向县级以上地方人民政府自然资源主管部门提出申请,按照省、自治区、直辖市规定的批准权限,由县级以上地方人民政府批准。其中,涉及占用农用地的,依照《土地管理法》第44条的规定办理审批手续。但是,兴办企业的建设用地,必须严格控制。另外,农村村民住宅用地,由乡(镇)人民政府审核批准;其中,涉及占用农用地的,依照《土地管理法》第44条的规定办理审批手续。农村村民一户只能拥有一处宅基地,其宅基地的面积不得超过省、自治区、直辖市规定的标准。人均土地少、不能保障一户拥有一处宅基地的地区,县级人民政府在充分尊重农村村民意愿的基础上,可以采取措施,按照省、自治区、直辖市规定的标准保障农村村民实现户有所居。农村村民出卖、出租、赠与住宅后,再申请宅基地的,不予批准。

土地利用总体规划、城乡规划确定为工业、商业等经营性用途,并经依法登记的集体经营性建设用地,土地所有权人可以通过出让、出租等方式交由单位或者个人使用,并应当签订书面合同,载明土地界址、面积、动工期限、使用期限、土地用途、规划条件和双方其他权利义务。集体经营性建设用地出让、出租等,应当经本集体经济组织成员的村民会议2/3以上成员或者2/3以上村民代表的同意。通过出让等方式取得的集体经营性建设用地使用权可以转让、互换、出资、赠与或者抵押,但法律、行政法规另有规定或者土地所有权人、土地使用权人签订的书面合同另有约定的除外。集体经营性建设用地的出租,集体建设用地使用权的出让及其最高年限、转让、互换、出资、赠与、抵押等,参照同类用途的国有建设用地执行。

集体建设用地的使用者应当严格按照土地利用总体规划、城乡规划确定的用途使用土地。有下列情形之一的,农村集体经济组织报经原批准用地的人民政府批准,可以收回土地使用权:① 为乡(镇)村公共设施和公益事业建设,需要使用土地的;② 不按照批准的用途使用土地的;③ 因撤销、迁移等原因而停止使用土地的。依照上述第①项规定收回农民集体所有的土地的,对土地使用权人应当给予适当补偿。收回集体经营性建设用地使用权,依照双方签订的书面合同办理,法律、行政法规另有规定的除外。

(四) 土地储备制度

为了加强自然资源资产管理和防范风险,增强政府对城乡统一建设用地市场的调控和保障能力,促进土地资源的高效配置和合理利用,我国建立土地储备制度。所谓土地储备,是指县级以上人民政府国土资源主管部门为调控土地市场、促进土地资源合理利用,依法取得土地,组织前期开发、储存以备供应的行为。为加强和规范土地储备管理,2018年1月3日,国土资源部、财政部、中国人民银行和中国银行业监督管理委员会联合发布《土地储备管理办法》。

1. 编制计划

《土地储备管理办法》规定,各地应根据国民经济和社会发展规划、国土规划、土地利用总体规划、城乡规划等,编制土地储备3年滚动计划,合理确定未来3年土地储备规模,对3年内可收储的土地资源,在总量、结构、布局、时序等方面作出统筹安排,优先储备空闲、低效利用等存量建设用地。

各地应根据城市建设发展和土地市场调控的需要,结合当地社会发展规划、土地储备3年滚动计划、年度土地供应计划、地方政府债务限额等因素,合理制定年度土地储备计划。

2. 入库储备标准

《土地储备管理办法》规定,储备土地必须符合土地利用总体规划和城乡规划。存在污染、文物遗存、矿产压覆、洪涝隐患、地质灾害风险等情况的土地,在按照有关规定由相关单位完成核查、评估和治理之前,不得入库储备。

下列土地可以纳入储备范围:① 依法收回的国有土地;② 收购的土地;③ 行使优先购买权取得的土地;④ 已办理农用地转用、征收批准手续并完成征收的土地;⑤ 其他依法取得的土地。

入库储备土地必须是产权清晰的土地。土地储备机构应对土地取得方式及程序的合规性、经济补偿、土地权利(包括用益物权和担保物权)等情况进行审核,不得为了收储而强制征收土地。对于取得方式及程序不合规、补偿不到位、土地权属不清晰、应办理相关不动产登记手续而尚未办理的土地,不得入库储备。储备土地入库前,土地储备机构应向不动产登记机构申请办理登记手续。储备土地登记的使用权类型统一确定为"其他(政府储备)",登记的用途应符合相关法律法规的规定。

3. 前期开发、管护与供应

《土地储备管理办法》规定,土地储备机构应组织开展对储备土地必要的前期开发,为政府供应土地提供必要保障。储备土地的前期开发应按照该地块的规划,完成地块内的道路、供水、供电、供气、排水、通信、围挡等基础设施建设,并进行土地平整,满足必要的"通平"要求。具体工程要按照有关规定,选择工程勘察、设计、施工和监理等单位进行建设。前期开发工程施工期间,土地储备机构应对工程实施监督管理。工程完成后,土地储备机构应按规定组织开展验收或委托专业机构进行验收,并按有关规定报所属国土资源主管部门备案。

土地储备机构应对纳入储备的土地采取自行管护、委托管护、临时利用等方式进行管护;建立巡查制度,对侵害储备土地权利的行为要做到早发现、早制止、早处理。

储备土地完成前期开发,并具备供应条件后,应纳入当地市、县土地供应计划,由市、县国土资源主管部门统一组织土地供应。供应已发证的储备土地之前,应收回并注销其不动产权证书及不动产登记证明,并在不动产登记簿中予以注销。

七、法律责任

(一) 违反有关土地权利规定的法律责任

买卖或者以其他形式非法转让土地的,由县级以上人民政府自然资源主管部门没收违法所得;对违反土地利用总体规划擅自将农用地改为建设用地的,限期拆除在非法转让的土地上新建的建筑物和其他设施,恢复土地原状,对符合土地利用总体规划的,没收在非法转让的土地上新建的建筑物和其他设施;可以并处罚款;对直接负责的主管人员和其他直接责任人员,依法给予处分;构成犯罪的,依法追究刑事责任。

(二) 违反有关耕地保护规定的法律责任

违反法律规定,占用耕地建窑、建坟或者擅自在耕地上建房、挖砂、采石、采矿、取土等,破坏种植条件的,或者因开发土地造成土地荒漠化、盐渍化的,由县级以上人民政府自然资源主管部门、农业农村主管部门等按照职责责令限期改正或者治理,可以并处罚款;构成犯罪的,依法追究刑事责任。

违反法律规定,拒不履行土地复垦义务的,由县级以上人民政府自然资源主管部门责令限期改正;逾期不改正的,责令缴纳复垦费,专项用于土地复垦,可以处以罚款。

(三) 违反有关建设用地规定的法律责任

未经批准或者采取欺骗手段骗取批准,非法占用土地的,由县级以上人民政府自然资源主管部门责令退还非法占用的土地,对违反土地利用总体规划擅自将农用地改为建设用地的,限期拆除在非法占用的土地上新建的建筑物和其他设施,恢复土地原状,对符合土地利用总体规划的,没收在非法占用的土地上新建的建筑物和其他设施,可以并处罚款;对非法占用土地单位的直接负责的主管人员和其他直接责任人员,依法给予处分;构成犯罪的,依法追究刑事责任。另外,超过批准的数量占用土地,多占的土地以非法占用土地论处。

农村村民未经批准或者采取欺骗手段骗取批准,非法占用土地建住宅的,由县级以上人民政府农业农村主管部门责令退还非法占用的土地,限期拆除在非法占用的土地上新建的房屋。另外,超过省、自治区、直辖市规定的标准,多占的土地以非法占用土地论处。

无权批准征收、使用土地的单位或者个人非法批准占用土地的,超越批准权限非法批准占用土地的,不按照土地利用总体规划确定的用途批准用地的,或者违反法律规定的程序批准占用、征收土地的,其批准文件无效,对非法批准征收、使用土地的直接负责的主管人员和其他直接责任人员,依法给予处分;构成犯罪的,依法追究刑事责任。非法批准、使用的土地应当收回,有关当事人拒不归还的,以非法占用土地论处。另外,非法批准征收、使用土地,对当事人造成损失的,依法应当承担赔偿责任。

侵占、挪用被征收土地单位的征地补偿费用和其他有关费用,构成犯罪的,依法追究刑事责任;尚不构成犯罪的,依法给予处分。

依法收回国有土地使用权当事人拒不交出土地的,临时使用土地期满拒不归还的,或者不按照批准的用途使用国有土地的,由县级以上人民政府自然资源主管部门责令交还土地,处以罚款。

擅自将农民集体所有的土地通过出让、转让使用权或者出租等方式用于非农业建设,或者违反法律规定,将集体经营性建设用地通过出让、出租等方式交由单位或者个人使用的,由县级以上人民政府自然资源主管部门责令限期改正,没收违法所得,并处罚款。

第三节 森 林 法

一、森林法概述

（一）森林的概念

《森林法》所说的森林有广义和狭义之分,广义的森林是指森林资源,包括森林(狭义)、林木、林地以及依托森林、林木、林地生存的野生动物、植物和微生物。

狭义的森林,包括乔木林、竹林和国家特别规定的灌木林。林木,包括树木和竹子。林地,包括郁闭度0.2以上的乔木林地以及竹林地、灌木林地、疏林地、采伐迹地、火烧迹地、未成林造林地、苗圃地和县级以上人民政府规划的宜林地。

根据《森林法》的规定,森林分为以下五种:① 防护林,即以防护为主要目的的森林、林木和灌木丛,包括水源涵养林,水土保持林,防风固沙林,农田、牧场防护林,护岸林,护路林;② 用材林,即以生产木材为主要目的的森林和林木,包括以生产竹材为主要目的的竹林;③ 经济林,即以生产果品,食用油料、饮料、调料,工业原料和药材等为主要目的的林木;④ 能源林,即以生产生物质能源为主要目的的林木;⑤ 特种用途林,即以国防、环境保护、科学实验等为主要目的的森林和林木,包括国防林、实验林、母树林、环境保护林、风景林,名胜古迹和革命纪念地的林木,自然保护区的森林。

(二) 森林法的概念

森林法是指调整人们在森林资源的保护、开发、利用和经营管理过程中所发生的各种经济关系的法律规范的总称。

森林法有狭义和广义之分。从狭义上说,森林法仅指《森林法》,该法于1984年9月20日六届全国人大常委会第七次会议通过,经1998年4月29日九届全国人大常委会第二次会议、2009年8月27日十一届全国人大常委会第十次会议和2019年12月28日十三届全国人大常委会第十五次会议多次修正和修订。从广义上说,除了《森林法》之外,森林法还包括所有森林资源管理方面的法律、法规,如《森林法实施条例》《森林采伐更新管理办法》《森林防火条例》《森林病虫害防治条例》等。

(三) 森林管理体制

《森林法》第9条规定,国务院林业主管部门主管全国林业工作。县级以上地方人民政府林业主管部门,主管本行政区域的林业工作。乡镇人民政府可以确定相关机构或者设置专职、兼职人员承担林业相关工作。

二、林权

(一) 林权的概念

林权是指国家、集体或个人对森林、林木或林地所享有的所有权、使用权、经营权等。按照不同的标准,林权可以分成不同的种类:① 按照客体不同,林权可以分为森林林权、林木林权和林地林权。森林林权包括森林所有权和森林经营权;林木林权主要是指林木所有权;林地林权包括林地所有权和林地使用权。② 按照主体不同,林权可以分为国家林权、集体经济组织林权、单位林权和个人林权。国家林权包括国家森林所有权和国家林地所有权;集体经济组织林权包括集体森林所有权、集体林木所有权、集体林地所有权、集体对国有森林的经营权、集体对国有林地的使用权;单位林权包括企事业单位、团体、机关、部队等单位对国有森林的经营权和林木所有权;个人林权主要包括个人林木所有权、个人承包森林经营权、个人对林地的使用权。

《森林法》第 14 条规定,森林资源属于国家所有,由法律规定属于集体所有的除外。国家所有的森林资源的所有权由国务院代表国家行使。国务院可以授权国务院自然资源主管部门统一履行国有森林资源所有者职责。

国家所有的林地和林地上的森林、林木可以依法确定给林业经营者使用。林业经营者依法取得的国有林地和林地上的森林、林木的使用权,经批准可以转让、出租、作价出资等。集体所有和国家所有依法由农民集体使用的林地(以下简称集体林地)实行承包经营的,承包方享有林地承包经营权和承包林地上的林木所有权,合同另有约定的从其约定。承包方可以依法采取出租(转包)、入股、转让等方式流转林地经营权、林木所有权和使用权。未实行承包经营的集体林地以及林地上的林木,由农村集体经济组织统一经营。经本集体经济组织成员的村民会议 2/3 以上成员或者 2/3 以上村民代表同意并公示,可以通过招标、拍卖、公开协商等方式依法流转林地经营权、林木所有权和使用权。

国有企业事业单位、机关、团体、部队营造的林木,由营造单位管护并按照国家规定支配林木收益。农村居民在房前屋后、自留地、自留山种植的林木,归个人所有。城镇居民在自有房屋的庭院内种植的林木,归个人所有。集体或者个人承包国家所有和集体所有的宜林荒山荒地荒滩营造的林木,归承包的集体或者个人所有;合同另有约定的从其约定。其他组织或者个人营造的林木,依法由营造者所有并享有林木收益;合同另有约定的从其约定。

(二)林权的登记

关于林权的登记,《森林法》第 15 条第 1 款规定:"林地和林地上的森林、林木的所有权、使用权,由不动产登记机构统一登记造册,核发证书。国务院确定的国家重点林区(以下简称重点林区)的森林、林木和林地,由国务院自然资源主管部门负责登记。"

林权登记后,权利人的权利即受到法律保护,并履行相应义务。对此,《森林法》第 15 条第 2 款和第 3 款规定:"森林、林木、林地的所有者和使用者的合法权益受法律保护,任何组织和个人不得侵犯。森林、林木、林地的所有者和使用者应当依法保护和合理利用森林、林木、林地,不得非法改变林地用途和毁坏森林、林木、林地。"

(三)林权纠纷的解决

单位之间发生的林木、林地所有权和使用权争议,由县级以上人民政府依法处理。个人之间、个人与单位之间发生的林木所有权和林地使用权争议,由乡镇人民政府或者县级以上人民政府依法处理。当事人对有关人民政府的处理决定不服的,可以自接到处理决定通知之日起30日内,向人民法院起诉。

在林木、林地权属争议解决前,除因森林防火、林业有害生物防治、国家重大基础设施建设等需要外,当事人任何一方不得砍伐有争议的林木或者改变林地现状。

三、林业发展规划

林业发展规划是政府制定的有关未来一段时期森林资源保护和林业发展的战略目标、发展格局、基本任务和制度体系的纲领性文件,它对于指导全国和地区森林资源保护和林业发展起着重要作用。

《森林法》规定:县级以上人民政府应当将森林资源保护和林业发展纳入国民经济和社会发展规划;应当落实国土空间开发保护要求,合理规划森林资源保护利用结构和布局,制定森林资源保护发展目标,提高森林覆盖率、森林蓄积量,提升森林生态系统质量和稳定性。县级以上人民政府林业主管部门应当根据森林资源保护发展目标,编制林业发展规划。下级林业发展规划依据上级林业发展规划编制;可以结合本地实际,编制林地保护利用、造林绿化、森林经营、天然林保护等相关专项规划。

为了编制和监督实施林业发展规划,《森林法》规定,国家建立森林资源调查监测制度,对全国森林资源现状及变化情况进行调查、监测和评价,并定期公布。

四、森林保护

(一) 公益林和天然林的保护

公益林对于维护和改善生态环境、保持生态平衡以及保障可持续发展起到重要作用,因此《森林法》第47—48条规定,国家根据生态保护的需要,将森林生态区位重要或者生态状况脆弱,以发挥生态效益为主要目的的林地和林地上的森林划定为公益林。公益林由国务院和省、自治区、直辖市人民政府划定并公布,未划定为公益林的林地和林地上的森林属于商品林。下列区域的林地和林地上的森林,应当划定为公益林:① 重要江河源头汇水区域;② 重要江河干流及支流两岸、饮用水水源地保护区;③ 重要湿地和重要水库周围;④ 森林和陆生野生动物类型的自然保护区;⑤ 荒漠化和水土流失严重地区的防风固沙林基干林带;⑥ 沿海防护林基干林带;⑦ 未开发利用的原始林地区;⑧ 需要划定的其他区域。公益林划定涉及非国有林地的,应当与权利人签订书面协议,并给予合理补偿。

《森林法》第49条规定,国家对公益林实施严格保护。县级以上人民政府林业主管部门应当有计划地组织公益林经营者对公益林中生态功能低下的疏林、残次林等低质低效林,采取林分改造、森林抚育等措施,提高公益林的质量和生态保护功能。同时,为了做好生态林的保护和补偿工作,《森林法》第29条规定,中央和地方财政分别安排资金,用于公益林的营造、抚育、保护、管理和非国有公益林权利人的经济补偿等,实行专款专用。

天然林又称自然林,包括自然形成与人工促进天然更新或萌生所形成的森林,它在维护生物多样性、调节气候、涵养水源、保持水土、防风固沙、抵御自然灾害、净化空气、美化环境、提供丰富资源等方面具有独特功效,在保持生态环境和促进可持续发展上起到重要作用。因此,《森林法》第32条规定,国家实行天然林全面保护制度,严格限制天然林采伐,加强天然林管护能力建设,保护和修复天然林资源,逐步提高天然林生态功能。

(二) 林区保护

林区保护不仅能够维持生态环境平衡,还能够促进地区的经济社会发展。对此,《森林法》对林区保护作出了具体规定。

《森林法》第30—31条规定,国家支持重点林区的转型发展和森林资源保护修复,改善生产生活条件,促进所在地区经济社会发展。重点林区按照规定享受国家重点生态功能区转移支付等政策。国家在不同自然地带的典型森林生态地区、珍贵动物和植物生长繁殖的林区、天然热带雨林区和具有特殊保护价值的其他天然林区,建立以国家公园为主体的自然保护地体系,加强保护管理。

(三) 林地与林木保护

林地是森林和林木生存的载体,是森林的可持续性和林业的运行发展的基础,而林木是构成森林资源的基本部分,因此保护林地和林木至关重要。对此,《森林法》规定了林地和林木保护的制度。

1. 占用林地的总量控制

《森林法》第36条规定,国家保护林地,严格控制林地转为非林地,实行占用林地总量控制,确保林地保有量不减少。各类建设项目占用林地不得超过本行政区域的占用林地总量控制指标。

(1) 林地占用的审批。矿藏勘查、开采以及其他各类工程建设,应当不占或者少占林地;确需占用林地的,应当经县级以上人民政府林业主管部门审核同意,依法办理建设用地审批手续。

在林地上修筑直接为林业生产经营服务的工程设施,符合国家有关部门规定的标准的,由县级以上人民政府林业主管部门批准,不需要办理建设用地审批手续;超出标准需要占用林地的,应当依法办理建设用地审批手续。

需要临时使用林地的,应当经县级以上人民政府林业主管部门批准;临时使用林地的期限一般不超过2年,并不得在临时使用的林地上修建永久性建筑物。临时使用林地期满后1年内,用地单位或者个人应当恢复植被和林业生产条件。

(2) 林地占用的补偿。矿藏勘查、开采以及其他各类工程建设,经批准占用林地的,占用林地的单位应当缴纳森林植被恢复费。县级以上人民政府林业主管部门应当按照规定安排植树造林,恢复森林植被,植树造林面积不得少于因占用林地而减少的森林植被面积。上级林业主管部门应当定期督促下级林业主管部门组织植树造林、恢复森林植被,并进行检查。

2. 禁止破坏林地和林木

《森林法》第39条规定,禁止毁林开垦、采石、采砂、采土以及其他毁坏林木和林地的行为。禁止向林地排放重金属或者其他有毒有害物质含量超标的污水、污泥,以及可能造成林地污染的清淤底泥、尾矿、矿渣等。禁止在幼林地砍柴、毁苗、放牧。

另外,国家保护古树名木和珍贵树木,禁止破坏古树名木和珍贵树木及其生存的自然环境。

(四) 森林防火和有害生物防治

《森林法》第34条规定,地方各级人民政府负责本行政区域的森林防火工作,发挥群防作用;县级以上人民政府组织领导应急管理、林业、公安等部门按照职责分工密切配合做好森林火灾的科学预防、扑救和处置工作:① 组织开展森林防火宣传活动,普及森林防火知识;② 划定森林防火区,规定森林防火期;③ 设置防火设施,配备防灭火装备和物资;④ 建立森林火灾监测预警体系,及时消除隐患;⑤ 制定森林火灾应急预案,发生森林火灾,立即组织扑救;⑥ 保障预防和扑救森林火灾所需费用。

县级以上人民政府林业主管部门负责本行政区域的林业有害生物的监测、检疫和防治。省级以上人民政府林业主管部门负责确定林业植物及其产品的检疫性有害生物,划定疫区和保护区。重大林业有害生物灾害防治实行地方人民政府负责制,发生暴发性、危险性等重大林业有害生物灾害时,当地人民政府应当及时组织除治。林业经营者在政府支持引导下,对其经营管理范围内的林业有害生物进行防治。

五、造林绿化

造林绿化是生态建设的核心内容,是维护生态安全的基础保障,是建设生态文明、实现美丽中国的重要途径。因此,《森林法》第42条规定,国家统筹城乡造林绿化,开展大规模国土绿化行动,绿化美化城乡,推动森林城市建设,促进乡村振兴,建设美丽家园。

(一) 造林绿化的组织

《森林法》第 43 条规定,各级人民政府应当组织各行各业和城乡居民造林绿化。宜林荒山荒地荒滩,属于国家所有的,由县级以上人民政府林业主管部门和其他有关主管部门组织开展造林绿化;属于集体所有的,由集体经济组织组织开展造林绿化。城市规划区内、铁路公路两侧、江河两侧、湖泊水库周围,由各有关主管部门按照有关规定因地制宜组织开展造林绿化;工矿区、工业园区、机关、学校用地,部队营区以及农场、牧场、渔场经营地区,由各该单位负责造林绿化。

(二) 造林绿化的方式

《森林法》第 43—44 条规定,国家所有和集体所有的宜林荒山荒地荒滩可以由单位或者个人承包造林绿化。国家鼓励公民通过植树造林、抚育管护、认建认养等方式参与造林绿化。

(三) 造林绿化的实施

《森林法》第 45—46 条规定,各级人民政府组织造林绿化,应当科学规划、因地制宜,优化林种、树种结构,鼓励使用乡土树种和林木良种、营造混交林,提高造林绿化质量。新造幼林地和其他应当封山育林的地方,由当地人民政府组织封山育林。

六、森林经营管理

(一) 经营方案的编制

从林业单位来说,通过编制森林经营方案,确定科学经营森林的具体内容、措施和步骤。《森林法》第 53 条规定,国有林业企业事业单位应当编制森林经营方案,明确森林培育和管护的经营措施,报县级以上人民政府林业主管部门批准后实施。重点林区的森林经营方案由国务院林业主管部门批准后实施。

(二) 商品林的发展和经营

《森林法》第 50 条规定,国家鼓励发展下列商品林:① 以生产木材为主要目的的森林;② 以生产果品、油料、饮料、调料、工业原料和药材等林产品为主要目的的森林;③ 以生产燃料和其他生物质能源为主要目的的森林;④ 其他以发挥经济效益为主要目的的森林。在保障生态安全的前提下,国家鼓励建设速生丰产、珍贵树种和大径级用材林,增加林木储备,保障木材供给安全。

商品林由林业经营者依法自主经营。在不破坏生态的前提下,可以采取集约化经营措施,合理利用森林、林木、林地,提高商品林经济效益。

(三) 森林采伐的管理

1. 森林采伐限制

国家从采伐数量、采伐林种、采伐区域等方面对森林采伐进行限制,以实现森林保护与森林经营的平衡。

《森林法》第54条规定,国家严格控制森林年采伐量。省、自治区、直辖市人民政府林业主管部门根据消耗量低于生长量和森林分类经营管理的原则,编制本行政区域的年采伐限额,经征求国务院林业主管部门意见,报本级人民政府批准后公布实施,并报国务院备案。重点林区的年采伐限额,由国务院林业主管部门编制,报国务院批准后公布实施。

《森林法》第55条规定,采伐森林、林木应当遵守下列规定:① 公益林只能进行抚育、更新和低质低效林改造性质的采伐。但是,因科研或者实验、防治林业有害生物、建设护林防火设施、营造生物防火隔离带、遭受自然灾害等需要采伐的除外。② 商品林应当根据不同情况,采取不同采伐方式,严格控制皆伐面积,伐育同步规划实施。③ 自然保护区的林木,禁止采伐。但是,因防治林业有害生物、森林防火、维护主要保护对象生存环境、遭受自然灾害等特殊情况必须采伐的和实验区的竹林除外。

2. 采伐许可证制度

《森林法》第56条规定,采伐林地上的林木应当申请采伐许可证,并按照采伐许可证的规定进行采伐;采伐自然保护区以外的竹林,不需要申请采伐许可证,但应当符合林木采伐技术规程。农村居民采伐自留地和房前屋后个人所有的零星林木,不需要申请采伐许可证。

采伐许可证由县级以上人民政府林业主管部门核发;农村居民采伐自留山和个人承包集体林地上的林木,由县级人民政府林业主管部门或者其委托的乡镇人民政府核发采伐许可证。

申请采伐许可证,应当提交有关采伐的地点、林种、树种、面积、蓄积、方式、更新措施和林木权属等内容的材料。超过省级以上人民政府林业主管部门规定面积或者蓄积量的,还应当提交伐区调查设计材料。符合林木采伐技术规程的,审核发放采伐许可证的部门应当及时核发采伐许可证。但是,审核发放采伐许可证的部门不得超过年采伐限额发放采伐许可证。有下列情形之一的,不得核发采伐许可证:① 采伐封山育林期、封山育林区内的林木;② 上年度采伐后未按照规定完成更新造林任务;③ 上年度发生重大滥伐案件、森林火灾或者林业有害生物灾害,未采取预防和改进措施;④ 法律法规和国务院林业主管部门规定的禁止采伐的其他情形。

3. 采伐后的更新造林

《森林法》第61条规定,采伐林木的组织和个人应当按照有关规定完成更新造林。更新造林的面积不得少于采伐的面积,更新造林应当达到相关技术规程规定的标准。

七、法律责任

《森林法》对于当事人实施违反其规定的行为,规定了应承担的法律责任,包括民事责任、行政责任和刑事责任。

(一) 民事责任

违反《森林法》规定,侵害森林、林木、林地的所有者或者使用者的合法权益的,依法承担侵权责任。

(二) 行政责任

1. 未尽保护培育森林资源和编制、实施森林经营方案义务的责任

违反《森林法》规定,国有林业企业事业单位未履行保护培育森林资源义务、未编制森林经营方案或者未按照批准的森林经营方案开展森林经营活动的,由县级以上人民政府林业主管部门责令限期改正,对直接负责的主管人员和其他直接责任人员依法给予处分。

2. 擅自改变林地用途和违反林地占用规定的责任

违反《森林法》规定,未经县级以上人民政府林业主管部门审核同意,擅自改变林地用途的,以及在临时使用的林地上修建永久性建筑物,或者临时使用林地期满后1年内未恢复植被或者林业生产条件的,由县级以上人民政府林业主管部门责令限期恢复植被和林业生产条件,可以处恢复植被和林业生产条件所需费用3倍以下的罚款。虽经县级以上人民政府林业主管部门审核同意,但未办理建设用地审批手续擅自占用林地的,依照《土地管理法》的有关规定处罚。

3. 毁坏林地、林木的责任

违反《森林法》规定,进行开垦、采石、采砂、采土或者其他活动,造成林木毁坏的,由县级以上人民政府林业主管部门责令停止违法行为,限期在原地或者异地补种毁坏株数1倍以上3倍以下的树木,可以处毁坏林木价值5倍以下的罚款;造成林地毁坏的,由县级以上人民政府林业主管部门责令停止违法行为,限期恢复植被和林业生产条件,可以处恢复植被和林业生产条件所需费用3倍以下的罚款。

违反《森林法》规定,在幼林地砍柴、毁苗、放牧造成林木毁坏的,由县级以上人民政府林业主管部门责令停止违法行为,限期在原地或者异地补种毁坏株数1倍以上3倍以下的树木。

向林地排放重金属或者其他有毒有害物质含量超标的污水、污泥,以及可能造成林地污染的清淤底泥、尾矿、矿渣等的,依照《土壤污染防治法》的有关规定处罚。

4. 盗伐、滥伐林木的责任

盗伐林木的,由县级以上人民政府林业主管部门责令限期在原地或者异地补种盗伐株数 1 倍以上 5 倍以下的树木,并处盗伐林木价值 5 倍以上 10 倍以下的罚款。滥伐林木的,由县级以上人民政府林业主管部门责令限期在原地或者异地补种滥伐株数 1 倍以上 3 倍以下的树木,可以处滥伐林木价值 3 倍以上 5 倍以下的罚款。

违反《森林法》规定,收购、加工、运输明知是盗伐、滥伐等非法来源的林木的,由县级以上人民政府林业主管部门责令停止违法行为,没收违法收购、加工、运输的林木或者变卖所得,可以处违法收购、加工、运输林木价款 3 倍以下的罚款。

5. 伪造、变造、买卖、租借采伐许可证的责任

违反《森林法》规定,伪造、变造、买卖、租借采伐许可证的,由县级以上人民政府林业主管部门没收证件和违法所得,并处违法所得 1 倍以上 3 倍以下的罚款;没有违法所得的,可以处 2 万元以下的罚款。

6. 采伐单位或个人未完成更新造林任务的法律责任

未完成更新造林任务的,由县级以上人民政府林业主管部门责令限期完成;逾期未完成的,可以处未完成造林任务所需费用 2 倍以下的罚款;对直接负责的主管人员和其他直接责任人员,依法给予处分。

(三) 刑事责任

违反《森林法》规定,构成犯罪的,依法追究刑事责任。

第四节 草 原 法

一、草原法概述

(一) 草原法的概念

草原是以旱生、多年生草本植物为主的植物群落,是重要的自然资源之一。草原既是重要的生产资料、燃料和饲料,也能够调节气候、涵养水源、保持水土和防风固沙。

草原法是指调整人们在草原的保护、建设、利用和管理过程中所发生的各种经济关系的法律规范的总称。草原法有广义和狭义之分。狭义的草原法仅指《草原法》,该法于 1985 年 6 月 18 日六届全国人大常委会第十一次会议通过,经 2002 年 12 月 28 日九届全国人民代表大会常委会第三十一次会议、2009 年 8 月 27 日十一届全国人大常委会第十次会议和 2013 年 6 月 29 日十二届全国人大常委会第三次会议多次修订和修正。广义的草原法,除了《草原法》外,还包括所有草原

管理方面的法律、法规,如《草原防火条例》《草原征占用审核审批管理办法》《草原治虫灭鼠实施规定》等。

(二) 草原管理体制

根据《草原法》第 8 条的规定,国务院草原行政主管部门主管全国草原监督管理工作;县级以上地方人民政府草原行政主管部门主管本行政区域内草原监督管理工作;乡(镇)人民政府应当加强对本行政区域内草原保护、建设和利用情况的监督检查,根据需要可以设专职或者兼职人员负责具体监督检查工作。

另外,国务院草原行政主管部门和草原面积较大的省、自治区的县级以上地方人民政府草原行政主管部门设立草原监督管理机构,负责草原法律、法规执行情况的监督检查,对违反草原法律、法规的行为进行查处。

二、草原权属

(一) 草原所有权和使用权的归属

《草原法》第 9 条规定,草原属于国家所有,由法律规定属于集体所有的除外。国家所有的草原,由国务院代表国家行使所有权。任何单位或者个人不得侵占、买卖或者以其他形式非法转让草原。

国家所有的草原,可以依法确定给全民所有制单位、集体经济组织等使用。依法确定给全民所有制单位、集体经济组织等使用的国家所有的草原,由县级以上人民政府登记,核发使用权证,确认草原使用权。未确定使用权的国家所有的草原,由县级以上人民政府登记造册,并负责保护管理。集体所有的草原,由县级人民政府登记,核发所有权证,确认草原所有权。依法改变草原权属的,应当办理草原权属变更登记手续。依法登记的草原所有权和使用权受法律保护,任何单位或者个人不得侵犯。

集体所有的草原或者依法确定给集体经济组织使用的国家所有的草原,可以由本集体经济组织内的家庭或者联户承包经营;经本集体经济组织成员的村(牧)民会议 2/3 以上成员或者 2/3 以上村(牧)民代表的同意并经乡(镇)人民政府批准,也可以由本集体经济组织以外的单位或者个人承包经营。承包经营草原,发包方和承包方应当签订书面合同。承包期届满,原承包经营者在同等条件下享有优先承包权。承包经营草原的单位和个人,应当履行保护、建设和按照承包合同约定的用途合理利用草原的义务。

经发包方同意,草原承包经营权可以按照自愿、有偿的原则依法转让。草原承包经营权的受让方必须具有从事畜牧业生产的能力,并应当履行保护、建设和按照承包合同约定的用途合理利用草原的义务。承包方与受让方在转让合同中约定的转让期限,不得超过原承包合同剩余的期限。

(二) 草原所有权和使用权争议的解决

根据《草原法》第16条的规定,草原所有权、使用权的争议,通过以下途径解决:① 协商,即由当事人协商解决。② 政府处理,即协商不成的,由有关人民政府处理。单位之间的争议,由县级以上人民政府处理;个人之间、个人与单位之间的争议,由乡(镇)人民政府或者县级以上人民政府处理。③ 诉讼,即当事人对有关人民政府的处理决定不服的,可以依法向人民法院起诉。

三、草原的管理

(一) 草原的规划

《草原法》第17条规定,国家对草原保护、建设、利用实行统一规划制度。国务院草原行政主管部门会同国务院有关部门编制全国草原保护、建设、利用规划,报国务院批准后实施。县级以上地方人民政府草原行政主管部门会同同级有关部门依据上一级草原保护、建设、利用规划编制本行政区域的草原保护、建设、利用规划,报本级人民政府批准后实施。经批准的草原保护、建设、利用规划必须严格执行,确需调整或者修改时,须经原批准机关批准。

编制草原保护、建设、利用规划,应当依据国民经济和社会发展规划并遵循下列原则:① 改善生态环境,维护生物多样性,促进草原的可持续利用;② 以现有草原为基础,因地制宜,统筹规划,分类指导;③ 保护为主、加强建设、分批改良、合理利用;④ 生态效益、经济效益和社会效益相结合。规划内容应当包括草原保护、建设、利用的目标和措施,草原功能分区和各项建设的总体部署,各项专业规划等。

草原保护、建设、利用规划应当与土地利用总体规划相衔接,与环境保护规划、水土保持规划、防沙治沙规划、水资源规划、林业长远规划、城市总体规划、村庄和集镇规划以及其他有关规划相协调。

(二) 草原的建设

1. 加强政府投入,鼓励各方投资

县级以上人民政府应当增加草原建设的投入,支持草原建设;国家鼓励单位和个人投资建设草原,按照"谁投资、谁受益"的原则保护草原投资建设者的合法权益。

2. 推动草原建设,提高生产能力

县级以上人民政府应当支持、鼓励和引导农牧民开展草原围栏、饲草饲料储备、牲畜圈舍、牧民定居点等生产生活设施的建设,支持草原水利设施建设,改善人畜饮水条件,加强草种基地建设,鼓励选育、引进、推广优良草品种。

3. 进行防火设施建设,开展草原专项治理

县级以上人民政府应当有计划地进行火情监测、防火物资储备、防火隔离带等草原防火设施的建设,确保防火需要。对退化、沙化、盐碱化、石漠化和水土流失的草原,地方各级人民政府应当按照草原保护、建设、利用规划,划定治理区,组织专项治理。

(三) 草原的利用

《草原法》第33—34条规定,草原承包经营者应当合理利用草原,不得超过草原行政主管部门核定的载畜量;草原承包经营者应当采取种植和储备饲草饲料、增加饲草饲料供应量、调剂处理牲畜、优化畜群结构、提高出栏率等措施,保持草畜平衡;牧区的草原承包经营者应当实行划区轮牧,合理配置畜群,均衡利用草原。

进行矿藏开采和工程建设,应当不占或者少占草原;确需征收、征用或者使用草原的,必须经省级以上人民政府草原行政主管部门审核同意后,依照有关土地管理的法律、行政法规办理建设用地审批手续。因建设征收、征用集体所有的草原的,应当依照《土地管理法》的规定给予补偿;因建设使用国家所有的草原的,应当依照国务院有关规定对草原承包经营者给予补偿。因建设征收、征用或者使用草原的,应当交纳草原植被恢复费。草原植被恢复费专款专用,由草原行政主管部门按照规定用于恢复草原植被。

需要临时占用草原的,应当经县级以上地方人民政府草原行政主管部门审核同意。临时占用草原的期限不得超过2年,并不得在临时占用的草原上修建永久性建筑物、构筑物;占用期满,用地单位必须恢复草原植被并及时退还。

在草原上修建直接为草原保护和畜牧业生产服务的工程设施,需要使用草原的,由县级以上人民政府草原行政主管部门批准;修筑其他工程,需要将草原转为非畜牧业生产用地的,必须依法办理建设用地审批手续。

(四) 草原的保护

1. 基本草原保护制度

《草原法》第42—43条规定,国家实行基本草原保护制度,建立草原自然保护区。下列草原应当划为基本草原,实施严格管理:① 重要放牧场;② 割草地;③ 用于畜牧业生产的人工草地、退耕还草地以及改良草地、草种基地;④ 对调节气候、涵养水源、保持水土、防风固沙具有特殊作用的草原;⑤ 作为国家重点保护野生动植物生存环境的草原;⑥ 草原科研、教学试验基地;⑦ 国务院规定应当划为基本草原的其他草原。另外,国务院草原行政主管部门或者省、自治区、直辖市人民政府可以在下列地区建立草原自然保护区:一是具有代表性的草原类型;二是珍稀濒危野生动植物分布区;三是具有重要生态功能和经济科研价值的草原。

2. 以草定畜、草畜平衡制度

国家对草原实行以草定畜、草畜平衡制度。县级以上地方人民政府草原行政主管部门应当按照国务院草原行政主管部门制定的草原载畜量标准,结合当地实际情况,定期核定草原载畜量。各级人民政府应当采取有效措施,防止超载过牧。另外,对严重退化、沙化、盐碱化、石漠化的草原和生态脆弱区的草原,实行禁牧、休牧制度。

3. 禁止破坏草原的规定

《草原法》第46—50条规定,禁止开垦草原。对水土流失严重、有沙化趋势、需要改善生态环境的已垦草原,应当有计划、有步骤地退耕还草;已造成沙化、盐碱化、石漠化的,应当限期治理。对严重退化、沙化、盐碱化、石漠化的草原和生态脆弱区的草原,实行禁牧、休牧制度。禁止在荒漠、半荒漠和严重退化、沙化、盐碱化、石漠化、水土流失的草原以及生态脆弱区的草原上采挖植物和从事破坏草原植被的其他活动。在草原上从事采土、采砂、采石等作业活动,应当报县级人民政府草原行政主管部门批准;开采矿产资源的,应当依法办理有关手续。

在草原上开展经营性旅游活动,应当符合有关草原保护、建设、利用规划,并事先征得县级以上地方人民政府草原行政主管部门的同意,方可办理有关手续,并不得侵犯草原所有者、使用者和承包经营者的合法权益,不得破坏草原植被。除抢险救灾和牧民搬迁的机动车辆外,禁止机动车辆离开道路在草原上行驶,破坏草原植被;因从事地质勘探、科学考察等活动确需离开道路在草原上行驶的,应当事先向所在地县级人民政府草原行政主管部门报告行驶区域和行驶路线,并按照报告的行驶区域和行驶路线在草原上行驶。

4. 草原防火规定

《草原法》第53—54条规定,各级人民政府应当建立草原防火责任制,规定草原防火期,制定草原防火扑火预案,切实做好草原火灾的预防和扑救工作。同时,县级以上地方人民政府草原行政主管部门应当采取措施,加强草原鼠害、病虫害和毒害草监测预警、调查以及防治工作,组织研究和推广综合防治的办法。

四、法律责任

(一)违法利用草原行为的法律责任

违法利用草原的行为包括:买卖或者以其他形式非法转让草原;未经批准或者采取欺骗手段骗取批准,非法使用草原;在临时占用的草原上修建永久性建筑物和构筑物或不予恢复草原植被、违反《草原法》有关草畜平衡制度的规定等。

对于上述行为,构成犯罪的,依法追究刑事责任;尚不够刑事处罚的,县级以上人民政府草原行政主管部门可进行行政处罚,包括停止违法行为、限期改正、限期拆除建筑物和其他设施、没收违法所得,并处一定数额的罚款。

(二)破坏草原行为的法律责任

破坏草原的行为包括:非法开垦草原;在荒漠、半荒漠和严重退化、沙化、盐碱化、石漠化、水土流失的草原以及生态脆弱区的草原上,采挖植物或者从事破坏草原植被的其他活动;未经批准或者未按照规定的时间、区域和采挖方式,在草原上进行采土、采砂、采石等活动;擅自在草原上开展经营性旅游活动,破坏草原植被;非抢险救灾和牧民搬迁的机动车辆离开道路在草原上行驶,或者从事地质勘探、科学考察等活动未按照确认的行驶区域和行驶路线在草原上行驶,破坏草原植被等。

对于上述行为,由县级以上地方人民政府草原行政主管部门进行行政处罚,包括责令停止违法行为、没收非法财物和违法所得,并处一定数额的罚款;给草原所有者或者使用者造成损失的,依法承担赔偿责任。

(三) 国家机关及其工作人员违法的法律责任

国家机关及其工作人员的违法行为包括:未经批准,擅自改变草原保护、建设、利用规划;截留、挪用草原改良、人工种草和草种生产资金或者草原植被恢复费;无权批准或超越批准权限非法批准征用、使用草原或者违反法律规定的程序批准征收、征用、使用草原;玩忽职守、滥用职权,不依法履行监督管理职责,或者发现违法行为不予查处,造成严重后果等。

对于上述行为,构成犯罪的,依法追究刑事责任;尚不够刑事处罚的,依法给予行政处分。非法批准征收、征用、使用草原的文件无效,非法批准征收、征用、使用的草原收回,给当事人造成损失的,依法承担赔偿责任。

第五节 水 法

一、水法概述

(一) 水法的概念

水资源是人类生产和生活的重要资源,包括地表水和地下水。地表水主要是指江河、湖泊、冰川之中的水,地下水是指土地下蕴藏的水。

水法是调整人们在水资源的开发、利用、节约和保护以及防治水害过程中发生的各种经济关系的法律规范的总称。水法有广义和狭义之分。狭义的水法仅指《水法》,该法于1988年1月21日六届全国人大常委会第二十四次会议通过,经2002年8月29日九届全国人大常委会第二十九次会议、2009年8月27日十一届全国人大常委会第十次会议和2016年7月2日十二届全国人大常委会第二十一次会议多次修订和修改。广义的水法,除了《水法》外,还包括所有水资源管理方面的法律、法规,如《防洪法》《取水许可和水资源费征收管理条例》等。

(二) 水资源管理体制

《水法》规定,国家对水资源实行流域管理与行政区域管理相结合的管理体制。国务院水行政主管部门负责全国水资源的统一管理和监督工作。国务院水行政主管部门在国家确定的重要江河、湖泊设立的流域管理机构,在所管辖的范围内行使法律、行政法规规定的和国务院水行政主管部门授予的水资源管理和监督职责。县级以上地方人民政府水行政主管部门按照规定的权限,负责本行政区域内水资源的统一管理和监督工作。

二、水权

水权是指水资源的所有权和使用权。《水法》规定,水资源属于国家所有,水资源的所有权由国务院代表国家行使。农村集体经济组织的水塘和由农村集体经济组织修建管理的水库中的水,归各该农村集体经济组织使用。

国家对水资源依法实行取水许可制度和有偿使用制度。但是,农村集体经济组织及其成员使用本集体经济组织的水塘、水库中的水除外。国务院水行政主管部门负责全国取水许可制度和水资源有偿使用制度的组织实施。

三、水资源的管理

(一) 水资源规划

《水法》规定,国家制定全国水资源战略规划。开发、利用、节约、保护水资源和防治水害,应当按照流域、区域统一制定规划。规划分为流域规划和区域规划,它们均可以包括综合规划和专业规划。流域范围内的区域规划应当服从流域规划,专业规划应当服从综合规划。流域综合规划和区域综合规划以及与土地利用关系密切的专业规划,应当与国民经济和社会发展规划以及土地利用总体规划、城市总体规划和环境保护规划相协调,兼顾各地区、各行业的需要。

国家确定的重要江河、湖泊的流域综合规划,由国务院水行政主管部门会同国务院有关部门和有关省级人民政府编制,报国务院批准;跨省、自治区、直辖市的其他江河、湖泊的流域综合规划和区域综合规划,由有关流域管理机构会同江河、湖泊所在地的省级人民政府水行政主管部门和有关部门编制,经有关省级人民政府审查提出意见后,报国务院水行政主管部门审核,国务院水行政主管部门征求国务院有关部门意见后,报国务院或者其授权的部门批准;上述规定以外的其他江河、湖泊的流域综合规划和区域综合规划,由县级以上地方人民政府水行政主管部门会同同级有关部门和有关地方人民政府编制,报本级人民政府或者其授权的部门批准,并报上一级水行政主管部门备案。另外,专业规划由县级以上人民政府有关部门编制,征求同级其他有关部门意见后,报本级人民政府批准。其中,防洪规划、水土保持规划的编制、批准,依照防洪法、水土保持法的有关规定执行。经批准的规划需要修改时,必须按照规划编制程序经原批准机关批准。

(二) 水资源的开发利用

《水法》规定,开发、利用水资源,应当遵循以下四项主要原则:① 兴利与除害相结合的原则。开发、利用水资源,要兼顾上下游、左右岸和有关地区之间的利益,充分发挥水资源的综合效益,并服从防洪的总体安排。② 合理满足需要的原则。开发、利用水资源,应当首先满足城乡居民生活用水,并兼顾农业、工业、生态环境用水以及航运等需要。③ 合理调水原则。跨流域调水,应当进行全面规划和科学论证,统筹兼顾调出和调入流域的用水需要,防止对生态环境造成破坏。④ 因地制宜原则。地方各级人民政府应当结合本地区水资源的实际情况,按照地表水与地下水统一调度开发、开源与节流相结合、节流优先和污水处理再利用的原则,合理组织开发、综合利用水资源。

开发、利用水资源,还应当遵守以下四项主要规定:① 地方各级人民政府应当加强对灌溉、排涝、水土保持工作的领导,促进农业生产发展;农村集体经济组织或者其成员对投资兴建的水工程设施及其蓄水进行管理和合理使用。② 国家鼓励开发、利用水能资源。在水能丰富的河流,应当有计划地进行多目标梯级开发。③ 国家鼓励开发、利用水运资源。在河流上修建永久性拦河闸坝的建设单位,应当同时修建过鱼、过船、过木设施或者采取其他补救措施。④ 国家对水工程建设移民实行开发性移民的方针,按照前期补偿、补助与后期扶持相结合的原则,妥善安排移民的生产和生活,保护移民的合法权益。

(三) 水资源的保护

1. 规划保护

县级以上人民政府水行政主管部门、流域管理机构以及其他有关部门在制定水资源开发、利用规划和调度水资源时,应当注意维持江河的合理流量和湖泊、水库以及地下水的合理水位,维护水体的自然净化能力。从事水资源开发、利用、节约、保护和防治水害等水事活动时,违反规划造成江河和湖泊水域使用功能降低、地下水超采、地面沉降、水体污染的,应当承担治理责任。

2. 水功能区管理

国务院、省级人民政府和县级以上人民政府的水行政主管部门会同相关部门分别对相应的江河、湖泊拟定水功能区划,并报批准。县级以上水行政主管部门或者流域管理机构应当按照水功能区对水质的要求和水体的自然净化能力,核定该水域的纳污能力,向环境保护行政主管部门提出该水域的限制排污总量意见;还应当对水功能区的水质状况进行监测,发现重点污染物排放总量超标或者水功能区的水质未达到要求的,应当及时报告有关人民政府采取治理措施,并向环境保护行政主管部门通报。

3.饮用水水源的保护

省级人民政府应当划定饮用水水源保护区,并采取措施,防止水源枯竭和水体污染,保证城乡居民饮用水安全。另外,禁止在饮用水水源保护区内设置排污口。

4.灌溉用水的保护

从事工程建设,占用农业灌溉水源、灌排工程设施,或者对原有灌溉用水、供水水源有不利影响的,建设单位应当采取相应的补救措施;造成损失的,依法给予补偿。

5.地下水保护

在地下水超采地区,县级以上地方人民政府应当采取措施,严格控制开采地下水。在地下水严重超采地区,经省级人民政府批准,可以划定地下水禁止开采或者限制开采区。在沿海地区开采地下水,应当经过科学论证,并采取措施,防止地面沉降和海水入侵。

(四)水资源配置和节约使用

1.水中长期供求规划、水量分配方案和用水计划

国务院发展计划主管部门和国务院水行政主管部门负责全国水资源的宏观调配。国务院和县级以上地方人民政府的水行政主管部门分别制定全国、跨省和地方的水中长期供求规划,并报批准。

调蓄径流和分配水量,应当依据流域规划和水中长期供求规划,以流域为单元制定水量分配方案。另外,县级以上地方人民政府水行政主管部门或者流域管理机构应当根据批准的水量分配方案和年度预测来水量,制定年度水量分配方案和调度计划,实施水量统一调度。

国家对用水实行总量控制和定额管理相结合的制度。省级人民政府有关行业主管部门应当制订本行政区域内行业用水定额,经审核后公布。县级以上地方人民政府发展计划主管部门会同同级水行政主管部门,根据用水定额、经济技术条件以及水量分配方案确定的可供本行政区域使用的水量,制定年度用水计划,对本行政区域内的年度用水实行总量控制。

2.取水许可和计划用水

直接从江河、湖泊或者地下取用水资源的单位和个人,应当按照国家取水许可制度和水资源有偿使用制度的规定,向水行政主管部门或者流域管理机构申请领取取水许可证,并缴纳水资源费,取得取水权。但是,家庭生活和零星散养、圈养畜禽饮用等少量取水的除外。

另外,用水应当计量,并按照批准的用水计划用水。用水实行计量收费和超定额累进加价制度。

3. 节约用水

在农业上,各级人民政府应当推行节水灌溉方式和节水技术,对农业蓄水、输水工程采取必要的防渗漏措施,提高农业用水效率。

在工业上,工业用水应当采用先进技术、工艺和设备,增加循环用水次数,提高水的重复利用率;国家逐步淘汰落后的、耗水量高的工艺、设备和产品,生产者、销售者或者生产经营中的使用者应当在规定的时间内停止生产、销售或者使用;新建、扩建、改建建设项目,应当制订节水措施方案,配套建设节水设施;供水企业和自建供水设施的单位应当加强供水设施的维护管理,减少水的漏失。

在生活上,城市人民政府应当因地制宜采取有效措施,推广节水型生活用水器具,降低城市供水管网漏失率,提高生活用水效率;加强城市污水集中处理,鼓励使用再生水,提高污水再生利用率。

四、法律责任

(一) 违反水资源保护规定的法律责任

违反水资源保护规定的行为包括:在饮用水水源保护区内设置排污口;未经水行政主管部门或者流域管理机构审查同意,擅自在江河、湖泊新建、改建或者扩大排污口等。

对于上述行为,县级以上人民政府水行政主管部门或者流域管理机构依据职权,责令停止违法行为,限期恢复原状,并处一定数额的罚款。

(二) 违反防洪规定的法律责任

违反防洪规定的行为包括:在河道管理范围内建设妨碍行洪的建筑物、构筑物,或者从事影响河势稳定、危害河岸堤防安全和其他妨碍河道行洪的活动;未经水行政主管部门或者流域管理机构同意,擅自修建水工程,或者建设桥梁、码头和其他拦河、跨河、临河建筑物、构筑物,铺设跨河管道、电缆;在江河、湖泊、水库、运河、渠道内弃置、堆放阻碍行洪的物体和种植阻碍行洪的林木及高秆作物;围湖造地或者未经批准围垦河道;侵占、毁坏水工程及堤防、护岸等有关设施,毁坏防汛、水文监测、水文地质监测设施等。

对于上述行为,构成犯罪的,依照刑法的有关规定追究刑事责任;尚不够刑事处罚的,由县级以上人民政府水行政主管部门或者流域管理机构依据职权,责令停止违法行为,限期拆除违法建筑物、构筑物,恢复原状,限期清除障碍或者采取其他补救措施,并处一定数额的罚款。

(三) 违反取水许可和有偿取得规定的法律责任

违反取水和节约用水规定的行为包括:未经批准擅自取水;未依照批准的取水许可规定条件取水的;拒不缴纳、拖延缴纳或者拖欠水资源费等。

对于上述行为,县级以上人民政府水行政主管部门或者流域管理机构依据职权,责令停止违法行为,限期采取补救措施,处以一定数额罚款,加收滞纳金,吊销取水许可证等。

(四) 违反节约用水规定的法律责任

违反节约用水规定的行为包括:生产、销售或者在生产经营中使用国家明令淘汰的落后的、耗水量高的工艺、设备和产品;建设项目的节水设施没有建成或者没有达到国家规定的要求,擅自投入使用等。

对于上述行为,县级以上人民政府有关部门或者流域管理机构依据职权,责令停止生产、销售或者使用,限期改正,并处一定数额的罚款。

(五) 国家机关及其工作人员违法的法律责任

水行政主管部门或者其他有关部门以及水工程管理单位及其工作人员,利用职务上的便利收取他人财物、其他好处或者玩忽职守,对不符合法定条件的单位或者个人核发许可证、签署审查同意意见,不按照水量分配方案分配水量,不按照国家有关规定收取水资源费,不履行监督职责,或者发现违法行为不予查处,造成严重后果,构成犯罪的,对负有责任的主管人员和其他直接责任人员依照刑法的有关规定追究刑事责任;尚不够刑事处罚的,依法给予行政处分。

第六节 矿产资源法

一、矿产资源法概述

(一) 矿产资源法的概念

矿产资源是指由地质作用形成的,具有利用价值的,呈固态、液态、气态的自然资源。它包括呈固体、液体或气体状态的各种金属、非金属、燃料矿产和地下热能。矿产资源的储量有限,具有不可再生性。

矿产资源法是指调整人们在矿产资源的保护、开发、利用和管理过程中所发生的各种经济关系的法律规范的总称。矿产资源法有广义和狭义之分。狭义的矿产资源法仅指《矿产资源法》,该法于1986年3月19日六届全国人大常委会第十五次会议通过,经1996年8月29日八届全国人大常委会第二十一次会议、2009年8月27日十一届全国人大常委会第十次会议修正。广义的矿产资源法,除了《矿产资源法》外,还包括所有矿产资源管理的法律、法规,如《矿产资源法实施细则》《矿产资源勘查区块登记管理办法》《矿产资源开采登记管理办法》《矿产资源补偿费征收管理规定》《矿产资源规划实施管理办法》《矿产资源节约与综合利用专项资金管理办法》等。

(二) 矿产资源管理体制

国务院地质矿产主管部门主管全国矿产资源勘查、开采的监督管理工作。国务院有关主管部门协助国务院地质矿产主管部门进行矿产资源勘查、开采的监督管理工作。

省、自治区、直辖市人民政府地质矿产主管部门主管本行政区域内矿产资源勘查、开采的监督管理工作。省、自治区、直辖市人民政府有关主管部门协助同级地质矿产主管部门进行矿产资源勘查、开采的监督管理工作。

设区的市人民政府、自治州人民政府和县级人民政府及其负责管理矿产资源的部门，依法对本级人民政府批准开办的国有矿山企业和本行政区域内的集体所有制矿山企业、私营矿山企业、个体采矿者以及在本行政区域内从事勘查施工的单位和个人进行监督管理，依法保护探矿权人、采矿权人的合法权益。

二、矿权

(一) 矿产资源的所有权

《矿产资源法》第3条规定，矿产资源属于国家所有，由国务院行使国家对矿产资源的所有权。地表或者地下的矿产资源的国家所有权，不因其所依附的土地的所有权或者使用权的不同而改变。

这表明，凡我国领域及管辖海域的矿产资源均属于国家所有，国务院统一行使所有权。矿产资源的国家所有权是我国矿产资源开发、利用和管理的法律基础，它具有主体唯一性、客体广泛性和权利独立性。

(二) 探矿权和采矿权

根据《矿产资源法》和《矿产资源法实施细则》的规定，国家对矿产资源的勘查、开采实行许可证制度。勘查矿产资源，必须依法申请登记，领取勘查许可证，取得探矿权，但已经依法申请取得采矿权的矿山企业在划定的矿区范围内为本企业的生产而进行的勘查除外；开采矿产资源，必须依法申请登记，领取采矿许可证，取得采矿权。

《矿产资源勘查区块登记管理办法》规定，勘查矿产资源，根据不同情况分别由国务院地质矿产主管部门和省级人民政府地质矿产主管部门审批登记，颁发勘查许可证。勘查许可证有效期最长为3年，但是，石油、天然气勘查许可证有效期最长为7年。在办理手续后，可以延长勘查工作时间，每次延续时间不得超过2年。石油、天然气滚动勘探开发的采矿许可证有效期最长为15年；但是，探明储量的区块，应当申请办理采矿许可证。

《矿产资源开采登记管理办法》规定，开采矿产资源，根据不同情况分别由国务院地质矿产主管部门、省级人民政府地质矿产主管部门和县级以上地方人民政府负责地质矿产管理工作的部门审批登记,颁发采矿许可证。采矿许可证有效期,按照矿山建设规模确定:大型以上的,采矿许可证有效期最长为30年;中型的,采矿许可证有效期最长为20年;小型的,采矿许可证有效期最长为10年。采矿许可证有效期满,需要继续采矿的,采矿权人应当在采矿许可证有效期届满的30日前,到登记管理机关办理延续登记手续。

《矿产资源法》规定,国家实行探矿权、采矿权有偿取得的制度。根据《矿产资源勘查区块登记管理办法》和《矿产资源开采登记管理办法》的规定,申请人应分别逐年缴纳探矿权使用费和采矿权使用费。申请国家出资勘查并已经探明矿产地的区块的探矿权或采矿权的,申请人除缴纳探矿权、采矿权使用费外,还应当分别缴纳经评估确认的国家出资勘查形成的探矿权、采矿权价款。

除按下列规定可以转让外,探矿权、采矿权不得转让:① 探矿权人有权在划定的勘查作业区内进行规定的勘查作业,有权优先取得勘查作业区内矿产资源的采矿权。探矿权人在完成规定的最低勘查投入后,经依法批准,可以将探矿权转让他人。② 已取得采矿权的矿山企业,因企业合并、分立,与他人合资、合作经营,或者因企业资产出售以及有其他变更企业资产产权的情形而需要变更采矿权主体的,经依法批准可以将采矿权转让他人采矿。

三、矿产资源的勘查和开采

(一) 矿产资源的勘查

探矿权人应当自领取勘查许可证之日起,按照规定完成最低勘查投入;当年度的勘查投入高于最低勘查投入标准的,高于的部分可以计入下一个勘查年度的勘查投入。探矿权人在勘查许可证有效期内探明可供开采的矿体后,经登记管理机关批准,可以停止相应区块的最低勘查投入,并可以在勘查许可证有效期届满的30日前,申请保留探矿权。

探矿权人应当自领取勘查许可证之日6个月内开始施工;在开始勘查工作时,应当向勘查项目所在地的县级人民政府负责地质矿产管理工作的部门报告,并向登记管理机关报告开工情况。

探矿权人在勘查许可证有效期内进行勘查时,发现符合国家边探边采规定要求的复杂类型矿床的,可以申请开采,经登记管理机关批准,办理采矿登记手续。探矿权人在勘查石油、天然气等流体矿产期间,需要试采的,应当向登记管理机关提交试采申请,经批准后可以试采1年;需要延长试采时间的,必须办理登记手续。

探矿权人应当在勘查许可证规定的期限内完成勘查工作,编写矿产资源勘查报告,提交有关部门审批。探矿权人在查明主要矿种的同时,应当对矿区内具有工业价值的共生和伴生矿产进行综合评价,并计算其储量,未作综合评价的勘查报告不予批准。但是,国务院计划部门另有规定的矿床勘探项目除外。另外,勘查报告及其他有价值的勘查资料,按照国务院规定实行有偿使用。

探矿权人在勘查中,应当遵守有关法律、法规关于劳动安全、土地复垦和环境保护的规定;勘查作业完毕,应当及时封、填探矿作业遗留的井、硐或者采取其他措施,消除安全隐患。

探矿权人取得临时使用土地权后,在勘查过程中给他人造成财产损害的,按照下列规定给予补偿:① 对耕地造成损害的,根据受损害的耕地面积前3年平均年产量,以补偿时当地市场平均价格计算,逐年给予补偿,并负责恢复耕地的生产条件,及时归还;② 对牧区草场造成损害的,按照前项规定逐年给予补偿,并负责恢复草场植被,及时归还;③ 对耕地上的农作物、经济作物造成损害的,根据受损害的耕地面积前3年平均年产量,以补偿时当地市场平均价格计算,给予补偿;④ 对竹木造成损害的,根据实际损害株数,以补偿时当地市场平均价格逐株计算,给予补偿;⑤ 对土地上的附着物造成损害的,根据实际损害的程度,以补偿时当地市场价格,给予适当补偿。

(二)矿产资源的开采

采矿权人应当按照采矿许可证规定的开采范围和期限从事开采活动。在开采矿产资源时,必须采取合理的开采顺序、开采方法和选矿工艺。矿山企业的开采回采率、采矿贫化率和选矿回收率应当达到设计要求。

在开采主要矿产的同时,对具有工业价值的共生和伴生矿产应当统一规划,综合开采,综合利用,防止浪费。对暂时不能综合开采或者必须同时采出而暂时还不能综合利用的矿产以及含有有用成分的尾矿,应当采取有效的保护措施,防止损失破坏。

采矿权人在开采矿产资源中,应当遵守国家有关劳动安全、水土保持、土地复垦和环境保护的法律、法规,注意节约用地,对受到破坏的耕地、草原、林地采取复垦利用、植树种草或者其他利用措施,防止环境污染。开采矿产资源给他人生产、生活造成损失的,应当负责赔偿,并采取必要的补救措施。

采矿权人自行销售矿产品,但是国务院规定由指定的单位统一收购的矿产品,任何其他单位或者个人不得收购,开采者也不得向非指定单位销售。

采矿权人在采矿许可证有效期满或者在有效期内,停办矿山而矿产资源尚未采完的,必须采取措施将资源保持在能够继续开采的状态,并事先完成下列工作:编制矿山开采现状报告及实测图件;按照有关规定报销所消耗的储量;按照原设计实际完成相应的有关劳动安全、水土保持、土地复垦和环境保护工作,或者缴清土地复垦和环境保护的有关费用。

四、法律责任

(一) 擅自采矿的法律责任

未取得采矿许可证擅自采矿的,擅自进入国家规划矿区、对国民经济具有重要价值的矿区范围采矿的,擅自开采国家规定实行保护性开采的特定矿种的,责令停止开采、赔偿损失,没收采出的矿产品和违法所得,可以并处罚款;拒不停止开采,造成矿产资源破坏的,依法对直接责任人员追究刑事责任。单位和个人进入他人依法设立的国有矿山企业和其他矿山企业矿区范围内采矿的,依照上述规定处罚。

(二) 超越批准范围采矿的法律责任

超越批准的矿区范围采矿的,责令退回本矿区范围内开采、赔偿损失,没收越界开采的矿产品和违法所得,可以并处罚款;拒不退回本矿区范围内开采,造成矿产资源破坏的,吊销采矿许可证,依法对直接责任人员追究刑事责任。

(三) 侵害矿山企业、勘查单位的法律责任

盗窃、抢夺矿山企业和勘查单位的矿产品和其他财物的,破坏采矿、勘查设施的,扰乱矿区和勘查作业区的生产秩序、工作秩序的,分别依照刑法有关规定追究刑事责任;情节显著轻微的,依照治安管理处罚法有关规定予以处罚。

(四) 违法转让矿产资源和矿权的法律责任

买卖、出租或者以其他形式转让矿产资源的,没收违法所得,处以罚款。违法将探矿权、采矿权倒卖牟利的,吊销勘查许可证、采矿许可证,没收违法所得,处以罚款。

(五) 违法收购和销售国家统一收购矿产品的法律责任

违法收购和销售国家统一收购的矿产品的,没收矿产品和违法所得,可以并处罚款;情节严重的,依法追究刑事责任。

(六) 采取破坏性的开采方法开采矿产资源的法律责任

采取破坏性的开采方法开采矿产资源的,处以罚款,可以吊销采矿许可证;造成矿产资源严重破坏的,依法对直接责任人员追究刑事责任。

复习思考题

1. 如何理解自然资源法的基本原则?
2. 实施哪些法律制度可以实现耕地保护的目标?
3. 论述森林保护和森林经营管理的法律规定。
4. 如何规范水资源的开发和利用?
5. 试析探矿权、采矿权有偿取得制度。

第十八章 国家投资法

国家投资法主要调整固定资产投资活动中所形成的两种关系：一是国家机关对固定资产投资进行领导和组织而形成的管理关系，如国家主管机关对投资计划的审批和监督，土地管理机关对建设项目需用土地的划拨、征用和使用权的转让等；二是各有关社会组织之间为完成一定的投资项目所形成的协作关系。国家及其相关主管部门为调整固定资产投资关系而制定的各种法律、法规、规定等规范性文件，如1988年的《关于投资管理体制的近期改革方案》，1997年制定并于2011年、2019年修正的《建筑法》，1999年制定并于2017年修正的《招标投标法》，2004年7月颁布的《国务院关于投资体制改革的决定》，2006年6月国务院国资委颁布的《中央企业投资监督管理暂行办法》等。为了充分发挥政府投资作用，提高政府投资效益，规范政府投资行为，激发社会投资活力，国务院于2019年4月14日颁布了《政府投资条例》，该条例自2019年7月1日起施行。

第一节 国家投资法概述

一、国家投资和国家投资法的含义

（一）国家投资的概念和特征

投资通常是指经济主体为了获取某种预期的经济利益，而投入货币或其他资源，进而转化为实物资产或者金融资产的活动。国家投资法是规范国家利用国家资金直接投资行为，调整国家投资关系的法律规范的总称。它是人们进行国家投资活动的行为规则，是顺利进行国家投资的法律保障。

国家投资是相对于民间投资而言的，是指国家或政府通过财政拨款及其他方式所实施的直接投资行为，又称政府投资。其中，重点是政府对固定资产的直接投资，它是国家直接参与生产经营活动的重要环节。与民间投资相比，国家投资在投资主体、资金来源、投资范围及投资目的等方面都具有其特殊性：① 投资主体是政府，具体是指享有投资决策权并对投资负责的中央政府和地方政府；② 资金来源是各种财政性资金，包括财政预算内资金、国际金融组织和外国政府贷款的国家主权外债资金、纳入预算管理的各类专项建设基金及其他法律规定的政府财政性资金;③ 投资范围主要是基础性项目和公益性项目(在我国目前还包括部分竞争性项目);④ 投资的主要目的是弥补民间投资的不足,发挥财政对资源配置的积极作用,实现经济社会的稳定、持续和协调发展;⑤ 国家投资除了政府投资,还包括国有企业的投资。

国家投资按照不同的标准可以作出不同的分类,如固定资产投资与流动资产投资、生产性投资和公益性投资、补偿性投资和积累性投资、中央投资和地方投资、预算内投资和预算外投资等。

(二) 国家投资法的基本含义

国家投资法是规范国家利用国家资金直接投资行为,调整国家投资关系的法律规范的总称。它是人们进行国家投资活动的行为规则,是顺利进行国家投资的法律保障。国家投资法是经济法的有机组成部分,在经济法体系中占有重要地位。

国家投资法调整的是国家直接投资关系,但并非所有的国家直接投资关系都归其调整。它调整的主要是固定资产投资,且不同国家其投资的重点也不相同,如西方市场经济发达国家,其投资和规制的重点主要是基础性和公益性的投资项目,我国目前除基础性投资和公益性投资外,还有不少经营性投资。不过随着国家经济战略的不断调整,国有经济的投资重点和投资方向也在不断地发生变化,公益性和基础性投资应该成为国家投资的重点。

国家在固定资产投资上包括基本建设投资和更新改造措施投资两部分。基本建设是指利用国家预算内基建拨款、自筹资金、国内外基本建设贷款以及其他专项资金进行的,以扩大生产能力或新增效益为主要目的的新建、扩建工程及有关工作。包括:平地起家的新建项目,增建分厂、主要车间、矿井、铁路干支线、码头泊位等扩建项目,为改变生产力布局进行的全厂性迁建项目,遭受严重灾害后需要重建的恢复性建设项目,没有折旧和固定收入的行政、事业单位增建业务用房和职工宿舍项目等。更新改造措施是指利用企业折旧基金、国家更新改造措施拨款、企业自有资金、国内外更新改造贷款等资金,对现有的企业事业单位的原有设备进行技术改造和固定资产更新以及相应的辅助性的配套生产及生活福利等工程和有关工作。

在国家投资中,基本建设投资主要用于以外延为主的固定资产扩大再生产,更新改造措施投资主要用于以内涵为主的固定资产再生产或扩大再生产。正确确定两者划分标准,合理安排两者的规模和比例,统筹规划安排新建、扩建和更新改造项目,是社会再生产顺利进行的重要条件。

二、国家投资法的原则

国家投资法的原则是指贯穿于一切固定资产投资法规中的、进行固定资产投资活动的准则。它是国家投资立法的指导原则,也是调整国家投资关系、处理国家投资纠纷的根本原则。总结经济建设正反两方面的经验,我们认为国家投资法的主要原则应包括以下三个方面。

(一)投资规模与国力相适应的原则

国家投资的规模与增长速度必须与我国国力相适应,不能超出国家所能提供的财力、物力和人力的限度,以及国民经济发展的需要与可能。这是我国几十年建设经验的基本总结。因此,必须以法律形式加以确认,并保障其实施。所以我们要对全社会的国家投资规模进行统一的综合平衡,使建设规模与国力相适应,使投资总需求与总供给基本平衡,保持在建项目投资总规模适度增长,根治投资膨胀,这是保证经济稳定的决定性因素。超过国家的财力、物力和人力的可能,把投资规模搞得过大,就会造成社会经济生活全面紧张,导致国民经济重大比例失调,使经济发展大起大落,欲速则不达。

(二)促进经济结构和地区结构合理化的原则

各经济部门和经济地区的协调发展,是整个国民经济协调发展的重要内容。因此,必须安排好投资的部门分配和地区分配,促进经济结构和地区结构优化。根据各部门、各地区的资源条件、市场条件和地区开发状况,合理分配投资,引导投资方向与社会经济发展的整体目标和长远目标相一致,防止盲目建设、重复建设,只顾局部与眼前利益,不顾全局与长远利益的倾向,对经济发展的薄弱环节和部门(能源、交通、原材料部门)以及经济发展的落后地区,实行投资倾斜政策。

(三)加强责任制,提高效益的原则

国家投资占资数额大、时间长,投资效益好坏必然对生产发展和人民生活提高影响巨大。因此,必须讲求投资责任和经济效益。各级决策部门、设计部门、施工部门对工程的决策、设计施工都应有明确的法律责任。对投资活动中的各种协作关系,都应用合同制固定下来,以作为执行和检查的依据。投资必须讲求经济效益,使投入的财力、物力和人力最终能形成有效的生产能力。长期以来存在的建设工期长、造价高、浪费大的问题,必须大力加以解决。建设项目从论证决策、勘探设计、计划安排,到组织建设、竣工验收等环节,都要围绕工期短、投资省、见效快这个目标进行工作。要把提高经济效益作为国家投资工作的出发点和归宿。

第二节 政府投资法律制度

一、政府投资法律制度的一般规定

(一)政府投资的主体

《政府投资条例》第2条规定:"本条例所称政府投资,是指在中国境内使用预算安排的资金进行固定资产投资建设活动,包括新建、扩建、改建、技术改造等。"可见,政府投资的主体是中央政府和地方各级政府。

政府投资是通过具体项目来开展的,因而通过审批取得政府投资项目和资金的单位即项目单位,具体负责该项目的实施。项目单位可以是政府投资设立的企业,也可以是民间投资设立的企业,抑或是两者混合投资设立的企业。

(二)政府投资的范围

政府投资是政府作为投资主体的活动。科学界定政府投资与社会投资的边界,确保政府投资范围不超出政府应该发挥作用的领域,处理好政府和市场关系这一经济体制改革的核心问题,十分重要。对于政府投资范围的确定,必须牢牢把握"有所为有所不为"的原则,为市场主体让渡乃至创造投资机会,不与市场主体争利,确保聚焦重点、精准发力,坚决杜绝低效、浪费现象,真正起到补短板、防风险、促发展的作用。

因此,《政府投资条例》第3条第1款规定:"政府投资资金应当投向市场不能有效配置资源的社会公益服务、公共基础设施、农业农村、生态环境保护、重大科技进步、社会管理、国家安全等公共领域的项目,以非经营性项目为主。"从该条文来看,政府所投资的项目主要集中在经济社会发展需要但成本和风险较高、盈利能力不足的公益性领域,但根据需要也可以投向一些确需支持的经营性项目,这体现了政府在资源配置上的优势,弥补了市场配置资源的不足,也彰显了政府为社会投资创造必要的基础设施和外部环境条件、带动和激发社会投资、推动经济社会发展的作用。

同时,为了从机制上确保政府投资始终投向最需要投、最适合投的方向和领域,《政府投资条例》第3条第3款还规定:"国家建立政府投资范围定期评估调整机制,不断优化政府投资方向和结构。"

(三)政府投资的原则

《政府投资条例》第4条规定,政府投资应当遵循科学决策、规范管理、注重绩效、公开透明的原则。

科学决策就是政府应当按照经济社会发展规划、宏观调控政策和政府财力状况,对政府投资的规模、领域、项目、资金等作出合理安排,在科学论证的基础上对具体项目进行严格审批。为确保政府投资进行科学决策,能够防止"拍脑袋"决策、"政绩工程"和"形象工程",确保政府投资能够发挥其应有的作用。

规范管理就是政府应当按照法律规定,对政府投资项目进行年度计划管理和事中事后监管,以保证投资项目能够按照规定要求实施,实现既定的政府投资目标。按照这一原则,政府一方面要做好政府投资年度计划管理,对本年度政府投资的项目进行预先安排,另一方面要在开工建设、工程质量、项目总投资等方面对项目实施进行管理,对违法违规行为追究法律责任。

注重绩效就是政府投资应当考虑它应有社会效益和经济效益,即通过政府投资能够提供社会所需要的社会公益服务、公共基础设施,促进农业农村、生态环境保护、重大科技进步、社会管理,提高国家安全水平,同时在此基础上带动市场主体投资,激发市场活力,促进经济发展。据此,政府从项目审批、计划安排到项目实施各个环节,都要将注重绩效作为一项重要准则加以考量。

公开透明就是政府投资工作应当按照公开透明的方式进行,以确保公平公正,实现工作目标。根据这一原则,政府投资项目除涉及国家秘密以外,投资主管部门和其他有关部门应当通过投资项目在线审批监管平台办理政府投资项目审批手续;政府投资年度计划、政府投资项目审批和实施以及监督检查的信息应当依法公开。

(四) 政府投资资金的安排

1. 政府投资资金的预算安排

为了防止风险的出现,《政府投资条例》第 5 条第 2 款规定:"政府投资应当与经济社会发展水平和财政收支状况相适应。国家加强对政府投资资金的预算约束。政府及其有关部门不得违法违规举借债务筹措政府投资资金。"

该条明确了两方面的内容:① 政府投资资金必须列入财政预算管理,按照经济社会发展水平和财政收支状况作出财政支出预算,并按照预算进行拨付;② 政府投资资金必须使用财政资金,不得违法举借债务来筹措。

2. 政府投资资金的项目安排

政府投资的资金要根据不同项目情况作出不同安排。对此,《政府投资条例》第 6 条第 1 款规定:"政府投资资金按项目安排,以直接投资方式为主;对确需支持的经营性项目,主要采取资本金注入方式,也可以适当采取投资补助、贷款贴息等方式。"可见,该条例在明确对于公益性项目采用直接投资方式的基础上,对确需支持的经营性项目采用政府投资带动社会投资的方式来注入政府投资资金,以此提高政府投资的效应和社会投资的效益。

这里所说的直接投资,是指政府安排政府投资资金投入非经营性项目,并由政府有关机构或其指定、委托的机关、团体、事业单位等作为项目法人单位组织建设实施的方式;资本金注入,是指政府安排政府投资资金作为经营性项目的资本金,指定政府出资人代表行使所有者权益,项目建成后政府投资形成相应国有产权的方式;投资补助,是指政府安排政府投资资金,对市场不能有效配置资源、确需支持的经营性项目,适当予以补助的方式;贷款贴息,是指政府安排政府投资资金,对使用贷款的投资项目贷款利息予以补贴的方式。

为了加强和改进中央预算内投资资金安排方式,2020 年 4 月 1 日,发布了

《国家发展改革委关于规范中央预算内投资资金安排方式及项目管理的通知》，对合理规范中央预算内投资资金安排方式的条件、严格落实中央预算内投资资金安排方式的要求，作出了明确规定。

另外，《政府投资条例》第6条第2款规定，安排政府投资资金，应当符合推进中央与地方财政事权和支出责任划分改革的有关要求，并平等对待各类投资主体，不得设置歧视性条件。

(五) 政府投资的管理体制

《政府投资条例》第7条规定，国务院投资主管部门依照该条例和国务院的规定，履行政府投资综合管理职责。国务院其他有关部门依照该条例和国务院规定的职责分工，履行相应的政府投资管理职责。县级以上地方人民政府投资主管部门和其他有关部门依照该条例和本级人民政府规定的职责分工，履行相应的政府投资管理职责。

二、政府投资决策

(一) 政府投资项目的前期工作

科学决策是政府投资应当遵循的一项基本原则，它要求县级以上人民政府应当根据国民经济和社会发展规划、中期财政规划和国家宏观调控政策，结合财政收支状况，统筹安排使用政府投资资金的项目，规范使用各类政府投资资金。

贯彻政府投资科学决策原则的一个重要措施，就是政府主管部门对政府投资项目按照上述要求进行审批，确保批准实施的项目能够实现政府投资的目标。为了保证申报项目的可行性，就需要开展前期的论证和其他工作。对此，《政府投资条例》第9条规定，政府采取直接投资方式、资本金注入方式投资的项目（以下统称政府投资项目），项目单位应当编制项目建议书、可行性研究报告、初步设计，按照政府投资管理权限和规定的程序，报投资主管部门或者其他有关部门审批。项目单位应当加强政府投资项目的前期工作，保证前期工作的深度达到规定的要求，并对项目建议书、可行性研究报告、初步设计以及依法应当附具的其他文件的真实性负责。另外，根据《政府投资条例》第17条的规定，采取投资补助、贷款贴息等方式的，应当按照国家有关规定办理手续。

(二) 政府投资项目的审批

政府投资项目的审批，应当由项目单位向投资主管部门或者其他有关部门申报。《政府投资条例》第10条规定，除涉及国家秘密的项目外，投资主管部门和其他有关部门应当通过投资项目在线审批监管平台（以下简称在线平台），使用在线平台生成的项目代码办理政府投资项目审批手续。

投资主管部门或者其他有关部门应当根据国民经济和社会发展规划、相关领域专项规划、产业政策等,从下列方面对政府投资项目进行审查,作出是否批准的决定:① 项目建议书提出的项目建设的必要性;② 可行性研究报告分析的项目的技术经济可行性、社会效益以及项目资金等主要建设条件的落实情况;③ 初步设计及其提出的投资概算是否符合可行性研究报告批复以及国家有关标准和规范的要求;④ 依照法律、行政法规和国家有关规定应当审查的其他事项。投资主管部门或者其他有关部门对政府投资项目不予批准的,应当书面通知项目单位并说明理由。

此外,对经济社会发展、社会公众利益有重大影响或者投资规模较大的政府投资项目,投资主管部门或者其他有关部门应当在中介服务机构评估、公众参与、专家评议、风险评估的基础上作出是否批准的决定。

三、政府投资年度计划

(一)政府投资年度计划的编制

政府投资年度计划是各级政府对于本年度、本区域政府投资项目所作出的具体安排,其实质是各级政府动用财政资金开展年度固定资产投资活动的项目和资金预先安排。《政府投资条例》第15条规定,国务院投资主管部门对其负责安排的政府投资编制政府投资年度计划,国务院其他有关部门对其负责安排的本行业、本领域的政府投资编制政府投资年度计划。县级以上地方人民政府有关部门按照本级人民政府的规定,编制政府投资年度计划。

编制政府投资年度计划是2016年《中共中央 国务院关于深化投融资体制改革的意见》(中发〔2016〕18号)中提出的规范政府投资管理的基本要求。该意见指出,依据国民经济和社会发展规划及国家宏观调控总体要求,编制三年滚动政府投资计划,明确计划期内的重大项目,并与中期财政规划相衔接,统筹安排、规范使用各类政府投资资金。依据三年滚动政府投资计划及国家宏观调控政策,编制政府投资年度计划,合理安排政府投资。根据该意见,《政府投资条例》作出了编制政府投资年度计划的规定。

编制和实施政府投资年度计划,一方面体现了《政府投资条例》规定的基本要求,即政府投资应当与经济社会发展水平和财政收支状况相适应,另一方面能够充分、有效地发挥政府投资应有的作用。这些作用主要表现在:① 它能够从总量上以及行业领域、区域和城乡布局等结构上调整和优化政府投资的方向,使有限的政府投资真正用于补短板、强弱项、惠民生等关键领域和薄弱环节,从而更好地发挥政府投资"弥补市场失灵"的作用以及优化供给结构的作用。② 它既能够防止不同政府部门管理的政府投资资金用于相同项目建设,也能够防止有的政府部门为了用完所管理政府投资资金而乱设项目,超前建设,以合理使用资金,提高投资效益。

(二)列入政府投资年度计划的项目条件

不是所有投资项目都能列入政府投资年度计划,只有投资项目完成研究论证、资金落实等相关手续,项目实施可行且有保证的,才能列入该计划。对此,《政府投资条例》第17条规定,列入政府投资年度计划的项目应当符合下列条件:① 采取直接投资方式、资本金注入方式的,可行性研究报告已经批准或者投资概算已经核定;② 采取投资补助、贷款贴息等方式的,已经按照国家有关规定办理手续;③ 县级以上人民政府有关部门规定的其他条件。

(三)政府投资年度计划和预算的关系

政府投资是使用预算安排的资金进行固定资产投资建设活动,因此政府所编制的政府投资年度计划必须和本级预算相衔接,否则编制出来的计划无法实施。基于此,《政府投资条例》明确规定,政府投资年度计划应当和本级预算相衔接。财政部门应当根据经批准的预算,按照法律、行政法规和国库管理的有关规定,及时、足额办理政府投资资金拨付。

四、政府投资项目实施

(一)政府投资项目开工建设的管理

1. 符合开工建设条件

为加强对政府投资项目开工建设的管理,《政府投资条例》规定了开工建设的条件。该条例第20条规定:政府投资项目开工建设,应当符合该条例和有关法律、行政法规规定的建设条件;不符合规定的建设条件的,不得开工建设。国务院规定应当审批开工报告的重大政府投资项目,按照规定办理开工报告审批手续后方可开工建设。

2. 符合批准文件要求

为确保政府投资项目建设符合政府的要求,《政府投资条例》第21条规定:政府投资项目应当按照投资主管部门或者其他有关部门批准的建设地点、建设规模和建设内容实施;拟变更建设地点或者拟对建设规模、建设内容等作较大变更的,应当按照规定的程序报原审批部门审批。

(二)政府投资项目资金的管理

1. 项目资金应当落实到位

为了确保项目的顺利进行,防止政府超过财力进行投资带来的风险,《政府投资条例》第22条规定,政府投资项目所需资金应当按照国家有关规定确保落实到位,政府投资项目不得由施工单位垫资建设。

2. 加强项目投资的概算管理

基于投资控制和厉行节约，国家加强对项目投资概算的刚性约束。《政府投资条例》第 23 条规定，政府投资项目建设投资原则上不得超过经核定的投资概算。因国家政策调整、价格上涨、地质条件发生重大变化等原因确需增加投资概算的，项目单位应当提出调整方案及资金来源，按照规定的程序报原初步设计审批部门或者投资概算核定部门核定；涉及预算调整或者调剂的，依照有关预算的法律、行政法规和国家有关规定办理。

（三）政府投资项目工期和建成的管理

为了确保政府投资项目的质量，充分发挥政府投资的效益，《政府投资条例》就政府对项目的建设工期、建成后的质量验收和财务决算，以及项目进行后的评价作出了制度安排。

关于项目的建设工期，该条例第 24 条规定，政府投资项目应当按照国家有关规定合理确定并严格执行建设工期，任何单位和个人不得非法干预。

关于建成后的质量验收和财务决算，该条例第 25 条规定，政府投资项目建成后，应当按照国家有关规定进行竣工验收，并在竣工验收合格后及时办理竣工财务决算。政府投资项目结余的财政资金，应当按照国家有关规定缴回国库。

关于项目进行后的评价，该条例第 26 条规定，投资主管部门或者其他有关部门应当按照国家有关规定选择有代表性的已建成政府投资项目，委托中介服务机构对所选项目进行后评价。后评价应当根据项目建成后的实际效果，对项目审批和实施进行全面评价并提出明确意见。

五、监督管理

为了保证政府投资能够按照既定的目标和要求进行，充分发挥政府投资补短板、防风险、促发展的作用，政府必须加强对项目审批和实施的监督管理。对此，《政府投资条例》作出了具体规定。

（一）对政府投资项目实施的监管

1. 监管方式

对于项目实施的监管方式，《政府投资条例》第 27 条第 1 款规定，投资主管部门和依法对政府投资项目负有监督管理职责的其他部门应当采取在线监测、现场核查等方式，加强对政府投资项目实施情况的监督检查。

2. 监管事项

政府对于项目实施的监管的事项主要涉及信息与档案管理，以及绩效管理、建设工程质量管理、安全生产管理等事项。

《政府投资条例》第 27 条第 2 款规定，项目单位应当通过在线平台如实报送政府投资项目开工建设、建设进度、竣工的基本信息。该条例第29条还规定,项目单位应当按照国家有关规定加强政府投资项目档案管理,将项目审批和实施过程中的有关文件、资料存档备查。

《政府投资条例》第31条规定,政府投资项目的绩效管理、建设工程质量管理、安全生产管理等事项,依照有关法律、行政法规和国家有关规定执行。

3. 对政府投资项目审批和计划的监督

为了确保投资主管部门严格依法办事,防止越权审批或不符合规定审批,做到平等对待各类投资主体,《政府投资条例》第28条规定,投资主管部门和依法对政府投资项目负有监督管理职责的其他部门应当建立政府投资项目信息共享机制,通过在线平台实现信息共享。该条例第30条还规定,政府投资年度计划、政府投资项目审批和实施以及监督检查的信息应当依法公开。

六、法律责任

《政府投资条例》规定,行为人违反政府投资法律规定,应当承担相应的法律责任,包括经济、行政和刑事责任,具体包括以下四种。

(一) 违反投资项目管理的法律责任

有下列情形之一的,责令改正,对负有责任的领导人员和直接责任人员依法给予处分:① 超越审批权限审批政府投资项目;② 对不符合规定的政府投资项目予以批准;③ 未按照规定核定或者调整政府投资项目的投资概算;④ 为不符合规定的项目安排投资补助、贷款贴息等政府投资资金;⑤ 履行政府投资管理职责中其他玩忽职守、滥用职权、徇私舞弊的情形。

(二) 违反投资资金管理的法律责任

有下列情形之一的,依照有关预算的法律、行政法规和国家有关规定追究法律责任:① 政府及其有关部门违法违规举借债务筹措政府投资资金;② 未按照规定及时、足额办理政府投资资金拨付;③ 转移、侵占、挪用政府投资资金。

(三) 违反施工建设管理的法律责任

项目单位有下列情形之一的,责令改正,根据具体情况,暂停、停止拨付资金或者收回已拨付的资金,暂停或者停止建设活动,对负有责任的领导人员和直接责任人员依法给予处分:① 未经批准或者不符合规定的建设条件开工建设政府投资项目;② 弄虚作假骗取政府投资项目审批或者投资补助、贷款贴息等政府投资资金;③ 未经批准变更政府投资项目的建设地点或者对建设规模、建设内容等作较大变更;④ 擅自增加投资概算;⑤ 要求施工单位对政府投资项目垫资建设;⑥ 无正当理由不实施或者不按照建设工期实施已批准的政府投资项目。

(四) 违反投资项目档案资料管理的法律责任

项目单位未按照规定将政府投资项目审批和实施过程中的有关文件、资料存档备查,或者转移、隐匿、篡改、毁弃项目有关文件、资料的,责令改正,对负有责任的领导人员和直接责任人员依法给予处分。

此外,《政府投资条例》第 36 条规定,违反该条例规定,构成犯罪的,依法追究刑事责任。构成犯罪的,依法追究刑事责任。例如,行为人侵占、挪用政府投资资金,构成犯罪的,应当依照刑法的有关规定,追究其刑事责任。

第三节 国有企业投资法律制度

一、国有企业的投资权利

(一) 企业投资权的含义

企业是投资的重要主体,企业根据市场的需要自主决定投资,并享受投资的收益和承担投资的风险,这就是企业的投资权。

(1) 投资权是企业财产权的组成部分。企业财产权是指企业对其所享有的财产依法占有、使用、收益和处分的权利。用企业的财产进行投资,正是使用和处分企业财产的方式,因此属于对企业财产权的行使。企业可以依法行使财产权,也就必然享有投资权。

(2) 投资权是市场经济条件下企业的基本权利。市场主体的自主意志是市场经济的核心。对企业投资来说,市场要在资源配置中起决定性的作用,就必须赋予企业根据市场情况自主决定投资的权利。当市场显示某方面的投资有利可图时,有的企业为追逐利益就会做该方面的投资;当市场显示某方面的投资供过于求、无利可图时,有的企业就会转变投资方向,这样市场配置资源的作用就发挥出来了。反之,如果企业不能根据市场的需要自主决定投资,市场配置资源的作用就无从发挥。

(二) 国家对企业投资权的认定

改革开放后,随着国内外资企业、私营企业的兴起,开始形成企业一定程度的投资权。但总体上,国家管得过于僵化,这种情况一直到 2004 年《国务院关于投资体制改革的决定》出台(以下简称《决定》)后才开始发生重大的改变。

《决定》将"按照完善社会主义市场经济体制的要求,在国家宏观调控下充分发挥市场配置资源的基础性作用,确立企业在投资活动中的主体地位"作为投资体制改革的指导思想;将"落实企业投资自主权"作为重要目标;将"对于企业不使用政府投资建设的项目,一律不再实行审批制,区别不同情况实行核准制和备案制"作为主要的落实国有企业投资权的操作方式。

(三) 国有企业投资权的特殊性

国有企业在国民经济中占有极其重要的地位,落实企业的投资权,主要也是落实国有企业的投资权。政府及其投资主管部门在对企业的投资行为进行管理时,不能因为企业的性质是国有,就对其投资权加以限制。

然而,企业的投资决策权最终是由企业的出资人作出的,独资企业的投资决策由业主作出;合伙企业的投资决策由合伙人共同作出;公司企业的投资决策由股东会作出。国有企业的出资人是国家。国家作为出资人,可以通过其行使出资人权利的代表对国有企业的投资作出各种限制,国务院国有资产监督管理委员会在 2006 年 6 月颁布的《中央企业投资监督管理暂行办法》(以下简称《办法》)作出了对国有企业投资的限制。这种限制不是对国有企业投资权的限制,却是国有企业行使投资权的表现形式。

在我国,虽然国有企业退出了许多竞争性领域,但营利仍是大多数国有企业的主要目的,所以在决定国有企业投资时,就既要接受市场调节,又要考虑国家调节因素。国资委的《办法》虽然在原则上适用于国资委作为出资人的中央国有企业,但其基本精神是适用于地方国有企业和非由国资委作为出资人的其他国有企业的。

二、投资主管部门对国有企业投资的管理

(一) 投资主管部门对国有企业投资管理概述

投资主管部门对企业投资不区分所有权性质实行同等管理,故这里阐述的投资主管部门对国有企业投资的管理也适用于对民间投资的管理,但不适用于对外商投资的管理,因为国家对外商投资另有法律规定。

我国在 2004 年《决定》颁布之前,实行不分投资主体、不分资金来源、不分项目性质,一律按投资规模大小分别由各级政府及有关部门审批的企业投资管理办法,严重地侵犯了企业的投资自主权,不利于市场发挥配置资源的基础性作用。《决定》改变了这种局面,对于企业不使用政府投资建设的项目,一律不再实行审批制,区别不同情况实行核准制和备案制。也就是说,对于企业不使用政府投资建设的项目,有两种管理方式:核准制和备案制。至于企业使用政府投资建设的项目,属于政府投资的范畴,仍然实行审批制。

为了规范投资主管部门对企业投资的管理,国家发展和改革委员会于 2004 年 9 月和 11 月先后发布了《企业投资项目核准暂行办法》和《关于实行企业投资项目备案制指导意见的通知》。

(二) 核准制管理

在我国,核准制在对国有企业投资进行监管的过程中扮演着重要的角色。

1. 核准制的含义

核准制是政府对企业不使用政府性资金投资建设少数重大项目和限制类项目,从维护社会公共利益的角度,按照明确的范围、内容、程序和办理时限,决定是否准许企业实施的制度。

这一定义包括三层含义:① 核准制适用的对象是企业不使用政府性资金投资建设的少数重大项目和限制类项目;② 核准制管理的目的是维护社会公共利益,是否符合社会公共利益是项目能否获得核准的决定性因素;③ 核准制管理有明确的标准和程序,政府必须严格按照标准和程序作出是否核准的决定。

2. 核准制与审批制的区别

核准制与审批制在管理理念上有根本的不同,审批制忽视企业的投资主体地位,对企业的投资事项大包大揽;而核准制是站在公共管理者的立场上,尊重企业的投资自主权,对涉及公共利益的事项进行审核。具体来说,实行核准制后会导致以下积极变化:① 政府直接管理的企业投资项目数量大幅度减少。核准项目的范围,由《政府核准的投资项目目录》严格限定,并根据变化的情况适时调整。《政府核准的投资项目目录》由国务院投资主管部门会同有关行业主管部门研究提出,报国务院批准后实施。未经国务院批准,各地区、各部门不得擅自增减核准范围。② 程序简化。企业投资建设实行核准制的项目,只需要向政府提交项目申请报告,而无须报批项目建议书、可行性研究报告和开工报告。③ 政府管理的角度改变。政府主要从维护经济安全、合理开发利用资源、保护生态环境、优化重大布局、保障公共利益、防止出现垄断等方面进行审查。

3. 核准制的适用范围

核准制适用于企业不使用政府性资金投资建设的少数重大项目和限制类项目。《政府核准的投资项目目录》明确实行核准制的投资项目的具体范围,划分各项目核准机关的核准权限,并根据经济运行情况和宏观调控需要适时调整。

4. 核准申请

企业申请投资项目核准应向项目核准机关提交项目申请报告,一式五份。项目申请报告应由具备相应工程咨询资格的机构编制,其中由国务院投资主管部门核准的项目,其项目申请报告应由具备甲级工程咨询资格的机构编制。项目申请报告应主要包括以下内容:① 项目申报单位情况;② 拟建项目情况;③ 建设用地与相关规划;④ 资源利用和能源耗用分析;⑤ 生态环境影响分析;⑥ 经济和社会效果分析。

同时,申请企业在向项目核准机关报送申请报告时,须根据国家法律法规的规定附送以下文件:① 城市规划行政主管部门出具的城市规划意见;② 国土资源行政主管部门出具的项目用地预审意见;③ 环境保护行政主管部门出具的环境影响评价文件的审批意见;④ 根据有关法律法规应提交的其他文件。申请企业应对所有申报材料内容的真实性负责。

5. 审核程序

审核程序包括受理、审核、决定三个阶段,分述如下:① 受理。项目核准机关收到申报材料后,应当进行形式审查。如认为申报材料不齐全或者不符合有关要求,应在收到项目申请报告后5个工作日内一次告知项目申报单位,要求项目申报单位澄清、补充相关情况和文件,或对相关内容进行调整;项目申报企业按要求上报材料齐全的,应正式受理,并向项目申报企业出具受理通知书。② 审查。项目核准机关受理项目申报后,开始审查。③ 决定。项目核准机关应在受理项目申请报告后20个工作日内,作出对项目申请报告是否核准的决定并向社会公布,或向上级项目核准机关提出审核意见。由于特殊原因确实难以在20个工作日内作出核准决定的,经本机关负责人批准,可以延长10个工作日,并应及时书面通知项目申报单位,说明延期理由。项目核准机关委托咨询评估、征求公众意见和进行专家评议的,所需时间不计算在上述规定的期限内。

6. 审核标准

核准机关作出是否核准的决定,必须严格依照核准标准进行。项目核准机关主要根据以下条件对项目进行审查:① 符合国家法律法规;② 符合国民经济和社会发展规划、行业规划、产业政策、行业准入标准和土地利用总体规划;③ 符合国家宏观调控政策;④ 地区布局合理;⑤ 主要产品未对国内市场形成垄断;⑥ 未影响我国经济安全;⑦ 合理开发并有效利用了资源;⑧ 生态环境和自然文化遗产得到有效保护;⑨ 未对公众利益产生重大不利影响。

7. 核准的效力

获得核准是企业可以合法从事需要核准类投资项目的前提条件。投资项目获得核准后,项目申报企业依据项目核准文件,依法办理土地使用、资源利用、城市规划、安全生产、设备进口和减免税确认等手续。对应报项目核准机关核准而未申报的项目,或者虽然申报但未经核准的项目,不得实施,如有实施的,属违法行为,相应的项目核准机关应立即责令其停止建设,并依法追究有关责任人的法律和行政责任;国土资源、环境保护、城市规划、质量监督、证券监管、外汇管理、安全生产监管、水资源管理、海关等部门不得为其办理相关手续,金融机构不得对其发放贷款。

8. 未获核准的救济

核准制设定明确的核准标准,不获核准的申报企业如认为其申报投资项目符合核准的条件,可以依法提出行政复议或行政诉讼。

9. 特大型企业集团投资项目核准的特别规定

基本建立现代企业制度的特大型企业集团,投资建设《政府核准的投资项目目录》内的项目,可以按项目单独申报核准,也可编制中长期发展建设规划,规划经国务院或国务院投资主管部门批准后,规划中属于《政府核准的投资项目目录》内的项目不再另行申报核准,只须办理备案手续。但企业集团要及时向国务院有关部门报告规划执行和项目建设情况。

(三) 备案制管理

我国实行投资体制改革后,在对国有企业投资进行监管的过程中,备案制成为使用频率很高的一种制度。

1. 备案制的含义

备案制是指凡企业不使用政府性资金,又不属于应当核准的重大项目和限制类项目的投资建设的项目,由投资企业向投资主管部门申请备案,投资主管部门对除不符合法律法规的规定、产业政策禁止发展、需报政府核准或审批的项目外的项目予以备案的投资管理制度。

2. 备案制的意义

对企业投资项目实行备案制,是投资体制改革的重要内容,具有极其重大的意义:① 它是真正确立企业投资主体地位、落实企业投资决策自主权的关键所在。备案制管理,政府只对备案材料做形式审查,审查是否合法、是否属于产业政策禁止发展的项目以及是否属于备案制管理的项目,不对企业投资的可行性等进行干预,企业根据市场的情况自主决策,自己筹集资金,自己承担风险。② 它有利于及时掌握和了解企业的投资动向,可以更加准确、全面地对投资运行进行监控。③ 它有利于贯彻实施国家的法律法规、产业政策和行业准入制度,防止低水平盲目重复建设。④ 它有利于及时发布投资信息,引导全社会的投资活动。⑤ 它有利于及时发现投资运行中存在的问题,并采取相应的调控措施。

3. 备案制的适用范围

备案制适用于企业不使用政府性资金,又不属于《政府核准的投资项目目录》内的项目。需要特别指出的是,不能将本属于《政府核准的投资项目目录》内的项目进行拆分后予以备案。

4. 备案制的程序和标准

企业对属于备案范围的投资项目,必须向投资主管部门提交备案材料进行备案,备案的方式、需提交的材料由省级人民政府的规定。投资主管部门对收到的备案材料进行审查。审查的标准包括:① 属于实行备案制管理的项目;② 没有违反法律和法规;③ 不属于产业政策禁止发展的项目。地方人民政府和投资主管部门不得再附加其他标准,不能将备案变成变相的核准或者审批。对于符合备案标准的,依法予以备案;对于不符合备案标准的,不予备案,并说明理由。

5. 备案的效力

备案是属于备案制管理方面的投资项目建设取得合法性的条件。备案之后,企业可以实施该投资项目。不过,备案并不能成为其取得排污许可、获得土地使用权等的充分条件。对于已经备案的投资项目,环境保护、国土资源、城市规划、建设管理、银行等部门(机构)按照职能分工,对投资主管部门予以备案的项目依法独立进行审查和办理相关手续,不符合其他相关条件的已备案项目就不能获得其他相关许可。对投资主管部门不予以备案的项目以及应备案而未备案的项目,不得开工建设;环境保护、国土资源、城市规划、建设管理、银行等部门(机构)不得为其办理相关手续。对于擅自开工建设以及不按备案内容进行建设的项目,一经发现,应责令其停止建设,并依法追究有关单位和责任人的责任。

三、出资人对国有企业投资的监督管理

(一) 国有企业投资应遵守的原则

《办法》具体规定了对国资委监管的国有企业的投资活动进行监管的原则和办法。这项规定尽管只是针对中央企业,但对中央企业以外的其他国有企业也具有参照意义。

根据《办法》的规定,国资委作为出资人的国有企业的投资活动,以及国资委对企业投资活动的监督管理应当遵循以下原则:① 符合国家发展规划和产业政策;② 符合企业布局和结构调整方向;③ 符合企业发展战略与规划;④ 突出主业,有利于提高企业核心竞争能力;⑤ 非主业投资应当符合企业调整、改革方向,不影响主业的发展;⑥ 符合企业投资决策程序和管理制度;⑦ 投资规模应当与企业资产经营规模、资产负债水平和实际筹资能力相适应;⑧ 充分进行科学论证,预期投资收益应不低于国内同行业同期平均水平。

(二) 出资人对国有企业投资管理的具体内容

《办法》规定了国资委对国有企业投资进行监管的具体内容。

1. 投资计划的报送与管理制度

企业应当依据其发展战略和规划编制年度投资计划,企业的主要投资活动应当纳入年度投资计划,并按国资委要求,在规定时间内报送年度投资计划。国资委对企业投资活动实行分类监督管理:① 按照国资委有关规定建立规范董事会的国有独资公司,国资委依据企业年度投资计划对投资项目实行备案管理。② 未建立规范董事会的国有独资企业、国有独资公司,国资委依据企业年度投资计划对主业投资项目实行备案管理;对非主业投资项目实行审核,在20个工作日内作出审核决定。③ 对国有控股公司和其他类型的企业报送的企业年度投资计划,国资委不直接做审核或备案,发现有不妥的,按照《公司法》等法律规定依法通过行使出资人权利的方式解决。

2. 重大投资事项报告制度

企业对以下重大投资事项应当及时向国资委报告:① 按国家现行投资管理规定,需由国务院批准的投资项目,或者需由国务院有关部门批(核)准的投资项目,企业应当在上报国务院或国务院有关部门的同时,将其有关文件抄送国资委。② 企业投资项目实施过程中,对投资额、资金来源及构成进行重大调整,致使企业负债过高,超出企业承受能力或影响企业正常发展的,股权结构发生重大变化,导致企业控制权转移的,投资合作方严重违约,损害出资人权益的,应当重新履行投资决策程序,并将决策意见及时书面报告国资委。③ 需报告国资委的其他重大投资事项。

3. 投资统计分析制度

国资委建立企业投资统计分析制度,企业应当按照国资委要求报送年度投资完成情况和分析材料,其中部分重点企业应当报送季度投资完成情况。

4. 项目后评价制度

项目后评价是指项目投资完成之后所进行的评价。它通过对项目实施过程、结果及其影响进行调查研究和全面系统回顾,与项目决策时确定的目标以及技术、经济、环境、社会指标进行对比,找出差别和变化,分析原因,总结经验,吸取教训,得到启示,提出对策建议,通过信息反馈,改善投资管理和决策,达到提高投资效益的目的。企业应当对投资项目实施项目后评价管理;国资委根据需要,对企业已完成的投资项目,有选择地开展项目后评价。

复习思考题

1. 如何理解国家投资体制?
2. 谈谈政府投资主体、范围和决策的法律规定。
3. 如何理解政府投资的监督管理?
4. 简述国有企业投资应遵循的原则。
5. 国有企业投资的核准制与备案制的主要区别是什么?

第十九章　国有资产管理法

从 1949 年到 20 世纪 90 年代初,我国将国有资产作为非商品性质的资产进行管理。在传统计划经济体制下,经营性国有资产没有被看成有别于一般公共资源的资产而进行管理,而是被视为与公共资源同样的管理对象,追求的是社会效益,管理的主要目标是使其不被浪费和破坏,更多的是为了维护社会稳定和经济发展。企业没有利润目标,管理体制自然完全按照行政管理方式设置,与国家管理非经营性国有资产的体制相同。在这种体制下,国有资产管理体制都建立在一般公共资源管理基础上。随着我国经济体制由计划经济向市场经济转轨,国有企业必须从传统的行政单位向独立的市场主体转变。在社会主义市场经济条件下,我国逐步形成了一套较为全面的国有资产管理制度。国有资产的涵盖内容非常广泛,包括资源类国有资产、经营性国有资产和非经营性国有资产,本章仅将阐释的内容限定于对经营性国有资产管理进行规制的相关法律制度,以《企业国有资产法》的内容为依据进行阐述。

第一节　国有资产管理法概述

一、国有资产管理的基本问题

(一) 国有资产的概念及分类

国有资产概括来讲是指所有权属于国家的财产,具体地讲,是指国家依法取得和认定的,或者国家以各种形式对企业投资和投资收益、国家向行政事业单位拨款等形成的财产。国有资产是国家所有权的客体,国家是国有资产所有权的唯一主体。国有资产包括经营性资产、非经营性资产和资源性资产三类。

1.经营性资产

经营性资产是指国家作为投资者,投资于各种类型的企业,用于生产、经营或者服务性活动而形成的国有资产及其收益。经营性国有资产分布范围最广,数量也最多。经营性国有资产是国有资产中最重要、最活跃的部分,是国有资产不断增值的基础,因而成为国有资产管理的重点对象,在现行法制中,这部分国有资产被称为企业国有资产。

2. 非经营性资产

非经营性资产是指国家以拨款或者其他形式形成的,由行政事业单位占有、使用的各类资产。非经营性资产主要配置于各级党政机关、科学、教育、文化等事业单位和人民团体等非生产经营领域,在使用目的上具有服务性。因此,对非经营性资产的使用,不能以营利为目的。

3. 资源性资产

资源性资产是指具有开发价值,依法属于国家的自然资源。资源性资产主要包括土地、矿藏、水流、森林、草原、海洋、湖泊和滩涂等。我国绝大多数自然资源属于国家所有。

国家投入于非营利性的行政和事业单位的国有资产的管理及使用,由于在理论上与公权力机关及公共团体的组织法密不可分,应当属于行政法的调整范围,本章不予论述。土地、森林、矿产、水流等国有自然资源的管理运营,由《土地管理法》《森林法》《水法》《矿产资源法》等自然资源保护和管理方面的专项性法律进行调整,在理论上应当属于自然资源法学的研究范围,因此也不纳入本章的论述范围。本章只阐述国家投资于企业之中的经营性国有资产的管理及运营的基本法律制度,因此,下述"国有资产",仅指狭义上的"企业国有资产"。

(二) 国有资产管理的概念及任务

国有资产管理是指企业国有资产的所有者——国家依据法律规定对国有资产所有权的行使、管理权限划分、资产运营状况、收益获取、资产处分等行为所进行的监督、管理和控制的全过程。在市场经济条件下,如何管理好国有资产并保证国有资产的增值,杜绝和减少浪费、侵吞国有资产的行为是市场经济条件下国家的一项重要职能。

国有资产管理包括两个方面:一是对企业国有资产产权变动的监督管理;二是国有资产管理部门对国有资产财务活动的监督管理。其主要任务是:① 确保国有资产的国家所有权不被侵犯;② 优化国有资产结构;③ 保障国有资产的良性循环和不断增值;④ 正确处理国家所有权人与企业事业单位使用权人之间的关系,维护国有资产使用单位的合法权益。

二、国有资产管理法的基本问题

(一) 国有资产管理法的渊源

现行国有资产管理法最主要的法律渊源是十一届全国人大常委会第五次会议于 2008 年 10 月 28 日通过、2009 年 5 月 1 日起施行的《企业国有资产法》(以下简称《国资法》)。该法共九章 77 条,主要对企业国有资产的监督管理体制、国家出资企业、关系国有资产出资人权益的重大事项、国有资本经营预算等问题作了比较全面的规定。

(二) 国有资产管理法的概念及特征

国有资产管理法是调整在管理国有资产的形成、运营及处分等过程中发生的所有经济关系的法律规范的总称。根据《国资法》的规定,国有资产管理法主要包括国有资产管理和经营体制法律制度、国家出资企业法律制度、国家出资企业管理者的选择与考核、重大事项中的国有资产监管法律制度、国有资产日常监督法律制度、国有资本经营预算法律制度等内容。

国有资产管理法具有以下两个法律特征。

1. 国有资产管理法是一种财产法与管理法相结合的法律制度

国有资产管理法的一项重要内容是确认国有资产的权属,明确国有资产所有权的主体并通过立法予以确定。从这个角度讲,国有资产法是财产法,属财政法的范畴。同时,国有资产管理法的另一个重要内容是对国有资产的控制、监督与管理,其大量实体内容是以管理为中心展开的。从这个角度讲,它又是管理法。

2. 国有资产管理法是以国有资产所有权的实施为中心内容的法律制度

国有资产管理法律关系的基本权利主体是作为所有者的国家。法人和自然人作为国有资产管理法律关系的当事人出现时,则是被管理主体。

(三) 国有资产管理法的基本原则

1. 维护国家基本经济制度,巩固和发展国有经济,加强国有资产保护,发挥国有经济在国民经济中的主导作用的原则

这一原则规定在《国资法》第1条,是以立法目的形式出现的。一方面,它表明了《国资法》的《宪法》依据,即该法制定和运作的根本目的以及基本准则是维护公有制的经济基础。因此,对作为公有制经济最主要组成部分之一的企业国有资产的流失预防及保护性法律制度的建构就是必需的,这是消极性的要求,也是最低层次的要求,决定了《国资法》中大量监督管理性法律规范存在的必要性。另一方面,它明确了《国资法》巩固和发展国有经济、促进国有经济在国民经济中主导性作用的充分发挥的任务,这是积极性的要求,也是较高层次的要求,这就要求《国资法》中必须构建能使企业国有资产对整体国民经济发挥宏观调控作用的法律制度,"国有资本经营预算"就是这一类型的制度构建。

2. 国家的社会经济管理职能与国有资产所有者职能分开的原则

这一原则规定在《国资法》第6条。国家的社会经济管理职能与国有资产所有者职能分开,是指国家以社会管理者的身份行使的职能与国家以财产所有者的身份行使的职能相分离。国家的这两种职能要分开,主要是因为它们产生的依据及性质不同。国家的社会经济管理职能依据的是政治权力,而国家作为国

有资产所有者的职能依据的则是财产权利。坚持这两种职能分开的原则,不仅有利于克服计划经济体制下长期形成的政企不分造成的各种弊端,同时也有利于国有资产的保值和增值。

3. 国有资产的所有权与经营权相分离的原则

国有资产的所有权与经营权相分离,是指在保持国有资产所有权不变的前提下,国有资产占有者、使用者对国家授予其经营管理的财产依法享有经营权。经营权是从所有权中派生出来的一种独立的财产权。所有权与经营权分离的原则产生于我国的经济体制改革时期,并在改革中得到了发展和完善,《全民所有制工业企业法》对此作了明确的规定。该法第2条规定:"全民所有制工业企业(以下简称企业)是依法自主经营、自负盈亏、独立核算的社会主义商品生产的经营单位。企业的财产属于全民所有,国家依照所有权和经营权分离的原则授予企业经营管理。企业对国家授予其经营管理的财产享有占有、使用和依法处分的权利。企业依法取得法人资格,以国家授予其经营管理的财产承担民事责任。"

第二节 国有资产管理体制

国有资产管理和经营体制法律制度是规定国有资产监督管理和经营的各类主体及其组织体系和相应权利义务的法律规范的总称。从理论上分析,国有资产管理和经营权是来源于国有资产所有权的,而并非以公共事务管理为内容的公权力,当国有资产所有权人以投资的形式实现其权利内容时,随之置换而来的即是各类投资性权益。因此,也可以说国有资产管理和经营权其实就是这些投资性权益的总和;相应地,国有资产管理和经营体制也就是配置这些投资性权益的法律制度,《国资法》将这些投资性权益称为"出资人权益"。根据《国资法》的规定,我们可以依出资人权益的运行状况,将国有资产管理和经营体制概括地分为出资人权益的享有体制和出资人权益的行使体制两种。

一、出资人权益的享有体制

根据《国资法》第4条的规定,国务院和地方人民政府依照法律和行政法规的规定,分别享有对国家出资企业的出资人权益。这一出资人权益的享有,具有以下四个方面的特征。

(1) 出资人权益来源于国家统一的国有资产所有权。关于这一点,《国资法》第3条有明确的规定。

(2) 出资人权益的享有并不意味着出资人权益的拥有,因为在国家统一的国有资产所有权这一前提下,拥有国有资产所有权因投资而置换得的出资人权益的,只能是国家,也就是全国人民。

(3) 出资人权益的享有直接来源于国务院和地方人民政府对统一的国有资产国家所有权的行使代表权,这种行使代表权是由法律(《国资法》第3条)明确授予的。这种行使代表权本质上是国有资产所有权的实现方式,而非国有资产所有权本身。因此,由国务院和地方人民政府依法分享国有资产所有权的行使代表权绝不意味着由它们分割并独立享有国有资产所有权,这一点与某些私有制国家的由中央和地方政府分别享有独立、平等和完整的国有资产所有权的"分级所有权"存在着根本性区别。

(4) 出资人权益的享有同时还意味着出资人职责的负担。依法享有出资人权益的国务院和地方人民政府,同时还负有依法履行出资人职责的义务,即出资人权益的享有与出资人职责的履行是一个事物的两个方面。这是出资人权益享有的特殊性,这种特殊性不但要求出资人权益的享有者不得随意抛弃、懈怠或消极不实现出资人权益,还要求出资人权益的实现必须依法,同时还必须以国有资产所有权人利益的最大化为基本原则。

《国资法》第4条第2款还对享有国有资产出资人权益的企业范围作了原则性规定。具体来说,由国务院享有出资人权益、履行出资人职责的企业范围包括:① 关系国民经济命脉和国家安全的大型国家出资企业;② 重要基础设施企业;③ 重要自然资源等领域的国家出资企业。这些企业通常分布在航空航天、石油石化、电力、电信、交通运输、重要资源开发、国防、重大装备制造等领域。在上述三类以外的领域由国家进行投资,因此形成的出资人权益,由地方人民政府依法享有。

二、出资人权益的行使体制

出资人权益的行使体制是指在出资人权益享有机制的基础之上,依据法律规定具体行使出资人权利、履行出资人职责、实现出资权内容的主体类型、组织体系及相应的权利和义务。

(一) 履行出资人职责的主体类型

《国资法》将具体行使出资人权利、履行出资人职责的主体设定为两种类型:一是国务院和地方人民政府设立的国有资产监督管理机构;二是经国务院和地方人民政府授权的其他部门和机构(《国资法》第11条)。法律将两者统称为"履行出资人职责的机构"。从法律规范的内容来分析,这两类具体履行出资人职责的机构都具有以下三个法律特征。

(1) 它们都有具体的行使国有资产出资人相关权利的权利。

(2) 它们所有上述权利来源于前述国有资产出资人权益享有主体的授权,因此,这种具体行使权的存续、发动和权利内容都取决于国有资产出资人权益享有主体的具体授权,而这种授权在很大程度上是行政自由裁量权所涵摄的范围。

(3) 与国有资产出资权益享有权的性质相对应,这种具体行使权同时也是一种必须履行的义务或职责,行使权主体不得随意抛弃、懈怠和消极不行使。

除了所具有的权利方面的共同点之外,这两类具体履行出资人职责的机构在各自的组织形式及存续状态上也有区别。

(1) 国务院及地方人民政府设立的国有资产监督管理机构在其设立及存续目的上具有专门性,它们一般是各级人民政府依据《国资法》的规定(《国资法》第二章)专门设立的专司企业国有资产管理职权的机构。因此,其具体的名称、组织形式、人员配置、运行方式、管理规则等内容都由设立其的人民政府决定,这也是《国资法》不具体规定各级国有资产监督管理机构的组织结构和运行程序的法理所在。在实践中,这种专门履行国有资产出资人职责的主体包括:按照国务院机构改革方案设立的国务院国有资产监督管理委员会、地方人民政府根据国务院的规定设立的地方各级国有资产监督管理委员会。

(2) 其他被授权具体履行国有资产出资人职责的主体在存续状态上具有兼职性。《国资法》第 11 条第 2 款规定:国务院和地方人民政府根据需要,可以授权其他部门、机构代表本级人民政府对国家出资企业履行出资人职责。其中并未如第 1 款关于国有资产监督管理机构的规定那样使用"设立"二字,从文义解释的角度不难看出,法律在这里认定的授权主体应当是原先就已存在,并已经承担了相应职责的部门和机构,《国资法》在这里仅是在它们已有的职责之上再附加上相关国有资产出资人的职责。在实践中,这些兼职履行相应国有资产出资人职责的部门和机构一般都是一些行业性管理部门,如财政部根据国务院授权就对金融行业、中国对外文化集团公司、中国出版集团公司、中国烟草总公司等企业中的国有资产履行出资人职责。

两类具体履行出资人职责的主体各自之间的权利行使范围如何,发生矛盾时该如何协调,《国资法》并未规定。从立法精神来看,专门性国有资产监督管理机构应当是今后国有资产监管的一般性主体。

(二) 履行出资人职责的主体的权利义务

对于具体履行出资人职责的机构所具有的基本权利和义务,《国资法》第二章进行了规定,概括起来有以下四点。

1. 对国家出资企业依法享有的收益权和管理权

这些权利都是最基本的出资人权益。收益权是指履行出资人职责的机构按照国家的出资比例或额度,对国家出资企业的盈利,代表国家获取股息或红利的权利。这种收益权不同于私人投资者的投资收益权之处在于:所获取的收益并不是归属于具体履行出资人职责的机构,而是最终归属于国有资产所有权主体——国家,亦即全国人民,具体而言就是通过财政收入的途径收归国库,再以财政支出的方式为人民提供各类公共产品和服务。管理权包括参与重大决策权和选择管理人员权两种。

2. 对国家出资企业的章程制定权

这种权利根据国家资本在国家出资企业之中的配置状态不同具体表现为唯一制定和参与制定两种行为方式。在国家为唯一出资人的国有独资企业、国有独资公司中,其章程必须由履行出资人职责的机构全权制定或批准,而在投资主体多元化的国有资本控股公司和国有资本参股公司中,具体履行出资人职责的机构则依据《公司法》的规定,以股东或发起人的身份参与公司章程的制定。

在国有资本控股和参股的公司中,具体履行出资人职责的机构作为股东一般都是委派专门的股东代表实际参与公司管理的,因此,对所委派的股东代表的行为进行规范是必要的。《国资法》第13条对此进行了专门规定:股东代表在参加股东会和股东大会会议时,应当按照委派机构的指示提出提案、发表意见、行使表决权,并将其履行委派职责的情况和结果及时报告委派机关。可见,《国资法》该条重在对股东代表行为的规制,而对其选任标准或任职资格,《国资法》并未规定,看来立法者是将这个问题委于具体履行出资人职责的机构自行决定了。因此,对委派参加国有资本控股和参股公司管理的股东代表的选任也应当是履行出资人职责的机构的法定权利之一。

3. 履行出资人职责时的勤勉和谨慎义务

这种勤勉和谨慎义务是具体行使出资人权益时的最基本的注意义务,也是行使权实现的基本界限。根据《国资法》第14条的规定,这种勤勉和谨慎义务主要表现为:① 依照法律、行政法规以及企业章程履行出资人职责;② 保障出资人权益,防止国有资产损失;③ 尊重国家出资企业的各项法定权利,不得非法干涉企业经营活动。

4. 履行对授权主体所负的基本义务

这种义务即履行出资职责的机构对作为授权主体的各级人民政府所负有的各项义务。根据《国资法》第15条的规定,这种义务主要表现为:① 向授权的本级人民政府负责并报告工作;② 接受授权的本级人民政府监督和考核;③ 向授权的本级人民政府定期报告有关国有资产总量、结构、变动、收益等汇总分析的情况,这种义务设定的直接目的是为各级政府提供国有资产存续及运营状况的基本信息,但最终目的却在于为各级政府对国有经济进行优化布局,进而为对相应的整体经济状态进行宏观调控提供基础和信息前提。

第三节　国有资产管理制度

一、国家出资企业概述

国家出资企业包括国家出资的国有独资企业、国有独资公司、国有资本控股公司以及国有资本参股公司。国有独资企业是指按照全民所有制工业企业法设置的，全部资本均由国家投资的非公司制企业法人。根据法律规定，该企业法人对于国家投资亦即授权其经营的财产享有独立的经营权，可依法占有、使用及处分；该企业法人并不具备如公司那样的内部治理结构，其高级管理人员和监事会均由政府委派。国有独资公司、国有资本控股公司及国有资本参股公司都是按照《公司法》的规定由国家资本投入其中（投资比例各有不同），并依据法定的内部治理结构独立运营的公司法人。国家出资企业具有以下三点法律特征。

（1）国家出资企业在性质上都是具体经营国有资产（企业国有资产）的主体。按照《国资法》的规定，国务院是国有资产所有权的行使代表主体，包括国务院在内的各级人民政府是国有资产投入国家出资企业后所形成的出资人权益的享有主体，各级国有资产监督管理机构及其他被政府授权的部门和机构是出资人权益的具体行使主体，而各类国家出资企业则是接受国家投资，并运用国家资本进行经营的主体，这样形成的层级式结构，构成了中国特色的国有资产（企业国有资产）管理和运营体制。

（2）国家出资企业都是具有一定的责任财产，能够独立享有权利和承担义务的经营性法人。

（3）国家出资企业都以营利性和公益性兼顾的原则经营。国家出资企业作为经营性法人，追求利益的最大化是其当然目的，因此，营利性势必成为国家出资企业必要的经营原则；但是，国家将国有资产投入国民经济领域，除了追求保值、增值的目的之外，在很大程度上还以调控宏观经济、掌握国民经济命脉、维护社会平稳和谐发展等为目的，因此，公共利益也应当成为国家出资企业在其运营中必须遵循的基本原则。在一般情形下，这两种原则是可以兼顾的，因为国家基于特定的政策目的，决定国有资本投入某个领域本身就是对公共利益的实现，但在特殊情况下，如果两种原则发生冲突，则必然应当以公共利益的实现为准。

《国资法》第三章对各类国家出资企业的基本权利和义务作了统一的原则性规定。对基本权利的规定是保障国家出资企业经营活动顺利开展，实现国家资本保值、增值的必要条件；而对基本义务的规定则是预防国有资产流失的重要制度性保障。概括起来，国家出资企业的基本权利有以下三项。

(1) 法人财产权。国家将国有资本投入各类企业由其经营时,在法理上将失去对投资资本的所有权,随之置换而来的将是各类出资人权益(包括自益权和公益权,股权是前者的典型),而投入的国有资本就成为国家出资企业的法人财产,国家出资企业对其享有法人财产权,这一权利在《物权法》和《公司法》上都已经得到了保护。根据《国资法》的规定,这一法人财产权的内容主要表现在四个方面:① 占有,即国家出资企业对因投资而形成的企业财产得进行排他性控制;② 使用,即国家出资企业对因投资而形成的财产得进行运营,以充分实现其使用价值;③ 收益,即国家出资企业对经营法人财产所产生的盈余可以收取并依法存留;④ 依法处分,即国家出资企业对法人财产权可以依法进行处置。

(2) 经营自主权。这是国家出资企业对其基本事务可独立决策,并可不受干预地独立进行经营活动的权利。

(3) 投资权。国家出资企业有向其他企业运用法人财产进行投资,并对所投资企业依法享有资产收益、参与重大决策和选择管理者等出资人权益的权利。从国家出资企业投资的本质来看,其实还应当是国家资本的运营方式,但这并不意味着国家可以超越其出资企业直接对其出资企业的投资企业行使出资人权利,因为在法律上,这种投资行为是国家出资企业作为独立的法律主体,运用自己的法人财产权,实现其经营自主权的结果。为了从根本上保障国家利益,《国资法》第 21 条在赋予国家出资企业投资权的同时,还原则性地为其设置了"维护出资人权益"的义务。

二、国家出资企业管理者的选择与考核

(一) 国家出资企业管理者的选择

1. 国家出资企业管理者的选择权

依法享有国家出资企业管理者的选择权的是具体履行出资人职责的机构,亦即各级人民政府设立的国有资产监督管理机构和政府授权的履行出资人职责的部门、机构。

对国家出资企业管理者的选择权其实就是前述的具体履行出资人职责的机构依法享有的选择管理者这一基本权利的具体化。根据《国资法》的规范内容,这一选择权具体包含两方面的内容,即任免和建议任免,它们各自适用于不同的企业类型。在国有独资企业和国有独资公司中,选择权具体表现为直接任免权,而在国家资本控股及国家资本参股的公司中,选择权则表现为通过参加股东会或股东大会提出管理人员建议任免人选的权利。

国家出资企业管理者的选择权行使的范围,亦即具体履行出资人职责的机构得以任免和建议任免的国家出资企业管理者的范围,因企业类型的不同而不同:① 任免国有独资企业的经理、副经理、财务负责人和其他高级管理人员;② 任免国有独资公司的董事长、副董事长、董事、监事会主席和监事;③ 向国有资本控股公司、国有资本参股公司的股东会、股东大会提出董事、监事人选。

《国资法》第29条对履行出资人职责的机构选择国家出资企业管理者的权利作了保留性规定,即对上述①②项企业管理者的任免,国务院和地方人民政府规定由本级人民政府任免的,依其规定。在法理上,履行出资人职责的机构对于企业管理者的选择权来源于本级人民政府的授权,当本级人民政府决定将某些企业管理者的任免权予以保留时,履行出资人职责的机构所承受的授权中当然不会包含这些被授权主体保留的权利。在实践中,被国务院保留管理者任免权的企业是一些关系国民经济重大命脉和国家安全的大型重点企业、重要基础设施和重要自然资源建设和开发领域中的大型重点企业;被地方人民政府保留管理者任免权的企业则是在本地区影响和规模较大的企业。

2. 国家出资企业管理者的任职资格

国家出资企业管理者的任职资格包含积极资格和消极资格两个方面。积极资格是指担任国家出资企业管理者所应当具备的前提条件。根据《国资法》第23条,积极资格主要表现在以下四个方面。

(1) 有良好的品行。这是对国家出资企业管理者品质上的要求,内容是相当广泛的,但最重要的包括两点:一是遵纪守法;二是良好的职业道德。

(2) 有符合职位要求的专业知识和工作能力。这是对国家出资企业管理者执业能力和素质的基本要求,但规定得比较原则性,法律并未具体规定与各项职位相匹配的专业知识和能力要求,也并未对如何具体验证这些能力和知识作出规定,看来是留给履行出资人职责的机构具体认定。

(3) 有能够正常履行职责的身体条件。这是对国家出资企业管理者身体条件的要求,同第(2)项条件一样,它也只有原则性的规定,立法目的还是在于将具体认定的权利委予履行出资人职责的机构。

(4) 法律、行政法规规定的其他条件。这是个兜底条款,它是为了因应各类具体经营事务的特殊要求。比如,根据《证券法》的规定,证券公司的高级管理人员在任职前应当取得国务院证券监管机构核准的从业资格;再如,根据《证券投资基金法》的规定,证券投资基金公司的经理应当具有证券从业资格。

消极资格是指担任国家出资企业管理者所不应当出现的情形。根据《国资法》第23条的规定,国家出资企业的董事、监事、高级管理人员在任职期间出现不符合上述四项规定情形或者出现《公司法》规定的不得担任公司董事、监事、高级管理人员情形的,履行出资人职责的机构应当依法予以免职或者提出免职建议。

《国资法》第 25 条对各种类型的国家出资企业管理者兼职的限制作出了专门规定,大多数规定与《公司法》一致,此处就不再赘述。但需要指出的是,《国资法》对国有资本控股公司的董事长兼任经理的限制要严于《公司法》。该法第 25 条第 2 款规定:"未经股东会、股东大会同意,国有资本控股公司的董事长不得兼任经理。"这主要是考虑到国有资本控股公司的特殊性,并且是为了促进国有资本控股公司建立和完善内部监督制约机制。

(二) 国家出资企业管理者的考核

1. 经营业绩考核

经营业绩考核是指按照一定的标准对国家出资企业管理者运营国有资产的效果、经营活动的绩效等进行认定、评估和考察,并继而决定奖惩及报酬的系列行为。《国资法》将经营业绩考核具体分为年度考核和任期考核两种,并且将经营业绩的考核权赋予了具体履行出资人职责的机构。

(1) 经营业绩考核的适用范围。具体履行出资人职责的机构享有的经营业绩考核权只适用于由其直接任命的国家出资企业的管理者,这些管理者的范围限于:国有独资企业的经理、副经理、财务负责人和其他高级管理人员以及国有独资公司的董事长、副董事长、董事、监事会主席和监事。

(2) 经营业绩考核的标准。《国资法》并未明确具体的考核标准。在实践中,考核标准的制定一般都是由各级人民政府或其授权的履行出资人职责的机构具体进行,它们往往根据国家出资企业所处行业、自身条件及市场状况等因素来确定,主要包括利润增长指标、资产收益指标等。

(3) 经营业绩考核的后果。具体履行出资人职责的机构依法对其任命的管理人员进行经营业绩考核后所形成的考核结果,将是对相关管理人员进行奖惩的主要依据。如果相关管理人员的经营业绩达到甚至超过了确定的考核标准,则对其进行奖励;反之,则对其进行惩罚。《国资法》并未具体规定奖惩方式。实践中,奖励的方式主要包括薪酬奖励和股权奖励,惩处的方式则主要包括减扣薪金、减少或取消股权激励、免职、解聘等。可见,对相关企业管理者的奖惩方式总体上可以概括为经济性奖惩与职务性奖惩两类,前者具体表现为经济利益的损益,后者则表现为职务的升降或去留。

《国资法》第 27 条第 2 款明确赋予履行出资人职责的机构按照国家有关规定确定由其任命的国家出资企业管理者薪酬标准的权利,这一规定就是履行出资人职责的机构根据经营业绩考核结果,对相关企业管理者实施经济性奖惩的法律基础。

2. 任期经济责任审计

根据《国资法》第 28 条的规定,任期经济责任审计的适用范围包括国有独资企业、国有独资公司和国有资本控股公司的主要负责人。何为主要负责人，法律未予以明确，权威的立法释义认为应当是指这些企业的法定代表人。

任期经济责任审计的审计方式、程序及审计结果的法律效果等，应当根据《审计法》的相应规定具体确定。

三、重大事项中的国有资产监督管理

在国家出资企业的一些重大事项中，极有可能涉及国有资产的处分，因此法律有必要设置相应的监管制度，以预防国有资产流失现象的发生，实现国家出资企业所经营的国有资产的保值目标。从《国资法》的体系结构和规范内容来看，其对相关重大事项中国有资产监管的规定占据了很大部分，可见该部分规制内容的重要性。之所以作出这样的结构安排，是因为这些重大事项与出资人关系重大，也是实践中发生国有资产流失的主要环节，各方面普遍要求作出有针对性的法律规定。

《国资法》第五章对这一部分规范内容的具体设置是按照"从一般到具体"的立法思路进行的，先对重大事项的范围及在这些事项中相关监管主体的一般性管理权作出规定，再分别针对企业改制、与关联方的交易、资产评估及国有资产转让这几类具体事项作出相应的规定。

（一）重大事项的范围

根据《国资法》第30条的规定，涉及国有资产出资人权益的重大事项包括以下13项：国家出资企业的合并、分立、改制、上市、增加或减少资本、发行债券、进行重大投资、为他人提供大额担保、转让重大财产、进行大额捐赠、分配利润、解散、申请破产。

（二）对各类企业相关重大事项的决定权和监管权

1. 对国有独资企业和国有独资公司相关重大事项的决定权

国有独资企业、国有独资公司合并、分立、增加或减少注册资本、发行债券、分配利润、解散、申请破产，具体履行出资人职责的机构享有决定权。

国有独资企业、国有独资公司除依据法律、行政法规和企业章程由履行出资人职责的机构享有决定权的事项之外，属于《国资法》第30条规定的事项范围的重大事项，国有独资企业由企业负责人集体讨论决定，国有独资公司由董事会决定。

2. 对重要的国有独资企业、国有独资公司、国有资本控股公司相关重大事项的监管权

《国资法》第34条第1款规定，重要的国有独资企业、国有独资公司、国有资本控股公司的合并、分立、解散、申请破产以及法律、行政法规和本级人民政府规

定应当由履行出资人职责的机构报经本级人民政府批准的重大事项,履行出资人职责的机构在作出决定或者向其委派参加国有资本控股公司股东会会议、股东大会会议的股东代表作出指示前,应当报经本级人民政府批准。

3. 国家出资企业相关重大事项的职工建议权

国家出资企业的合并、分立、改制、解散、申请破产等重大事项,应当听取企业工会的意见,并通过职工代表大会或其他形式听取职工的意见和建议。在这一民意表达机制中,国家出资企业在有法定重大事项发生时,负有召集企业工会、职工代表大会或以其他适当方式听取工会和职工的意见和建议的义务,因此也可推知,企业工会以及职工代表大会依法也应当享有要求企业管理者召集会议,并以合理、适当的方式听取职工意见和建议的权利。

(三) 企业改制中的国有资产监管

1. 企业改制的法定含义

从法律上说,企业改制包括三种情形:① 国有独资企业改为国有独资公司;② 国有独资企业、国有独资公司改为国有资本控股公司或非国有资本控股公司;③ 国有资本控股公司改为非国有资本控股公司。

2. 企业改制的决定权

企业改制的决定权是指具体决定是否进行企业改制以及以何种方式进行企业改制的权利。企业改制应当制定改制方案,改制方案的内容主要包括改制后的企业组织形式、企业资产和债权债务处理方案、股权变动方案、改制的操作程序、资产评估和财务审计等中介机构的选聘等。

国有独资企业、国有独资公司的改制决定权由具体履行出资人职责的机构享有,国有资本控股公司的该权利则由公司股东会、股东大会享有。

重要的国有独资企业、国有独资公司的改制,具体履行出资人职责的机构在直接行使决定权以前必须将改制方案报经本级人民政府批准;重要的国有资本控股公司的改制,具体履行出资人职责的机构在对其委派参加股东会、股东大会的股东代表发出指示前,也应当将指示内容报经本级人民政府批准。

企业改制如果涉及重新安置企业职工的,还应当制定职工安置方案,并经职工大会或者职工代表大会审议通过。

3. 改制企业的资产价值确定

企业改制应当进行资产价值的确定,以防止国有资产的流失。法律规定了资产价值确定的基本原则和基本方式。

(1) 改制企业的资产价值确定应当遵循准确、客观、公正的基本原则。这三项原则其实可以简化为两种具体要求:一是必须保证资产价值确定的全面、准确,即应当将改制企业的所有资产纳入确定范围,防止遗漏;二是资产价值的确定必须以市场价值为基准,以保证价值确定结果的客观与公平。

(2) 改制企业的资产价值确定包括清产核资、财务审计和资产评估三种基本方式。清产核资是指通过账务清理、财产清查、价值重估等方式,认定改制企业的各项资产损益;财务审计是指对改制企业的各项财务收支活动进行的审计,目的在于保证这些收支活动的真实性与合法性;资产评估是指委托资产评估机构通过法定标准和程序、以科学的方法,对资产的现有价值进行的评价和估算。

(四) 与关联方交易中的国有资产监管

1. 关联方的法定含义

《国资法》所谓的关联方,是指国家出资企业的董事、监事、高级管理人员及其近亲属,以及由这些人所有或者实际控制的企业。可见,《国资法》中的关联方主要包括两种主体类型。第一种是自然人,即国家出资企业的董事、监事、高级管理人员及其近亲属;法律对"近亲属"的范围并未明确,从法理上讲,应当包括国家出资企业的董事、监事及高级管理人员的配偶、父母、子女、兄弟姐妹、祖父母、外祖父母等亲属。第二种是企业法人,即由国家出资企业的董事、监事、高级管理人员及其近亲属全部出资成立和经营的独资企业、公司,由这些人控股经营的公司,以及虽未控股但通过各种方式实际控制其经营的企业。

2. 对关联方的禁止性规定

《国资法》第43条第1款规定,国家出资企业的关联方不得利用与国家出资企业之间的交易,谋取不当利益,损害国家出资企业的利益。这一规定并不禁止关联方与国家出资企业之间的交易行为,而是禁止关联方利用交易谋取不当利益,损害国家出资企业利益的行为。所谓不当利益,就是指利用关联交易,在损害国家出资企业利益的基础上所获取的私人利益。因此,判断不当利益的关键是看关联交易是否已经或者可能使国家出资企业的利益减损,而关联方的利益却由此增加。

3. 对特定国家出资企业的禁止性规定

《国资法》第44条规定,国有独资企业、国有独资公司、国有资本控股公司不得无偿向关联方提供资金、商品、服务或者其他资产,不得以不公平的价格与关联方进行交易。这一规定首先排除了国有独资企业、国有独资公司、国有资本控股公司以非交易的方式(如赠与)向关联方转移资产的可能性,从而将国有独资企业、国有独资公司、国有资本控股公司向其关联方进行的一切资产转移都纳入市场交易范围,紧接着规定交易的基本准则是必须依据公平的价格,即市场价格。所谓以不公平的价格与关联方进行交易,既包括以明显不合理的高价从关联方购进商品或者服务,也包括以明显不合理的低价向关联方转让商品、服务或者其他财产。

4. 履行出资人职责的机构对特定行为的批准权

《国资法》第 45 条规定,未经履行出资人职责的机构同意,国有独资企业和国有独资公司不得从事以下行为:① 与关联方订立财产转让、借款的协议;② 为关联方提供担保;③ 与关联方共同出资设立企业,或者向董事、监事、高级管理人员或者其近亲属所有或实际控制的企业投资。

(五) 资产评估管理

1. 相关企业及其人员资产评估的义务

(1) 必须进行资产评估的义务。根据《国资法》第 47 条的规定,国有独资企业、国有独资公司和国有资本控股公司在下列情形发生时,必须按照规定对有关资产进行评估:合并、分立、改制;转让重大财产;以非货币财产对外投资;清算;法律、行政法规以及企业章程规定应当进行资产评估的情形。国务院颁布的《国有资产评估管理办法》(1991 年 11 月 16 日)规定,除了上述情形外,资产拍卖、转让,企业兼并、联营、出售、股份经营,与外国公司、企业和其他经济组织或者个人开办中外合资经营企业或中外合作经营企业等情形发生时,也应当进行资产评估。

对于资产评估的组织管理、程序、评估方法、监督检查、法律责任等内容,国务院颁布的《国有资产评估管理办法》以及国务院国有资产监督管理委员会制定的《企业国有资产评估管理暂行办法》(2005 年 8 月 25 日)都作了比较详尽和全面的规定。

(2) 委托评估及其报告的义务。《国资法》第 48 条规定,国有独资企业、国有独资公司和国有资本控股公司应当委托依法设立的符合条件的资产评估机构进行资产评估。对此,根据《国有资产评估管理办法》第 9 条的规定,持有国务院或者省、自治区、直辖市人民政府国有资产管理行政主管部门颁发的国有资产评估资格证书的资产评估公司、会计师事务所、审计事务所、财务咨询公司,经国务院或者省、自治区、直辖市人民政府国有资产管理行政主管部门认可的临时评估机构,可以接受委托,从事国有资产评估业务。《企业国有资产评估管理暂行办法》第 9 条对进行资产评估的机构所应当具备的基本条件进行了规定。

《国资法》第 48 条还规定,涉及应当报经履行出资人职责的机构决定的事项的,应当将委托资产评估机构的情况向履行出资人职责的机构报告。

(3) 提供资料和禁止串通评估的义务。《国资法》第 49 条规定,国有独资企业、国有独资公司、国有资本控股公司及其董事、监事、高级管理人员有义务向资产评估机构如实提供有关情况和资料,不得与资产评估机构串通评估作价。所谓"串通评估作价",是指国有独资企业、国有独资公司、国有资本控股公司及其董事、监事、高级管理人员与资产评估机构在资产评估过程中合谋,由资产评估机构出具虚假评估报告,以谋取非法利益的行为。

2. 资产评估机构及其工作人员的义务

《国资法》第50条规定,资产评估机构及其工作人员受托评估有关资产,应当遵守法律、行政法规以及评估执业准则,独立、客观、公正地对受托评估的资产进行评估。根据《国有资产评估管理办法》的规定,资产评估机构作弊或者玩忽职守,致使资产评估结果失实的,国有资产管理部门可以宣布资产评估结果无效,并可以根据情节轻重,对该资产评估机构给予警告、停业整顿以至吊销国有资产评估资格证书的处罚。

3. 国有资产评估的方法

国有资产评估,应根据资产原值、净值、新旧程度、重置成本、获利能力等因素和适当的评估方法来评定。国有资产评估方法包括四种。

(1) 收益现值法。收益现值法是将评估对象剩余寿命期间每年(或每月)的预期收益,用适当的折现率折现,累加得出评估基准日的现估值,以此估算资产价值的方法。所谓收益现值,是指将企业在一定时期内的预期收益折成现值。剩余寿命是指资产从评估之日起到失去获利能力的年限。折现率是指未来收益折算成现时资金或本金的比例,包括安全收益率和风险收益率两个因素。采用收益现值法必须具备两个前提条件:一是被评估资产能够独立创收,并能不断地获得预期收益;二是这里的预期收益,以及里面包含多少风险收益等都应当是可以用货币来计算的。收益现值法主要运用于企业承包、租赁、股份经营、联营、兼并、企业经营评价、中外合资、中外合作等以企业整体经济活动为评估对象的资产评估,单项评估一般不采用这种方法。

(2) 重置成本法。重置成本法是用现时条件下被评估资产全新状态的重置成本,减去该项资产的实体性贬值、功能性贬值和经济性贬值,估算资产价值的方法。实体性贬值是使用磨损和自然损耗造成的贬值;功能性贬值是技术相对落后造成的贬值;经济性贬值是外部经济环境变化引起的贬值。重置成本法主要适用于单项资产的评估。在对企业进行整体评估时,也可以采用重置成本法,即将单项评估结果汇总得出企业总资产的价值。但这个评估结果必须用收益现值法进行验证和调整。以单项资产或企业整体参加企业承包、租赁、股份经营、联营、兼并、企业经营评估、抵押担保、中外合资、中外合作等经济活动时,均可采用重置成本法评定资产重估价值。重置成本法是资产评估具体操作中最为重要和最为有效的评估方法,其核心是通过一系列运算得出被评估资产的现实成本。由于重置成本法在计算时考虑到物价的变化、技术的进步等因素,在物价波动幅度较大、币值不稳定的情况下,重置成本法具有很强的真实性和公平性。但是,由于成本涉及的参数较多,如物价变动指数、资产更新率、资产功能参数等,它在具体运用和操作时难度很大,往往会因不能充分考虑经济性损耗因素的影响,而使评估的价值偏高。因此,在采用重置成本法进行资产评估时,要特别注意经济参数的选用。

(3)现行市价法。现行市价法是通过市场调查,选择一个或几个相同或类似资产的市场价格与评估对象相比较,评定资产重估价值的方法。现行市价法从卖的角度来考虑待评估资产的变现值,其评估价值大小受市场的制约,一般适用于产权转让或重组时对房地产、汽车、机械等单项资产的评估。现行市价法是资产评估中的一种重要方法,较之重置成本法更加灵活,适用范围更大,操作过程也大大简化。但现行市价法考虑的因素不如重置成本法那样全面,因而它不能取代重置成本法,只能作为重置成本法的必要补充。

(4)清算价格法。清算价格法是依据企业破产法的有关规定,根据企业清算时其资产可变现的价值,评定资产重估价值的方法。清算价格一般通过市场售价比较法来估算。清算价格法适用于我国《破产法》规定的经人民法院宣告破产的企业的资产评估。

4.国有资产评估的程序

(1)申请立项。申请立项是指依法需要进行国有资产评估的占有单位,向国有资产管理部门提出进行国有资产评估的申请,提交资产评估申请书。国有资产管理部门接到评估申请书后,应及时通报申请单位,并填报《资产评估立项表》。申报单位在接到立项通知后,可自行委托资产评估机构,对立项通知书规定的范围进行评估。

(2)资产清查。受委托的资产评估机构应对委托单位的资产、债权、债务进行全面清查,在此基础上要核实资产账面与资产实际是否相符,考核其经营成果、盈亏状况是否真实,并作出鉴定。

(3)评定估算。评定估算是指受托的资产评估机构根据评估的具体项目和相关资料,依照法定的资产评估标准和方法,对被评估的资产价值进行评定和估算。在此基础上资产评估机构要提出资产评估报告书,并由具备资产评估资格并直接参加该项工作的专业人员签字,资产评估机构的负责人要审核并签名,加盖公章。

(4)验证确认。验证确认是指国有资产管理部门接到请求确认的资产评估报告书后,首先应对资产评估报告书以及相关资料进行全面审核,对评估所依据的资料、数据、计算公式、计算步骤等进行验证,必要时还可实地抽样验证。其次要与被评估单位的主管部门、财政部门进行协商,力争做到评估结果真实可靠,计算准确,客观公正。最后,国有资产管理部门对资产评估结果作出是否确认的决定。资产评估一经确认,正式下达资产评估确认通知书,经国有资产管理部门确认的评估结果,自批准日起一年内有效。

(六) 国有资产转让的监管

1. 国有资产转让的含义

根据《国资法》的规定，国有资产转让是指依法将国家对企业的出资所形成的权益转移给其他单位或个人的行为，但按照国家规定无偿划转国有资产的除外。可见，法律所谓的国有资产转让，仅指国有资产的有偿转让。

国有资产转让的客体是国家对企业出资所形成的各种权益，在国有独资企业中，这种权益表现为出资，在国有独资公司、国有资本控股和参股的公司中，这种权益则表现为股份、股权。因此，国家出资企业法人财产权范围内的各种动产、不动产及无形资产的有偿转让并非《国资法》上的国有资产转让。

2. 国有资产转让的基本原则

根据《国资法》的规定，国有资产转让应当遵循以下四项基本原则：① 有利于国有经济布局和结构的战略性调整。这一原则体现的是国有资产的调控性功能，即通过国有资产的有偿转让，努力推进国有资本向关系国家安全和国民经济命脉的重要行业和领域集中，增强国家对国民经济关键领域的控制能力。② 防止国有资产流失。这一原则体现了国有资产保值增值的目标。③ 不得损害交易各方的合法权益。这一原则体现的是在保护交易各方合法权益的基础上，对国有资产的保护。④ 等价有偿和公平、公正、公开。这一原则不仅要求国有资产转让应当遵循民事交易的一般准则，而且要求通过公开交易确保国有资产不受损害。据此，《国资法》第 54 条规定，除按照国家规定可以直接协议转让的以外，国有资产转让应当在依法设立的产权交易场所公开进行。转让方应当如实披露有关信息，征集受让方；征集产生的受让方为两个以上的，转让应当采用公开竞价的交易方式。

3. 国有资产转让的批准权

国有资产转让的决定权由具体履行出资人职责的机构享有和行使。在下列两种情形下，履行出资人职责的机构在决定国有资产转让前，必须报经本级人民政府批准：① 转让全部国有资产；② 转让部分国有资产致使国家对该企业失去控制地位。

可见，国家在国有独资企业、国有独资公司、国有资本控股公司及国有资本参股公司中所拥有的出资、股份、股权全部有偿转让时，必须经本级人民政府批准；国家在国有独资企业、国有独资公司及国有资本控股公司中所拥有的出资、股份、股权部分有偿转让有可能导致国家失去对这些企业的控制权时，也应当经本级人民政府批准。

4. 国有资产转让的限制性规定

(1) 最低转让价格的限制性确定。《国资法》第 55 条规定，国有资产转让应当以依法评估的、经履行出资人职责的机构认可或者由履行出资人职责的机构报经本级人民政府核准的价格为依据,合理确定最低转让价格。

(2) 向本企业管理层及其近亲属转让的限制性规定。根据《国资法》第56条的规定,法律、行政法规或者国务院国有资产监督管理机构规定可以向本企业的董事、监事、高级管理人员或者其近亲属,或者这些人员所有或者实际控制的企业转让的国有资产,在转让时,上述人员或者企业参与受让的,应当与其他受让参与者平等竞买;转让方应当按照国家有关规定,如实披露有关信息;相关的董事、监事和高级管理人员不得参与转让方案的制定和组织实施的各项工作。关于转让方应当披露的信息,国务院国有资产监督管理委员会发布的《企业国有产权向管理层转让暂行规定》明确规定,应当包括目前管理层持有标的企业的产权情况、拟参与受让国有产权的管理层名单、拟受让比例、受让国有产权的目的及相关后续计划、是否改变标的企业的主营业务、是否对标的企业进行重大重组等。

在《国资法》的原则性规定之外,《企业国有产权向管理层转让暂行规定》还对国有资产向管理层转让行为作了比较全面的限制性规定,除了与《国资法》相同的规定外,还包含以下三个方面的限制性内容。

(1) 应当对转让标的企业进行审计,其中标的企业的法定代表人参与受让企业国有资产的,应当对其进行经济责任审计。

(2) 国有资产转让公告中的受让条件不得含有为管理层设定的排他性条款,以及其他有利于管理层的安排。

(3) 管理层受让企业国有资产时,应当提供其受让资金来源的相关证明,不得向包括标的企业在内的国有及国有控股企业融资,不得以这些企业的国有产权或资产为管理层融资提供保证、抵押、质押、贴现等。

第四节 国有资产的产权界定与登记制度

一、国有资产产权界定的法律规定

(一) 国有资产产权界定的概念

所谓国有资产产权界定,是指国家依法对应属于国家的财产确认其权属的法律行为。这是国有资产管理的一项基础性工作。界定产权的归属包括财产所有权的界定和与财产所有权相关的其他产权的界定。前者是指对特定的财产是否属于国家所有的界定;后者是指在国家所有权基础上派生出来的经营权的界定,即各类主体行使对国有资产占有、使用以及依法处分的各项权利的界限和范围。为了规范这项工作,国家先后制定了《国有资产产权界定和产权纠纷处理暂行办法》《集体企业国有资产产权界定暂行办法》《集体科技企业产权界定若干问题的暂行规定》等法规。

(二)国有资产产权界定的原则

国有资产产权界定主要遵循以下两项原则。

1. "谁投资,谁拥有产权"的原则

这项原则是指任何所有权的主体,都必须通过投资取得产权。对国有资产来讲,除了国家没收、征收和依法认定属于国家的财产之外,国家投资是国有资产形成的基本方式。国有资产产权不仅包括原始投资,还包括由于投资而形成的投资受益,即所有者权益。在有其他所有权投资的情况下,在界定各自产权时,应按照原始投资的份额来确定它们各自拥有的产权比例。通过产权界定,既要维护国有资产不受侵犯和经营使用者的合法权益,又不得侵犯其他财产所有者的合法权益。

2. 国有资产依法划转的原则

所谓依法划转,就是改变原来计划经济体制下行政划拨的做法,授权投资机构或者授权投资部门,通过授权经营方式将一部分国有资产的经营权、管理权、持股权和使用权转移到有关单位,并依照划转的情况来确定产权归属。

(三)国有资产产权界定的范围

1. 国有企业中的国有资产

根据有关法律规定,国有企业中的国有资产主要包括:① 国家授权投资机构和部门以货币,实物和国有土地使用权、知识产权等向企业投资形成的国家资本金;② 国有企业运用国家资本金及在经营中借入的资金等所形成的税后利润,经国家批准后留给企业作为增加投资的部分,以及从税后利润中所提取的盈余公基金、公益金和未分配利润等;③ 以国有单位名义担保,完全利用国内外借入资金投资创办的,或完全由其他单位借款创办的国有企业,其受益积累的净资产;④ 国有企业接受馈赠而增加的国家资本金及其收益;⑤ 国有企业从留利中提取的福利基金、职工奖励基金以及用公益金购建的集体福利设施而相应增加的所有者权益;⑥ 国有企业中党、政、工会组织等占用企业的财产。

2. 集体所有制企业中的国有资产

① 国有单位以货币、实物和国有土地使用权、知识产权所创办的以集体所有制名义注册登记的企业单位,其资产所有权应界定为国家所有,但法律、法规和协议规定属于集体企业,并经国有资产管理部门认定属于无偿资助的除外;② 国有单位用国有资产在集体企业中的投资以及按照投资份额应取得的资产收益留给集体企业发展生产的资本金及其权益,应界定为国有资产;③ 供销合

作社、信用合资社等单位中由国家拨入的资本金,界定为国有资产;④ 集体企业和合作社改组为股份制企业时,由土地折价部分形成的国家股份和其他所有者权益,界定为国有资产;⑤ 其他按法律、法规规定应属于国有的资产。根据有关规定,对集体企业中界定为国有资产的财产,企业可继续使用,国家不抽回,但应按一定方式,如交付占用费、交付收益、收取租金或作价入股等形式进行处理。

3. 中外合资经营企业和中外合作经营企业中的国有资产

以下应界定为国有资产:① 中方以国有资产出资投入的资本总额,包括现金、实物、场地使用权和无形财产;② 中方以分得利润向企业再投资或者优先购买另一方股份的投资活动所形成的资产;③ 可分配利润以及从税后留利中提取的各项资金,按中方投资比例所占的相应的份额,但不包括已提取用于职工福利、奖励等分配给个人的消费基金;④ 中方职工的工资差额和企业中依法按中方工资总额提取的中方职工住房补贴等。

4. 股份制企业和联营企业中的国有资产

以下应界定为国有资产:① 国有单位或者授权投资部门向企业投资形成的国有股份;② 国有企业向企业投资形成的国有企业法人股份;③ 股份制企业公基金、公益金中,国有单位按投资应占有的份额。

二、国有资产产权登记的法律规定

(一) 国有资产产权登记的概念

国有资产产权登记是指国有资产管理部门代表国家对占有、使用国有资产单位的国有资产状况进行调查,确认其产权归属关系并进行登记的法律行为。国有资产登记制度是国有资产管理的一项重要内容,它是产权界定工作的延伸和发展。产权界定是产权登记的前提,产权登记则是对产权界定工作在法律上的确认。经过产权登记的国有资产的占有、使用权益受到法律保护。通过产权登记明确了出资者、经营者对国有资产所享有的权利和应承担的义务,以此来考核评估国有资产占有和使用的经营效益,有利于维护国家和占有单位的合法权益,使国有资产保值增值,防止国有资产流失。

(二) 国有资产产权登记的范围和种类

根据《企业国有资产产权登记办法》的规定,凡国有企业、国有独资公司、持有国家股权的单位以及以其他形式占有国有资产的企业,应向国有资产管理部门申报,办理产权登记。产权登记可分为以下五类。

1. 设立产权登记

占有和使用国有资产新设的企业以及新设立的行政事业单位,均应在批准成立后的 30 日内,向国有资产管理部门办理单位开办产权登记,并提交批准设立文件,国有资产总额及其来源证明,已办妥的土地、房产证明复印件及其他应提交的文件资料。

2. 占有权登记

所有占有、使用国有资产的企业均应办理占有权登记。这是针对已经设立的占有、使用国有资产的企业而言的。登记的内容包括:出资单位名称、住所、出资金额及法定代表人,企业名称、住所及法定代表人,企业的资产状况、负债及所有者权益,企业的实收资本等。

3. 变更产权登记

国有资产产权变动登记适用单位名称、住所、法定代表人、经济性质、主管单位等事宜发生变化,以及国有资产总额增减超过 20% 的单位。只有办理了产权变更登记后才能去工商行政管理部门办理有关变更登记。

4. 注销产权登记

注销产权登记适用于发生解散、被撤销、被合并、被兼并以及破产等情况需要终止的企业单位。申办时应填报注销产权登记表,并提交相关的证明和文件。

5. 产权登记的年度检查制度

为了更好地加强对国有资产的清理,严格企业产权登记制度,有关法规还规定了产权登记年度检查制度。国有资产管理部门要按年度对办理了产权登记的企业进行产权登记检查。检查的主要内容包括:国有资产产权占有、使用的情况;国有资产的增减变动手续是否完备;国有资产保值增值情况以及国有资产产权是否受到侵害等情况。企业应在工商年检前办理产权登记年度检查。

(三) 产权登记的程序

1. 申请受理

需要申办产权登记的企业单位,向国有资产管理部门申报。经确认后,填写《国有资产产权登记表》。

2. 主管单位审查

申报企业将所填产权登记表报主管部门请求审查,主管部门经核实后签署意见。

3. 审核认定

国有资产管理部门对申请登记企业提交的各种文件、资料、证件及主管单位审查后的产权登记表进行审核,经审查合格后,在产权登记表上签署意见并加盖产权登记专用章,确认产权归属。

4. 核发证书

国有资产管理部门对审查合格的企业单位核发《国有资产授权占用证书》,

并根据产权登记的不同类型核发产权登记表,对审定变动登记表的予以换发,对注销登记的予以收回,对年底产权检查的签署年度检查意见。

第五节 对国有资产流失的查处与法律责任

一、对国有资产流失的查处

(一) 国有资产流失的含义

国有资产流失是指国有资产的投资者、经营者和管理者由于过错,违反有关国有资产管理的法律、法规,造成国有资产损失或者致使国有资产处于流失状态的行为。这里讲的国有资产流失,首先,造成国有资产流失的当事人限定在掌握国有资产的投资者、经营者或管理者。其次,这些当事人造成国有资产流失的违法行为具有主观故意或者过失。最后,造成国有资产流失必须是直接违反了有关国有资产法律、法规的规定并产生了后果或不加以制止必然发生国有资产流失不良后果的。

(二) 应予查处的造成国有资产流失的各类违法行为

根据有关法律、法规和有关国有资产管理的规定,对于造成国有资产流失的违法行为应追究当事人的法律责任,这些行为主要有以下七种。

(1) 在进行国有资产评估时,不按有关规定进行评估,或者故意压低评估值,造成国有资产流失的行为。

(2) 在进行国有资产转让时违反规定,无偿地或者以低于市场价格转让给非国有单位或者个人,造成国有资产流失的行为。

(3) 在实行国有企业承包、租赁经营时,违反规定,低价发包和出租,或者在承包、租赁过程中,弄虚作假,以各种名目侵占企业财产,造成国有资产流失的行为(对其中的发包方、出租方、经营者、管理者应追究法律责任)。

(4) 在国有企业进行改制时,违反规定,将国有资产低价折股,低价出售或者私分企业财产,造成国有资产流失的行为。

(5) 在财务管理中,违反财务制度,如不提或者少提折旧费、大修理费,少摊成本或者不摊成本,私设小金库,公款私存,隐瞒收益,资产不入账等非法侵占国有资产造成国有资产流失的行为。

(6) 国有企业在行使经营权时,滥用权力,侵占国家所有者权益,或者在股份制企业和中外合资、合作经营企业中对损害国有股权益和中方权益不反对、不制止造成国有资产流失的行为。

(7) 有关主管部门行使出资权、管理权和监督权时的失职、渎职行为,如对审批权、决定权的行使不当或超越权限过度行使,或向企业下达不当指令,强令企业执行,造成国有资产流失的行为。

在查处造成国有资产流失的违法行为时,应坚持重在制止和挽回的原则,应坚持依靠各级政府,注意与有关部门相互配合的原则,办案人员要廉洁自律,依法办事。

(三) 有效制止国有资产流失

制止国有资产的流失,对涉及国有资产的违法行为进行查处是一项艰巨复杂的任务,需要用行政的、经济的,主要是法律的手段,逐步建立健全国有资产运营的法律保护体系,以法治产,有效地防止国有资产流失。具体来讲,应做好以下三个方面的工作。

1. 依法加强国有资产的基础性工作

国有资产的基础性工作主要包括国有资产的清产核资工作、产权登记工作、资产评估工作和产权界定等工作。依法做好这几项基础性工作,对防止国有资产流失具有重要意义,通过这些基础性工作可以贯彻重在制止的原则,防患于未然。同时,基础性工作有利于发现各类造成国有资产流失的违法行为,为挽回流失、查处违法行为创造条件。

2. 完善国有资产的法律监督机制

国家必须加强财政监督、审计监督、会计监督和银行监督,要加强中介组织和社会舆论的监督。要完善各类监督主体功能,强化并明确其职责范围,要坚持实行稽查特派员制度。通过这些监督的加强,把国家对国有资产的直接管理向间接管理过渡,从实物管理向价值管理转变。同时,要完善司法机关的监督功能,检察机关和审判机关通过检察权和审判权的行使,查处各类造成国有资产流失的行为,挽回损失。

3. 运用司法手段,惩办侵占国有资产的犯罪行为

我国《宪法》明确规定,社会主义公有财产神圣不可侵犯,国家保护社会主义公有财产,禁止任何组织或个人用任何手段侵占或破坏国家和集体财产。1997年修订的《刑法》除保留了 1979 年《刑法》诸多侵犯财产罪以外,还明确规定了损害国有资产罪、私分国有资产罪等内容,这就为我们制止国有资产流失、惩罚犯罪提供了明确的法律依据,因而我们要充分发挥《刑法》惩办犯罪的威力,保护国有资产。

二、与国有资产管理有关的法律责任

(一) 违反《企业国有资产法》的法律责任

1. 履行出资人职责的机构的违法责任

履行出资人职责的机构有下列行为之一的,对其直接负责的主管人员和其

他直接责任人员依法给予处分：① 不按照法定的任职条件,任命或者建议任命国家出资企业管理者的；② 侵占、截留、挪用国家出资企业的资金或者应当上缴的国有资本收入的；③ 违反法定的权限、程序,决定国家出资企业重大事项,造成国有资产损失的；④ 有其他不依法履行出资人职责的行为,造成国有资产损失的。

2. 履行出资人职责的机构工作人员的违法责任

履行出资人职责的机构的工作人员玩忽职守、滥用职权、徇私舞弊,尚不构成犯罪的,依法给予处分。

3. 履行出资人职责的机构委派的股东代表的违法责任

履行出资人职责的机构委派的股东代表未按照委派机构的指示履行职责,造成国有资产损失的,依法承担赔偿责任；属于国家工作人员的,并依法给予处分。

4. 国家出资企业的董事、监事、高级管理人员的违法责任

国家出资企业的董事、监事、高级管理人员有下列行为之一,造成国有资产损失的,依法承担赔偿责任,属于国家工作人员的,并依法给予处分：① 利用职权收受贿赂或者取得其他非法收入和不当利益的；② 侵占、挪用企业资产的；③ 在企业改制、财产转让等过程中,违反法律、行政法规和公平交易规则,将企业财产低价转让、低价折股的；④ 违反法律规定与本企业进行交易的；⑤ 向资产评估机构、会计师事务所隐瞒或者提供虚假情况和资料,或者与资产评估机构、会计师事务所串通出具虚假资产评估报告、审计报告的；⑥ 违反法律、行政法规和企业章程规定的决策程序,决定企业重大事项的；⑦ 有其他违反法律、行政法规和企业章程执行职务行为的。

另外,国家出资企业的董事、监事、高级管理人员有上述行为取得的收入,依法予以追缴或者归国家出资企业所有。履行出资人职责的机构任命或者建议任命的董事、监事、高级管理人员有上述行为,造成国有资产重大损失的,由履行出资人职责的机构依法予以免职或者提出免职建议。国有独资企业、国有独资公司、国有资本控股公司的董事、监事、高级管理人员违反《企业国有资产法》的规定,造成国有资产重大损失,被免职的,自免职之日起5年内不得担任国有独资企业、国有独资公司、国有资本控股公司的董事、监事、高级管理人员；造成国有资产特别重大损失,或者因贪污、贿赂、侵占财产、挪用财产或者破坏社会主义市场经济秩序被判处刑罚的,终身不得担任国有独资企业、国有独资公司、国有资本控股公司的董事、监事、高级管理人员。

5. 资产评估机构和会计师事务所的违法责任

接受委托对国家出资企业进行资产评估、财务审计的资产评估机构、会计师

事务所违反法律、行政法规的规定和执业准则,出具虚假的资产评估报告或者审计报告的,依照有关法律、行政法规的规定追究法律责任。

6. 国有资产交易当事人的违法责任

在涉及关联方交易、国有资产转让等交易活动中,当事人恶意串通,损害国有资产权益的,该交易行为无效。

(二) 资源性国有资产法律责任制度

与资源性国有资产相关的法律法规也规定了具体的法律责任,尤其是《土地管理法》《矿产资源法》《草原法》《森林法》和《水法》等基本法律,均设专章规定了法律责任。在这些法律文件中,关于法律责任的规定直接体现了法律对国有资产的保护。

例如,《土地管理法》第 81 条规定,依法收回国有土地使用权当事人拒不交出土地的,临时使用土地期满拒不归还的,或者不按照批准的用途使用国有土地的,由县级以上人民政府土地行政主管部门责令交还土地,处以罚款。《矿产资源法》第 39 条规定,违反该法规定,未取得采矿许可证擅自采矿的,擅自进入国家规划矿区、对国民经济具有重要价值的矿区和他人矿区范围采矿的,擅自开采国家规定实行保护性开采的特定矿种的,责令停止开采、赔偿损失,没收采出的矿产品和违法所得,可以并处罚款;拒不停止开采,造成矿产资源破坏的,依照《刑法》第 156 条的规定对直接责任人员追究刑事责任。

(三) 与企业国有资产相关的刑事责任

《企业国有资产法》第 75 条规定,违反该法规定,构成犯罪的,依法追究刑事责任。《刑法》第 165—169 条集中规定了与企业国有资产直接相关的罪名及其刑事责任。

1. 非法经营同类营业罪

《刑法》第 165 条规定,国有公司、企业的董事、经理利用职务便利,自己经营或者为他人经营与其所任职公司、企业同类的营业,获取非法利益,数额巨大的,处 3 年以下有期徒刑或者拘役,并处或者单处罚金;数额特别巨大的,处 3 年以上 7 年以下有期徒刑,并处罚金。

2. 为亲友非法牟利罪

《刑法》第 166 条规定,国有公司、企业、事业单位的工作人员,利用职务便利,有下列情形之一,使国家利益遭受重大损失的,处 3 年以下有期徒刑或者拘役,并处或者单处罚金;致使国家利益遭受特别重大损失的,处 3 年以上 7 年以下有期徒刑,并处罚金:① 将本单位的盈利业务交由自己的亲友进行经营的;② 以明显高于市场的价格向自己的亲友经营管理的单位采购商品,或者以明显低于市场的价格向自己的亲友经营管理的单位销售商品的;③ 向自己的亲友经营管理的单位采购不合格商品的。

3. 签订、履行合同失职被骗罪

《刑法》第 167 条规定，国有公司、企业、事业单位直接负责的主管人员，在签订、履行合同过程中，因严重不负责任而被诈骗，致使国家利益遭受重大损失的，处 3 年以下有期徒刑或者拘役；致使国家利益遭受特别重大损失的，处 3 年以上 7 年以下有期徒刑。

4. 玩忽职守造成国有公司、企业破产、严重损失罪

《刑法》第 168 条规定，国有公司、企业的工作人员，由于严重不负责任或者滥用职权，造成国有公司、企业破产或者严重损失，致使国家利益遭受重大损失的，处 3 年以下有期徒刑或者拘役；致使国家利益遭受特别重大损失的，处 3 年以上 7 年以下有期徒刑。国有事业单位的工作人员有上述行为，致使国家利益遭受重大损失的，依照上述规定处罚。国有公司、企业、事业单位的工作人员，徇私舞弊，犯过前述两款罪的，依照前述的规定从重处罚。

5. 徇私舞弊低价折股、出售国有资产罪

《刑法》第 169 条规定，国有公司、企业或者其上级主管部门直接负责的主管人员，徇私舞弊，将国有资产低价折股或者低价出售，致使国家利益遭受重大损失的，处 3 年以下有期徒刑或者拘役；致使国家利益遭受特别重大损失的，处 3 年以上 7 年以下有期徒刑。

同时，《刑法》还规定了多个与保护国有资产具有较大关联的罪名，如贪污罪、挪用公款罪、受贿罪等。

复习思考题

1. 怎样理解国有资产管理法的基本内容？
2. 怎样领会履行出资人职责的机构的性质和法定职责？
3. 谈谈国有资产管理法对关系国有资产出资人权益重大事项的管理措施。
4. 简述国家出资企业的基本权利。
5. 与企业国有资产相关的法律责任有哪些？

参 考 书 目

1. 杨紫烜、徐杰主编《经济法学》(第七版),北京大学出版社,2015。
2. 符启林、刘继峰主编《经济法学》(第二版),中国政法大学出版社,2016。
3. 李昌麒主编《经济法学》(第五版),中国政法大学出版社,2017。
4. 张守文:《经济法学》(第四版),中国人民大学出版社,2018。
5. 漆多俊主编《经济法学》(第四版),高等教育出版社,2019。
6. 刘文华主编《经济法》(第六版),中国人民大学出版社,2019。
7. 王全兴:《经济法基础理论专题研究》,中国检察出版社,2002。
8. 漆多俊:《经济法基础理论》(第五版),法律出版社,2017。
9. 董进宇:《宏观调控法学》,吉林大学出版社,1999。
10. 王晓晔:《竞争法研究》,中国法制出版社,1999。
11. 王先林:《竞争法学》(第二版),中国人民大学出版社,2018。
12. 江帆主编《竞争法》,法律出版社,2019。
13. 孔祥俊:《反垄断法原理》,中国法制出版社,2001。
14. 孔祥俊:《反不正当竞争法新论》,人民法院出版社,2001。
15. 卞耀武:《产品质量法诠释》,人民法院出版社,2000。
16. 何悦:《企业产品责任预防与对策》,法律出版社,2010。
17. 张云、徐楠轩:《产品质量法教程》,厦门大学出版社,2011。
18. 李昌麒、许明月:《消费者保护法》(第四版),法律出版社,2014。
19. 徐卫华:《广告法规教程》,浙江工商大学出版社,2018。
20. 周晖、王桂霞主编《广告法律法规》,清华大学出版社,2018。
21. 郭峰:《金融发展中的证券法问题研究:以金融创新中的法律制度构建为路径》,法律出版社,2010。
22. 沈朝晖:《证券法的权力分配》,北京大学出版社,2016。
23. 吴弘:《证券法教程》(第二版),北京大学出版社,2017。
24. 周友苏主编《证券法新论》,法律出版社,2020。
25. 柳经纬、刘智慧:《房地产法制专题研究》,中国法制出版社,2011。
26. 符启林:《房地产法》(第五版),法律出版社,2018。

27. 徐阳光：《财政转移支付制度的法学解析》，北京大学出版社，2009。
28. 张守文：《税法原理》（第九版），北京大学出版社，2019。
29. 刘剑文、熊伟：《财政税收法》（第八版），法律出版社，2019。
30. 刘燕：《会计法》（第二版），北京大学出版社，2009。
31. 于庆华主编《审计学与审计法》，中国政法大学出版社，2005。
32. 黄韬：《"金融抑制"与中国金融法治的逻辑》，法律出版社，2012。
33. 梁家全：《商业银行监管套利的法律规制》，法律出版社，2016。
34. 郭庆平主编《中央银行法的理论与实践》，中国金融出版社，2016。
35. 何茂春：《对外贸易法比较研究》，中国社会科学出版社，2000。
36. 沈四宝、王秉乾：《中国对外贸易法》，法律出版社，2006。
37. 张晓东：《中国反倾销立法比较研究》，法律出版社、中央文献出版社，2000。
38. 周珂等主编《环境与资源保护法》，中国人民大学出版社，2019。
39. 甘藏春等：《当代中国土地法若干重大问题研究》，中国法制出版社，2019。
40. 周训芳、诸江、李敏：《美丽中国视域下的森林法创新研究》，法律出版社，2019。
41. 顾功耘等：《国有资产法论》，北京大学出版社，2010。
42. 漆思剑：《国家投资经营法的性质和地位研究》，中国法制出版社，2011。

图书在版编目(CIP)数据

经济法原理/胡志民,龚建荣,鲍晓晔编著. —2 版. —上海:复旦大学出版社,2020.12
(复旦博学. 经济学系列)
ISBN 978-7-309-15318-7

Ⅰ.①经… Ⅱ.①胡… ②龚… ③鲍… Ⅲ.①经济法-法的理论-中国-高等学校-教材
Ⅳ.①D922.290.1

中国版本图书馆 CIP 数据核字(2020)第 162348 号

经济法原理(第二版)
胡志民　龚建荣　鲍晓晔　编著
责任编辑/戚雅斯

复旦大学出版社有限公司出版发行
上海市国权路 579 号　邮编:200433
网址: fupnet@ FudanPress.com　　http://www.FudanPress.com
门市零售:86-21-65102580　　团体订购:86-21-65104505
外埠邮购:86-21-65642846　　出版部电话:86-21-65642845
上海华业装潢印刷厂有限公司

开本 787 × 960　1/16　印张 28.25　字数 522 千
2020 年 12 月第 2 版第 1 次印刷

ISBN 978-7-309-15318-7/D · 1062
定价:68.00 元

如有印装质量问题,请向复旦大学出版社有限公司出版部调换。
版权所有　　侵权必究